HIER + JETZT, VERLAG FÜR KULTUR UND GESCHICHTE, BADEN

Seite 1:
Vergrösserung von Abb. 116
Les Avants mit dem 1901 und 1912 erweiterten Grand Hôtel und dem 1899 eröffneten Grand Hôtel du Jaman (links, Abbruch 1945). Fotografie um 1930.

Seiten 2/3:
Vergrösserung von Abb. 158
Das 1888 vom initiativen Hotelier Johannes Boss eröffnete Winterhaus war gemäss Werbung ein «Bau mit besonderer Heizeinrichtung nach Davoser Muster» (1892 abgebrannt). Fotografie um 1890.

Seiten 4/5:
Vergrösserung von Abb. 61
Der 1905 eröffnete Saal des Hôtel Bristol in Montreux-Territet war einer der imposantesten Festsäle bei Schweizer Hotelanlagen (Abbruch 1984, siehe Abb. 107). Fotografie um 1910.

HIER+JETZT

ROLAND FLÜCKIGER-SEILER

SCHWEIZER TOURISMUS UND HOTELBAU 1830–1920

HOTEL
TRÄUME

ZWISCHEN GLETSCHERN UND PALMEN

Inhalt

10 Vorwort

«... ein grosser Kursaal, geöffnet von Juni bis September ...»
Streiflichter zur Geschichte des Tourismus und des Hotelbaus in der Schweiz

- **14** DIE FRÜHZEIT DES REISENS
- **14** DAS ERSTE WISSENSCHAFTLICHE INTERESSE AN DER BERGWELT IM 16. JAHRHUNDERT
- **15** DIE ERFINDUNG DER REISE ALS SELBSTZWECK
- **17** DIE ENTDECKUNG DER ALPEN IM 18. JAHRHUNDERT
- **18** REISEFÜHRER
- **19** DIE ERSTEN TOURISTENSTRÖME IM FRÜHEN 19. JAHRHUNDERT
- **20** FRÜHE WERBEBOTSCHAFTEN ALS «MOTOR» EINER TOURISTISCHEN ENTWICKLUNG
- **22** DER TOURISTISCHE AUSBAU IM FRÜHEN 19. JAHRHUNDERT
- **22** Neue Infrastruktur
- **23** Erste Hotels und Pensionen
- **25** VORSTOSS INS HOCHGEBIRGE
- **25** Die Eroberung der Bergwelt
- **25** Alpine Hotellerie
- **28** TOURISMUS IN DER BELLE EPOQUE
- **28** Vom Luxus- zum Massentourismus
- **28** Die Eisenbahn als Impuls einer neuen Entwicklung
- **29** Technische Erfindungen
- **32** **Die ersten zwölf Jahre elektrischer Beleuchtung in den Schweizer Hotels**
- **33** Souvenirs und Fremdenverkehrswerbung
- **34** ZWEI GROSSE HOTELBAUWELLEN
- **34** 1860–1875
- **36** 1885–1914
- **38** DIE ANFÄNGE DES WINTERSPORTS
- **39** KRITIK UND ABSCHLUSS

«... als wäre der Märchenzauber König Laurins Wirklichkeit geworden»
Hotelträume und Hotelräume

- **44** HOTELTRÄUME
- **48** HOTELRÄUME
- **50** **Fachbücher zum Hotelbau in der Belle Epoque**
- **52** Der Zimmertrakt
- **53** Die Gesellschaftsräume
- **54** Der Speisesaal
- **56** Die Treppenanlage
- **57** Die Aufzüge
- **58** Die Serviceräume «hinter den Kulissen»
- **60** Die Küche
- **61** **Der Personenlift in seiner Frühzeit**

«Betreff dem Architekt Meili will ich denselben nicht für hier, sonst habe ich mit 3 Architekten zu kämpfen»
Pioniere und «Könige» in Hotellerie und Tourismus

- **66** EINFÜHRUNG
- **67** TOURISMUSPIONIERE AM GENFERSEE
- **69** ZWEI HOTELKÖNIGE TEILEN MONTREUX
- **72** DIE GEBRÜDER KNECHTENHOFER ALS TOURISMUSPIONIERE IN THUN
- **73** EMIGRANTEN ALS HOTELPIONIERE IN INTERLAKEN
- **73** ZWEI HOTELKÖNIGE AM HÖHEWEG IN INTERLAKEN
- **76** LUZERNER HOTELPIONIERE
- **77** HERAUSRAGENDE HOTELIERS ZWISCHEN RIGI UND AXENSTEIN
- **79** FRANZ JOSEF BUCHER-DURRER, DER HOTELKÖNIG AN DER GOTTHARDROUTE, UND JOSEF DURRER-GASSER, SEIN INNOVATIVER GESCHÄFTSPARTNER
- **81** DER TESSINER HOTELPIONIER ALEXANDER BÉHA
- **82** WALLISER HOTELIERDYNASTIEN
- **84** DER HOTELIER AN MEHREREN ORTEN

Der Hotelbau am schweizerischen Ufer des Genfersees

- **88** FRÜHE STADTHOTELS
- **89** ROUSSEAU UND BYRON
- **89** ERSTE GRAND HOTELS
- **90** SPÄTEINSTEIGER MONTREUX
- **90** DIE «GOLDENEN 1860ER-JAHRE»
- **95** ERSTE HOTELS IN HÖHENLAGE
- **96** DIE «ZWISCHENZEIT» DER 1880ER-JAHRE
- **97** DER ZWEITE «HOTELBOOM» ZWISCHEN 1890 UND 1914
- **104** SÄTTIGUNG UND ABSCHLUSS
- **105** DAS HOTEL BYRON IN VILLENEUVE

Hotelbauten am Thunersee

- **110** THUN ALS ERSTES ZENTRUM DES BERNER OBERLÄNDER FREMDENVERKEHRS
- **114** GASTHÖFE UND HOTELBAUTEN AM THUNERSEEUFER
- **117** DIE HOTELBAUTEN VON INTERLAKEN
- **124** Die miteinander verknüpfte Geschichte dreier Hotelbauten der Belle Epoque in Interlaken
- **128** BEAR & GRAND HOTEL GRINDELWALD

Hotelbauten am Vierwaldstättersee

- **134** WALLFAHRT UND FRÜHTOURISMUS AN DER RIGI
- **135** LUZERNS EINSTIEG IN DEN FREMDENVERKEHR
- **136** DER ERSTE BAUBOOM AN DER RIGI
- **137** ENTWICKLUNG DER 1870ER-JAHRE IN LUZERN
- **137** FREMDENVERKEHR AM URNERSEE
- **138** BAHNBAU UND HOTELBOOM AN DER RIGI
- **143** WEITERE FREMDENORTE RUND UM DEN SEE
- **145** LETZTE HOTELBAUTEN UM 1900
- **148** AXENSTEIN UND AXENFELS
- **148** Das Hotel Axenstein
- **150** Das Hotel Axenfels
- **151** Die Hotelbahn von Brunnen nach Axenstein

Die alpine Hotellerie im Wallis

- **154** CHAMONIX ALS AUSGANGSPUNKT
- **154** DAS WALLIS ALS ELDORADO DER HOCHGEBIRGSTOURISTEN
- **155** DIE ERSTEN WALLISER GEBIRGSHOTELS
- **162** CHARAKTERISTISCHE STANDORTE
- **164** AUSBAU DER INFRASTRUKTUR
- **165** ARCHITEKTUR UND ARCHITEKTEN
- **168** HOTELS AM RHONEGLETSCHER

Anhang

- **174** ANMERKUNGEN
- **181** LITERATURVERZEICHNIS
- **185** ABKÜRZUNGEN
- **185** ABBILDUNGSNACHWEISE
- **186** PERSONENREGISTER
- **188** ORTSREGISTER

Vorwort

Immer im Juni brachte sie eine ratternde Propellermaschine von London in die Schweizer Sommerferien. Wir standen jeweils im Belpmoos am Gitterzaun und warteten auf den feierlichen Augenblick ihrer Ankunft. Als sich die Flugzeugtüre öffnete, sahen wir sie auf dem offenen Rollfeld die Treppe heruntersteigen. Dann war sie wieder da, einen ganzen Sommer lang, meine Grosstante aus England. Sie war es, die mein Interesse an den «guten alten Zeiten» im Tourismus geweckt hat. Noch heute erinnere ich mich an ihre Geschichte, die sie mir als Kind mehrmals erzählen musste, weil ich sie darüber ausfragte. Kurz vor dem Ersten Weltkrieg war sie als junges Mädchen vom Bauernhaus im solothurnischen Bucheggberg in die Grossstadt Genf gelangt. In einem der bedeutendsten Hotels erklomm sie die Leiter der damaligen weiblichen Hotelhierarchie. Als Privatköchin der Direktorenfamilie weckte sie offenbar die Aufmerksamkeit treuer Stammkunden. Eine englische Familie aus noblem Haus engagierte das fleissige Mädchen in ihr Heim und nahm auch gleich noch die ebenfalls im Hause arbeitende jüngere Schwester mit. Beide zusammen gewöhnten sich rasch an das Leben der englischen Noblesse. Als nach dem Hausherrn auch die Hausdame verstarb, erhielt die eine der Schwestern, weil sie ledig geblieben war, in der Erbschaft das gesamte Haus als Dank für ihre langjährigen, treuen Dienste. Wie in einem Märchen sind damit die beiden Schweizer Mädchen zu unverhofftem Reichtum gelangt. Sie blieben nun an der englischen Südküste und führten ein bescheidenes Leben in ihrem neuen Heim. Einmal im Jahr kehrte eine meiner Grosstanten in ihr Heimatdorf zurück, manchmal sogar beide. Und jedes Mal träumte ich am Flugplatz von der grossen, weiten Welt. Anschliessend hörte ich die Geschichte von der «Entdeckung» im Grand Hotel; ich sah die Fotos vom Rolls-Royce mit Chauffeur und von den dinners mit Porzellan, Silber und Kristall. Und irgendeinmal – es war wohl, wie immer bei solchen Geschichten, ein lauer Sommerabend, und ich hörte die Erzählung zum x-ten Mal – beschloss ich, die Geschichte dieser Hotelträume später einmal zu erforschen.

Als der Schweizerische Nationalfonds 1995 mein Forschungsprojekt «Schweizer Hotelbauten 1830–1920» bewilligt hatte, bot sich mir die grosse Gelegenheit, diesen Bubentraum in die Tat umzusetzen. Das Thema stand seit der Tagung «Denkmalpflege und Tourismus» der ARGEALP im Jahr 1992 in Davos[1] zuoberst auf meiner Wunschliste. Dort hatte ich Georg Carlen und Eric Teysseire, Denkmalpfleger der Kantone Luzern und Waadt, als Verbündete gefunden. Zu dritt machten wir den Hotelbau zum Thema einer nationalen Tagung 1995 in Luzern.[2] In der Westschweiz fand ich dann die ersten interessierten Fachfrauen zu diesem Themenkreis: Anne Wyssbrod, die die Hotelentwicklung in Montreux als Thema ihrer Lizentiatsarbeit untersuchte, hat mir, gewissermassen als Einstieg in mein Forschungsthema, vorbehaltlos ihr Material zur Verfügung gestellt. Evelyne Lüthi-Graf, die Archivarin von Montreux, zeigte sich nicht nur am Hotelbau in ihrer Gemeinde, sondern an der Entwicklung in der Westschweiz und schliesslich im ganzen Land äusserst interessiert. Diesen vier Fachleuten aus der Denkmalpflege und der Architekturgeschichte gebührt mein erster aufrichtiger und herzlicher Dank.

Ohne die Mithilfe zahlreicher Amtsstellen, Archive, Institutionen, Hoteliers und Privatpersonen hätte die Hotelforschung nicht durchgeführt werden können. Eine Aufzählung aller Namen würde den Umfang eines Vorworts sprengen. Ich möchte deshalb an dieser Stelle, stellvertretend für alle weiteren Personen und Institutionen, folgenden, an der Hotelforschung besonders interessierten Fachleuten danken: Pierre Baertschi und Dr. Leïla El-Wakil in Genf, Paul Bissegger und Dave Lüthi in Lausanne, Laure Hitz, Françoise Lambert und Marjolaine Guisan in Vevey, Michèle Grote und André Bertholet in Villeneuve, Dr. Jürg Schweizer und Hans-Peter Ryser in Bern, Dr. Jon Keller und Peter Küffer in Thun, Herbert Ammon in Hilterfingen, Jens Sidselrud in Oberhofen, Kurt Schmocker in Beatenberg, Alfred Stettler in Spiez, Rudolf Gallati und Peter Bernet in Interlaken, Daniel Früh in Unterseen, Ruth Reinecke-Dahinden in Luzern, Martin Inderbitzin in Morschach und Peter Inderbitzin in Schwyz. Den zahlreichen untersuchten Hotels in verschiedenen Regionen kann nicht allen namentlich gedankt werden. In folgenden Betrieben konnte ich besonders umfangreiches Archivmaterial sichten: Beau-Rivage in Genf (Jacques Mayer), Métropole in Genf (André Hauri), Beau-Rivage Palace in Lausanne-Ouchy (Irmgard Müller), Golf Hôtel René Capt in Montreux (René Capt), Parkhotel in Gunten (Phylemon Zwygart), Montana in Luzern (Fritz A. Erni), Rigi-Kulm (Familie Käppeli), Waldstätterhof in Brunnen (Franz von Reding, Monica Müller), Continental-Parkhotel in Lugano (Edgar Fassbind), International in Lugano (Giulio Schmid), Splendide in Lugano (Aniello Lauro).

Archive ehemaliger Architekten, Hoteliers und Hotels fand ich im Weiteren bei folgenden interessierten Leuten, die mich mit «offenen Armen» empfangen haben: Franklin Cordey in Vevey (Nachlass von Architekt Eugène Jost), Marcelle Geiger-Vifian in Bern/Flims (Nachlass von Architekt Horace E. Davinet), Louis Pichler in Thun (Archiv der Firma Frutiger), Dott. Arnaldo Guidini in Lugano (Archivio privato eredi fu architetto Guidini, Barbengo), Margareta Bucher in Locarno (Enkelin von Franz Josef Bucher), Otto und Bruno Durrer in Sarnen (Urenkel und Enkel von Josef Durrer), Fred Ammann in Biel (Archiv der Schweizer Gastgeberfamilien), Albert Pfiffner in Vevey (Archiv der Firma Nestlé, ehemals Grand Hôtel), Andrew Stallybrass vom Réarmement moral in Caux (ehemals Hôtel Caux-Palace), Samuel Marti und P. van der Maas vom Bibelheim Beatenberg (ehemals Hotel Victoria), Robert Arnet in Konolfingen (ehemals Parkhotel Spiez), Beat Wirth in Interlaken (ehemals Hotel Schweizerhof), Gaspare Nadig von der Generaldirektion «Die Mobiliar» (Hotel Bären in Grindelwald), Edgar Fassbind in Lugano (ehemals Hotel Rigi-Kaltbad), Frau Hürbin-Achermann in Morschach (Archiv Grand Hotel Axenstein), Sarah A. Löliger von der Maharishi European Research University (ehemals Grand Hotel Sonnenberg, Seelisberg), Chiara Muntwyler-Camenzind in Meilen (ehemals Hotel Bristol Lugano) und schliesslich, mit einem ganz besonderen Dank, René Knecht als Archivar der Schweizerischen Gesellschaft für Hotelkredit in Zürich.

Wertvolles Bildmaterial erhielt ich von mehreren Archiven und von zahlreichen Privatpersonen, denen ich hiermit herzlich für ihre Mithilfe danken möchte. Besonders reiche Funde machte ich im Museum für Kommunikation in Bern (Dr. Rolf Wolfensberger), im Eidgenössischen Archiv für Denkmalpflege (Ernst Moser, Jeanette Frey), in den Archives de Montreux (Evelyne Lüthi-Graf), im Centre d'iconographie genevoise (Livio Fornara), im Musée historique de Lausanne (Christiane Mury), bei der Denkmalpflege des Kantons Bern (Dr. Jürg Schweizer), beim Verlag von Markus Krebser in Thun, in den Archiven von Herbert Ammon in Hilterfingen und Beat Wirth in Interlaken, im Bildarchiv der Zentralbibliothek Luzern (Dr. Marie-Louise Schaller), im Stadtarchiv Luzern (Dr. Beatrix Lang, Markus Trüb), bei der Denkmalpflege Luzern (Elmar Elbs), im Staatsarchiv Wallis (auf Vermittlung von Prof. Gaëtan Cassina), bei Hildegard Loretan Mooser in Brig sowie in zahlreichen weiteren Hotelarchiven. Speziell für diese Publikation fand ich zwei bedeutende Fotoleihgeber, denen ein ganz herzliches Dankeschön gebührt: Die Sammlung der ehemaligen Kunstanstalt Brügger AG in Meiringen stellte mir, dank der Vermittlung von Otto Moor aus Meiringen, ihr gesamtes Fotomaterial über Hotelbauten und Tourismus aus der ganzen Schweiz zur Verfügung, und Hans-Ueli Gubser, Gründer und Präsident des Club Grand Hôtel & Palace in Basel, öffnete mir mit grosser Begeisterung seinen umfangreichen Fundus an historischen Ansichtskarten.

Die vorliegende Veröffentlichung entstand auf Initiative von Dr. Bruno Meier aus Baden, dessen Verlag sich bereits mit zahlreichen wertvollen Büchern im Bereich von Geschichte und Kulturgeschichte profiliert hat. Nach einiger Überredungskunst seinerseits entschloss ich mich zur Publikation eines ersten Teils aus den umfangreichen Fakten und Geschichten, die ich im Rahmen meines Nationalfondsprojektes zusammengetragen hatte. Das Geheimnis des Titels ist mit dem eingangs Gesagten nun auch klar: Hotelträume musste dieses Buch heissen...

Der letzte, ganz herzliche Dank geht an meine Familie: Meine äusserst zeitintensive Hotelforschung hätte nicht unternommen werden können, wenn sie nicht an zahlreichen Abenden und Wochenenden meine (oft auch geistigen) Abwesenheiten akzeptiert hätte. Ihr sei diese Arbeit deshalb gewidmet.

Juni 2001

Der grosse Erfolg der «Hotelträume» ermöglichte nach zwei Jahren bereits die Herausgabe eines zweiten Bandes, der «Hotelpaläste», mit dem das Thema inhaltlich und geografisch für die ganze Schweiz abgerundet werden konnte. Nun können, dank den zahlreichen Interessierten an der Schweizer Hotelgeschichte, beide Bände in einer zweiten Auflage erscheinen. Für die zweite Auflage wurden alle bekannten Druckfehler eliminiert, notwendige Ergänzungen in Text und Bildlegenden vorgenommen sowie die Bibliografie aktualisiert.

April 2005

«... ein grosser Kursaal, geöffnet von Juni bis September...»
(ALPHONSE DAUDET IN «TARTARIN SUR LES ALPES», 1888)

Streiflichter zur Geschichte des Tourismus und des Hotelbaus in der Schweiz

DIE FRÜHZEIT DES REISENS

Touristen im heutigen Sinn kannte die Eidgenossenschaft weder im Mittelalter noch in den folgenden Jahrhunderten bis in die Zeit der Romantik. Reisende waren einst vor allem Pilger nach Rom oder Santiago de Compostela, Kreuzfahrer ins Heilige Land, Reisläufer zu fremden Kriegsdiensten, Boten als Vorläufer der modernen Kommunikationsmittel sowie Händler und Marktfahrer. Das Gebirge haben diese frühen Reisenden in der Regel gemieden oder höchstens auf Passwegen durchquert. Bis zum Ende des Mittelalters sind nur vereinzelte Besteigungen von Berggipfeln nachgewiesen; man hat das Gebirge kaum gekannt und dort in der lokalen Mythologie immer wieder unheimliche Mächte vermutet.[1]

Erste Wurzeln einer «Fremdenindustrie» finden sich in diesen frühen Zeiten in den zahlreichen Badeorten im Gebiet der heutigen Eidgenossenschaft. Besonders die Stadt Baden scheint in hoch- und spätmittelalterlicher Zeit ein beliebter Aufenthaltsort für die vornehme, aber auch für die liederliche und zwielichtige Gesellschaft gewesen zu sein. Die zielstrebige Eroberung durch die Eidgenossen 1415 und die brüderlich geteilte Herrschaft durch die Alten Orte sowie die häufige Wahl als Tagsatzungsort durch die eidgenössischen Abgeordneten zeigen deutlich, dass man sich gern in der Bäderstadt aufhielt. Auch der päpstliche Sekretär Poggio-Bracciolini, den das Konzil von Konstanz in die Schweiz führte, verweilte im Sommer 1416 längere Zeit in Baden. Er schilderte seinem Freund Niccolò Nicoli in Florenz brieflich den Aufenthalt in den damaligen Bädern: «Die Bäder [...] werden von Männern und Frauen gemeinsam benützt. Eine Art Bretterverschalung scheidet sie in zwei Hälften, und darin sind sehr viele Fensterchen eingelassen, durch welche sie miteinander trinken und schwatzen [...] und miteinander anbändeln können. [...] An mehreren Orten benützen gar Männer und Frauen denselben Eingang ins Bad.»[2]

Ein Badeleben kannte man im Mittelalter auch an anderen Orten der heutigen Schweiz, beispielsweise in Pfäfers, St. Moritz oder Leukerbad (Abb. 1) sowie in einigen grösseren Städten. Das Wasser von St. Moritz war 1537 vom berühmten Mediziner Theophrastus Paracelsus als eines der wirksamsten Europas gerühmt worden.[3] Die Bäderstadt Baden blieb aber konkurrenzlos. Sie bildete während langer Zeit den Mittelpunkt dessen, was man bis zum Ersten Weltkrieg «Fremdenverkehr» zu nennen pflegte: einen Ort, an welchem sich die vornehme und vergnügungssüchtige Welt mit Vorliebe ein Stelldichein gab. Eine «Badenfahrt» galt zu jener Zeit als Inbegriff aller Freuden und Genüsse.[4]

DAS ERSTE WISSENSCHAFTLICHE INTERESSE AN DER BERGWELT IM 16. JAHRHUNDERT

Im Zeitalter der Reformation bestiegen wagemutige Naturforscher und -freunde die ersten Voralpengipfel. Rigi und Pilatus standen dabei in der Schweiz im Zentrum des noch seltenen Abenteuers. Beide Berge hatten lange Zeit durch mysteriöse

1

Sagen von schrecklichen Geistern auf ihren Höhen von sich reden gemacht. 1518 unternahmen vier Schweizer Humanisten die erste bekannte Besteigung des Pilatus, die der beteiligte Joachim von Watt (Vadianus) 1522 in seiner Erdbeschreibung dokumentierte.[5] Zur gleichen Zeit bestieg mit Herzog Ulrich von Württemberg erstmals ein Fremder den Pilatus. Im Jahr 1536 schildert Johannes Müller aus Rhellikon als «Rhellicanus» eine Besteigung des Stockhorns im Berner Oberland.[6]

Aus dem 16. Jahrhundert stammen auch die ersten Berichte von Reisen in schweizerische Alpentäler und sogar über Alpenpässe. Thomas Platter (1499–1582)[7], der als Walliser Bauernbub nach ausgedehnter Wanderschaft und etlichen Studien Leiter der Lateinschule im humanistischen Basel wurde, berichtete 1514 über das abgelegene Lötschental, später über seine Reise von Basel über den Rawilpass in seine Heimat Grächen. 1538 machte sich Aegidius Tschudi anlässlich einer Wanderung über den Theodulpass bei Zermatt wohl als erster Forscher Gedanken über das Gletschereis.[8]

In dieser Zeit gelangte die Bergwelt erstmals in den Interessenbereich der frühen Naturforschung. So beschrieb der Zürcher Conrad Gessner (1516–1565) die Herrlichkeit der Alpenwelt und die reinen, edlen Genüsse des Bergsteigens («de admiratione montium») im Jahr 1541 in einem Brief an einen Freund. Nicht ohne Zufall erschienen zu jener Zeit mehrere ausführliche Beschreibungen mit Kartenbeilagen, die als bedeutende wissenschaftliche Leistungen bezeichnet werden können. Die 1538 von Aegidius Tschudi (1505–1572), einem Schüler Zwinglis, publizierte Karte war die erste Übersicht zur damaligen Eidgenossenschaft. Berühmt wurde die 13-bändige Beschreibung der Eidgenossenschaft mit Kartenbeilagen von Johannes Stumpf (1500–1566), die 1547 erstmals gedruckt erschien (Abb. 2).[9] Interessant ist in diesem Zusammenhang, dass das katholische Wallis im 16. Jahrhundert durch die von der Reformation geprägten Geistlichen Sebastian Münster, Johannes Stumpf und Josias Simmler ausführlich beschrieben und sogar in Kartenwerken dargestellt wurde. Das Land zwischen Rhonegletscher und Genfersee, das im 19. Jahrhundert beinahe wieder entdeckt werden musste, gehörte damals dank diesen Wissenschaftlern aus dem Umkreis von Thomas Plattern zu den am besten beschriebenen Regionen des Alpenraums.

Zur Zeit der Reformation war das Reisen noch eine umständliche und oftmals auch eine abenteuerliche Angelegenheit. Freiwillig konnten sich nur einige wenige Angehörige der Oberschicht einen solchen Luxus leisten. Die Wege waren meistens vernachlässigt, und die Reisenden erwartete in den seltenen Gasthäusern nur eine spärliche Infrastruktur. Erasmus von Rotterdam schrieb über die Gasthöfe in seinen «colloquia familiaria» 1518 unter anderem: «Triffst du nachmittags um vier Uhr ein, so kommst du doch nicht vor neun Uhr zum Nachtessen.» Zur Hygiene bemerkte er: «Die Leintücher sind vielleicht vor einem halben Jahr zum letzten Mal gewaschen worden.» Auch zum Komfort in den Unterkünften wusste er nicht viel Gutes zu berichten: «Wünscht ein von der Reise Ermüdeter gleich nach dem Essen zu Bette zu gehen, so heisst man ihn warten, bis auch die andern sich niederlegen.»[10]

DIE ERFINDUNG DER REISE ALS SELBSTZWECK

Im Anschluss an die Reformationszeit kam das Reisen während längerer Zeit zum Stillstand. Gründe dazu finden sich bei den zahlreichen kriegerischen Ereignissen wie dem Dreissigjährigen Krieg mit den darauf folgenden Hungersnöten und den Bauernkriegen sowie bei den jahrzehntelangen konfessionellen Wirren der Gegenreformation. Erst kurz vor 1700 leiteten die teils euphorischen Berichte einiger Adeliger und Gelehrter von ihren Reisen durch die Eidgenossenschaft einen neuen Aufschwung ein. 1690 beispielsweise berichtete Markgraf Friedrich Albert von Brandenburg über die Gletscher in Grindelwald (Abb. 4) und die Wasserfälle in Lauterbrunnen im Berner Oberland (Abb. 3). Im gleichen Jahr veröffentlichte Gilbert Burnet, der Bischof von Salisbury, einen Bericht über die Reise, die er 1685 durch die Schweiz unternommen hatte. Bei der Beschreibung der Landschaft am Genfersee stellte er entzückt fest, dass man Schöneres gar nicht sehen könne (Abb. 5).[11] Diese und weitere berühmte Besucher legten damit die Grundlage zum Ruf des Hirten- und Berglandes zwischen Genfersee und Bodensee als berühmtestes Reiseland im Herzen von Europa. Mit ihren Lobeshymnen war auch der Bann gebrochen, den das Zeitalter der Gegenreformation über die gesamte Reisetätigkeit gelegt hatte.

Seiten 12/13:
Vergrösserung von Abb. 13
Postkutsche auf dem Oberalppass vor dem Hotel Oberalpsee (am 20. Januar 1951 durch eine Lawine zerstört). Fotografie vor dem Bahnbau in den frühen 1920er-Jahren.

1
«Das Bad zu Leuk», Hans Bock der Ältere, um 1600.

2
Die erste kartografische Übersicht zur Schweizerischen Eidgenossenschaft im Werk von Johannes Stumpf 1547: «Die vierde Landtafel haltet inn die alt Helvetiam Julii Cesaris...».

3
«Chute du Staubbach prise à l'entrée du village de Lauterbrunnen», Gabriel Lory fils, um 1820.

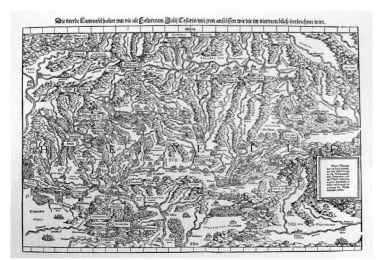

2

3

4

Im Verlauf des 18. Jahrhunderts haben viele weitere berühmte ausländische Gäste die Schweiz bereist und dadurch Entscheidendes zu deren Ruf als Reiseland beigetragen. Zu den Bekanntesten und immer wieder Zitierten gehören Johann Wolfgang von Goethe,[12] Heinrich von Kleist, Carl Maria von Weber oder Felix Mendelssohn. Zu jener Zeit wurden in der Schweiz auch zahlreiche Dichter, Gelehrte und Künstler aufgesucht: in Zürich beispielsweise der Literaturtheoretiker Johann Jakob Bodmer, der Dichter Salomon Gessner oder der Universalgelehrte Johann Kaspar Lavater. Diese Männer übten eine besonders grosse Anziehung auf die deutschen Dichter aus: Klopstock, Goethe und Christoph Martin Wieland pilgerten ihretwegen nach Zürich. Am Genfersee zogen seit der Mitte des 18. Jahrhunderts Voltaire und Madame de Staël auf Schloss Coppet besonders viele Besucher an. In Bern verweilte man mit Vorliebe bei Albrecht von Haller, der durch seine Verherrlichung der Alpen in ganz Europa bekannt geworden war.

Um 1700 verbreitete sich in England der Brauch, dass Jünglinge aus noblem Haus zum Abschluss ihrer Ausbildung eine Reise, eine so genannte «grand tour», durch Europa mit Italien als Ziel unternahmen. Meistens waren sie in Begleitung eines Erziehers, der sie auch auf den standesgemässen Umgang im Alltag vorbereitete. Rasch bürgerte sich als Bestandteil einer solchen Reise eine «tour» durch die Schweiz ein. Aus den Bezeichnungen «tour» oder «grand tour» entwickelten sich im frühen 19. Jahrhundert die Begriffe «Tourismus» und «Tourist».[13] Bald einmal begannen auch begüterte Schweizer Familien, ihre Söhne auf ähnliche Bildungsreisen zu senden, hauptsächlich natürlich im eigenen Land. Ihre Begleiter waren oft Geistliche; einige haben aufschlussreiche Berichte geschrieben. Eine der erfrischendsten Erzählungen schrieb der damalige Vikar Johann Rudolf Schintz über die Wanderungen, die er im Sommer 1773 mit einer Gruppe von jungen Leuten aus Zürich unternommen hatte.[14]

Diese Entwicklungen führten dazu, dass etwa seit der Mitte des 18. Jahrhunderts eine Reise nicht mehr, wie bis anhin, «wissenschaftlich» begründet werden musste. Zahlreiche Neugierige wagten sich nun, neue Gegenden aus Vergnügen und zur Erweiterung des eigenen Horizonts zu besuchen. Das Reisen als Bildungsaufgabe war damit institutionalisiert und der Inhalt einer Reise wichtiger geworden als ihr Ziel. Bis ins 19. Jahrhundert blieb aber das Reisen immer noch vorwiegend den Angehörigen der gehobenen Bürgerschicht vorbehalten. Diese waren denn auch die eigentlichen Entdecker der Schweiz als Reiseland.

Im Lauf des 18. Jahrhunderts konkretisierten sich Art, Durchführung und Ziele einer Schweizer Reise. Das aus den genannten «tours» abgeleitete «Pflichtenheft» einer solchen Expedition behielt bis zum Aufkommen der Massenverkehrsmittel seine Gültigkeit. Inspiriert durch die frühen Berichte adeliger Reisender und später gelenkt durch die ersten Reiseführer, war der Rahmen gegeben. Zur Grundausstattung einer «richtigen» Schweizer Reise gehörten in erster Linie die drei grossen Seeregionen mit ihren hochkarätigen Bühnenbildern der Naturlandschaft: Am Genfersee erfreute man sich am überwältigenden Panorama und pilgerte zu den oft beschriebenen Naturschönheiten (Abb. 5). Im Berner Oberland besuchte man in einer Rundreise von Thun aus die zahlreichen «Merkwürdigkeiten» der Natur: den Staubbach in Lauterbrunnen (Abb. 3), die Alphütten auf der Wengernalp unter der Jungfrau, die Gletscher in Grindelwald (Abb. 4) und schliesslich den Brienzersee mit seinen Schifferinnen (Abb. 14). In der Innerschweiz waren die «Urzellen der Demokratie» am Vierwaldstättersee (Abb. 7) und die Rigi als Panoramaberg schlechthin (Abb. 12) die beliebtesten Ziele aller Schweiz-Pilger.

DIE ENTDECKUNG DER ALPEN IM 18. JAHRHUNDERT

Im frühen 18. Jahrhundert begann eine Entwicklung, die im folgenden Jahrhundert zur Erschliessung der Alpenwelt für eine immer grössere Reiseschar führen sollte. Die wichtigsten Impulse gingen dabei vor allem von Johann Jakob Scheuchzer und Albrecht von Haller aus. Der Zürcher Naturforscher Johann Jakob Scheuchzer (1672–1733) bereiste seit 1702 mit seinen Studenten regelmässig die Alpen und stellte dabei mit Hilfe von mathematischen und physikalischen Instrumenten alle nur erdenklichen Daten über Natur und Umwelt zusammen. Nachdem er als erster Naturforscher fast alle Schweizer Alpenpässe selbst begangen hatte, veröffentlichte er 1723 die «Itinera alpina, ein Loblied der Schweitzerischen Alpen». Der

4
Grindelwald mit dem Unteren Gletscher und dem Hotel Adler, Aquatinta 1860.

5
Die Gegend von Vevey, Aquatinta um 1820.

6
Der Mont-Blanc in einer Aquatinta um 1820.

Berner Dichter Albrecht von Haller (1708–1777) schuf im Anschluss an seine Wanderung über den Gemmipass 1728 das Gedicht «Die Alpen», das in idyllischer Schwärmerei das Leben der Hirten in der hehren Alpenwelt idealisierte.[15]

Jean-Jacques Rousseau (1712–1778) war schliesslich der bedeutendste Vertreter des romantischen Gedankengutes und mit seinen Aufforderungen zum Besuch von schönen Naturlandschaften damals für die Westschweiz der wichtigste Initiator für das Reisen schlechthin. 1761 pries er in seiner «Nouvelle Héloïse» die Schönheiten der Natur am oberen Genfersee (Abb. 5). Seine Liebesgeschichte zweier junger Leute spielte in der Gegend um Clarens; dadurch machte er diese Region schlagartig zu einer der bekanntesten Landschaften der französischsprachigen Welt.[16] In seinen «Confessions» warb er später nochmals für die Ufer des Genfersees. Gegen Ende des 18. und zu Beginn des 19. Jahrhunderts strömten in der Folge aus ganz Europa zahlreiche «Romantiker» ans Ufer des Genfersees, um die von Rousseau verherrlichten Landschaften mit eigenen Augen zu betrachten.[17]

Scheuchzer, Haller und Rousseau standen am Anfang einer Entwicklung, die vorerst allerdings noch nicht die breiten Volksmassen aktivieren konnte. Es bedurfte einer langen Entwicklung, bis die Bürger ihre Angst vor dem Gebirge ablegten. Vorerst waren es nur die Naturforscher, die sich ins Gebirge wagten, und auch sie waren noch skeptisch: 1760 beschrieb beispielsweise Gottlieb Sigmund Gruner die Berge als «schrecklich», und 1770 berichtete Johann Konrad Füssli in seiner «Staats- und Erdbeschreibung der Eidgenossenschaft» über die «scheusslichen Berge» und die öden Felder im Engelbergertal.[18]

Trotz diesen vereinzelten Bedenken begann in der Mitte des 18. Jahrhunderts ein unaufhaltsamer Vorstoss in die alpine Gletscherwelt. Ziel der damaligen Träume war die Eroberung des Mont-Blanc, des höchsten Gipfels in den europäischen Alpen (Abb. 6). Bereits 1741 überquerten zwei Engländer von Genf aus dessen Gletscher, bald danach folgte die erste so genannte wissenschaftliche Reise in diese Gegend. Als Ausgangspunkt für die immer zahlreicheren Expeditionen ins Tal von Chamonix hatten die in überwiegender Zahl beteiligten Engländer die reformierte Stadt Genf auserkoren. Dadurch wurde das Mont-Blanc-Gebirge in zahlreichen frühen Reiseführern zusammen mit der Calvinstadt beschrieben.[19] Die Erstbesteigung des Gipfels gelang, nach zahlreichen erfolglosen Versuchen, im August 1786 dem Gämsjäger Jacques Balmat und dem Arzt Michel Gabriel Paccard aus Chamonix. Ein Jahr später erfüllte sich der berühmte Genfer Geologe Horace Bénédict de Saussure (1740–1799) mit seiner Besteigung den «höchsten Wunsch seines Lebens». Sein Werk «Voyages dans les Alpes», in dem er seine vielfältigen Reisen durch die Alpen schilderte, fand in ganz Europa ein grosses Echo und trug Entscheidendes zur späteren touristischen «Eroberung» der Bergwelt bei.[20] Während der Zeit der Eroberung des Mont-Blanc-Gipfels entstand im Jahr 1765 im Vorstadtquartier Sécheron bei Genf mit dem Hôtel d'Angleterre das erste Hotel ausserhalb der Stadtmauern auf heute schweizerischem Gebiet (Abb. 95, Seiten 67, 88).

REISEFÜHRER

Eine wichtige Grundlage für die Breitenentwicklung des Tourismus im 19. Jahrhundert schufen die Reiseführer. Sie bildeten die Voraussetzung für die Förderung des selbständigen Reisens von Einzelpersonen. Im weitesten Sinn können sie auch als Vorstufe der späteren Tourismuswerbung angesehen werden. Gute Führer enthielten bald einmal gezeichnete Ansichten von Ortschaften und wichtigen Gebäuden sowie Panoramen von berühmten Berggipfeln. Sie konnten die Touristenströme in entscheidender Weise steuern, hat doch der Autor mit seinen Beschreibungen die Leser auf *seine* Wege geführt und zu den von ihm ausgelesenen und beschriebenen «Merkwürdigkeiten» gelenkt.

Als eines der ersten «Reisebücher» über die Schweiz beschreibt der «Index Memorabilium Helvetiae» von Johann Jakob Wagner im Jahr 1684 auf 41 Seiten Ortschaften, Klöster und Schlösser von Aigle bis Zurzach.[21] Noch fehlen dort aber die Fremdenverkehrsgegenden, die im 19. Jahrhundert eine grosse Bedeutung erlangen, oder die Orte im Gebirge. Der Text weist zudem auf keine der später häufig besuchten natürlichen Sehenswürdigkeiten hin. Trotzdem musste sich wohl, wer mit einem solchen Reisehandbuch durchs Land zog, ordentlich gelehrt vorkommen!

7
«Die Tellskapelle», Johann Ludwig Bleuler, um 1830.

8
Das auf der Matte bei der Burgruine von Unspunnen 1805 und 1808 durchgeführte grosse Älplerfest, dargestellt in einem dem Berner Maler Franz Niklaus Koenig zugeschriebenen Ölbild.

9
Schnitzlerschule in Brienz. Fotografie aus der Zeit des frühen 20. Jahrhunderts.

1789 schrieb William Coxe mit dem dreibändigen «Travels in Switzerland» den ersten Reiseführer über die Schweiz im heutigen Sinn. Dieser führte auch die Sehenswürdigkeiten auf, die von den Touristen unterdessen entdeckt worden waren. Das Büchlein von Coxe liefert den anschaulichen Beweis für die grosse Zunahme der fremden Besucher im Lauf des 18. Jahrhunderts.[22] 1793 folgte das für das gesamte 19. Jahrhundert grundlegende Reisehandbuch des deutschen Arztes und Naturforschers Johann Gottfried Ebel: «Anleitung, auf die nützlichste und genussvollste Art die Schweiz zu bereisen». Seine zweite Ausgabe von 1804/05 blieb bis zum Erscheinen des ersten Führers von Carl Baedeker (1801–1859) im Jahr 1844 das Reisehandbuch schlechthin für Aufenthalte in der Schweiz.[23] Im ersten Teil zählt Ebel alles Wichtige zur Vorbereitung einer Schweizerreise auf, bevor er im zweiten Teil alle möglichen Reiserouten genau beschreibt und dabei auch Hinweise auf die Transportmittel (Wagen, Schiff oder zu Fuss) und somit auf den Ausbau und den Zustand von Strassen und Wegen liefert. Einleitend bemerkt er: «Es giebt zuverlässig kein Land, keinen Theil unseres Erdbodens, der in so vielen Rücksichten merkwürdig und interessant wäre als die Schweitz. Alles Grosse, Erhabene, Ausserordentliche und Erstaunenswürdige, alles Schreckliche und Schauderhafte, alles Trotzige, Finstere und Melancholische, alles Romantische, Sanfte, Reitzende, Heitre, Ruhige, Süsserquickende und Idyllenliebliche der ganzen weiten Natur scheint sich hier in einem kleinen Raume vereinigt zu haben, um dieses Land zu dem Garten von Europa zu bilden, wohin alle Anbeter der Natur pilgern, und wo sie für ihre reinen Opfer Belohnung und Befriedigung in dem vollsten und reinsten Maasse erndten sollten.»[24] Solche Propaganda konnte nicht ohne Wirkung bleiben!

Bereits um 1800 hatte sich das Profil entwickelt, das ein guter Reiseführer haben musste. An erster Stelle enthielt er alle Angaben zur Vorbereitung einer Reise: Hinweise auf Merkwürdigkeiten, Reisemöglichkeiten und Verkehrsmittel, Kosten einer Reise, Zeitbedarf und günstige Reisezeiten. Oft wurden auch mehrere Gründe genannt, warum man eine Reise in die Schweiz unternehmen sollte: reinste Fremdenverkehrswerbung also, bevor es diesen Ausdruck gab! Im Hauptteil des Reiseführers fand man konkrete Vorschläge für Reiserouten: kreuz und quer oder als Rundreise, beispielsweise «die Schweiz in fünf Tagen». Ein guter Führer listete sodann die publizierten Ansichten und Karten sowie die empfehlenswerte Literatur zu Land und Leuten, Natur und Geografie, Geschichte und Politik sowie Ökonomie und Statistik auf. Kein früher Reiseführer nahm in seinen Beschreibungen aber eine Benotung der beschriebenen Objekte vor. Den Begriff «Sehenswürdigkeit» führte erst der Engländer John Murray 1836 in seinem «Handbook for Travellers on the continent» ein.[25] Baedeker übernahm das System der Einstufung von Murray und machte damit den Besuch dieser «sights» fortan zur Pflicht für den bildungsbeflissenen Reisenden.

DIE ERSTEN TOURISTENSTRÖME IM FRÜHEN 19. JAHRHUNDERT

Die Grundlagen zu einer ersten touristischen Breitenentwicklung im frühen 19. Jahrhundert hatten Naturverehrung und wissenschaftliches Interesse an den Bergen und ihren Bewohnern bereits im letzten Viertel des 18. Jahrhunderts gelegt. Kurz danach war auch die Angst vor den hohen, mysteriösen Gipfeln endgültig einer neugierigen Entdeckerfreude gewichen. Die romantische Verehrung der Natur und das wissenschaftliche Interesse an der Alpenwelt und ihren Bewohnern erhoben die alpine Naturlandschaft in frühen 19. Jahrhundert zu einem bevorzugten Reiseziel. Durch die Revolutionszeit und die Kriege in ganz Europa um 1800 erlitten diese frühen touristischen Bewegungen allerdings einen empfindlichen Rückschlag. Nur einen kurzen Aufschwung ermöglichte der Frieden von Amiens 1802, nach dessen Abschluss sich beispielsweise der Maler William Turner in der Schweiz aufhielt. Erst seit dem Wiener Frieden von 1815 konnten wieder alle Gegenden Europas ungehindert besucht werden. Nach der Aufhebung der Kontinentalsperre stellten die Engländer sogleich die Mehrzahl der Reisenden auf dem Festland. Sie legten damit die Grundlage für den unaufhaltbaren Aufstieg der Schweiz zum bekanntesten Reiseland Europas im 19. Jahrhundert.

In jener Zeit des frühen 19. Jahrhunderts bildeten sich in den später dominanten Fremdenverkehrsregionen die Kerne einer ersten touristischen Entwicklung. Als wichtigste Regionen etablierten sich die Ufer des Genfersees (Abb. 5, 6), das

9

zentrale Berner Oberland mit dem Thuner- und dem Brienzersee (Abb. 3, 4) sowie die Gegend rund um den Vierwaldstättersee (Abb. 7, 12). Dort fanden die Touristen ein besonders mildes Klima und in der nahen Region auf kleinstem Raum alle natürlichen und romantischen «Merkwürdigkeiten», die damals von den Reiseführern angepriesen wurden: Eisgebirge, Gletscher, Wasserfälle und romantische Seeufer sowie in höheren Regionen Alphütten und idyllische Hirtenszenen. Diese Regionen gehörten deshalb zum unentbehrlichen Gerüst einer damaligen Schweizerreise. Andere Gegenden kamen wahlweise hinzu, ohne dass sie jedoch eine gleiche Bedeutung erlangen konnten: etwa die nahe der Schweizer Grenze gelegene italienische Region am Lago Maggiore, die mit dem Ausbau des Simplonpasses zur ersten hochalpinen Kutschenstrasse 1805 eine optimale Verkehrserschliessung erhalten hatte, oder der Rheinfall in Schaffhausen zusammen mit der Gegend am Bodensee, oftmals auch noch die seit Jahrhunderten bekannte Bäderstadt Baden oder weitere abgelegenere Bäderanlagen (Abb. 1).

Die Förderung des Bekanntheitsgrades vollzog sich in diesen neuen touristischen Gegenden auf verschiedenartige Weise. Die Genferseeregion gehörte in Frankreich und England durch den Aufenthalt von Rousseau und Voltaire sowie durch die Eroberung des Mont-Blanc bereits seit dem späten 18. Jahrhundert zu den bekanntesten Gegenden (Abb. 6). Im Berner Oberland und in der Innerschweiz leiteten nationale Feste zu Beginn des 19. Jahrhunderts einen touristischen Aufschwung ein: einerseits die Älplerfeste bei der Burgruine Unspunnen in den Jahren 1805 und 1808 (Abb. 8) und andererseits das 1808 in Luzern durchgeführte erste schweizerische Musikfest. Die Wettkämpfe der Schwinger, Steinstosser und Schützen sowie Alphornbläser, Musikanten und Sänger zogen zahlreiche Besucher aus allen Landesteilen ins Berner Oberland und in die Innerschweiz. Diese Veranstaltungen in einer heilen, ländlichen Bergwelt repräsentierten das Denken und Fühlen der Romantik, die damals ganz Europa erfasst hatte, in idealer Weise.[26]

Bedeutende Werbewirkung erhielten die Fremdenverkehrsregionen auch durch die zeitgenössische Literatur. Zahlreichen Dichtern und Autoren dienten diese Gegenden im frühen 19. Jahrhundert als Bühne. So spielt beispielsweise Friedrich Schillers Geschichte über Wilhelm Tell, die 1804 in gedruckter Form erschien, in der Gegend des Vierwaldstättersees (Abb. 7). 1808 beschrieb Madame de Staël die Feste in Unspunnen und die Landschaft um Interlaken in äusserst werbewirksamen Briefen. 1816 bereiste Lord Byron, der bekannteste englische Dichter jener Zeit, von seinem Wohnsitz am Genfersee aus die damals bekanntesten Gebiete in der Westschweiz und im Berner Oberland. Seine Dramen «Prisoner of Chillon» und «Childe Harold», die er danach veröffentlichte, spielen am Genfersee, die Tragödie «Manfred» mehrheitlich im Berner Oberland.[27]

FRÜHE WERBEBOTSCHAFTEN ALS «MOTOR» EINER TOURISTISCHEN ENTWICKLUNG

Nachdem die Reisenden im 18. Jahrhundert oft noch selbst zu Pinsel und Zeichenstift gegriffen hatten, trachteten die vermögenderen Touristen im Zeitalter der Romantik eher danach, ein gekauftes Andenken aus der besuchten Gegend als Erinnerung mit nach Hause zu nehmen. Gemessen an späteren Zahlen war die Schar der Reisenden im frühen 19. Jahrhundert noch gering; diese waren aber zahlungskräftig und konnten sich deshalb grössere Andenken erstehen: Bilder, Tapeten oder sogar ganze Häuser. Erst im späten 19. Jahrhundert verbreitete sich das kleine, mitnehmbare Souvenir als Ersatz für die grossen Originalandenken der Frühzeit.

Als früheste Souvenirs in der noch heute bekannten Art gelten die Brienzer Holzschnitzereien, die auf einen alten Schweizer Brauch des Schnitzens von Gegenständen zum täglichen Gebrauch zurückgriffen. Bereits im ersten Viertel des 19. Jahrhunderts konnte sich die Region Brienz dank vielen Besuchern als Zentrum der Holzschnitzerei etablieren (Abb. 9). Die Fremden erwarben die Produkte der einheimischen Holzschnitzer offenbar gern als Andenken an den Besuch am Giessbach oder an die Bootsfahrt mit den schönen Mädchen, die sie über den See gerudert hatten.[28]

Im Zeitalter der Romantik rückten die von den Touristen aufgesuchten Orte und Gegenden ins Zentrum der zeitgenössischen Malerei. Mit der Herstellung malerischer Veduten begann eine neue Kunstrichtung aufzuleben, deren Vertreter

10
Ausschnitt aus der Tapete «La Petite Helvétie» der Rixheimer Manufaktur, um 1820.

11
Ein idealisiertes «Oberländerhaus» in Lauterbrunnen, Aquarell von Samuel Birmann, 1825/1830.

12
1822 veröffentlichte Heinrich Keller ein Rigi-Panorama, das grosse zeitgenössische Bekanntheit erlangte.

10

als so genannte Kleinmeister bekannt geworden sind. Johann Ludwig Aberli, Lory Vater und Sohn, Sigmund Freudenberger, Franz Niklaus Koenig, Kaspar Wolf und andere lieferten das Bild der romantischen Schweiz in die Stuben aller interessierten Zeitgenossen. Im Zentrum ihrer Darstellungen stand immer wieder die idealisierte Landschaft, ergänzt mit hübschen Chalets oder idyllischen Bergpanoramen (Abb. 3, 7, 11). Nebst Aquarellen und Aquatinten fanden für grössere Auflagen auch Kupferstiche, teils handkoloriert, und Kreidelithografien grossen Absatz für die Stuben Europas. Der englische Baron Taylor war einer der ersten Verleger derartiger Lithografien, als er 1820 seine «Voyages pittoresques et romantiques» herausgab.[29]

Seit Beginn des 19. Jahrhunderts wurden in Rixheim bei Mülhausen im Elsass Papiertapeten hergestellt, die für die Salons und Stuben der damaligen europäischen Oberschicht alles darstellten, was man sich von den Bergen und der Natur wünschen konnte. Gletscher und die Alpenwelt, liebliche Hirtenszenen, anmutige Landschaften mit romantischen Alphütten und weidenden Herden, aber auch Burgen und Schlösser und Heldengestalten finden sich auf diesem noblen Wandschmuck. Zu den berühmtesten Darstellungen zählten die Tapeten mit den klingenden Namen wie «La Petite Helvétie» (Abb. 10) oder «Vues de Suisse».[30]

In jener Zeit der Idealisierung von Natur und Landleben entwickelte sich auch eine grosse Begeisterung für das Schweizer Bauernhaus im Allgemeinen und die Berner Oberländer Chalets im Besonderen (Abb. 11). An diesem wurde damals die klassische Architektur erklärt. Berner Bauernhäuser wurden zum Exportartikel innerhalb der Eidgenossenschaft, aber auch ins Ausland und an fremde Höfe. König Wilhelm I. von Württemberg liess sich beispielsweise 1822 auf seinem Hof ein bis ins Detail kopiertes Berner Bauernhaus erbauen. Am englischen Hof, im Park von Osborne House, wurde in den 1830er-Jahren auf Wunsch von Königin Victoria ein Schweizer Chalet aufgebaut. Diese Begeisterungswelle erklärt auch die Entstehung einer frühen Bauernhausforschung im Berner Oberland, und es erstaunt nicht, dass der Kanton Bern um 1900 die am besten erforschte europäische Hauslandschaft aufwies (Abb. 11).[31]

Bereits die Bilder der frühen Kleinmeister, die viele Reisenden aus ihrem vorübergehenden Aufenthaltsort mit nach Hause nahmen, können als Botschaft aus dem Ferienort und damit als indirekte Werbung für diese Gegend angesehen werden. Als Werbeträger wirkten auch die Papiertapeten mit schweizerischen Landschaften. Allerdings konnten diese Botschaften nur von einem beschränkten Kreis von Auserwählten in ihren Wohnstuben betrachtet werden. Nahe liegend war deshalb die Idee, diese Botschaften einem weiteren Publikum zugänglich zu machen. Aus diesen Gedanken entwickelten sich im frühen 19. Jahrhundert die grossflächigen Landschaftsdarstellungen und Panoramen. Sie erlaubten es, die Kunde von der Schweiz als idealem Reise- und Aufenthaltsland in ganz Europa zu verbreiten. Bereits seit 1792 war in einer Rotunde in London ein erstes Grosspanorama mit idealisierten Bergen und pittoresken Landschaftsansichten zu sehen. 1815 veröffentlichte Heinrich Keller die erste Ausgabe seines später weltberühmten Rigi-Panoramas (Abb. 12). Bis zur Verbreitung des Films zu Beginn des 20. Jahrhunderts zogen diese Panoramen in den europäischen und amerikanischen Grossstädten die reisefreudige Bevölkerung scharenweise in ihren Bann.[32]

Die verkleinerte Form des Panoramas erfand der Maler Franz Niklaus Koenig, einer der Initianten der Unspunnenfeste. Nach 1810 führte er auf öffentlichen Märkten seine «Transparenten-Kabinette» als Schaustellerei vor.[33] Ein gutes Jahrzehnt später begann das Diorama in den europäischen Grossstädten Furore zu machen. Es wurde von Jacques Daguerre erfunden, der sich auch mit der Daguerreotypie einen Namen schaffte. Im Diorama, einem überdimensionalen Guckkasten, konnte man riesige, farbige Gemälde betrachten, die durch ein ausgeklügeltes Belichtungssystem dreidimensional wirkten. Zusammen mit originalgetreuen Häusern und Hütten, mit Hilfe von Menschen und lebendigen Tieren sowie begleitet von echt schweizerischem Jodeln und Alphornblasen, entstand die perfekte Illusion einer Szene aus den Schweizer Alpen. Der Erfolg dieser Dioramen war umwerfend, und das Publikum strömte in Massen herbei.[34] Ihre Verbreitung in den wichtigsten europäischen Städten trug viel dazu bei, dass sich die Schweiz in der Mitte des 19. Jahrhunderts ihren Platz als bedeutendstes Reiseland Europas sichern konnte.

11

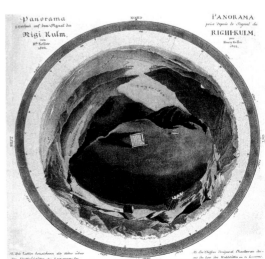

12

DER TOURISTISCHE AUSBAU IM FRÜHEN 19. JAHRHUNDERT
Neue Infrastruktur

Aus dem einsamen und bescheidenen Wanderer der vorrevolutionären Zeit war im frühen 19. Jahrhundert ein anspruchsvollerer Tourist geworden, der seinen Wunsch nach Steigerung des Komforts deutlich machte. Dominierten früher die Fortbewegung zu Fuss oder zu Pferd, seit dem späten 18. Jahrhundert auch mit Wagen und Kutsche, so verbreiteten sich im frühen 19. Jahrhundert die ersten Massenverkehrsmittel. Die Zunahme von reisewilligen Leuten bedingte vielerorts einen Ausbau der Infrastrukturanlagen. Das Strassennetz wurde bis in die alpinen Regionen ausgedehnt, und in der zweiten Jahrhunderthälfte setzte der Eisenbahnbau ein. Seit den 1820er-Jahren wurde für die nun immer länger am gleichen Ort verweilenden Touristen ein gut ausgebautes Spazierwegnetz erstellt. Diese Entwicklung war die eigentliche Voraussetzung für die Wandlung des Reisens vom Vergnügen einzelner Begüterter zur Freizeitbeschäftigung eines grösseren Bevölkerungskreises.

Der Strassenbau erlebte zu Beginn des 19. Jahrhunderts entscheidende Fortschritte. Vielerorts konnte dabei auf grosszügigen Vorarbeiten des 18. Jahrhunderts aufgebaut werden. Im schweizerischen Mittelland stellte seit der Mitte des 18. Jahrhunderts eine vom Stadtstaat Bern erstellte Kutschenstrasse für das Reisen vom Genfersee in den Aargau (nach 1770 bis nach Zürich) eine bedeutende Erleichterung dar.[35] Die seit 1742 erstellte breite Landstrasse von Bern nach Thun wurde in den zeitgenössischen Reiseberichten ebenso gelobt wie die kühne Weganlage über den Gemmipass aus dieser Zeit. In den meisten von den Touristen besuchten Regionen war es bereits im ausgehenden 18. Jahrhundert möglich, in weniger als zwei Tagen mit relativ bequemen Verkehrsmitteln (Kutsche, Ruderschiff, Wägelchen oder Reitpferd) auf vergleichsweise anständig ausgebauten Wegen die ersten touristischen Ziele zu erreichen (Abb. 4).[36]

Im 19. Jahrhundert entstand aus diesen frühen Weganlagen ein erstes Strassennetz, das nun auch bis in die Alpentäler vordrang. Der Bau von Passstrassen nahm seinen Anfang im damals noch nicht schweizerischen Wallis mit der napoleonischen Fahrstrasse über den Simplon zwischen 1800 und 1805.[37] Unmittelbar nach dem Wiener Kongress erstellte Oberingenieur Richard La Nicca zur besseren Versorgung des Kantons Graubünden das grosse Netz der so genannten Kommerzialstrassen: seit 1818 die Untere Strasse mit dem San Bernardino und dem Splügenpass, zwischen 1820 und 1826 die Strasse über den Julierpass und die Verbindung vom Engadin ins Bergell.[38] In den 1820er-Jahren entstand die fahrbare Gotthardstrasse vom Vierwaldstättersee bis an die italienische Grenze.[39] In weiteren Bauphasen wurden nach 1860 die Pässe Maloja, Bernina, Albula und Brünig ausgebaut. Erst auf Grund eines Bundesbeschlusses entstand zwischen 1863 und 1867 die erste fahrbare West-Ost-Verbindung durch die Schweizer Alpen zwischen Brig und Disentis über den Furka- und den Oberalppass (Abb. 13). Mit dem gleichen Bundesbeschluss wurde aus militärstrategischen Überlegungen auch der Bau der Axenstrasse zwischen Brunnen und Flüelen in die Wege geleitet, der für die touristische Entwicklung des oberen Vierwaldstättersees von grosser Bedeutung war.

Die neu erstellten Strassen bildeten die Voraussetzung zur Entstehung der Reisepost, die bis zum Aufkommen der Eisenbahnen im mittleren 19. Jahrhundert vor allem touristischen Bedürfnissen diente. Um 1740 waren bereits die ersten Postwagenkurse zwischen den grösseren Schweizer Städten eröffnet worden, die immer häufiger auch fremde Reisende transportierten. Nach dem Bau der Simplonstrasse wurde dort der erste alpine Reisepostverkehr eingerichtet. Seit 1833 verkehrte für den Transport der immer zahlreicheren Touristen mit Ziel Berner Oberland eine tägliche Schnellkutsche zwischen Basel und Bern. 1842 entstand ein regelmässiger Postwagendienst über den Gotthardpass, im Jahr darauf ein solcher von Chur ins Oberengadin. Bei der Übernahme der kantonalen Postverwaltungen durch den Bund 1849 umfasste das Postkutschennetz schon «955 Stunden Strassenstrecken» (eine Stunde entspricht etwa einer Strecke von fünf Kilometern). Die Schweizer Post richtete in der Folge über alle Alpenpässe und in beinahe jedes Bergtal einen Postkutschendienst ein (Abb. 13). Auf den beliebten Touristenrouten stiegen die Passagierzahlen in der zweiten Jahrhunderthälfte unaufhaltsam. Auf vielen Strecken konnten die Passagiere gegen Ende des

13
Postkutsche auf dem Oberalppass vor dem Hotel Oberalpsee (am 20. Januar 1951 durch eine Lawine zerstört). Fotografie vor dem Bahnbau in den frühen 1920er-Jahren (siehe Abb. Seiten 12/13).

14
«La belle batelière de Brienz», Ölbild um 1830.

15
Das Dampfschiff «Winkelried» verkehrte von 1823 bis 1842 als zweites Personenschiff auf dem Genfersee.

16
Skizze der Pensionen in Interlaken um 1840, aufgenommen durch den Zeichner Heinrich Keller als Vorlage zu einer Panoramaansicht des jungen Touristenortes.

13

14

19. Jahrhunderts oft kaum mehr transportiert werden. Besonders über den Julierpass waren nicht selten ganze Postkarawanen unterwegs, wobei ein einzelner Kurs bis 150 Passagiere zählen konnte.⁴⁰

Auch auf den von Fremden besuchten Schweizer Seen etablierten sich zu Beginn des 19. Jahrhunderts die ersten Transporteinrichtungen. Eine viel beschriebene Attraktion bildeten die hübschen Ruderinnen, die die Touristen auf dem Brienzersee mit kleinen Booten zum Giessbach führten (Abb. 14). Der Verkehr mit grösseren Dampfschiffen setzte in den touristischen Regionen der Schweiz im europäischen Vergleich sehr früh ein: 1823 auf dem Genfersee mit dem ersten Schiff «Guillaume Tell», gefolgt vom «Winkelried» (Abb. 15), kurz danach auf dem Bodensee (1824) sowie auf dem Lago Maggiore und dem Neuenburgersee (1826). In den 1830er-Jahren befuhren die ersten Schiffe die Berner Oberländer Seen: 1835 den Thunersee, 1839 den Brienzersee. 1837 kam auf dem Vierwaldstättersee mit der «Stadt Luzern» von Escher, Wyss & Cie. in Zürich das erste in der Schweiz erbaute Schiff in Betrieb. Der Dampfschiffverkehr war in seiner Anfangszeit durch einen unglaublichen finanziellen Erfolg charakterisiert: Auf dem Genfersee beispielsweise konnten den Aktionären in den ersten Betriebsjahren Dividenden von bis zu 20 Prozent ausgeschüttet werden.⁴¹

Die um 1800 aufkommende Mode, sich in der heilen Bergwelt an Molke gesund zu trinken, begünstigte den längeren Aufenthalt am gleichen Ort. Diesen Kurgästen mussten neue Möglichkeiten der Unterhaltung angeboten werden: Man erfand die Spazier- und Wanderwege in der näheren Umgebung von Hotelanlagen. Sie führten oftmals an Trinkhallen vorbei und hatten einen ebenfalls neu angelegten Aussichtspavillon als Ziel (Abb. 131). Im ersten Viertel des 19. Jahrhunderts entstanden auch zahlreiche neue Spazierwege zu Naturschauspielen, beispielsweise zum Gletscher von Grindelwald oder zum Giessbachfall am Brienzersee. Gleichzeitig setzte vielerorts der Ausbau von Bergwegen ein wie auf den Rigigipfel oder im Berner Oberland auf das Faulhorn und auf das Brienzer Rothorn; ein besonders beliebter Weg führte über die Kleine und die Grosse Scheidegg. Der Ausbau des lokalen Spazierwegnetzes und der Bergwege wurde stark beeinflusst durch die Reiseführer, die sich über dieses neue Angebot sogleich lobend äusserten. Für den Wegbau im Berner Oberland waren beispielsweise Berichte über das gut ausgebaute Wegnetz in der Umgebung von Chamonix bedeutungsvoll.⁴²

Erste Hotels und Pensionen

Bis um 1800 finden sich Gasthäuser vorwiegend in den Städten, die den Reisenden Schutz boten und auch eine wichtige Rolle als wirtschaftliches und politisches Zentrum einer Region spielten. Daneben konnten sich Herbergen nur in einigen wenigen Ortschaften, meistens an grösseren Verkehrswegen, etablieren. Dort entstanden sie in der Regel erst im Zusammenhang mit der steigenden Zahl von fremden, an der Natur interessierten Besuchern. In den kleineren Ortschaften, die bis ins 19. Jahrhundert nicht an einer Durchgangsstrasse lagen oder im regionalen Umfeld keine genügende wirtschaftliche Bedeutung aufwiesen, gab es vor 1800 kaum Gasthöfe. Dort finden sich höchstens lokale Wirtshäuser, die über ein Schankrecht verfügten, aber kein Nachtlager anboten. Zu diesen Orten, von denen einige später im Fremdenverkehr des 19. Jahrhunderts eine bedeutende Rolle einnahmen, gehörten beispielsweise die Region von Montreux, alle Dörfer am Thunersee oder die Uferorte am Vierwaldstättersee.

An erhöhter Aussichtslage, in den Alpentälern oder ganz allgemein ausserhalb von Ortschaften gab es bis ins frühe 19. Jahrhundert nur ganz wenige Herbergen (Abb. 4). In den neu entdeckten Landschaften standen vorerst kaum Betten zur Verfügung. Besonders gastfreundlich zeigten sich dort die politischen Mandatsträger wie Landvögte oder Richter. Aber auch Landsitze aufgeschlossener Privatleute standen oft als standesgemässe Unterkunft zur Verfügung.⁴³ An erster Stelle nahmen aber die gut ausgestatteten Pfarrhäuser viele Fremden auf. Dort fühlten sich vor allem die frühen Naturwissenschaftler gut aufgehoben. So hatten beispielsweise 1789 der Alpenforscher Horace Bénédict de Saussure und danach zahlreiche weitere Bergpioniere im Zermatter Pfarrhaus eine angenehme Unterkunft gefunden.⁴⁴

Kurz nach 1800 bildeten sich neue Fremdenregionen, in denen bald einmal eine Gasthausinfrastruktur nach dem Vorbild der grossen städtischen Zentren bereit stand. Die ersten

15

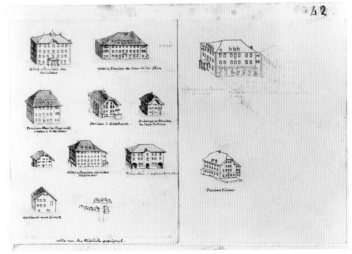
16

solchen Häuser wurden kurz nach 1800 in Interlaken (Abb. 146) und an der Rigi eröffnet (Abb. 165). Um 1830 etablierte sich der Tourismus in der Region von Vevey und Montreux, zwischen Clarens und dem Schloss Chillon (Abb. 73, 75). Als idealer Hotelstandort gewann bald einmal die Lage direkt am Seeufer oder etwas erhöht darüber an Bedeutung. Wichtig wurde in dieser Zeit die Aussicht auf die Berge oder auf den nahen See.

Die Gasthausbauten des frühen 19. Jahrhunderts unterschieden sich in ihrem Aussehen noch kaum von den bestehenden traditionellen Bauten in ihrer Umgebung. Die um 1840 von Heinrich Keller gezeichnete Skizze der damaligen Gasthäuser von Interlaken zeigt zwei unterschiedliche Bautypen: das einfache Rundehaus und den steinernen Wohnstock (Abb. 16, 45). Das Rundehaus entspricht dem damals in der Gegend weit verbreiteten Bautyp des einfachen, oft bäuerlichen Wohnhauses. Die repräsentativere Architektur lässt sich als Steinbau mit Walmdach charakterisieren, der sich im frühen 19. Jahrhundert in ländlichen Gegenden als herrschaftlicher Bau besonderer Beliebtheit erfreute. Bis zum Jahr 1830 war der Bau von Pensionen und Hotels also wohl als neue Bauaufgabe definiert, dieser hatte aber seine eigenständige Architektursprache noch nicht gefunden.

Nach 1830 setzte im schweizerischen Fremdenverkehr eine erste intensive Bauphase ein, wobei die Städte an den grossen Schweizer Seen eine wichtige Rolle übernahmen. Mancherorts brach eine wahre Bauflut aus, die in den damaligen Fremdenorten auch den Hotelbau erfasste. In Genf, Lausanne und Vevey am Genfersee, in Thun am Thunersee sowie in Luzern am Vierwaldstättersee wurden nach 1830 innerhalb kurzer Zeit die grossen Stadthotels der ersten Generation erbaut, die den Fremdenverkehr dieser Orte entscheidend prägten. Damals etablierte sich das Grosshotel am Seeufer als Idealtyp einer Unterkunft für die reisende Oberschicht. Mitten in dieser ersten Hotelbauphase lobte der Baedeker bereits in seiner ersten Ausgabe von 1844: «Die Schweiz hat unstreitig die besten Gasthöfe der Welt. Das Baur in Zürich, des Bergues und Ecu de Genève in Genf, Belle-Vue in Thun, Gibbon in Lausanne, Trois Couronnes oder Monnet in Vivis [Vevey], drei Könige in Basel oder Falke in Bern sind in ihrer grossartigen Einrichtung musterhafte Anstalten.»[45]

Das im Zentrum der Stadt Genf 1834 eröffnete Hôtel des Bergues stand am Anfang dieser neuen Epoche im Schweizer Hotelbau. Der in einem Architekturwettbewerb siegreiche Bau von Augustin Miciol aus Lyon setzte neue Massstäbe. Seine klassizistischen Fassaden definierten für den Hotelbau im frühen 19. Jahrhundert erstmals einen eigenständigen architektonischen Ausdruck, der sich vom Gasthofbau vor 1830 deutlich unterschied (Abb. 96). Nach diesem Vorbild entstanden in den folgenden Jahren etliche neue Hotels: am Genfersee beispielsweise 1839 das vornehme Hôtel Gibbon am Rand der Altstadt von Lausanne (Abb. 97) und 1842 das Hôtel des Trois Couronnes in Vevey (Abb. 73). Auch in Luzern erhielt das neue Hotel Schweizerhof im Jahr 1845 eine klassizistische Fassadengestaltung (Abb. 167). In Thun wies die Dependance Du Parc von 1842 klassizistische Architekturformen auf und stand damit in markantem Gegensatz zu dem 1834 noch ganz in traditionellen Formen mit einem Mansartdach gestalteten Hauptbau des Hotel Bellevue (Abb. 82).

In allen neuen Fremdenorten, beispielsweise in Montreux, in Interlaken und an der Rigi, entstanden in der ersten Hälfte des 19. Jahrhunderts noch keine grossen Hotelbauten, wie man sie zu gleicher Zeit in Genf, Lausanne, Vevey oder Luzern bereits kannte. Man begnügte sich dort vorerst mit kleineren Gebäuden und einer Bettenzahl, die in der Regel unter 50 lag. Diese vergleichsweise bescheidenen Gebäude entliehen ihre Gestaltungselemente mehrheitlich der ländlichen Architektur der entsprechenden Gegend (Abb. 16). Ihre Architektur war, wie das Kapital, mit dem diese Häuser erbaut wurden, in der engeren Region verwurzelt. Diese neuen Fremdenorte und ihre Hotelbauten entstanden durch einheimische Eigentümer und, im Gegensatz zu den Hotels der Grossstädte sowie der späteren allgemeinen Entwicklung am Ende des 19. Jahrhunderts, durch einheimisches Kapital. In mehreren Etappen wurde mit dem erarbeiteten Gewinn in der Regel der gleiche Betrieb erneuert, vergrössert oder neu erbaut.[46]

17
Die 1823 eröffnete Unterkunft (1832 neues Hotelgebäude) auf dem Faulhorn war damals auf 2681 Metern über Meer das höchstgelegene Gasthaus in den Alpen. Fotografie von 1907.

18
1859 schlug der Winterthurer Architekt Friedrich Albrecht zur Erschliessung des Rigigipfels eine Bahnanlage mit Gondeln an Luftballons vor.

19
Blick auf die Gesamtanlage im Giessbach mit dem Hotel nach dem Wiederaufbau von 1884. Ansichtskarte mit einer Fotomontage um 1910.

17

18

VORSTOSS INS HOCHGEBIRGE
Die Eroberung der Bergwelt

Die Begeisterung für Berggipfel, Gletscher und Schluchten hatte am Ende des 18. Jahrhunderts, nach der Erstbesteigung des Mont-Blanc-Gipfels, in den privilegierten Kreisen, die sich damals eine Reise leisten konnten, endgültig Fuss gefasst. Im Jahr 1802 besuchte ein Walliser Gymnasiast Zermatt «surtout pour voir le Matterhorn», wie er später in seinen Lebenserinnerungen schrieb.[47] In dieser Zeit begann die systematische Eroberung der Viertausender in den Schweizer Alpen. Die Erstbesteigungen der Jungfrau 1811 und des Finsteraarhorns 1829 waren viel beachtete Etappen auf diesem unaufhaltsamen Streben nach den höchsten Alpengipfeln. Gegen die Jahrhundertmitte begaben sich immer mehr Gelehrte zu Forschungszwecken in die Alpen. Die Expeditionen der Neuenburger Louis Agassiz, einem Wegbereiter der Eiszeittheorie, und Eduard Desor ins Gebiet des Unteraargletschers um 1840 fanden in der Fachwelt ein besonders grosses Echo. Die Berichte dieser Alpenforscher halfen mit, das Interesse an Gletschern und Alpenwelt in weiten Bevölkerungskreisen zu verbreiten.[48] In den 1850er-Jahren begann die Reihe der Erstbesteigungen aller Viertausender, die mit der Bezwingung des Matterhorns 1865 durch Eduard Whymper einen markanten Höhepunkt erlebte (Abb. 197).

Während der normale Tourist sich noch mit bequemer erreichbaren Zielen begnügen musste, blieb der Vorstoss ins Hochgebirge nur den wenigsten Abenteurern vorbehalten. Vorwiegend britische Bergsteiger, meist reiche Angehörige höherer Berufsstände, Akademiker oder sogar Adelige, strebten nach der Erforschung der Alpen und nach exklusiven Erstbesteigungen.[49] So erstaunt es kaum, dass der «British Alpine Club» als erster Alpenverein 1857 von einer Gruppe britischer Hochgebirgsbegeisterter ins Leben gerufen wurde (Abb. 197). Kurz danach entstanden der Österreichische Alpenverein (1862), der Schweizer Alpenclub (1863) und der Deutsche Alpenverein (1869). Diese Vereinigungen förderten aber nicht nur die spektakulären Erstbesteigungen, sondern sie strebten nach einer ganzheitlichen Erforschung der Alpen in geologischer, botanischer, zoologischer und topografischer Hinsicht.[50]

Die meisten aus dem britischen Weltreich stammenden Hochgebirgstouristen bezogen im Sommer für einige Wochen, oft sogar für Monate, in einem Bergtal ihr Standquartier. Dort verpflichteten sie in der Regel für ihre gesamte Aufenthaltsdauer einen Bergführer. Dadurch förderten sie die Entwicklung dieses Berufs in ganz besonderem Mass. Es mag deshalb kaum erstaunen, dass die ersten Regelungen des Bergführerwesens gerade in Zermatt erfolgten und dass das Wallis als erster Kanton den Beruf des Bergführers bereits im Jahr 1870 reglementierte und 1882 dafür eine Ausbildung mit Prüfung vorschrieb (Abb. 49).[51] Viele alpinistische Leistungen faszinierten in jenen Jahren die Gesellschaft bis in die adeligen Ränge. Der Aufenthalt der Gebirgstouristen entwickelte sich in einigen entlegenen alpinen Gegenden zu einem bedeutenden wirtschaftlichen Faktor. Neben den einheimischen Bergführern verdankten ihnen dort zahlreiche Hotels und Gasthöfe sowie weitere Dienstleistungsbetriebe eine Existenz, die ohne diesen alpinen Tourismus kaum denkbar gewesen wäre.

Alpine Hotellerie

Die Anfänge der Beherbergung in alpinen Gegenden stehen im direkten Zusammenhang mit dem Ausbau der Passübergänge. Im Mittelalter fanden die Reisenden vor allem in Hospizen auf Passhöhen (auf dem Grossen St. Bernhard beispielsweise seit dem 9. Jahrhundert) oder in Hospitälern grösserer Ortschaften ein Nachtlager. Sonst fehlten in mittelalterlicher Zeit die Unterkünfte in den Bergen fast vollständig. Wer in diese Regionen vorstiess, hatte im Tal zu übernachten, war auf die Gastfreundschaft der Sennen angewiesen oder suchte in Höhlen Zuflucht. Dies änderte sich erst im frühen 19. Jahrhundert, als an der Rigi, im Berner Oberland und im Wallis innerhalb kurzer Zeit zahlreiche Berggasthäuser entstanden.

Im Jahr 1816 wurde mit finanzieller Unterstützung eines schweizerischen Komitees ein Gasthaus auf dem Rigigipfel eröffnet (Abb. 165). Es war das erste schweizerische Berggasthaus überhaupt, und dazu stand es noch auf dem damals berühmtesten Schweizer Berggipfel. Mit der Bereitstellung dieser Unterkunftsmöglichkeit erhielt die Rigi in allen Reiseführern eine ausführliche Beschreibung. Die Aussicht wurde in

19

den höchsten Tönen gelobt, und bald begann das reisende Volk den Berg in grossen Scharen zu erstürmen.

Die Gastwirtschaft auf dem Rigigipfel war gewissermassen die Geburtsstunde der alpinen Hotellerie. Das erste Gasthaus gab sich allerdings noch ländlich bescheiden: Sowohl die äussere Erscheinung wie auch das Innere unterschieden sich noch kaum von den damals besser eingerichteten Alphütten; von Komfort konnte nicht gesprochen werden. Dennoch war dieses Haus auf dem bekanntesten Schweizer Voralpengipfel ein wichtiges Vorbild für den späteren alpinen Gasthausbau und damit indirekt auch für die Hotelbauten in der Belle Epoque.

Die nächste wichtige Etappe im alpinen Hotelbau findet sich im Berner Oberland. Im Sommer 1823 wurde auf dem Gipfel des 2681 Meter hohen Faulhorns bei Grindelwald ein Gasthaus in Betrieb genommen, damals die höchstgelegene Gaststätte in den europäischen Alpen (Abb. 17).[52] Auf der Wengernalp und der Kleinen Scheidegg kamen in den späten 1830er-Jahren Hotels in Betrieb; das damals stark begangene Brienzer Rothorn erhielt um 1840 ein Gasthaus.[53]

Kurz nach 1830 begann auch in den Walliser Alpen der Gasthausbau. Am Fuss des Rhonegletschers richtete Josef Anton Zeiter ein erstes bescheidenes Wirtshaus mit etwa 12 Betten ein.[54] 1839 konnte der Zermatter Dorfarzt Josef Lauber in seinem Wohnhaus fremde Besucher beherbergen (Abb. 200).[55] Diese beiden Gasthäuser zuoberst im Goms und im Mattertal waren die Walliser Pioniere in dieser Höhenlage. Die seit dem zweiten Viertel des 19. Jahrhunderts in teilweise extremer Einsamkeit erbauten Walliser Gebirgshotels bildeten vorerst fast ausschliesslich den Ausgangspunkt zur Besteigung der Drei- und Viertausender. Erst im letzten Jahrhundertviertel dienten sie einer immer zahlreicheren Gästeschar als stationärer Aufenthaltsort in der bewunderten Alpenwelt. Eine vornehme Kundschaft schätzte nun bei diesen Hotels vor allem das unvergleichliche Panorama, das sie von der Hotelterrasse aus genoss (Abb. 208 und Seite 164).

20
Zugskomposition der Vitznau – Rigi-Bahn auf der berühmten, von Mark Twain beschriebenen Schnurtobelbrücke. Fotografie um 1910.

TOURISMUS IN DER BELLE EPOQUE
Vom Luxus- zum Massentourismus

In der zweiten Hälfte des 19. Jahrhunderts stellte der Adel nur noch einen kleinen Anteil der Touristen. Nun reisten vor allem die Finanzaristokratie und das Bildungsbürgertum: Berufsoffiziere und Staatsbeamte, Industrielle und Kaufleute, Professoren und Akademiker, aber auch schon der bürgerliche Mittelstand. In dieser Zeit bestimmte das Vermögen und nicht mehr die Zugehörigkeit zu einer Gesellschaftsschicht über die Möglichkeit zum Reisen. Die teils spektakulären Aufenthalte gekrönter Häupter in der Schweiz erregten aber dennoch grosse Aufmerksamkeit, und sie spornten weite Bevölkerungskreise zu eigenen Reisen an. Zu den bekanntesten, teilweise von grossen Menschenmassen begleiteten Ereignissen gehörten etwa der Aufenthalt der englischen Königin Victoria im Sommer 1868 in Luzern, von wo aus sie zahlreiche Ausflugsfahrten in die gesamte Innerschweiz und sogar über den Furkapass nach Gletsch unternahm.[56] Die Auftritte Ludwigs II. von Bayern am Vierwaldstättersee erregten vielerorts echte Volksaufläufe. Besonders bewegt verlief die zweite Reise von 1881, als ihm der Hofschauspieler Josef Kainz an den «Originalschauplätzen» jeweils aus Schillers «Wilhelm Tell» zitieren musste.[57]

Um 1860 leiteten die ersten organisierten Gruppenreisen eine vorher nicht gekannte soziale Breitenentwicklung des Reisens ein. Ihr Erfinder war der Engländer Thomas Cook, der 1856 erstmals eine Reisegruppe von London auf den Kontinent an die Pariser Weltausstellung führte. 1863 organisierte er die erste geführte Reise durch die Schweiz. Seine perfekten Gruppenreisen verwandelten das frühere Abenteuer zu einem Präparat, das eigentlich jedes Risiko ausschloss. Damit öffnete sich einer breiten Bevölkerungsschicht die Möglichkeit einer Bildungstour, die vorher nur Angehörigen des adeligen oder grossbürgerlichen Standes vorbehalten war.

Die Eisenbahn als Impuls einer neuen Entwicklung

Als neues Massenverkehrsmittel trug die Eisenbahn in der zweiten Hälfte des 19. Jahrhunderts Entscheidendes zur touristischen Entwicklung bei. Nach der ersten Fahrt auf Schweizer Boden 1844 entstanden in den 1850er-Jahren in rascher Folge die wichtigsten Linien im schweizerischen Mittelland. Interessant ist die Tatsache, dass die frühesten Linien zielstrebig die damaligen Zentren des Fremdenverkehrs ansteuerten. Die Linie der Schweizerischen Centralbahn führte bereits 1859 von Basel, neben Genf damals das wichtigste Eingangstor der englischen Touristen in die Schweiz, nach Thun und Luzern. Von Genf aus fuhr der Zug nach Morges, wo man bis Villeneuve auf das Schiff angewiesen war.[58]

Die herkömmlichen Bahnsysteme eigneten sich nicht zur Erklimmung der Berggipfel. Deshalb entstanden seit der Mitte des Jahrhunderts verschiedene Projekte für den Bergbahnbau. 1859 zum Beispiel entwarf der Winterthurer Architekt Friedrich Albrecht das Projekt einer Luftballonbahn von Immensee auf die Rigi (Abb. 18).[59] Die Frage der Erschliessung von Alpengipfeln war damals politisch und volkswirtschaftlich dermassen bedeutend, dass sogar der junge Bundesstaat dieses Problem studieren liess. 1859 schrieb der Bundesrat eine internationale Ideenkonkurrenz zur Erlangung von Entwürfen für den Bau von Bergbahnen aus. Die 20 eingereichten Projekte bestachen durch grosse Originalität: Vorgeschlagen wurden unter anderem Einschienenbahnen, Wagen mit Luftballons oder eine Lokomotive mit zwölf Triebrädern zur Erzielung einer besseren Adhäsion sowie verschiedene Zahnradsysteme. Nationalrat und Hotelier Fritz Seiler (Seite 73) aus Interlaken schlug vor, mit Hilfe von Wagen, die mit Druckluft durch Röhren geschoben werden sollten, von Lauterbrunnen aus den Jungfraugipfel zu erreichen.[60]

Mit der maschinellen Herstellung von Drahtseilen in den 1860er-Jahren war eine erste Möglichkeit zur Überwindung von grossen Höhenunterschieden gefunden.[61] Der dadurch ermöglichte Bau von Standseilbahnen begann im letzten Viertel des 19. Jahrhunderts. Diese dienten vorerst als Verkehrsmittel zur Erschliessung von Hotelanlagen an schöner Aussichtslage, erst später erreichten sie auch Berggipfel. Die erste solche Bahn führte Hotelgäste, Schiffspassagiere und Spaziergänger seit 1877 vom Bahnhof Lausanne an den See in Ouchy. Die zweite und heute älteste noch in Betrieb stehende Standseilbahn entstand 1879 zur Erschliessung des Hotel Giessbach am Brienzersee (Abb. 19). Von den insgesamt knapp 60 in der Schweiz erstellten Anlagen wurde der grösste Teil in der Zeit zwischen 1883 und 1914 erbaut, rund ein Dutzend

21
Wagen der Strassenbahn St. Moritz Bad – Dorf. Am rechten Bildrand das mächtige, 1902 – 1905 von Architekt Karl Koller erbaute Grand Hotel (Abbruch nach Brand 1944). Ansichtskarte um 1910.

22
Die 1889 eröffnete Pilatusbahn ist noch heute die steilste Zahnradbahn der Welt. Fotografie um 1920.

23
«Jungfrau in der Zukunft». Ansichtskarte um 1910 mit der Darstellung der Angst vor der Zerstörung der Bergwelt durch Mensch und Technik.

21

22

davon als reine Hotelbahnen. Die Mehrzahl dieser Anlagen konzentrierte sich auf die Regionen des Genfersees, des Berner Oberlands und des Vierwaldstättersees.[62]

Die Erfindung der Zahnradlokomotive eröffnete der Eisenbahn die mühelose Eroberung von Berggipfeln. Der Oltner Konstrukteur Niklaus Riggenbach war der europäische Erfinder des Zahnradsystems. Sein Patent ermöglichte 1871 die Eröffnung der ersten europäischen Zahnradbahn von Vitznau nach Rigi-Staffel (Abb. 20). Zwei Jahre später konnte der Rigigipfel erreicht werden, nachdem eine andere Bahngesellschaft die auf Schwyzer Boden gelegene Strecke errichtet hatte.[63] In den späten 1870er-Jahren brachte die weltweite Wirtschaftskrise den Bergbahnbau aber vorerst zum Erliegen. Deshalb begann die definitive Eroberung der Alpenregionen durch die Schiene erst in den 1880er-Jahren: 1882 fuhr die Gotthardbahn durchgehend von Luzern nach Mailand und öffnete damit dem Tessin die Tore zur touristischen Erschliessung. Als erste Bahnlinie überquerte die Brünigbahn seit 1888 einen Passübergang und verband, vorerst nur zwischen den Schiffsstationen Alpnach und Brienz, zwei bedeutende Tourismusregionen. In den 1890er-Jahren stiess die Eisenbahn in zahlreiche Alpentäler vor: 1890 nach Lauterbrunnen und Grindelwald sowie nach Davos, im Jahr darauf zu den Gebirgsdörfern Zermatt und Mürren. 1904 erreichte der erste Zug das damals bereits mit einer Strassenbahn ausgerüstete St. Moritz (Abb. 21). 1905 stellte die Montreux–Oberland-Bahn eine direkte Verbindung zwischen den Fremdenregionen am oberen Genfersee und dem Berner Oberland her. 1910 schliesslich wurde die ambitiöse Touristenlinie von St. Moritz über den Berninapass ins italienische Veltlin eröffnet. Sie wurde sogleich zu einer der berühmtesten Eisenbahnlinien des Landes mit einem eigenen Speisewagenbetrieb. 1889 löste die Eröffnung der Pilatusbahn, noch heute die steilste Zahnradbahn der Welt (Abb. 22), eine weitere Welle im Bergbahnbau aus. Mehrere Gipfel erhielten im folgenden Jahrzehnt eine Eisenbahn, wobei die Konzentration auf die grossen Tourismusregionen der Belle Epoque auffällt: 1890 machte die Bahn auf den Monte Generoso im Tessin den Auftakt, zwei Jahre später folgten die Bahnen auf das Brienzer Rothorn und den Rochers-de-Naye, 1893 auf die Schynige Platte und die Kleine Scheidegg, 1898 schliesslich die erste elektrische Bergbahn auf den Gornergrat. Mit dem 1898 begonnenen ambitiösen Bau einer Bahn auf den Jungfraugipfel, der 1912 mit der Eröffnung der höchsten Bahnstation Europas auf dem Jungfraujoch beendet wurde, fand der Bergbahnbau in der Schweiz vor dem Ersten Weltkrieg seinen Abschluss.[64]

Zahlreiche weitere Ideen blieben unausgeführt, wie etwa die Bahnen ins Aletschgebiet und ins Val d'Anniviers im Wallis, die Eisenbahnlinie über die Grosse Scheidegg im Berner Oberland oder mehrere Projekte zur Erschliessung der Oberengadiner Berggipfel. Zu den berühmtesten unausgeführten Projekten gehören etwa die 1907 zur Konzession vorgelegte Schlittenbahn über den Aletschgletscher aufs Jungfraujoch (Abb. 221), die bereits 1895 erstmals an die Öffentlichkeit getragene Idee einer Bahnerschliessung des Mont-Blanc-Gipfels – mit einem senkrechten Personenaufzug über 2539 Höhenmeter! – oder das Projekt zur Erschliessung des Matterhorngipfels.[65] Diese Vorhaben lösten teils europaweite Protestwellen aus, und sie bildeten einen wichtigen Pfeiler, auf den sich die Gründung des Schweizer Heimatschutzes im Jahr 1905 stützte. Die Emotionen gingen dabei teilweise sehr hoch. So spendete die speziell gegründete englische Sektion des Schweizer Heimatschutzes 1907 zur Bekämpfung des Matterhornprojektes 250 Franken. Eine Petition an die Bundesbehörden brachte aus Heimatschutzkreisen insgesamt 67 979 Unterschriften gegen diese Bahn zusammen.[66] 1912 charakterisierte Professor Bovet als Schweizer Vertreter in seinem Vortrag an einem internationalen Kongress für Heimatschutz in Stuttgart das Spannungsfeld zwischen Bahnbau und Heimatschutz wie folgt: «Wenn Bergbahnen die Natur rücksichtslos ausbeuten, gefährden sie damit die Fremdenindustrie selbst, und, was viel bedeutsamer ist, sie zerstören höhere Werte eines nationalen Gutes. Es ist höchste Zeit, einer solchen Spekulation Halt zu gebieten.» (Abb. 23)[67] Die verschiedenen Protestbewegungen waren insgesamt erfolgreich: Die meisten der nach 1905 geplanten Gipfelbahnen kamen nicht mehr zur Ausführung.

Technische Erfindungen

Niemals vorher waren in der Geschichte der technischen Entwicklung dermassen viele Erfindungen zu vermelden wie in der Zeit der Belle Epoque des ausgehenden 19. Jahrhunderts. Tele-

23

24

25

24
Speisesaal des Park Hôtel Mooser in Vevey mit elektrischer Beleuchtung. Fotografie um 1890.

25
Das erste elektrische Licht in einem Berner Oberländer Hotel erstrahlte im neuen, 1882 eröffneten Speisesaal des Interlakner Hotel Victoria. Fotografie um 1900.

26
Die 1888 als erste elektrische Bahn der Schweiz eröffnete «tramway» vom Grand Hôtel in Vevey über Clarens und Montreux bis zum Schloss Chillon verband alle bedeutenden Hotels am Ufer des Genfersees. Ansichtskarte mit dem Hôtel du Cygne (Abb. 98) um 1910.

**Die ersten elektrischen Beleuchtungen
in Schweizer Hotels 1876–1888**
(siehe auch: Flückiger-Seiler, Hotelpaläste, 99–107, Tabelle 102f.)

1876	Lausanne: elektrische Lampen am Eidgenössischen Schützenfest
27.8.1877	Bex: elektrische Beleuchtung in den Salinen anlässlich der Versammlung der Naturforschenden Gesellschaft der Schweiz
17.–24.9.1877	Freiburg: 2 Bogenlampen an der Landwirtschaftsausstellung
29./30.6.1879	Flawil (SG): elektrisches Licht in der Festhütte am Kantonalsängerfest
Juli 1879	St. Moritz: elektrische Lampen im Hotel Engadiner Kulm (Erdgeschoss): *erste fest installierte Anlage in der Schweiz*
Oktober 1879	*Erfindung der Kohlenfaden-Glühlampe durch Thomas A. Edison*
1880	Luzern: versuchsweise Beleuchtung des Gletschergartens und des Löwendenkmals
	Zürich: 12 elektrische Lampen am Eidgenössischen Sängerfest
1881	Paris: *Internationale Elektrizitätsausstellung*
	Vevey: elektrischer Antrieb der Mühle in Gilamont
Januar 1882	Lausanne: *erstes Kraftwerk mit Quartiernetz*
26.1.1882	Lausanne: Hôtel de l'Ours (Glühlampen Swan)
1882	Genf: elektrisches Licht im Magasin Maunoir und im Theaterfoyer
	Interlaken: Hotel Victoria (Speisesaal und Garten)
	Territet: Hôtel des Alpes (?)
	Zürich: Bogenlampen an der Bahnhofstrasse und im Bahnhof
1883	Lausanne: Hôtel du Grand Pont
1884	Brienz: Hotel Giessbach
	Maloja: Hôtel-Kursaal
1885	Davos: Hotel Buol (EW Schiabach)
1886	Luzern: Elektrizitätswerk Thorenberg: *erstes Kraftwerk mit Fernleitung*
	Luzern: Aussenbeleuchtung bei den Hotels Schweizerhof, National und Gütsch
	Luzern: Hotels Schweizerhof (1600 Glüh- und 2 Bogenlampen), Gotthard, du Lac
	Davos: Promenade und Hotel Rhätia
	St. Gallen: Elektrizitätswerk, öffentliche Beleuchtung
1887	Vevey: Elektrizitätswerk, erstes Netz in Vevey & Montreux
	Vevey: Hôtel des Trois Couronnes, Hôtel du Lac
	Engelberg: Hotel & Kurhaus Titlis
vor 1888	Mürren: Hotel des Alpes
1888	Genf: öffentliche Beleuchtung
	Vevey – Montreux – Chillon: *erste elektrische Bahn der Schweiz*
	Interlaken: Strassenbeleuchtung mit 65 Bogenlampen
	Meiringen: öffentliche Beleuchtung
	Bürgenstock: Hotels von Franz-Josef Bucher-Durrer
	Samedan: Hotel Bernina

graf und Telefon, Stromübertragung und elektrisches Licht sowie der Verbrennungsmotor revolutionierten das tägliche Leben innerhalb kürzester Zeit und brachten auch dem Tourismus bedeutende Fortschritte.

In den 1850er-Jahren entstand das schweizerische Telegrafennetz, das gegenüber der jahrhundertealten Tradition der Eilboten eine unglaubliche Beschleunigung der Nachrichtenübermittlung brachte. Um 1880 war der Telegraf bereits eine alltägliche Einrichtung. Wer eine Nachricht zu übermitteln hatte, für die eine Kutsche zu langsam war, suchte das nächstgelegene Telegrafenbüro auf. Die drahtlose Verbindung brachte der Hotellerie bedeutende Vorteile, denn sie ermöglichte beispielsweise die Zimmerreservation im Voraus oder die Benachrichtigung von Hotelgästen, ein vorher nur unter erschwerten Bedingungen mögliches Unterfangen. Zahlreiche Hotels installierten deshalb bald einmal einen Telegrafen. Andere führten die öffentliche Station des Dorfes, wie das Kurhaus auf dem Beatenberg, das gleich nach der Eröffnung für den Aufenthalt des Kronprinzen Friedrich Wilhelm von Preussen 1875 ein eigenes Telegrafenbüro in Betrieb nahm.[68]

Eine noch grössere Bedeutung erlangte die Erfindung der Telefonie im Jahr 1876. Das grosse Interesse der Hotellerie an dieser technischen Neuerung lässt sich am Beispiel von Ami Chessex dokumentieren, der in seinem Hôtel des Alpes in Territet bereits 1879 die erste Haustelefonanlage der Schweiz in Betrieb nahm (Abb. 75). 1881 eröffnete er eine Telefonlinie zwischen seinen Betrieben in Territet und Mont-Fleuri.[69] Die ersten öffentlichen Telefonnetze entstanden in den grossen Schweizer Städten seit 1880. Sie erlaubten vorerst bloss eine Konversation unter Gästen der dortigen Hotels. Auch hier manifestierte sich das Interesse der Hotellerie; mit pionierhaftem Elan machte man sich in vielen Fremdenorten an den Aufbau eines Netzes. So stand in Montreux bereits auf die Sommersaison 1883 ein kleines Telefonnetz zur Verfügung, nur drei Jahre nach der Inbetriebnahme der ersten schweizerischen Zentrale in der Stadt Zürich.[70] Im Jahr 1900 verfügten alle Kantone über ein untereinander verbundenes Telefonnetz; im gleichen Jahr kam die erste internationale Fernleitung Basel – Berlin in Betrieb. Zu Beginn des 20. Jahrhunderts konnte der anspruchsvolle Gast deshalb in den vornehmeren Hotels be-

27

reits mit seiner eigenen Stimme Mitteilungen weitergeben oder Reservationen vornehmen, allerdings nur zu den Arbeitszeiten des «Fräuleins vom Amt».

Bei der Einführung des elektrischen Stroms stand die Schweizer Hotellerie ebenfalls an vorderster Front. Im Sommer 1879 brannten im Speisesaal des Kulm Hotel in St. Moritz erstmals elektrische Lampen, für die der erfinderische Hotelier in einem eigenen kleinen Wasserkraftwerk Strom produzierte.[71] Den entscheidenden Impuls zur Verbreitung des elektrischen Lichts in den Schweizer Hotels vermittelte die 1881 in Paris mit viel Propaganda durchgeführte erste internationale Elektrizitätsausstellung. Sieger im Wettrennen der Hoteliers war offensichtlich der Interlakner Eduard Ruchti, in dessen Hotel Victoria in der Sommersaison 1882 im Speisesaal und, nach Beendigung der «table d'hôte», im Hotelgarten elektrisches Licht erstrahlte (Abb. 25, 84).[72] Bald darauf folgten das Hôtel des Alpes in Territet (Abb. 75) und das Grand Pont in Lausanne.[73] 1884 brannten im Hôtel Breuer in Montreux (Abb. 106), im Hotel Giessbach am Brienzersee und im Hotel Kursaal Maloja elektrische Lampen.[74] Dann vermehrte sich die Zahl der Hotels mit elektrisch erleuchteten Sälen und Aufenthaltsräumen rasch. Um die Jahrhundertwende warben bereits die meisten grossen Hotels mit elektrischem Licht im Erdgeschoss, viele unter ihnen hatten das neue Licht aber auch schon in den Zimmern installiert (Abb. 24, 60, 61, 65).[75]

Die Verbreitung der Elektrizität ermöglichte am Ende des 19. Jahrhunderts einen bedeutenden Entwicklungsschub der Eisenbahn. Nur sieben Jahre nach der Probefahrt der ersten elektrischen Strassenbahn in Berlin eröffnete man im Sommer 1888 eine erste solche Anlage am Genfersee. Die grosse Elektrizitätsausstellung von 1881 in Paris hatte die regionalen Initianten auf diese neuartige Antriebsart gelenkt. Die erste elektrische Bahn in der Schweiz fuhr vom Grand Hôtel in Vevey dem Seeufer entlang durch die ganze «Hotelstadt» Montreux zum Schloss Chillon. In den vornehmen «tramway»-Wagen konnten die Hotelgäste wahlweise im geschlossenen Coupé unten oder auf dem offenen Aussichtsdeck Platz nehmen (Abb. 26). Diese Reise erfreute sich bei den Touristen bald einer so grossen Beliebtheit, dass zahlreiche neue Wagen angeschafft werden mussten und 1903 ein durchgehender 10-Minuten-Betrieb eingeführt werden konnte.[76] In den folgenden zwei Jahrzehnten entstanden zahlreiche elektrische Strassenbahnen vorerst als touristische Linien. So eröffnete der Tourismuspionier Franz Josef Bucher-Durrer 1893 eine Schienenverbindung von der Schiffsstation Stansstad zur Talstation seiner Standseilbahn auf das Stanserhorn, und seit 1896 pendelte in St. Moritz eine moderne «tramway» im 15-Minuten-Takt zwischen dem Dorf und dem Bäderquartier (Abb. 21).[77]

Souvenirs und Fremdenverkehrswerbung

Mit der rasanten Zunahme der Touristenzahlen in der zweiten Hälfte des 19. Jahrhunderts erfreute sich das kleine, mitnehmbare Souvenir immer grösserer Beliebtheit. Aus den frühesten bekannten Beispielen wie den Brienzer Holzschnitzereien entwickelten sich mit der Zeit verschiedenartige Ausführungen (Abb. 9). Besonders beliebt waren in der Zeit der Belle Epoque neben den in immer grösserer Palette angebotenen Holzschnitzereien besonders die Töpferwaren oder die Landschaftsbilder. Etliche Maler, deren Namen heute kaum noch bekannt sind, verdienten sich im späten 19. Jahrhundert ihren Lebensunterhalt als Landschaftsmaler in den Hotels und auf den Promenaden der Touristenorte. Einer der damals bekanntesten Innerschweizer Maler war Jakob Josef Zelger (1812–1885). Seine Gebirgsbilder erhielten durch den Besuch der englischen Königin Victoria in seinem Atelier neben dem Hotel Schweizerhof in Luzern besondere Berühmtheit.[78]

Die Zeit der Belle Epoque kann auch als Geburtsstunde der Fremdenverkehrswerbung schlechthin bezeichnet werden. Mit dem Aufkommen der Fotografie begannen Bahnen und Hotels seit etwa 1870 mit grossen Plakaten auf sich aufmerksam zu machen. Die ersten Affichen enthielten in der Regel mehrere grafische Elemente, etwa Zeichnung, Foto und Schrift gleichzeitig. Zahlreiche Abbildungen warben auf der Darstellung als «Bilderbogen» für eine Ortschaft, ein Hotel oder eine Eisenbahngesellschaft. Die Gestaltung der Plakate war damals eng verwandt mit der Darstellung in den Inseraten der Zeitungen (Abb. 27). Die Eisenbahnen veröffentlichten auf ihren Plakaten neben mehreren Werbebotschaften auch den aktuellen Fahrplan. Als sich in den frühen 1880er-Jahren die Farbe auf den Plakaten verbreitete, blieb der Inhalt meistens vielgestaltig

27
Plakat für das Grand Hôtel von Caux aus dem Jahr 1890 (Abb. 121) durch einen unbekannten Künstler.

28
Plakat für das Hotel Gurnigel Bad von 1928 durch den Künstler Carl Moos.

29
«Souvenir de Genève», Ansichtskarte um 1900 mit Schreibfläche auf der Bildseite.

28

29

und aus mehreren Bildern und Schriftelementen zusammengesetzt. Eine neue Gestaltung begann sich in den französischsprachigen Gebieten in den 1890er-Jahren durchzusetzen, im deutschsprachigen Raum erst um 1900. Die Formen- und Farbenvielfalt wurde auf dieser neuen naturalistischen Plakatkunst immer stärker reduziert, man stellte in der Regel nur noch eine Ansicht zur Schau, meist eine intakte Landschaft oder ein technisches Wunderwerk. Das Objekt der Werbung rückte dabei oftmals in den Hintergrund: Man stellte nicht die Eisenbahn dar, sondern die Landschaft, die man aus dem Eisenbahnfenster betrachten konnte. Im frühen 20. Jahrhundert gehörten Schweizer Plakate von begabten Künstlern wie Emil Cardinaux, Burkhard Mangold, Otto Baumberger oder Carl Moos in ganz Europa zu den stark beachteten Kunstwerken (Abb. 28, 196).[79]

Etwa parallel mit der Plakatkunst verbreitete sich um 1870 die Mode, die Lieben zu Hause mit einer Ansichtskarte aus dem vorübergehenden Aufenthaltsort zu beglücken. 1869 gestattete die österreichische Post den Versand von «Correspondenzcarten». Seit 1870 war dies nach einem Beschluss der Bundesversammlung auch in der Schweiz möglich. Bald darauf durften privat hergestellte Ansichtskarten verschickt werden. Die bebilderte Postkarte als Mitteilungsträger der Touristen konnte sich deshalb um 1875 rasch durchsetzen. Dank einer verbesserten Drucktechnik eroberte die Ansichtskarte mit einer Fotografie auf der Vorderseite in den späten 1880er-Jahren rasch den Markt (Abb. 29). Bis 1905 erlaubte die Schweizer Post allerdings wegen des Postgeheimnisses (!) noch keine Korrespondenz auf der Adressseite. Den Fremdenorten diente die bebilderte Karte als idealer Werbeträger und als Botschaft für die modernsten Errungenschaften von Hotelbau, Technik und Infrastruktur. Durch das in Massen reisende Bürgertum lösten die Ansichtskarten als millionenfacher Erinnerungsträger die früher in Einzelexemplaren verkauften Veduten und gemalten Ansichten ab. Um 1900 avancierte die Ansichtskarte im bürgerlichen Mittelstand sogar zum äusserst beliebten Sammelobjekt. Allein in Deutschland stellten über 50 Verlage Alben zum Einstecken von Ansichtskarten her, und überall entstanden Sammelvereine mit entsprechenden Zeitschriften. In der Schweiz wurden im Jahr 1910 über 102 Millionen Ansichtskarten verschickt. Auch hier finden sich, wie mancherorts im touristischen Bereich, bereits sehr früh kritische Worte zu dieser Entwicklung. So hiess es 1899 in einer britischen Zeitschrift: «Der reisende Teutone scheint es als seine feierliche Pflicht zu betrachten, von jeder Station seiner Reise eine Ansichtskarte zu schicken, als befände er sich auf einer Schnitzeljagd.»[80]

ZWEI GROSSE HOTELBAUWELLEN 1860–1875

In der Zeit zwischen 1860 und den mittleren 1870er-Jahren fand in der ganzen Schweiz ein erster grosser Hotelboom statt. In anderthalb Jahrzehnten konnte sich die Zahl der Gastwirtschaftsbetriebe in den damals vom Tourismus erschlossenen Gegenden im Durchschnitt mehr als verdoppeln. Nach 1860 reihte sich auch eine ganze Reihe weiterer Orte in den Kreis der Fremdenstationen ein, beispielsweise Oberhofen, Merligen, Gunten und Spiez am Thunersee oder Gersau, Vitznau, Sisikon und Flüelen am Vierwaldstättersee.

Die in dieser Zeit neu erbauten Hotels repräsentieren in ihrer baulichen Gestalt das damalige starke Wachstum des Tourismus. In Montreux beispielsweise lag die durchschnittliche Bettenzahl pro Hotel vor 1860 unter 40, danach stieg sie bis 1875 auf knapp 80 pro Betrieb.[81] Diese Zahlen manifestierten sich auch im Volumen der Gebäude. So steigerte sich die Zahl der Fensterachsen von früher höchstens fünf auf meistens sieben bis neun, und die Zahl der Stockwerke erhöhte sich auf mindestens vier.[82]

In den 1860er-Jahren wurden Höhenlagen über den grösseren Seen als Hotelstandorte richtiggehend entdeckt (Abb. 30). Diese charakterisieren sich weder durch eine typische Höhenlage über Meer noch durch eine bestimmte Höhendifferenz zum Seespiegel. Sie zeichnen sich aber durch eine gut besonnte Lage aus, in der Regel an den Hängen auf dem nach Süden gerichteten Seeufer und in der Nähe von bereits bestehenden Fremdenorten. Das dort vorherrschende verhältnismässig milde Klima war der «Motor» für die Entwicklung dieser Orte, wie zahlreiche zeitgenössische Werbeschriften dies verdeutlichen.[83] Zu den bekanntesten Höhenorten entwickelten sich zu dieser Zeit Glion (Abb. 105) und Les Avants (Abb. 114)

30
Bürgenstock mit (von links) Hotel Palace (1904), Park-Hotel (1888) und Grand Hotel (1873). Ansichtskarte um 1910.

31
(a, b) Das Hotel Schweizerhof am Rheinfall im Jahr 1860 und nach der Erweiterung um 1880 (GUYER 1885). Abbruch des Hotels 1954.

über dem Genfersee, Beatenberg (Abb. 144) über dem Thunersee, Kaltbad (Abb. 174), Morschach (Abb. 186), Bürgenstock (Abb. 30) und Seelisberg über dem Vierwaldstättersee. Die letzten beiden lagen auf der Südseite des Sees, dort aber auf einem nach Süden exponierten sonnigen Plateau.

In der bedeutenden Ausbauphase zwischen 1860 und 1875 dominierten die drei- oder fünfteilig gegliederten Baukörper den Hotelbau. Kleinere Hotels und Pensionen bestanden aus einem Hauptbau mit einem vortretenden oder zurückgesetzten Mittelrisalit. Das Bauvolumen grösserer Hotelbauten war fast ausnahmslos fünfteilig gegliedert: Ein Mittelrisalit und zwei Seitenrisalite traten gegenüber dem Hauptbaukörper mehr oder weniger hervor. Bei der Gestaltung der Fassaden etablierte sich die regelmässige Fensterteilung in Dreier-, Vierer- oder Fünfergruppen; Ecklisenen und Gurtgesimse wurden zu den charakteristischen Elementen der Fassadengliederung. Balkone waren nur zurückhaltend vorhanden, grosse Terrassen noch beinahe unbekannt. In der Höhe wurden die Baukörper stets nach dem gleichen Prinzip geschichtet: Ein markantes, gegenüber den weiteren Stockwerken überhöhtes Erdgeschoss bildete die Basis. Das meistens als Beletage ausgebildete erste Obergeschoss enthielt die vornehmeren Zimmer. Die restlichen, meist niedrigeren Obergeschosse wiesen einfachere Zimmer auf, die vor dem Einbau von Liftanlagen nur über zahlreiche Treppenläufe zu erreichen waren. Beim Dachabschluss dominierte bis um 1870 das schwach geneigte Walmdach. Seiten- und Mittelrisalite wiesen etwa flache Dachabschlüsse mit Baluster als Dachrand auf; weit verbreitet waren auch quer gestellte Satteldächer mit einem klassizistischen Dreiecksgiebel in der Vorderfassade (Abb. 31, 154, 174). Oftmals waren Mittel- und Seitenrisalite um ein Stockwerk erhöht (Abb. 150).

Um 1870 vollzog sich im Schweizer Hotelbau eine bedeutende Veränderung in der Gestaltung der Baukörper. Zu dieser Zeit verbreiteten sich neue Gestaltungsprinzipien und -elemente der Renaissance und des Barocks. Aus einer Kombination verschiedenartiger Elemente der vergangenen Jahrhunderte entstand eine neue Ausdrucksweise, die unter der Bezeichnung «Historismus» Eingang in die Architekturgeschichte fand. Historismusbauten lassen sich in der Regel nicht einem einzigen Vorgängerstil zuordnen, sondern sie kombinieren die verschiedenartigen Elemente zu einem neuen Ganzen. Der «kleinste gemeinsame Nenner» in der Gestaltung dieser Grosshotels findet sich in der fünfteiligen, imposanten Erscheinung der Baukörper und der Anwendung des Mansartdaches (Abb. 31, 32). Je nach Vorliebe des entwerfenden Architekten, meistens beeinflusst durch seine Lehrer während der Ausbildung, bildeten Referenzbauten der Renaissance oder des Barocks den Ausgangspunkt der Entwurfsarbeit. So fühlten sich die Schüler Sempers am Polytechnikum in Zürich dem Renaissancestil verpflichtet. Die in Paris ausgebildeten Westschweizer dagegen bevorzugten eher einen schwungvollen Beaux-Arts-Stil. Eine zeitgenössische Stimme beschreibt den guten Architekten dieser Zeit als einen in allen Stilrichtungen bewanderten Künstler: «L'architecte éclectique est l'homme positif et pratique par excellence; il ne s'enthousiasme pour aucune école particulière du passé...»[84]

Neben diesen traditionellen Historismusbauten verbreitete sich seit den 1860er-Jahren auch vermehrt eine Hotelarchitektur, die in der Architekturgeschichte als Schweizer Holzstil oder «Swiss Style» bezeichnet wird und später auch in anderen europäischen Gegenden (z. B. Skandinavien) Verbreitung fand. Die geistigen Wurzeln dieser Entwicklung finden sich in der Verherrlichung der Alpenwelt und der Naturlandschaften mit ihren Alphütten und Bauernhäusern in der Zeit der Romantik. Besonders häufige Anwendung fand dieser Stil bei Wohnhäusern, aber auch bei Tourismusbauten wie Hotels und Sanatorien, Gartenrestaurants und -pavillons, Bahngebäuden aller Art und sogar bei kirchlichen Bauten. Typische Merkmale dieser vorwiegend aus Holz errichteten Gebäude waren grosse Fenster, breite Lauben und mächtige Giebeldächer. Die Giebel- und Vordachbereiche sowie die Balkone und vorgelagerten Veranden wiesen verschiedenartige, aus Holzbrettern ausgesägte Zierformen auf, die dieser Bauweise auch die Bezeichnung «Zimmermannsgotik» eintrugen.[85] Nach diesem Schema entstanden mehrere Häuser in zahlreichen schweizerischen Fremdenorten. Auffallend ist die Konzentration in der Region des Thunersees (rechtes Ufer und Beatenberg, Abb. 140, 144) sowie in den höher gelegenen Fremdenorten am Genfersee (Glion, Les Avants, Abb. 105, 114).

31

1885 – 1914

Nach einem wirtschaftlichen Einbruch in den mittleren 1870er-Jahren hatte sich die Hotellerie um 1885 in der gesamten Schweiz wieder so weit erholt, dass eine neue intensive Bauphase einsetzte. In den bedeutenden Tourismusgebieten brach die Bautätigkeit in der Folge bis zum Ersten Weltkrieg nicht mehr ab. In dieser Zeit vermehrten sich die Hotels mancherorts wie Pilze nach einem Sommerregen. Von 1880 bis 1913 stieg die Zahl der Hotels in der ganzen Schweiz von etwa 1 000 auf 3 600 und die Bettenzahl von 58 000 auf 170 000.[86] In vielen Orten steigerten sich die Übernachtungen sprunghaft. In Luzern beispielsweise zählte man 1895 insgesamt 308 000, 1900 waren es bereits 435 000 und 1910 über 575 000, innerhalb von 15 Jahren hatten sie sich also beinahe verdoppelt.[87] Die damaligen Zahlen blieben vielerorts bis in die Zeit des Aufschwungs nach dem Zweiten Weltkrieg unerreicht. Diese Entwicklung war aber in einigen Regionen von immensen finanziellen Missständen begleitet. Nur wenige Hotels wiesen in dieser Zeit, trotz offensichtlicher Hochkonjunktur, grosse Gewinne aus. Einsamer Spitzenreiter war das Hôtel Beau-Rivage in Lausanne-Ouchy, das seine Dividenden von früher durchschnittlich 10 bis 12 Prozent kurz vor dem Ersten Weltkrieg bis auf 30 Prozent steigern konnte.[88]

Die Architektur der Hotelbauten war im ausgehenden 19. Jahrhundert geprägt von einer vorher nie gekannten Vielfalt an historisierenden Stilen. Die Gestaltung von Fassaden und Dächern betrachtete man als eine Aufgabe, bei der diese Elemente als beliebig auswechselbare Maske aus einem Wunschkatalog ausgelesen werden konnten. Die vier Gestaltungsvorschläge für den neuen Dachabschluss beim Hôtel Beau-Rivage in Ouchy durch den Lausanner Architekten Theodor van Muyden im Jahr 1897 dokumentieren dieses Prinzip exemplarisch (Abb. 34). Obwohl sich der Verwaltungsrat des Hotels lange Zeit nicht für eine Lösung entscheiden konnte, war er sich stets der veralteten Dachform bewusst. 1902 sprach er explizit von der «toiture peu monumentale et esthétique qui recouvre notre hôtel»[89] und meinte damit das alte Dach von 1861, das es nun schleunigst zu erneuern galt. Die Lösung des Problems fand man schliesslich in einem neobarocken Ergänzungsbau von 1908 (Abb. 35).

Zahlreiche Architekten verstanden ihr Handwerk zu dieser Zeit als Beratung des Bauherrn in der Auswahl des ihm zusagenden Stils. Ein charakteristischer Vertreter dieser Auffassung war der Westschweizer Louis Villard, von dem zahlreiche Entwürfe bekannt sind. Die Gestaltung seiner bedeutendsten Hotelbauten richtete sich meistens nach den kurz vorher realisierten Referenzbauten bekannter Architekten in der Region. Der Luzerner Emil Vogt gehörte ebenfalls zum Kreis der virtuosen «Alleskönner», die jede historisierende Stilvariante zu bauen imstande waren.[90] Seine Palette reichte von der Neorenaissance (Hotel Waldstätterhof in Luzern) über die traditionelle Historismusfassade (Wiederaufbau des Hotel Axenstein von 1901, Abb. 189) bis zu Bauten mit deutlichem Einfluss von Jugendstilelementen (Grand Hotel in Brunnen von 1904, Abb. 185). In den Jahren 1907/08 benützte er zur Neugestaltung des neben dem Bundeshaus gelegenen Hotel Bernerhof nebst neobarocken Elementen auch noch klassizistische Dachgiebel (Abb. 36). Seine Haltung gegenüber der Auswahl der Baustile verriet Vogt in einem Brief von 1896, in dem er festhielt: «Die ganze Zufriedenheit meiner Klientel ist schlicht das Wichtigste in meiner Arbeit.»[91] Besonders erfolgreich waren in jener Zeit diejenigen Architekten, wie Karl Koller, die aktuelle Neuerungen im Wohnungsbau der gehobenen Bevölkerungsklasse vor Ort, vor allem natürlich in England, studierten und die Erkenntnisse in den Hotelbau übertrugen.

War die Zeit vor 1900 geprägt von einer historisierenden Architektursprache zwischen Neorenaissance und Neobarock, so schien der Reichtum an Formen, Farben und Architekturelementen im frühen 20. Jahrhundert beinahe unbegrenzt. Fachwerkbauten ländlicher Prägung oder Gebäude im Schweizer Holzstil etablierten sich gleichwertig neben eigentlichen Hotelpalästen (Abb. 37). Der Rückgriff auf traditionelle, oft auch regionaltypische Architekturelemente führte mancherorts zu einem ausgeprägten Heimatstil (Abb. 38, 120). Mansartdächer, Kuppeln und monumentale Blendgiebel massen sich im ästhetischen Wettkampf mit traditionellen Walm- und Satteldächern (Abb. 40). Elemente der Fassade und des Daches waren damals nach Belieben aus dem Repertoire der Architekturformen auswählbar. Damit konnte der anpassungsfähige Architekt jedem Wunsch eines Auftraggebers entsprechen.

32
Das Grand Hôtel in Vevey (1867 eröffnet) war das erste Schweizer Hotel mit einem Mansartdach, und es besass den ersten Personenlift (1956 Abbruch). Ansichtskarte um 1910 (Abb. 64).

33
Bauprojekt für das Hotel Blümlisalp in Aeschi. Originalpläne von Architekt Horace Edouard Davinet, datiert Interlaken d. 18. März 1868.

34
(a, b, c) Für die Vergrösserung des bestehenden Hôtel Beau-Rivage in Ouchy (Abb. 72) wurden um die Jahrhundertwende neue Dachaufbauten geprüft, bevor 1905 – 1908 der Palace-Neubau zur Ausführung kam (Abb. 35). Originalpläne mit Varianten des Lausanner Architekten Theodor van Muyden 1897.

32

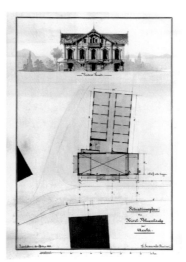

33

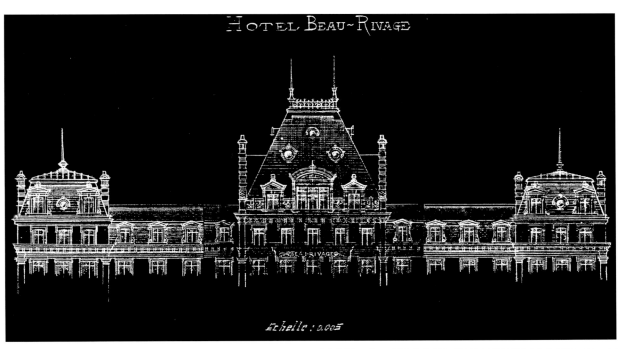

HOTEL BEAU-RIVAGE

Echelle: 0.005

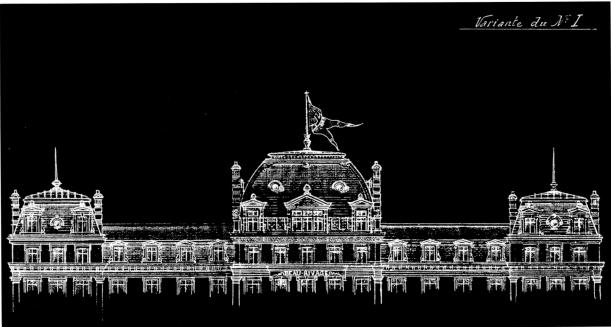

Variante du N° I

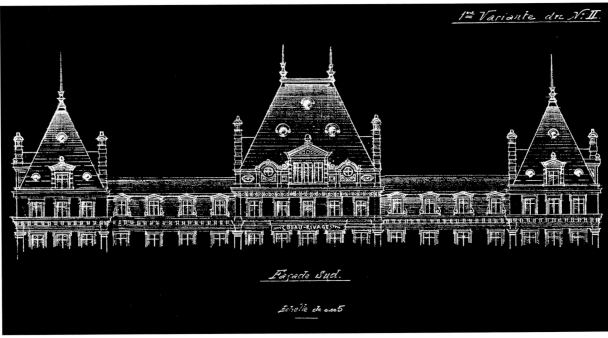

1ʳᵉ Variante du N° II

Façade Sud.

Echelle de 0.005

DIE ANFÄNGE DES WINTERSPORTS

Der Wintersport, an dem die Engländer in der Frühphase einen wichtigen Anteil einnahmen, hatte seinen schweizerischen Anfang im Bündnerland. In St. Moritz lud Hotelier Johannes Badrutt vom Kulm Hotel im Winter 1864/65 vier Engländer als erste Wintergäste ein.[92] In den nächsten Jahren erhielt das Engadiner Vorbild aber noch kaum Nachahmer. Erst 1888/89 führte das Hotel Baer in Grindelwald eine Wintersaison durch, nachdem es am Boxing Day 1860 kurzfristig geöffnet worden war (Seite 128). Wie rasch dann allerdings die Entwicklung verlief, zeigt das Buch «Two seasons in Switzerland», das 1895 unter englischen Gästen für Winterferien in den Schweizer Alpen warb. 1909 und 1910 begannen in Wengen und Mürren die Wintersaisons. Bald darauf kamen in Mürren, das durch Sir Henry Lunn bei den Briten bekannt gemacht wurde, sowie in St. Moritz die speziell für den Wintersport erbauten Standseilbahnen in Betrieb. Sie dienten dem Transport von Hotelgästen und Bobsleighs. Kurz vor dem Ersten Weltkrieg bildeten das Berner Oberland und das Bündnerland die bedeutendsten Zentren des Wintersports in der Schweiz.[93]

Die Wintersportarten haben Entscheidendes dazu beigetragen, dass sich zahlreiche Schweizer Hotelbetriebe in alpinen Gegenden vom Ein- zum Zweisaisonbetrieb wandeln konnten. Dadurch liess sich eine willkommene Ausdehnung der Betriebszeiten bewerkstelligen, die manchem Hotelbetrieb eine vorzügliche finanzielle Basis bot. Für die dadurch neu gewonnene Gästeschar mussten mancherorts aber bedeutende Investitionen getätigt werden. So eröffnete der initiative Hotelier Johannes Boss vom Hotel Baer in Grindelwald auf die erste Wintersaison 1888 ein eigenes «Winterhaus», einen «Bau mit besonderer Heizeinrichtung nach Davoser Muster» (Abb. 158).[94] Zur Garagierung der neuartigen Bobsleighs erstellte die Direktion beim Caux-Palace im Hinblick auf die Eröffnung der «längsten und schönsten Bobbahn Europas» von Crêt-d'y-Bau nach Caux im Jahr 1908 einen speziellen Anbau.[95]

Zur Zeit der ersten Wintersportgäste erfreuten sich die Eissportarten einer besonderen Beliebtheit, die auch im Flachland auf zugefrorenen Seen und Flüssen ausgeübt werden konnten. Grossen Anklang fanden die Schlittschuhrennen. So trug man die ersten Europameisterschaften im Eislaufen 1882 in St. Moritz aus. Im Jahr 1880 fand in St. Moritz, von englischen Feriengästen aus Schottland importiert, der erste Curlingmatch auf europäischem Festland statt. 1888 schliesslich soll, ebenfalls im Oberengadiner Weltkurort, das erste Eishockeyspiel auf Schweizer Boden gespielt worden sein (Abb. 41).[96] Daneben erfand man unzählige Eisspiele zur Unterhaltung der Gästeschar. Grosser Beliebtheit erfreute sich auch das Skikjöring, bei dem die Skifahrer von Pferden über die Eisfläche gezogen werden (Abb. 39).

Bereits um 1870 entwickelte sich gemäss den lokalen Chronisten das Schlitteln unter Davoser Gästen zum beliebten Vergnügen. Im Winter 1885 richtete man in St. Moritz erstmals den Cresta-Run als Schlittelpiste her. 1887 gründeten ein St. Moritzer Hotelier und englische Gäste den «St. Moritz Tobogganing Club». Nach 1892 wurden öffentliche Schlittelrennen auf der Strasse von Davos nach Klosters ausgetragen. Bereits ein Jahr zuvor hatte erstmals ein Bobsleighrennen auf der Strasse von St. Moritz nach Celerina stattgefunden, nachdem ein englischer Wintergast dieses neuartige Sportgerät durch Zusammenkoppeln zweier Skeletons erfunden hatte. 1903 wurde die Bobbahn von St. Moritz nach Celerina angelegt, vier Jahre später kam in Davos die Bobbahn von der Schatzalp in Betrieb (Abb. 42). Bis zum Ersten Weltkrieg entstanden weitere solche Anlagen, unter anderem in Engelberg, Grindelwald, Les Avants (Abb. 116) und Caux, die auch von weiblichen Gästen und gemischten Teams rege benutzt wurden.[97]

Der Skilauf verbreitete sich in der Schweiz seit den 1860er-Jahren. Bereits um 1860 soll der Hufschmied in Sils im Engadin das Laufen auf Schnee mit einer Art Gleitkufen versucht haben. Aus dem Jahr 1868 sind im glarnerischen Mitlödi die ersten Ausflüge auf «Norwegerskis» dokumentiert. Erst nach 1880 wurde der Ski aber gemäss den einschlägigen Chronisten im Engadin sowie in Davos und Arosa heimisch.[98] 1893 entstand im Anschluss an eine Winterreise über den Pragelpass in Glarus der erste Skiclub der Schweiz. Gleichzeitig begann dort der Schreiner Melchior Jakober mit der seriemässigen Skiherstellung. Vorerst erfreute man sich noch am Laufen mit den Holzlatten, bald wurden auch die ersten Skisprünge versucht. 1902 fanden in Bern und Glarus die ersten Skirennen als Lauf- und Springkonkurrenz statt, in Bern sogar

35

Das Hôtel Beau-Rivage Palace in Ouchy nach der Erweiterung von 1908 durch den Architekten Eugène Jost. Luftfotografie um 1940.

36

Der Bernerhof, das älteste Berner Nobelhotel neben dem Bundeshaus, erhielt 1907/08 vom Luzerner Architekten Emil Vogt zusammen mit inneren Umbauten ein neues zeitgemässes Gesicht (seit 1924 Gebäude der Bundesverwaltung). Fotografie kurz nach der Wiedereröffnung 1908.

37

Das als romantisches Schloss geplante Palace-Hotel in Spiez wurde nicht gebaut. Werbeprospekt 1906.

38

Das Grand Hôtel des Narcisses in Chamby entstand 1906/07 an einem neuen Eisenbahnknotenpunkt oberhalb von Montreux. Bei diesem Hotelbau des Architekten Charles Volkart sind deutliche Einflüsse des aufkommenden Heimatstils zu erkennen. Ansichtskarte um 1910.

36

mit einer Abfahrt vom Gurten nach Wabern. 1904 gründeten initiative Männer in Olten den Schweizerischen Skiverband. Im darauf folgenden Jahr trafen sich die Skifahrer in Glarus zum ersten offiziellen grossen Skirennen der Schweiz mit einem Dauerlauf über den Pragelpass sowie einem Sprunglauf (Abb. 43) und einem separaten Damenlauf. In diesem Jahr hatte der Skisport endgültig seinen Durchbruch geschafft.[99]

KRITIK UND ABSCHLUSS

Erste kritische Stimmen bemängelten bereits um 1800 die Auswüchse des «Massentourismus» nach damaligen Begriffen. 1785 beschwerte sich der Schwabe Carl Gottlob Küttner über das Gebaren der unvernünftigen Touristen: «Ein jeder, der eine Reise durch die Schweiz macht, will den Grindelwald sehen und sagt dann, er sey in den Alpen gewesen.»[100]

Während des gesamten 19. Jahrhunderts berichteten zahlreiche Reisende von den negativen Einflüssen auf das bisher ungetrübte Leben in den Schweizer Alpen. Aufdringliches Blumenverkaufen, Alphornblasen oder ganz einfach Betteln gehörten damals zu den immer wieder als lästig empfundenen Nebenerscheinungen des Fremdenverkehrs. Diese hatten aber ihren traurigen sozialen Hintergrund: Die Eingeborenen waren mehrheitlich arm; sie waren Diener im Hotel oder Führer für die feinen Herrschaften, Verkäufer am Strassenrand oder ganz einfach Bettler in der Dorfgasse... (Seite 45).[101] Der Genfer Lehrer Rodolphe Toepffer war einer der bekanntesten Kritiker, die diese Gegensätze im Alpengebiet in der zweiten Hälfte des 19. Jahrhunderts in Texten und Zeichnungen festgehalten haben. Toepffers Kritik galt neben den nur auf ihren Gewinn bedachten Wirten und den schlitzohrigen Führern auch dem überall grassierenden Bettel. Er kritisierte zudem die Touristen, die sich in der schönen Naturlandschaft nicht zu benehmen wüssten: «Les Etrangers ont gâté ces beaux lieux...»[102]

Dass sich aufmerksame Reisende über bauliche Veränderungen zu Gunsten des Fortschritts ärgerten, zeigen zahlreiche Zitate. So kritisierte der Winterthurer Schriftsteller Ulrich Hegner bereits im Jahr 1828 den Fremdenort Interlaken, der einst ein «ruhiger ländlicher Ort, ein Aufenthalt für stille Freude an der grossen Natur» gewesen und nunmehr zu einer «glänzenden Niederlassung reicher Fremder» entartet sei.[103]

1857 notierte Leo Tolstoi anlässlich seines zweiten Besuchs in Luzern seine Verärgerung über den Ersatz der alten Holzbrücke durch den neuen Schweizerhofquai: «Gestern abend bin ich in Luzern angekommen und im Schweizer Hof, dem besten Hotel am Ort, abgestiegen. [...] Jetzt ist die alte Brücke, dank dem grossen Zustrom von Engländern, ihren Bedürfnissen, ihrem Geschmack und ihrem Geld, abgetragen und an ihrer Stelle ein sockelartiger schnurgerader Kai angelegt worden.»[104]

Als bekanntester Kritiker der touristischen Entwicklung in den Alpenländern, besonders in den Schweizer Alpen, etablierte sich gegen Ende des Jahrhunderts der französische Schriftsteller Alphonse Daudet. Die zahlreichen markanten Veränderungen der alpinen Dorf- und Landschaftsbilder durch den Aufstieg der Schweiz zum Ferienland Nummer eins karikierte und geisselte Daudet in mehreren Werken. So zog er in seiner bitterbösen Satire «Tartarin sur les Alpes» in den 1880er-Jahren über die Kommerzialisierung der Schweizer Landschaft her und charakterisierte damit das Spannungsverhältnis zwischen Tourismus und Landschaft in der Belle Epoque: «Die Schweiz [...] ist heutzutage nur noch ein riesiger Kursaal, geöffnet von Juni bis September, ein Kasino mit Panorama, in dem sich Leute aus allen Erdteilen vergnügen. Betrieben wird dieses Unternehmen von einer Hunderte von Millionen und Milliarden reichen Gesellschaft mit Sitz in Genf und London. Stellen Sie sich nur vor, wie viel Geld es gebraucht hat, um diese ganze Landschaft mitsamt ihren Seen und Wäldern, Bergen und Wasserfällen einzurichten und auf Hochglanz zu polieren, ein ganzes Heer von Statisten und Angestellten zu unterhalten und auf den höchsten Gipfeln Luxushotels mit Gas, Telegraf und Telefon zu erbauen [...]. Schauen Sie sich nur um im Lande, Sie werden keinen Winkel finden, der nicht mit mechanischen Einrichtungen und Tricks wie in der Opernbühne ausgestattet ist: beleuchtete Wasserfälle, Drehkreuze am Eingang zu den Gletschern und zur Erklimmung der Berge eine Vielzahl von Bahnen aller Art.» (Abb. 23)[105]

In den Jahren vor dem Ausbruch des Ersten Weltkriegs hatte der Tourismus mit seiner technischen Perfektion, aber auch mit seinen bereits offensichtlichen Schattenseiten den Höhepunkt erreicht. Ohne Pass und ohne Geldwechsel reisten die Europäer damals von Land zu Land. In den Grand Hotels

fanden die reichsten unter ihnen eine schier unglaubliche Märchenwelt. Erste Anzeichen einer wirtschaftlichen Stagnation waren bereits in der Sommersaison 1913 sichtbar; etliche Hotelbetriebe kämpften schon damals mit finanziellen Problemen. Im Sommer 1914 versank diese Traumwelt mit einem Schlag in den Schützengräben des Ersten Weltkriegs. In Panik verliessen die Touristen die Fremdenorte und versuchten sich zu Hause in Sicherheit zu bringen. Die jahrelange Stammkundschaft der Grand Hotels kehrte mehrheitlich nie mehr zurück. Die wenigen, die damals in den Hotels zurückblieben, wie zahlreiche russische Adelige, verarmten bald in ihrem unfreiwilligen Exil und mit ihnen die Mehrzahl der schweizerischen Hotelbesitzer…

Damit hatte eine Entwicklung ihren vorläufigen Abschluss gefunden, die im Verlauf des 19. Jahrhunderts zu einer Massenbewegung geworden war, von der aber auch bereits erste deutliche Schattenseiten zu Tage getreten waren. Im Jahr 1903 war in London ein Buch mit dem Titel «Reisen in der guten alten Zeit, Reminiszenzen aus den sechziger Jahren, verglichen mit den Erfahrungen der Gegenwart» erschienen. Der Autor, der sich aus eigener Erfahrung über den Massentourismus beklagte, schrieb unter anderem: «Vor vierzig Jahren gab es gemütliche Hotels, aber keine ungemütliche Masse [...]. Touristen waren damals eine Seltenheit, und der billige Reisepöbel von heutzutage fehlte ganz [...]. Im Laufe des letzten halben Jahrhunderts ist eine erschreckende Veränderung eingetreten. Der Tourist von damals würde sich wundern, wenn er nach Basel oder Genf käme. Eisenbahnen queren heute das ganze Land, durch die Alpen werden Tunnels gesprengt; Bahnen wurden auf alle guten Aussichtsgipfel erstellt. Überall sind riesige Hotels hervorgeschossen; einfache Hütten haben sich in komfortable Hotels verwandelt. Die Spielwiese Europas ist mit ‹sight-seeing-Leuten› überschwemmt und die alten Heiligtümer sind entweiht und zum Tummelplatz der Touristenmassen erniedrigt.»[106]

39
Skikjöring auf Rigi-Scheidegg. Fotografie um 1930.

40
Das Royal Hotel St. Georges in Interlaken wurde 1907 nach einem Brand des alten Hotels durch den einheimischen Architekten Alfred Vifian wieder aufgebaut. Ansichtskarte kurz nach der Eröffnung.

41
Eishockeyspiel auf der Eisbahn Davos. Fotografie aus dem frühen 20. Jahrhundert.

42
Start der Bobbahn von der Schatzalp nach Davos. Fotografie kurz vor dem Ersten Weltkrieg.

43
Zeitgenössische Fotografie vom «Grossen Ski-Rennen der Schweiz» in Glarus am 21./22. Januar 1905.

42
43

«… als wäre der Märchenzauber König Laurins Wirklichkeit geworden…»
(KONRAD FALKE, 1913)

Hotelträume und Hotelräume

HOTELTRÄUME

Überall in den mondänen Kurorten der Schweizer Alpen hatte sich im 19. Jahrhundert das gleiche Phänomen eingestellt: Die mehrheitlich mausarme Bergbevölkerung versuchte, ihre Lebensbedingungen mit Blumen- und Souvenirverkauf oder sogar mit Bettelei zu verbessern. Daneben vergnügte sich die mondäne Hotelgesellschaft aus der europäischen Oberschicht unter ihresgleichen, von der Umwelt völlig abgeschottet. Treffend charakterisiert der Schweizer Schriftsteller Konrad Falke im Jahr 1913 diese Gegensätze in seinem Roman «Wengen»: «Am Abend aber sehen die verwundert an die Hotelfenster heranschleichenden Bergler in den Ballsälen solch eine flimmernde Pracht, als wäre der Märchenzauber König Laurins Wirklichkeit geworden.»[1]

Das Leben im Grand Hotel der Belle Epoque funktionierte, sowohl im abgelegenen Bergtal als auch in der Grossstadt am See, wie in der geschlossenen Welt eines Ozeandampfers. Das Hotel bot seinen Gästen in einer «Luxusoase» alles an, was diese zum uneingeschränkten Genuss ihres Aufenthalts nur wünschen konnten: Essen und Unterkunft, Unterhaltung und Körperpflege, sportliche Ertüchtigung und organisierte Ausflüge. Das Hotel Kursaal Maloja beispielsweise, das nur während vier Monaten geöffnet war, besass neben zahlreichen Speisesälen einen Ballsaal sowie einen Theater- und Konzertsaal, in dem in der ersten Saison Berufsmusiker der Mailänder Scala täglich zwei Konzerte gaben (Abb. 44).[2] In dem auf 2200 Metern über Meer in völliger Einsamkeit gelegenen Hotel Jungfrau am Eggishorn im Oberwallis inszenierte der initiative Hotelier, der beste Beziehungen zur englischen Finanzaristokratie unterhielt, eine autonome Hotelwelt mit Post- und Telegrafenstation, englischer und katholischer Kapelle, einer grosszügigen Aussichtsterrasse sowie einem Tennisplatz, einer selbständigen Landwirtschaft sowie eigenen Säumern und Bergführern (Abb. 198). Im Inventarbuch aus dem Jahr 1901 für den hoteleigenen Basar werden folgende Verkaufsgegenstände aufgezählt: Kleidungsstücke wie Loden, Hüte, Halstücher, Strümpfe; Freizeitartikel wie Botanisierbüchsen, Pflanzenpressen, Wander- und Bergstöcke, Spielkarten, Schachspiele, Zeichnungsmappen; Souvenirartikel wie Aschenbecher, Vasen, «Melchterchen» (kleine Milchtransportgefässe), Serviettenringe, «Gläser mit Hotel Jungfrau», Fotografien, Ansichtskarten, Panoramen, Bilder vom Aletschgletscher usw.[3]

Das Bestreben, im Hotel ein Leben nach aristokratischem Vorbild zu organisieren, führte im späten 19. Jahrhundert zu einer konsequenten Zweiteilung des Hotelbetriebs. Das Geschehen für die Gäste auf der «Bühne» wurde strikte vom Betrieb einer Heerschar von uniformierten Angestellten hinter den Kulissen getrennt. Das Vokabular der Architekturformen, aus dem die Hotelbauten des 19. Jahrhunderts und besonders der Belle Epoque bis zum Ersten Weltkrieg ausgestattet wurden, hat sich diesen Anforderungen in immer stärkerem Mass angepasst. Die gleiche Tendenz ist auch in der Entwicklung der Grundrissformen erkennbar, die im Verlauf des 19. Jahrhunderts den Hotelbau geprägt haben. Standen in der Frühzeit um

45

1800 der einfache Grundriss und die Architektur der lokalen Wohnbauten im Zentrum, kulminierte die Entwicklung ein Jahrhundert später in der Verwendung eines aus dem Schlossbau des europäischen Hochadels entlehnten Formenreichtums. War zu Beginn das Bauernhaus oder die vorstädtische Villa das Vorbild des Hotelbaus (Abb. 45), orientierte sich dieser in der Belle Epoque am Prunk von Versailles oder Schönbrunn (Abb. 47, 160).[4]

Die Luxuswelt blieb aber nicht nur auf den Hotelbereich beschränkt. Die Liste der vornehmen Hotelgäste sorgte mit der laufenden Veröffentlichung in der lokalen Presse für die nötige Aufmerksamkeit (Abb. 46). Verliess die mondäne Gästeschar ihren «Palast», stand für sie das standesgemässe Transportmittel zur Verfügung: Die Eisenbahn organisierte ihre Erstklasswagen; die Bergbevölkerung reiste, wenn sie sich eine Eisenbahnfahrt überhaupt leisten konnte, in der dritten Klasse. Auch Sportanlagen waren speziell für die illustren Touristenscharen hergerichtet: Tennisplätze und Golfanlagen bei den Hotels, Spazierwege in der näheren und weiteren Umgebung, spezielle Aussichtspavillons auf Hügeln und Berggipfeln, Trinkhallen und Souvenirläden in den Dörfern und Städten (Abb. 131, 187, 218). Dieses künstlich arrangierte Paradies zog, mit all seinen Annehmlichkeiten, die Touristen in Scharen in seinen Bann.

Die «wirkliche Schweiz» sah aber in der Mitte des 19. Jahrhunderts vielerorts ganz anders aus: ein «Drittweltland» ohne eigene Rohstoffe, wirtschaftlich geschwächt und von innenpolitischen Wirren (Sonderbundskrieg) gekennzeichnet, die Bergbevölkerung durch Armut und Elend gebeutelt. 1891 schrieb der Berner Rudolf von Tavel in seiner Dissertation: «Die Thatsache, dass die Touristen, welche das Hochgebirge bereisen, in gewissen Gegenden auf's Unangenehmste von alten und jungen Bettlern verfolgt werden, ist alljährlich Gegenstand mancher Zeitungsartikel. Zahlreiche Reise-Handbücher und Reisebeschreibungen erwähnen diese belästigende Erscheinung.»[5] Es war die Zeit, in der die Einheimischen ihr Alphorn nicht aus Inbrunst spielten, sondern ihre Blaskunst für einen Batzen anboten, und Bauernmädchen versuchten, mit Edelweiss und Enzian zu einem Geldstück zu kommen. Der berühmte Reiseführerautor Carl Baedeker beklagte sich in der Mitte des 19. Jahrhunderts bitter: «Unter allen Gestalten und Vorwänden werden Anläufe auf den Geldbeutel eines Reisenden genommen.» Diese Trinkgeldjägerei hatte ihren traurigen sozialen Hintergrund. Die Einheimischen waren Diener oder Führer, Verkäufer oder ganz einfach Bettler.[6]

Es mutet im Rückblick beinahe unglaublich an, dass in dermassen verarmten Gegenden pompöse Palasthotels erstellt wurden, in denen sich die Gäste des Luxus oft kaum erwehren konnten. Während das Kellerinventar des bereits genannten Hotel Eggishorn (Abb. 198) im Jahr 1901 zehn verschiedene Champagnermarken, «Sardines, Zwieback, 12 kilos Amandes, 1 Baril Câpres, Asperges: 29 ½ Boîtes, Fonds d'Artichauds: 20 Boîtes, Safran» usw. auflistet, gehörten die benachbarten Alphirten mit einem Kilo Käse, einem Roggenbrot und einem Weissbrot pro Kuh und Sommer bereits zu den reichlich gut verköstigten Bergbewohnern.[7]

Die deutliche soziale Trennung zwischen Einheimischen und Touristen kommt auch vielerorts baulich zum Ausdruck. In den Städten, in denen sich die Touristen zuerst eingerichtet hatten (Genf, Lausanne, Thun oder Luzern), erstellte man die neuen (Grand) Hotels mit Vorliebe am Seeufer oder doch zumindest an einer bevorzugten Aussichtslage. Man bot den Gästen dadurch, abgewendet von den sozialen Problemfeldern der damaligen Ortschaften, den Blick in die Ferne, auf Berge und Seen. Damit die Touristen ungestört von den Einheimischen miteinander promenieren konnten, errichtete man am Seeufer spezielle Quaianlagen als eigene Flanierstrassen, die Beat Wyss als «urbane Aussichtsterrassen» bezeichnete (Abb. 29, 48, 178, 180).[8] Auch in den neuen Fremdenorten des 19. Jahrhunderts und in den Berggegenden entstanden die Grand Hotels in gebührender Distanz zur alten Bebauung. Der Nobelkurort St. Moritz entwickelte sich mit seinen Hotelpalästen rund um die Heilquelle im Bad und am Ufer des nahe gelegenen Sees. Eine «tramway» führte die mondäne Hotelgesellschaft ins Dorf, die Eisenbahn errichtete ihren Bahnhof in vornehmer Distanz zum alten Dorfkern (Abb. 21). In Interlaken entstand die «Hotelstadt» jenseits der alten Siedlungen von Unterseen und Aarmühle, mit Blick auf das Dreigestirn Eiger, Mönch und Jungfrau. Am Genfersee breitete sich Montreux als längste touristische Siedlung der Schweiz entlang dem vorher

Seiten 42/43:
Vergrösserung von Abb. 59
Hotelhalle mit Treppenanlage beim Hotel Waldhaus in Vulpera, 1896/97 erbaut durch den Architekten Nikolaus Hartmann den Älteren (1989 abgebrannt).

44
1884 wurde das vom belgischen Architekten Jules Rau entworfene Hotel Kursaal Maloja eröffnet. Es war eine der wenigen Dreiflügelanlagen in den Alpen und bei der Eröffnung das grösste Gebäude in der Schweiz (heute belgisches Ferienheim). Fotografie um 1900.

45
Der Höheweg in Interlaken in einer Darstellung um 1860 mit den Pensionen Victoria, Jungfrau und dem 1856 neu eröffneten Hotel Schweizerhof (rechts).

46
Gästeliste («Liste des Etrangers») vom 10. August 1877 aus Leukerbad.

völlig unbebauten Seeufer aus. Seit 1888 pendelte die erste elektrische Bahn zur Hochsaison im 10-Minuten-Takt zwischen dem Grand Hôtel in Vevey und dem Schloss Chillon (Abb. 26). Sogar in den alpinen Fremdenorten von Leukerbad oder Zermatt baute man die neuen Hotels neben und über dem Dorf in ungestörter Aussichtslage (Abb. 48, 217).⁹ So konnten die Touristen über das alte Dorf und seine Bewohner hinweg in die Alpenwelt blicken. Mancherorts bot man ihnen speziell angelegte, schattige Wege als exklusive Kurpromenaden an. Eduard Whymper, der Erstbesteiger des Matterhorns, riet den Gästen, die Zermatter Hauptstrasse zwischen Bahnhof und Kirche nicht zu verlassen.¹⁰

In seiner Frühphase war der Fremdenverkehr mancherorts eine «Industrie von Fremden für Fremde», wie das Beispiel Zermatt eindrücklich belegt.¹¹ Die Initiative zum Bau von grossen Hotels kam von aussen: Der erfolgreichste Zermatter Hotelier, Alexander Seiler (1819–1891), stammte aus dem Goms.¹² Die Visp–Zermatt-Bahn gehörte zu Beginn ausserkantonalen Aktionären, die Verwaltung hatte ihren Sitz in Lausanne. Die in der Landwirtschaft tätige einheimische Bevölkerung befürchtete vom Tourismus eine Übernutzung der Alpen für die Belieferung der Hotels sowie den Kahlschlag der Wälder für den Hotelbau und -unterhalt. Kirchliche Vertreter beklagten die Aufweichung ihrer Traditionen durch den Tourismus. Das zähe Festhalten an der bäuerlichen Scholle hatte seine soziale Begründung: Der Besitz an Boden und Vieh garantierte nicht nur die materielle Existenz, sondern sie definierte auch den sozialen Status in der Gemeinschaft. In diesem wirtschaftlichen Umfeld galt Lohnarbeit als systemfremd, als Zeichen von Abhängigkeit und Armut.¹³ Gegenüber der Arbeit in den neuen Hotelbetrieben verspürte die einheimische Bevölkerung deshalb lange Zeit grosse Abneigung. Den «Stolz des selbständigen Bergbauern» konnte sie oftmals auch in grösster Not nicht wegstecken. So zogen gerade im Zeitalter des aufkommenden Tourismus viele Walliser eine landwirtschaftliche Existenz im fernen Amerika einer Arbeit im heimischen Tourismus vor.¹⁴ Der einzige prestigeträchtige Beruf im Tourismus blieb lange Zeit derjenige des Bergführers (Abb. 49).

Der Hotelier, der sich oftmals durch seine geografische, soziale und verwandtschaftliche Herkunft von der ansässigen Bevölkerung unterschied, wurde von dieser vielerorts nicht als Einheimischer akzeptiert.¹⁵ In den Berggebieten, wo die sozialen Gegensätze im Tourismus offenkundiger als in den Städten zu Tage traten, unterschied sich der Hotelbesitzer zudem grundlegend vom Bauern. Der Hotelier war selbständiger Unternehmer, der nach marktwirtschaftlichen Kriterien sein kleines «Königreich» organisierte, manchmal auch im eigentlichen Wortsinn «regierte», und seine Geschäfts- und Personalpolitik stets selbständig und autonom organisieren konnte. Das Bergbauernleben dagegen war auf einem differenzierten System von Eigentums-, Organisations- und Bewirtschaftungsformen aufgebaut, bei dem das Wohlergehen der gesamten Lebensgemeinschaft oberstes Ziel war. Jeder Entscheid musste in diesem System abgewogen werden. So mag es nicht erstaunen, dass sich der erfolgreiche Hotelpionier Alexander Seiler in Zermatt erst nach einem 18-jährigen Rechtsstreit einbürgern lassen konnte und dass er zur Verbindung seines Hotels auf Riffelalp mit der Station der Gornergratbahn von der Burgergemeinde kein Durchfahrtsrecht erhielt, sodass er bei der Bundesversammlung eine Konzession für eine hoteleigene Trambahn beantragte und diese 1899 auch erhielt (Abb. 50, 208).¹⁶

Trotz starken sozialen Gegensätzen haben sich Hoteliers, Einheimische und Touristen in den meisten touristischen Orten zu einer der Situation angepassten, lebenserhaltenden «Zwecksymbiose» zusammengefunden. Der Kontakt blieb vielerorts aber auf wenige Notwendigkeiten beschränkt. Einheimische waren beispielsweise auf der Hotelterrasse oder in der Hotelhalle nur in dienender Funktion erwünscht. Auch ausserhalb der Hotelanlagen beschränkten sich die Kontakte dieser unterschiedlichen Partner im touristischen Geschehen auf wenige Begegnungen, bei denen die Einheimischen stets eine dienende Rolle einnahmen. 1907 resümierte Charles Biermann für das Walliser Hochtal des Goms: «Le contact entre l'étranger et l'indigène est [...] localisé sur un petit nombre de points; il est rare; il est peu profond: en dehors de l'hôtelier, il n'y a que peu de gens qui s'occupent des touristes; il y a deux ou trois bazars et des plus modestes, il y a quelques enfants qui offrent à vendre des fruits, des fleurs de la montagne, des cristaux.»¹⁷

47
Das 1875 eröffnete Grand Hotel beim Giessbachfall am Brienzersee war das Werk des bekannten Hotelarchitekten Horace Edouard Davinet. Aquarellierter Originalplan des Architekten.

48
Leukerbad mit den steinernen Hotels in schönster Aussichtslage neben dem alten Dorf. Plakat 1905.

49
Der Bergführer blieb lange Zeit der einzige prestigeträchtige Beruf im alpinen Tourismus. Eine unbekannte Gruppe von Bergführern inszeniert sich für den Fotografen in der Zeit der Jahrhundertwende.

50
Weil Alexander Seiler, der damalige Hotelkönig von Zermatt, von der Burgergemeinde kein Durchfahrtsrecht zur Erschliessung seines Hotels auf der Riffelalp erhielt, beantragte er bei der Bundesversammlung eine Konzession für eine hoteleigene Trambahn. In der Sommersaison 1899 konnte er die vom Bund konzessionierte höchstgelegene Trambahn Europas eröffnen.

48

49

50

Die Touristen benötigten die Einheimischen vor allem als Bergführer oder Träger, als Verkäufer oder Handwerker. Sie nahmen die reale Existenz der Bevölkerung in der Regel kaum wahr; mehrheitlich verklärten sie das bäuerliche Leben als ländliches Ideal. Mit ihren von der traditionellen Bebauung abgekehrten und in die Ferne blickenden Unterkünften brachten sie zudem ihre Distanz zur einheimischen Bevölkerung auch baulich klar zum Ausdruck (Abb. 48, 117). In den Zimmern auf der Rückseite der Hotelpaläste, mit Blick auf die Häuser der Dorfbevölkerung, nächtigte die Dienerschaft (Abb. 55). Dass die einheimische Kultur den Touristen gelegentlich zu nahe treten konnte, belegt der Protest von 71 Gästen in Leukerbad im Jahr 1866, die höflich darum ersuchten, «dass Herr Zumofen dazu gezwungen wird, seinen Miststock zu beseitigen».[18]

Den Einheimischen konnte die Nähe der Touristen einen anständigen Verdienst einbringen, einigen sogar Reichtum. Fremde zu bedienen, hatte vor allem in den grösseren und städtischen Zentren kaum einen negativen Beigeschmack. Interessant ist aber, dass sich vor allem in Berggegenden zahlreiche Hotelangestellte eine Stelle ausserhalb ihres Herkunftsortes suchten. Hier standen wohl die Möglichkeiten zur persönlichen Aus- und Weiterbildung in einem unbekannten Betrieb oder das Erlernen von Fremdsprachen im Vordergrund. Dazu kam die Suche nach einem existenzsichernden Zusatzverdienst während der in der Landwirtschaft verdienstarmen Wintermonate. Wichtig erscheint aber die Tatsache, dass Lohnarbeit in manchen bergbäuerlichen Gebieten als Armutszeichen galt. Offensichtlich fiel es deshalb vielen Bergbewohnern und -bewohnerinnen leichter, ausserhalb ihres Heimatortes fremden Gästen zu dienen. Thomas Antonietti vermerkt dazu im Hinblick auf seine Oberwalliser Untersuchungen: «Tatsache ist, dass die Hoteliers ihr Personal sehr oft ausserhalb der Region rekrutierten.»[19]

1914 fanden in der Schweizer Hotellerie knapp 100 000 Angestellte aller Kategorien ihren Verdienst, in der Mehrheit Schweizerinnen und Schweizer. Zu den begehrtesten Arbeitsplätzen gehörten diejenigen, die mit den Touristen direkt im Kontakt standen, wie Hotelpagen, Kellner, Liftführer oder Kutscher. Diese erreichten mit den Trinkgeldern, oftmals Hauptbestandteil ihres Verdienstes, meistens eine befriedigende finanzielle Lebensgrundlage. Der Hotelconcierge besass die eigentliche Schlüsselrolle im Hotelimperium (Abb. 51). Wie ein Zauberer brachte er die kleinen Widerwärtigkeiten des praktischen Lebens zum Verschwinden. Gewöhnlich war er ein enger Vertrauter des Gastes für alle seine persönlichen Sorgen und Probleme. Er war der Zerberus der Luxusoase, der darüber wachte, dass die Fassade des Hotels für Unbefugte ein unüberwindliches Hindernis blieb, hinter das sich die Gäste zurückziehen konnten, das die Einheimischen aber in der Regel nur als Bedienstete betreten durften. Höchstens am Abend war ihnen, als heimlichen Zuschauern, ein flüchtiger Blick durch die grossen Hotelfenster ins «exotische Leben in den Ballsälen» vergönnt.

HOTELRÄUME

In den ersten Hotels des frühen 19. Jahrhunderts waren noch kaum Trennungen zwischen Repräsentations- und Arbeitsräumen zu erkennen. Die Küche des Betriebs lag in der Regel im Erdgeschoss, und Serviceräume für das Personal waren nur die notwendigsten vorhanden (Abb. 54). Erst bei den grösseren Bauten in der Jahrhundertmitte wurde die räumliche Separierung zweier Bereiche allmählich sichtbar: einerseits die «Bühne», auf der das Hotelleben «gespielt» wurde, und andererseits zahlreiche Räume hinter den Kulissen, in denen eine Heerschar von uniformierten Bediensteten für dieses «Theaterstück» arbeiteten. Diese Zweiteilung des Hotellebens manifestierte sich im Verlauf des 19. Jahrhunderts auch immer deutlicher in den Grundrissen. Zur «Bühne» gehörten die stets zahlreicheren Gemeinschaftsräume (mit dem Speisesaal als Mittelpunkt) sowie die ins Zentrum gerückte Treppenanlage mit der anschliessenden Hotelhalle. Im Hoteltheater spielte die Hotelhalle, mitunter auch der Speisesaal, eine besonders wichtige Rolle. Die baulichen Anordnungen wurden oft so getroffen, dass beispielsweise das Heruntersteigen in die Hotelhalle des Grand Hotels oder der Eintritt in den Speisesaal zum prestigeträchtigen «Auftritt» auf der «Bühne» gestaltet werden konnte (Abb. 59, 60).

Die Hotelzimmer dienten als Umkleidekabinen für die mondäne Hotelgesellschaft. Hinter den Kulissen bildeten Küchen und Office, Keller- und Vorratsräume sowie zahlrei-

51
Hotelangestellte mit direktem Kontakt zu den Gästen besassen eine eigentliche Schlüsselrolle im Hotelimperium. Hotel Bristol in Lugano, um 1920.

52
Der pionierhafte Speisesaalanbau von 1865 beim Hotel Schweizerhof in Luzern von Architekt Leonhard Zeugheer (GUYER 1885).

53
Pläne für das Hotel Faulenseebad, publiziert von Architekt Robert Roller in seiner Publikation von 1879 (ROLLER 1879). Ausgeführt wurde nur der zentrale Mitteltrakt (Abbruch 1962, Abb. 134).

54
Pension Tivoli in Luzern, 1840 eröffnet und mehrmals erweitert. Auf dem Umbauplan von 1890 ist der älteste Bau ganz links erhalten.

51

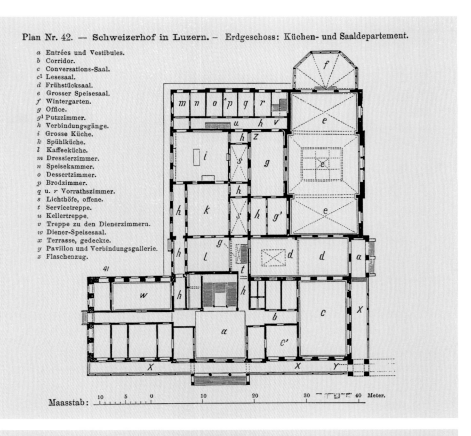

52

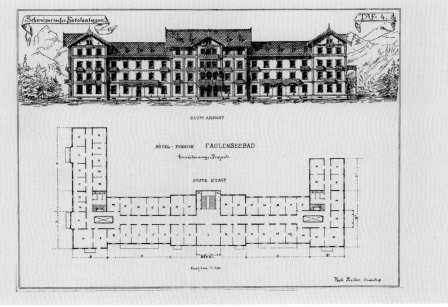

53

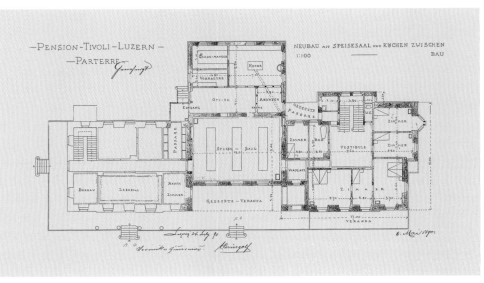

54

Fachbücher zum Hotelbau in der Belle Epoque

Als sich die erste bedeutende Expansionsphase im Schweizer Hotelbau dem Ende zuneigte, veröffentlichte Eduard Guyer 1874 sein Fachbuch mit dem Titel «Das Hotelwesen der Gegenwart». Dieses Werk, das 1877 in einer französischen Übersetzung unter dem Titel «Les hôtels modernes» erschien und 1885 in einer erweiterten zweiten Fassung aufgelegt wurde, war das erste Hotelfachbuch überhaupt. Es konnte sich bis zum Ersten Weltkrieg im gesamten europäischen Raum zum Thema des Hotelbaus eine dominierende Stellung sichern.[20] Der Autor, der Zürcher Eduard Guyer-Freuler (1839–1905), schrieb gewissermassen aus eigener Erfahrung, hatte er doch von 1862 bis 1872 das Zürcher Hotel Bellevue geleitet. In späteren Jahren setzte er sich für eine bessere Erfassung und Organisation des schweizerischen Fremdenverkehrs ein. An der Gründung des Verbandes schweizerischer Verkehrsvereine im Jahr 1899 war er an vorderster Front beteiligt. Sodann war Guyer Schweizer Kommissär für die Weltausstellungen 1876 in Philadelphia und 1878 in Paris, dazu an beiden Ausstellungen Präsident der internationalen Kommission. 1883 leitete er die Jury der Landesausstellung in Zürich. Guyer war ausserdem Präsident der ersten Zürcher Strassenbahngesellschaft und zusammen mit Ingenieur Eduard Heinrich Locher Erbauer der Pilatusbahn 1886–1889 (Abb. 22).[21]

Nebst den wirtschaftlichen Aspekten befasste sich Guyer in seinem Werk schwergewichtig mit Fragen der Grundrissplanung im zeitgenössischen Hotelbau. Überlegungen zur architektonischen Gestaltung von Fassaden fanden dagegen noch keinen Platz; der Hotelbau wurde erst später als Gegenstand der Kunst- und Architekturgeschichte entdeckt. Nach einem einleitenden Kapitel über Motivation, Reiseziele und Reiseplan der Touristen äussert sich Guyer im Hauptkapitel zum Thema «Die Erstellung eines Hotels». Im zentralen Abschnitt erläutert er die verschiedenen Grundrissdispositionen und die Anlage einzelner Räume. Zu allen damals bekannten technischen Errungenschaften liefert er einen zeitgemässen Kommentar. Ein wichtiger Abschnitt befasst sich mit der Möblierung des Gebäudes. Im dritten Kapitel schildert er den Hotelbetrieb mit den verschiedenen Aufgaben der wichtigsten Angestellten. Illustriert ist das Werk mit zahlreichen Abbildungen von Hotelbauten aus ganz Europa. Der Kreis der abgebildeten Schweizer Beispiele ist eng gezogen. Das Hôtel Beau-Rivage in Ouchy wird öfters als gutes Beispiel genannt und mit Plänen vorgestellt (Abb. 35).[22] Ebenfalls mehrmals erwähnt und illustriert werden der Thunerhof in Thun (Abb. 132)[23] und das «Curhotel» (Grand Hotel) in Baden[24], beides Bauten des Architekten Paul-Adolphe Tièche aus Bern. Erwähnung mit Text und Plänen finden auch das Gurnigelbad (Abb. 28), das Grand Hôtel (Abb. 32, 64) und das Hôtel du Lac in Vevey sowie das Hôtel Mont-Blanc in Neuenburg. Besondere Beachtung erfährt die von seinem Schwager, dem Architekten Leonhard Zeugheer, erarbeitete bauliche Erweiterung durch einen grossen Saal und eine ebenerdige Küche beim Schweizerhof in Luzern (Abb. 52).[25] In der zweiten, inhaltlich nur an einigen Stellen überarbeiteten Auflage entfiel das Hôtel Mont-Blanc in Neuenburg als illustriertes Beispiel, neu aufgenommen wurde dagegen das erweiterte und dem neuen architektonischen Zeitgeist angepasste Hotel Schweizerhof in Neuhausen am Rheinfall (Abb. 31).[26]

Neben Guyers Werk konnte sich bis zum Ersten Weltkrieg im europäischen Raum kein weiteres Theoriebuch zum Hotelwesen etablieren. In allen weiteren im deutschsprachigen Raum in den 1880er-Jahren erschienenen Lehrbüchern zum Architekturentwurf basieren die Ausführungen über den Hotelbau massgeblich auf Guyers Erkenntnissen, teilweise ist der Text wörtlich übernommen. Vielleicht hat gerade Guyers Publikation dazu beigetragen, dass die theoretische Diskussion über den Hotelbau in den schweizerischen Zeitschriften im späten 19. Jahrhundert nicht in Schwung gekommen ist.

Im August 1878 veröffentlichte der Burgdorfer Architekt Robert Roller in «Romberg's Zeitschrift für praktische Baukunst» die «Abteilung I» einer offensichtlich mehrteilig geplanten Zusammenstellung «Über Hôtelbauten speciell Anlagen von Kur-, Saison- und Berg-Hôtels mit erläuternden Beispielen bewährter schweizerischer Etablissements». Im folgenden Jahr erschien dieser lange Aufsatz als erweiterter «Separat-Abdruck», weitere Ausgaben und Fortsetzungen sind nicht bekannt.[27] Die Publikation des vor allem im Berner Oberland im Hotelbau erfolgreichen Burgdorfer Architekten, dessen Vater aus Württemberg als Stadtbaumeister nach Burgdorf gekommen war, ist im schweizerischen Hotelbau des 19. Jahrhunderts einmalig. Kein anderer Schweizer Architekt hat sich vor dem Ersten Weltkrieg zum Thema Hotelbau in theoretischen Überlegungen geäussert.

Die Veröffentlichung war offenbar zur Ankurbelung des Hotelbaus in deutschen Tourismusgebieten gedacht. Im Vorwort begründete «Baurath Dr. Oscar Mothes» diese Publikation: «Eine der Schweiz ganz eigenthümliche und in den deutschen Kurorten und Sommerfrischen noch schmerzlich vermisste Specialität bilden die Saison-Fremden-Hôtels und die Kur- und Berg-Hôtels.» Roller definiert seinen Text explizit als Beschreibung dieser speziellen Hotelbauten. Zudem begrenzt er seine Darstellung auf die Vergrösserung bestehender und die Planung erweiterungsfähiger Bauten: «Es ist viel schwieriger, an schon Bestehendes weiter anzureihen und dabei doch ein möglichst einheitliches Ganzes und vollkommene Organisation in Bau und für Betrieb zu erzielen […] als in einer von Grund aus neuen Anlage, ein gut organisiertes Ganzes zu schaffen.»[28] Roller hatte mit diesem Kommentar wohl die Publikation von Guyer[29] vor Augen, die nur Neubauten erwähnt und das Problem der Erweiterung und Vergrösserung eines bestehenden Betriebs vernachlässigt hat. So beklagt Roller in der Einleitung die fehlenden Fachpublikationen zu diesem Thema und bemerkt, dass seine Ausführungen «eine empfindsame Lücke» ausfüllen werden. In der Tat bildeten solche Bauvorhaben eine Spezialität der beiden Architekten Roller Vater und Sohn: Bereits 1842 hatte Vater Roller mit der Dependance Du Parc in Thun eine Erweiterung zu dem bereits seit einem Jahrzehnt bestehenden Hotel Bellevue erstellt (Abb. 82). 1855/56 baute er das neue Hotel Schweizerhof in Interlaken (Abb. 45), das sechs Jahre später von seinem Sohn mit zwei Flügelbauten vergrössert wurde, ganz im Sinn seiner Publikation. 1859/60 erweiterte Roller das Bad Heustrich, im Jahr darauf das Bad Lenk und 1866 den Adler in Grindelwald. 1864 fügte er die beiden bestehenden Pensionen Müller und

Hofstetter am Höheweg in Interlaken durch einen neuen Mitteltrakt zum Hotel des Alpes zusammen. 1870 führte der junge Roller mit der Vergrösserung der Anlagen im Gurnigelbad (neuer Mittelbau und Bäder) seinen bedeutendsten Erweiterungsbau aus. Für den Zermatter Hotelkönig Alexander Seiler erstellte Roller zwischen 1878 und 1884 das berühmte Hotel auf der Riffelalp, dessen Gäste mit einer eigenen Trambahn von der Station Riffelalp der Gornergratbahn abgeholt wurden (Abb. 50, 208).[30]

In seinem Text analysiert Roller vorerst den Bau eines Hotels im Allgemeinen, bevor er auf die Besonderheiten der von ihm dargestellten Betriebe hinweist. So empfiehlt er etwa, mit einem «mehr oder weniger versteckten Eingang von aussen, ein Lokal für Führer, Kutscher und derlei Volk» einzuplanen, damit diese nicht den Gästeeingang benutzten. Bei Berghotels seien zahlreiche Einzelzimmer vorzusehen und nur ein Speisesaal, aber keine weiteren Aufenthaltsräume; diese Bauten seien zudem wegen des aufwändigen Materialtransports in einer einfachen Bauweise zu erstellen. Für Bade- und Kurhotels schlägt er die Anordnung aller Räume unter einem Dach vor und möglichst niedrige Stockwerkhöhen, um den Gehbehinderten das Treppensteigen zu erleichtern. Die Saisonhotels sollten mit einem «Familienappartement im Parterre für ältere Leute oder Gebrechliche» ausgerüstet werden.[31]

Die beiden in dieser Publikation ausführlich vorgestellten Beispiele stammen aus seinem Architekturbüro: das Kurhôtel Faulenseebad sowie das Gurnigelbad.[32] Beim Faulenseebad veröffentlicht er das Projekt einer grossen U-förmigen Anlage, von der 1875 nur der zentrale Mittelbau erstellt worden war (Abb. 53). Das Projekt sollte seinen Ausführungen gemäss dokumentieren, wie die erweiterungsfähige Anlage eines Kurhotels geplant und in mehreren Etappen erstellt werden könne. Das 1870 realisierte Gurnigelbad stellt ein Beispiel aus Rollers Werk dar, bei dem ein aus mehreren Gebäuden bestehender Komplex mit einem neuen Mittelbau (mit neuen Ess- und Festsälen und einem Zimmertrakt) zusammengefasst worden ist, analog zu dem bereits 1864 ausgeführten Mittelbau beim Hotel des Alpes in Interlaken.

Die Ausführungen von Roller fanden in den beiden deutschen Handbüchern zum Hotelbau der 1880er-Jahre von Ludwig Klasen (1884) und Hermann von der Hude (1885) eine gebührende Beachtung.[33] Danach geriet sein Text in Vergessenheit. Keine weitere Publikation über Hotelbauten erwähnte bis in die neuste Zeit Rollers Ausführungen, die als wertvolle Bemerkungen eines Zeitgenossen zum Hotelbau im mittleren 19. Jahrhundert bezeichnet werden können und die als Äusserungen eines Schweizer Architekten zu diesem Thema bis zum Ersten Weltkrieg einzigartig blieben.

1884 erschien in dem von Ludwig Klasen herausgegebenen mehrbändigen Werk «Grundriss-Vorbilder von Gebäuden aller Art» der Band «Grundriss-Vorbilder von Gasthäusern, Hôtels und Restaurants». Nur ein Jahr später veröffentlichte das mehrbändige Handbuch der Architektur im vierten Halbband den Text zu den Gebäuden für Erholungs-, Beherbergungs- und Vereinszwecke. Das darin eingebettete Kapitel zu den Hotels ist vom Berliner Architekten und «Regierungs-Baumeister» Hermann von der Hude verfasst worden.[34]

Ludwig Klasen definiert vorerst den Unterschied zwischen Hotel (für Passanten) und Pension (für längeren Aufenthalt) und erwähnt speziell die «Saisonhôtels». Er verweist auf die gut eingerichteten Schweizer Häuser und beginnt seine Beispielreihe mit der Aufzählung der gleichen Hotels, die bereits Guyer in seinem Werk 1874 genannt hat. Die erste Illustration zeigt die Situation des Kurhotel Faulenseebad bei Spiez, und gleichzeitig wird auf die 1879 erschienene Veröffentlichung von Roller hingewiesen.[35] Der grösste Teil des Textes orientiert sich in der Folge an neu errichteten Beispielen, vorwiegend aus den europäischen Grossstädten Hamburg, Berlin, London, Paris und Wien. Die meisten dargestellten Grundrisspläne waren zuvor in «Försters Allgemeiner Bauzeitung» abgebildet. Am Schluss des Beitrags werden ergänzend einige «Beispiele kleinerer Hotels» erwähnt, alles Schweizer Beispiele aus der Erstausgabe von Guyers Werk: das Mont-Blanc in Neuenburg, das Grand Hôtel in Vevey (Abb. 32, 64), das Curhotel in Baden, das Hotel Schweizerhof in Neuhausen am Rheinfall (Abb. 31) sowie der grosse Saal des Schweizerhofs in Luzern (Abb. 52). Weitere Schweizer Beispiele, die Guyer nicht aufgeführt hatte, sind auch bei Klasen nicht zu finden. Anhand von Textaufbau und Abbildungskonzept ist davon auszugehen, dass sich Klasen massgeblich auf die Publikation von Guyer aus dem Jahr 1874 abgestützt hat.

Der Berliner Architekt und «Regierungs-Baumeister» Hermann von der Hude, der unter anderem das 1875 eröffnete prunkvolle Hotel Kaiserhof in Berlin[36] entworfen hatte, war der Verfasser des zweiten, 1885 veröffentlichten Gundrissvergleichs von Hotelbauten.[37] Erstmals wurden einer solchen Veröffentlichung geschichtliche Notizen über den europäischen Hotelbau vorangestellt. Von der Hude entwarf für seinen Aufsatz einen neuen, klar strukturierten Aufbau zum Thema Hotelbau. Dabei geht er mehrmals auf Guyers Werk ein, das er bereits in der ersten Fussnote erwähnt. Seinen Text zu den speziellen Saisonhotels belegt er mit dem Hinweis auf Rollers Publikation.[38] Am Schluss werden neu erbaute Hotels aus Europa und Übersee angefügt. Als Schweizer Beispiele sind nur der Saalneubau im Schweizerhof in Luzern (Abb. 52) und das Projekt des Beau-Rivage in Ouchy erwähnt. Zu beiden Bauten stammen Textvorlagen und Abbildungen wiederum aus Guyers Werk.[39] Der Beitrag des Architekten von der Hude ist der erste thematisch gegliederte Aufsatz zum Hotelbau, der mit Fussnoten und Textergänzungen konkret Bezug nimmt auf bereits früher publizierte Werke. Er kann, weil er auf den eigenen Erfahrungen des Autors als Hotelarchitekt aufbaut, als wertvollster theoretischer Beitrag zu diesem Thema im späten 19. Jahrhundert bezeichnet werden. Diese Übersicht blieb erstaunlicherweise die letzte bedeutende Architektur-Fachpublikation zum Hotelbau im europäischen Rahmen bis zum Ersten Weltkrieg.

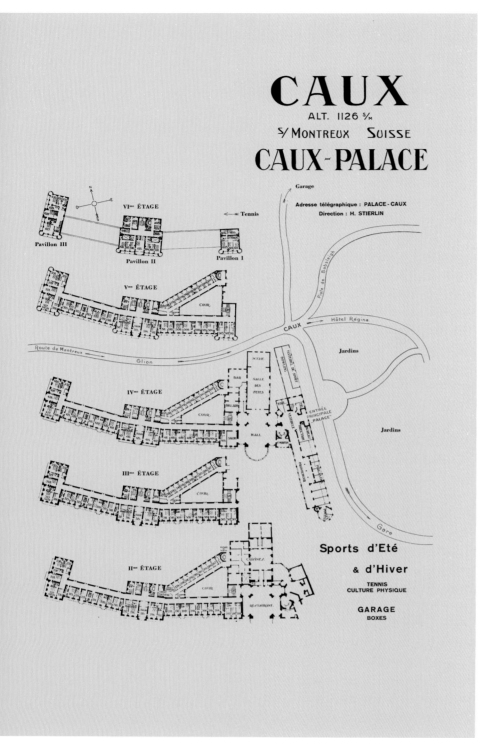

che Administrations- und Hauswirtschaftsräume das Hauptgewicht einer immer umfangreicheren Arbeitswelt. Die Trennung der einzelnen Funktionen in einem Hotel und die Entwicklung dieser zwei Bereiche der Repräsentation und der Arbeit entwickelte sich aber nicht in einer geraden Linie. Manche Etappen lassen sich auch anhand der (leider nur spärlich vorhandenen) Hotelliteratur des 19. Jahrhunderts (Seite 52) kaum dokumentieren.

Der Zimmertrakt

Der Zimmertrakt nimmt im Hotelbau den Hauptteil der Grundrissfläche in Anspruch. Die ersten schriftlichen Überlegungen zur Anordnung und Gestaltung der Hotelzimmer veröffentlichte Eduard Guyer in seinem Standardwerk 1874: «... es richtet sich dieselbe [die Zimmereinteilung] nach dem gegebenen Raum, seiner Gestalt und theilweise seinem Werth, nach den Erfordernissen des Geschäfts und den Bedingungen, welche das Klima und die Witterungsverhältnisse, sowie die Dauer des Aufenthalts auferlegen. Ein Hotel, meistens von Geschäftsreisenden besucht, braucht mehr Zimmer mit einem Bett als ein Familienhotel. [...] Russen, Franzosen etc. bewohnen leichter in grösserer Anzahl ein Zimmer, während Deutsche, Engländer und besonders Amerikaner mehr getrennte Zimmer verlangen.»[40] Aus diesen Zeilen sprach der Praktiker, hatte Guyer doch selbst einen Hotelbetrieb geleitet. Obwohl nirgends explizit erwähnt, geht Guyer doch von der Tatsache aus, dass die Zimmer in den Obergeschossen angeordnet werden, während das Erdgeschoss für die Gesellschaftsräume reserviert bleibt. Die publizierten Grundrisse jedenfalls zeigen in der Mehrzahl diese Disposition, nur einige Hotelgrundrisse weisen Zimmer im Erdgeschoss auf. Erst 1885 bestätigte von der Hude diesen Grundsatz in seinem Architektur-Handbuch zum Thema des Hotelbaus erstmals explizit.[41] Der Architekt Robert Roller erklärte diese Spezialität dadurch, dass bei «Saison-Hôtels» in Ausflugsgebieten «immer einige Zimmer oder [...] wenigstens ein Familienappartement im Parterre für ältere Leute oder Gebrechliche [bereitstehen sollten], welchen das Treppensteigen zu sauer [!] oder unmöglich ist [...], während in Stadthôtels kein Gast mit Vorliebe Parterrezimmer bezieht.»[42]

Die notwendige Flexibilität in der Zusammenstellung von Appartements aus mehreren Zimmern förderte die Anlage von Verbindungstüren, wie Guyer weiter ausführte: «Die Zimmer eines Hotels sind je nach den Erfordernissen des Betriebes einzutheilen und ist derselbe theilweise auch massgebend für die mehr und minder durchgehende Verbindung der Zimmer einer Etage unter einander.»[43] Gefordert waren also flexible Kombinationen von Zimmern. Ausgeführt wurden im ganzen 19. Jahrhundert bis zum Ersten Weltkrieg vorwiegend Zimmerfluchten von «endlos» aneinander gereihten Zimmern nach dem Vorbild des barocken Schlossbaus, obschon gerade der englische Villenbau des 19. Jahrhunderts solche Verbindungstüren nicht mehr schätzte (Abb. 55, 63).[44] Die vornehme Kundschaft akzeptierte offensichtlich die Nachteile in der Benützung mehrerer aneinander gereihter Zimmer. Der Gegenwert für die Nachteile in der Nutzung war das erhabene Gefühl eines Aufenthalts in einer dem gehobenen Wohnungsbau oder sogar dem Schlossbau nachempfundenen Raumfolge. Die baulichen Probleme eines ungenügenden Schallschutzes zwischen den Zimmern fanden in den Fachbüchern keine Erwähnung. Dieselben Probleme wurden dagegen im Bereich der Abgrenzung vom privaten Zimmer zum Gang im Zusammenhang mit den Arbeiten des Servicepersonals in allen Details erörtert.[45] Auch hierin zeigt sich deutlich, wie wichtig in der Belle Epoque die Trennung zwischen «Bühne» und «Arbeit hinter den Kulissen» war und wie viel Energie darauf verwendet wurde, allfällige Störungen in diesem Überschneidungsbereich bereits in der Planung entgegenzuwirken. Im Grunde genommen widmet Guyer in seinem Grundsatzwerk den Hauptteil seiner Ausführungen diesem Thema.

Bei den Hotelgrundrissen pendelte sich die zweibündige Anlage, das heisst zwei Zimmerreihen beidseits eines Erschliessungsganges, bald einmal als Regel ein. Bereits die ältesten bekannten Grundrisse enthielten auch Zimmer auf der Rückseite oder zum Innenhof hin, die wohl zu günstigeren Preisen angeboten wurden (Abb. 54). Nur wenige Hotels konnten auf solche Zimmer verzichten, waren doch die Erstellungskosten im Verhältnis zum Ertrag zu optimieren, wie bereits Guyer in seinem Kapitel über die Einteilung eines Hotels erwähnte.[46] Vor allem im späten 19. Jahrhundert sind aber neue Grundrisse zu erkennen, bei denen versucht wurde, die Anzahl der rückseitigen Zimmer zu verkleinern oder sogar ganz zu eliminieren. So entwarf bereits Ferdinand Stadler 1858 und 1859 zwei Projekte für das Hotel Waldstätterhof in Brunnen mit Haupt- und Seitentrakten ohne rückwärtige Zimmer (Abb. 56). Wirklich grosszügig wurde die Eliminierung von rückseitigen Zimmern aber erst kurz nach 1900 am Genfersee vom Architekten Eugène Jost durchgeführt. Der Schlüsselbau zu diesem Fortschritt in der Grundrissgestaltung war das 1902 eröffnete «Märchenschloss» Caux-Palace. In diesem auf einem Hochplateau gelegenen Hotelpalast sind die Zimmer nur auf einer Seite des langen Erschliessungsganges angeordnet und somit konsequent zur Aussichtsseite hin orientiert. Im rückwärtigen Trakt sind Räume für die eigenen Bediensteten der noblen Clientèle untergebracht (Abb. 55).[47] Dieses Beispiel hat in der Gegend Schule gemacht. Das 1904 eröffnete Hôtel du Parc in Glion kannte ebenfalls keine rückwärtigen Zimmer, wie auch das kurz danach von Architekt Eugène Jost erbaute Montreux-Palace und der Palace-Anbau an das Beau-Rivage in Ouchy (Abb. 35).

Die Gesellschaftsräume

Die ersten Pensionen begnügten sich in der Regel mit wenigen gemeinschaftlichen Räumen, vor 1850 war oft nur ein Speisesaal und vielleicht ein Lese- oder Rauchzimmer vorhanden. In den Grand Hotels des ausgehenden 19. Jahrhunderts dagegen hatte sich eine ganze Reihe von Gesellschaftsräumen etabliert. Diese waren Orte der Repräsentation und zugleich der gesellschaftlichen Begegnung. Sie bildeten im Grand Hotel der Belle Epoque die «Bühne» par excellence für die Auftritte, bei denen unter den Gästen Schauspieler und Publikum permanent ihre Rollen austauschten (Abb. 57). Im Hotel Bär in Grindelwald beispielsweise, das sich seit dem Bau der Dreiflügelanlage 1894 in vornehmem Englisch «Bear & Grand Hotel» nannte (Abb. 160), verteilten sich knapp 200 Zimmer auf vier Obergeschosse mit jeweils drei schier endlos langen Zimmerfluchten. Im Erdgeschoss fanden sich neben dem angebauten grossen Festsaal («Ball Room», Abb. 163) das Restaurant und der Speisesaal sowie ein Bridge-Room, die «American Bar», die grosse Hotelhalle (Abb. 162), ein Ping-Pong- sowie ein Billard-

55
Beim Caux-Palace von 1903 ordnete Architekt Eugène Jost alle Hotelzimmer auf der Aussichtsseite an. Der rückseitig abgewinkelte Gebäudeflügel diente zur Unterbringung der Dienerschaft. Hotelplan um 1940.

56
(a, b) 1858 liess der initiative Hotelier Fridolin Fassbind-Steinauer vom Zürcher Architekten Ferdinand Stadler zwei Vorprojekte für sein neues Hotel am Seeufer in Brunnen (den zukünftigen Waldstätterhof) erarbeiten. Originalpläne 1858.

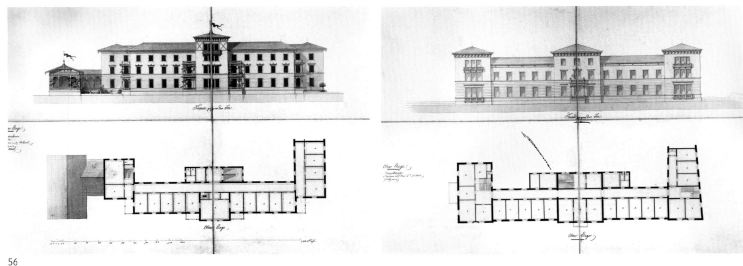

Raum, das Lese- und das Schreibzimmer, der «Sport Room» mit der direkt anschliessenden «Sport-Bar» (Abb. 164) und schliesslich ein spezieller Raum für den «Thé-Dansant». Auch das weit abgelegene Hotel Jungfrau am Eggishorn (Abb. 198) bot seinen Gästen auf 2200 Metern etwa den gleichen Komfort. 1917 umfasste sein Inventar neben den 102 Gästezimmern die folgenden Räume: Salon, Fumoir, Halle, Speisesaal, Gaststube und Terrasse; Bureau, Office, Postbureau, Magazine, Keller, Küche, Patisserie, Metzgerei, Waschhaus, Waschküche und Lingerie; Zimmer für die Angestellten, namentlich «Kochzimmer», «Mädchenzimmer» und «Knechtenzimmer»; Schmiede, Schreinerei, Holzschopf, Remise, Scheune, Stall, Kalberstall, Schweinestall.[48]

1874 stellte Guyer in seinem Lehrbuch fest: «Da heutzutage zum Comfort eines Hotels I. Ranges nicht der Speisesaal allein als gemeinschaftlicher Raum zur Zusammenkunft der Gäste genügt, sondern Lesezimmer, Conversations-, Damen-, Musik-, Billard- und Rauchsalons verlangt werden, so ist jeder dieser Lokalitäten ihre passende Lage und Verbindung anzuweisen.»[49] Die gleichen Gesellschaftsräume zählte auch von der Hude 1885 auf und ergänzte: «Ausserdem sind Säle für kleinere geschlossene Gesellschaften erforderlich.»[50] Über die Lage dieser Räume äussern sich alle Lehrbücher in irgendeiner Form. Einig sind sich die Autoren bezüglich Anordnung der Gesellschaftsräume im Erdgeschoss, wenn nicht besondere räumliche Umstände ihre Verlegung ins erste Obergeschoss verlangen. Diese Regel wird durch die seit der Jahrhundertmitte gebauten Hotels bestätigt. Guyer empfiehlt zusätzlich die getrennte Anordnung der Musikzimmer, Klasen hebt den Salon mit Bibliothek und Klavier hervor, und von der Hude betont mit Bezug auf Roller ganz besonders, dass sich bei Berghotels die Anlage mancher dieser Räume nicht lohne, da die Gäste nur kurze Zeit dort verweilten.[51]

Der Speisesaal

Der gemeinschaftliche Raum, der seit jeher im Hotel vorhanden sein musste, ist der Speisesaal. Aus dem einfachen Zimmer im Erdgeschoss des frühen Hotelbaus entwickelte sich im Lauf des 19. Jahrhunderts ein Prunksaal (Abb. 65), der seit den 1860er-Jahren vermehrt in speziellen Anbauten angeordnet wurde (Abb. 64). Eduard Guyer empfahl 1874, den Speisesaal für gute Ventilation und «gehörige Lüftung [...] auf der Schattenseite der Hotels oder im Schutze von Pflanzen, Bäumen oder fliessendem Wasser» anzuordnen. Der erfahrene Hotelbauer Roller legte grosses Gewicht auf eine gute Verbindung zwischen Küche und Speisesaal. Der Architekturlehrer von der Hude suchte nach Lösungen, um den Speisesaal trotz seiner grossen Höhe im Hotelgebäude selbst anordnen zu können. Keiner der Theoretiker im Hotelbau empfahl aber explizit die Anordnung des Speisesaals auf der Aussichtsseite.[52] Die Einnahme von Mahlzeiten war im Hotel der Belle Epoque ein gesellschaftliches Ereignis, bei dem man sich auf seine eigene Rolle zu konzentrieren hatte und dazu noch die Rolle der anderen «Mitspieler» betrachten musste, sodass für den Genuss der Aussicht spärlich Zeit übrig blieb. Also störte sich wohl kaum jemand an der Tatsache, dass die Speisesäle der Hotels in dieser Zeit nicht auf der Panoramaseite lagen.

In den ersten grossen Hotelbauten war der Speisesaal noch vollständig in den Hotelgrundriss einbezogen: Beim Hôtel Byron in Villeneuve von 1841 lag er in Längsrichtung an der Vorderfront des Gebäudes (Abb. 127), beim Hotel Schweizerhof in Luzern 1845 am östlichen Ende des Grundrisses an der Seitenfassade (Abb. 62), ebenso beim Hotel Rigi-First von 1875 (Abb. 175). Diese beiden Dispositionen bildeten bis ins letzte Viertel des 19. Jahrhunderts die häufigsten Anordnungen. Auch das 1870 eröffnete Hotel National in Luzern hatte den Speisesaal noch im östlichen Seitentrakt integriert (Abb. 172), erst 1897 wurde er dort in einen separaten Anbau verlegt. Bei dem 1875 in Genf eröffneten Hôtel National war der Speisesaal ebenso im Seitentrakt auf der Schmalseite untergebracht (Abb. 63, 101) wie auch bei den nach 1900 eröffneten Hotels Bristol in Lugano, Palace in Luzern (Abb. 179) oder Royal in Lausanne-Ouchy (Abb. 109).

Die stets grösser werdenden Dimensionen des Speisesaals förderten in der zweiten Hälfte des 19. Jahrhunderts auch aus statischen Gründen dessen bauliche Trennung vom eigentlichen Hotelgebäude. Die Reihe der angebauten Speisesäle begann beim Hotel Schweizerhof in Interlaken, das kurz nach seiner Eröffnung im Jahr 1856 einen solchen Anbau erhielt (1897 ersetzt durch einen neuen grösseren Saal, Abb. 65).[53]

57
Salon im Hôtel Alexandra in Lausanne, 1909 eröffnet (abgebrochen). Fotografie um 1910 (Abb. 108).

58
Grundrissplan des Hotel Schreiber auf Rigi-Kulm von 1875 (siehe auch Buchumschlag).

59
Hotelhalle mit Treppenanlage beim Hotel Waldhaus in Vulpera, 1896/97 erbaut durch den Architekten Nikolaus Hartmann den Älteren (1989 abgebrannt, siehe Abb. Seiten 42/43).

60
Blick in die Eingangshalle beim Hotel Schreiber auf Rigi-Kulm von 1875 (siehe auch Buchumschlag).

57

1858 plante der Zürcher Architekt Ferdinand Stadler in einem unausgeführten Projekt für das Hotel Waldstätterhof in Brunnen den Speisesaal ebenfalls in einem Annexbau (Abb. 56a).⁵⁴ Der erste bedeutende Anbau eines grossen Fest- und Speisesaales an ein bestehendes Gebäude entstand im schweizerischen Hotelbau 1863–1865 unter der Leitung des Zürcher Architekten Leonhard Zeugheer beim Schweizerhof in Luzern (Abb. 52). Zusammen mit der gleichzeitig neu errichteten Küche fand dieser Saal als fortschrittliche Lösung grosse Beachtung in den zeitgenössischen Fachbüchern.⁵⁵

Die beiden ersten Hotels, die bereits beim Neubau einen seitlich angebauten Speisesaal erhielten, finden sich in Vevey: Beim 1867 eröffneten Grand Hôtel des Architekten Jean Franel war der grosse Saal, mit einer absidenartigen Erweiterung, als zweistöckiger Anbau an das Hauptgebäude gestellt. Diese Seitenstellung ermöglichte eine optimale Erschliessung mit zwei Eingängen (Abb. 32, 64). Das im folgenden Jahr in Vevey eröffnete Hôtel du Lac, ein Entwurf der einheimischen Architekten Burnat & Nicati, erhielt trotz den engen Platzverhältnissen ebenfalls einen seitlich angebauten Speisesaal. Diese beiden Beispiele fanden Aufnahme in die Fachbücher von Guyer und Klasen.⁵⁶ Sie dürften den Architekten Robert Roller dazu ermuntert haben, beim neuen Hotel Faulenseebad 1875 einen Speisesaal vorzusehen, der aus dem symmetrischen Rahmen des Grundrisses ausbrach (Abb. 53).⁵⁷ Seit den 1870er-Jahren entstanden zahlreiche Hotelneubauten mit einem Speisesaal, der gleich zu Beginn als Anbau konzipiert war: Beim Thunerhof von 1875 (Abb. 132) benützte Paul-Adolphe Tièche wohl den Grundriss des Grand Hôtel in Vevey als Vorlage.⁵⁸ Zu den bekanntesten späten Hotels mit angebautem Speisesaal gehören die vier Grand und Palace Hotels des Westschweizer Architekten Eugène Jost: War die Lage der Säle in Territet, Montreux und Ouchy (Abb. 35) durch ihre Verbindungsfunktion zwischen einem bestehenden Altbau und dem Neubau gegeben, so erstellte Jost sogar beim Neubau in Caux (Abb. 55) eine im ostseitigen Kopfbau vom Hauptgebäude vollständig abgetrennte Saalanlage. Einer der prachtvollsten in der Schweiz realisierten Prunksäle als Anbau an ein bestehendes Hotel wurde am 22. Februar 1905 beim Bristol in Montreux-Territet eingeweiht (Abb. 61, 107).⁵⁹

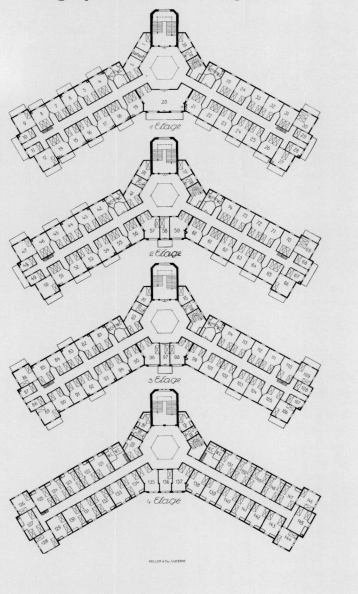

58

59

60

Die Treppenanlage

Die Treppenanlage diente seit jeher der Verbindung zwischen Zimmertrakt und Gesellschaftsräumen.[60] Sie ermöglichte auf diese Weise den «Schauspielern» im «Hoteltheater» das Erreichen der «Bühne» (der Gesellschaftsräume) aus ihrer «Garderobe» (den Zimmern). Diese wichtige Aufgabe sorgte dafür, dass die in den ersten Hotels und Pensionen an den Rand des Grundrisses gedrängte Treppe (Abb. 54) bald einmal in den Mittelpunkt der Anlage rückte. Bereits in den 1830er-Jahren wiesen zahlreiche Hotels einen Treppenaufgang in der axialen Gebäudemitte auf. Die Schaffung von Grundrissen mit einer «betonten Mitte» in einem Mittelrisalit (Abb. 98, 186) unterstreicht die Bedeutung ganz besonders, die der Treppenanlage zugemessen wurde. An die Treppe schloss sich oftmals eine geräumige Hotelhalle oder zumindest ein Podest an. Diese Disposition gab den herabsteigenden «Schauspielern» die Möglichkeit, das Geschehen in der Hotelhalle am unteren Treppenende besser zu überblicken und sich dabei selbst in den erwartungsvollen Blicken der dort sitzenden «Mitschauspieler» besser in Szene zu setzen (Abb. 59, 60).

Die Bedeutung der Treppe im Hotelgrundriss unterstrich bereits Eduard Guyer 1874, als er schrieb: «Eine schöne Treppenanlage ziert ein Hotel mehr als schwere, oft geschmacklose Vergoldungen.»[61] Als Ausdruck der sozialen Bedeutung einer Treppenanlage erscheint die Tatsache, dass der zentrale Aufgang in der Regel über dem ersten Obergeschoss, dem angesehensten unter den Zimmergeschossen, an Bedeutung einbüsste; viele Steintreppen wurden dort zu Holzstiegen, massive Steinbrüstungen zu Holzgeländern. Beim Grand Hotel in Locarno beispielsweise steigt eine monumentale zweiläufige Steintreppe mit Zwischenpodest, in doppelter Ausführung beidseits der Eingangshalle angeordnet, vom Erdgeschoss in die erste Etage, von dort aber nur noch eine viel bescheidenere einläufige Treppe in die höheren Geschosse hinauf.

Im Hotelbau der Frühzeit war die Treppe beinahe standardmässig als zweiläufige Anlage mit einem Richtungswechsel konstruiert, das heisst, sie führte mit zwei geraden Treppenläufen über ein Zwischenpodest von einer Etage zur nächsten (Abb. 54). Dieser häufigste Treppentyp fand bis zum Ersten Weltkrieg bei allen Hotelgrössen Anwendung. Das ambitiös ausgestattete Hôtel Byron von 1841 (Abb. 127) hatte diesen einfachen Treppengrundriss, ebenso wie auch noch die beiden 1910 eröffneten Hotel Montana in Luzern und Europe in Lugano-Paradiso.

Bei den Hotelbauten von Genf hat sich, gewissermassen als lokale Spezialität, der gekrümmte Treppenlauf sehr früh verbreitet. Als dessen «Urtyp» kann die ovale Treppe in zwei Läufen beim 1834 eröffneten Hôtel des Bergues in Genf bezeichnet werden (Abb. 66). Die vom Architekten Augustin Miciol entworfene Anlage blieb in dieser Art einmalig im Schweizer Hotelbau. Sie hatte aber grossen Einfluss auf den Genfer Hoteltreppenbau: 1841 entstand im Hôtel de l'Ecu de Genève die erste halbkreisförmige Treppenanlage (Abb. 67). Sie fand in der Rhonestadt zahlreiche Nachfolger, etwa beim Métropole (1855) und beim de la Paix (1864) mit je einer Servicetreppe oder beim Erweiterungsbau des Hôtel de la Paix und beim Hôtel Suisse. Ausserhalb von Genf trifft man nur selten auf diese halbrunden Treppen. Der 1859 eröffnete Bernerhof in Bern von Friedrich Studer oder das Hôtel Beau-Rivage in Lausanne-Ouchy von 1861 gehören zu diesen Ausnahmen. Im Jahr 1865 entstanden zwei solche Treppen in Interlaken: in dem von Friedrich Salvisberg umgebauten Hotel Ritschard sowie im Hotel Victoria (Abb. 68), einem weiteren Entwurf des Architekten Friedrich Studer.

Zur häufigsten Treppe in den repräsentativeren Hotelbauten des 19. Jahrhunderts wurde die dreiläufige Anlage mit zwei Viertelkreisdrehungen auf Zwischenpodesten. Diese umschloss in ihrer Mitte ein grosses rechteckiges Treppenauge, das in späterer Zeit oftmals dem Einbau einer Liftanlage diente (Abb. 161). Die wohl früheste solche Treppe erstellte Architekt Henri Fraisse 1839 im Hôtel Gibbon in Lausanne, dem ersten dortigen grossen Stadthotel (Abb. 97).[62] Auch der Schweizerhof in Luzern erhielt 1845 eine Treppe mit Mittelauge (Abb. 62). Im Métropole in Genf wurde 1855, bedingt durch den schmalen zur Verfügung stehenden Grundriss, eine solche Anlage mit zwei kurzen und einem langen Lauf ausgeführt. Seit den 1860er-Jahren fand diese Treppe besonders grosse Verbreitung, beispielsweise beim Jungfraublick in Interlaken 1864, beim du Lac in Vevey 1868, beim National in Luzern 1870, beim Grand Hôtel in Caux 1893 (Abb. 55), beim

61
Der 1905 eröffnete Saal des Hôtel Bristol in Montreux-Territet war einer der imposantesten Festsäle bei Schweizer Hotelanlagen (Abbruch des Hotels 1984, Abb. 107). Fotografie um 1910 (siehe Abb. Seiten 4/5).

62
Originaler Erdgeschossplan des Hotel Schweizerhof in Luzern aus dem Jahr 1845. Der Speisesaal befindet sich auf der östlichen Schmalseite des Hauses.

63
Beim 1875 eröffneten Hôtel National in Genf war der Speisesaal an der Schmalseite angeordnet (Die Eisenbahn 1879).

64
Das von Architekt Jean Franel entworfene und 1867 eröffnete Grand Hôtel in Vevey (Abb. 32) mit dem ersten seitlich angebauten Speisesaal bei einem Hotelneubau (GUYER 1885). Abbruch des Hotels 1956.

61

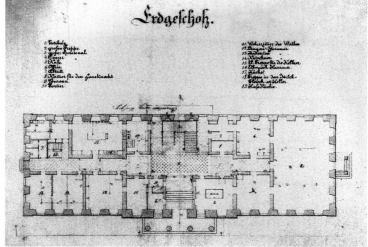
62

Bristol in Lugano 1903 (Abb. 51), beim Grand Hotel in Brunnen 1905 (Abb. 185) oder beim Royal in Lausanne-Ouchy 1909 (Abb. 109). Ein räumlicher oder zeitlicher Schwerpunkt lässt sich dabei nicht definieren. Es war wohl einfach die Möglichkeit zur Gestaltung eines repräsentativen Treppenhauses, die dieser Lösung im Hotelbau des ausgehenden 19. Jahrhunderts gegenüber der konventionellen zweibündigen Treppe oftmals den Vorrang gab.

Die Aufzüge (siehe auch Seiten 61–63)
Die Entwicklung der Aufzugstechnik förderte in den amerikanischen Städten des späten 19. und frühen 20. Jahrhunderts die Entstehung von Hochhäusern. In unseren Gegenden wurde der Hotelbau der Belle Epoque durch den Lift nicht in gleichem Mass beeinflusst. Immerhin führte die Installation von Personen- und Gepäckliften auch in der Schweiz zu höheren Hotelgebäuden. Im Durchschnitt hatten schweizerische Hotels ohne Liftanlagen zwei bis drei Obergeschosse, nach der Einführung von Aufzügen bis zu vier, im Ausnahmefall auch fünf Etagen. Der Palace-Erweiterungsbau zum Beau-Rivage in Ouchy erreichte 1908 mit sechs Stockwerken bereits das schweizerische Maximum (Abb. 35).

Im Grundriss einer Hotelanlage nahm der Aufzug oftmals einen wichtigen Platz ein. Der erste Schweizer Hotellift im Grand Hôtel in Vevey von 1867 lag an zentraler Stelle in der Hotelhalle gegenüber der Treppenanlage, flankiert von den Räumen für den Portier und den Coiffeur (Abb. 64).[63] Damit war bereits eine der häufigsten Varianten der Anordnung im Grundriss definiert, die in repräsentativen Eingangshallen immer wieder Anwendung fanden. Eine weit verbreitete Lösung war auch der Einbau ins Auge einer dreiläufigen Treppe (Abb. 161). Damit liess sich der technische Fortschritt eines Aufzugs gegenüber dem mühsamen Treppensteigen besonders augenfällig dokumentieren. Diese Variante kam oft beim nachträglichen Einbau zur Anwendung, sie war aber auch eine bevorzugte Disposition bei Neubauten (Abb. 51). Weniger spektakuläre Lösungen mussten oft beim nachträglichen Einbau in engen Verhältnissen gewählt werden. Wenn der notwendige Platz in der Eingangshalle nicht vorhanden war, installierte man den Lift einfach irgendwo in der Nähe der Treppe (Abb. 63).

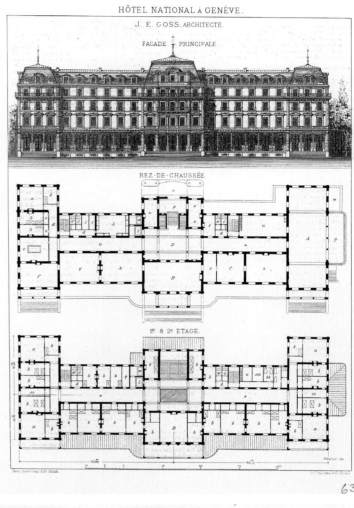

63

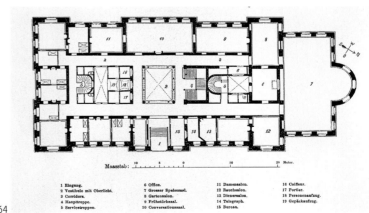

64

Liftkabinen waren in ihrer Frühzeit holzgetäfelt und manchmal mit edlem Holz und kleinen Intarsien ausgeschmückt. Die Türe, durch die man eintrat, hatte eine Verglasung, und bei jeder Station sicherte eine zweite Türe, oft ein schweres Metallgittertor, den Zugang. Bei frei stehenden Anlagen waren manchmal weitere Wände der Kabine verglast, damit man das lautlose Hochsteigen besser erfassen konnte. Sobald man den Fuss auf den Boden der Kabine setzte, erhellten eine oder zwei Lampen an der Decke den kleinen Raum mit einem gelblichen Lichtschimmer. Eine Sitzbank, meistens lederbezogen, in vornehmeren Etablissements ein gepolstertes Sofa, bot den Damen eine Sitzgelegenheit. Ein glänzender Handlauf aus Messing gewährte den ängstlichen Fahrgästen sicheren Halt und bezeugte gleichzeitig den Glanz dieser technischen Erfindung (Abb. 71). Die Steuerung über das beim Eingang angebrachte Tableau war zu jener Zeit keine Selbstbedienungsanlage, sondern das Reich eines Liftboys. Dieser hatte in der Kabine stets für Sauberkeit und glänzendes Messing zu sorgen, wie Franz Kafka in seinem Roman «Der Verschollene» über den Liftjungen Karl Rossmann berichtet: «Schon nach der ersten Woche sah Karl ein, dass er dem Dienst vollständig gewachsen war. Das Messing seines Aufzugs [im New Yorker Hotel Occidental] war am besten geputzt, keiner der dreissig anderen Aufzüge konnte sich darin vergleichen.»[64]

Die Serviceräume «hinter den Kulissen»

Die Trennung der Repräsentationsfunktionen «auf der Bühne» von den verschiedenen Tätigkeiten «hinter den Kulissen» des Hotels hat sich im Verlauf des 19. Jahrhunderts immer stärker herauskristallisiert und die innere Disposition eines Hotelbaus entscheidend beeinflusst. Die Fachbücher aus den 1870er- und 1880er-Jahren verwendeten denn auch viel Platz für die Beschreibung eines reibungslosen Funktionierens dieser beiden Abläufe.

Zu den Wirtschaftsräumen im Hotelbetrieb gehörten etliche Vorrats- und Bearbeitungsräume, die mit der Küche in direktem Zusammenhang standen: Keller und Vorratskammern für Früchte und Gemüse, Milch und Wein, der Tageskeller, ein Anrichteraum, die Vorbereitungsküche und die Dessert-

65

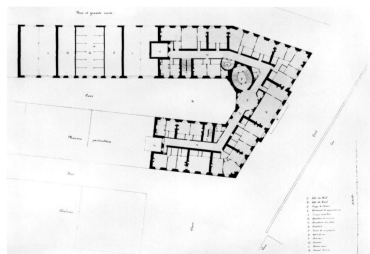

66

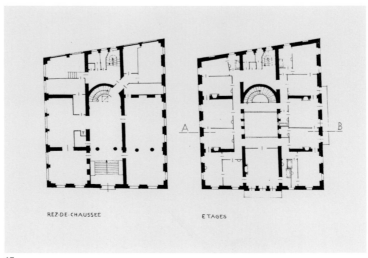

65
Der 1897 eröffnete neue Speisesaal beim Hotel Schweizerhof in Interlaken, entworfen vom Luzerner Architekten Arnold Cattani. Fotografie um 1930.

66
Grundriss des 1834 eröffneten Hôtel des Bergues in Genf mit dem «Urtyp» der ovalen Hoteltreppe.

67
Grundriss des Hôtel de l'Ecu de Genève in einer Planaufnahme von 1943.

küche. Sie bildeten die wichtigsten Bestandteile eines umfangreichen Angebots, das fast ausnahmslos im Keller der Hotelbauten untergebracht war. Die Verbindung zum Speisesaal wurde stets über einen Officeraum hergestellt, in den eine Treppe aus dem Untergeschoss führte. Diese Disposition findet sich beinahe lückenlos bei allen Hotelbauten.

Die Küche

Sehr viel Platz räumte Eduard Guyer der Beschreibung der Hotelküche ein. Gleich einleitend hält er dazu fest: «Eine praktische Kücheneintheilung ist viel wichtiger und greift viel tiefer in den Betrieb eines Hotels ein, als gewöhnlich angenommen wird.» Bei der Frage der Anordnung der Küche im Hotel äussert er sich grundsätzlich für die Nähe zu den Sälen: «Mit den Speisesälen ist das Küchendepartement in möglichst nahe und zweckentsprechende Verbindung zu bringen, und dennoch soll dieselbe keine Ausbreitung des Küchengeruchs und des Lärms der Küchenthätigkeit, welcher kaum gänzlich vermieden werden kann, gestatten.» Die Entscheidung, ob eine Küche im Erd- oder Untergeschoss angeordnet wird, bezeichnet Guyer als «eine der allerwichtigsten». Er plädiert dafür, wenn immer möglich, die Küche im Erdgeschoss anzuordnen. In diesem Zusammenhang präsentiert er die neue «Parterreanlage» mit Speisesaal von Architekt Leonhard Zeugheer beim Schweizerhof in Luzern als gutes Beispiel (Abb. 52).[65] Roller dagegen diskutiert diese Frage bei seinen theoretischen Überlegungen zum Hotelbau nicht, und er ordnet die Küche prinzipiell dem «Souterrain» zu (Abb. 53).[66] Von der Hude wiederum widmet dem Küchenbau einen eigenen Abschnitt, in dem er feststellt, «dass in den seltensten Fällen das Erdgeschoss den für Küche und Zubehör erforderlichen Raum gewährt».[67]

Aus den heute bekannten Grundrissen kann geschlossen werden, dass die meisten Hotels ihre Küche im Unter- oder Sockelgeschoss angeordnet hatten, so auch völlig frei stehende Anlagen, wie beispielsweise das Hôtel Byron in Villeneuve von 1841 (Abb. 127), der Bernerhof von 1859 (Abb. 36), das Beau-Rivage in Lausanne-Ouchy von 1861 (Abb. 72), das Victoria in Interlaken von 1865 (Abb. 68), das Rigi-First von 1875 (Abb. 177), das Grand Hôtel in Caux von 1893 (Abb. 55), das Grand Hotel in Brunnen von 1905 (Abb. 185) oder das Grand Hotel in Brissago von 1909. Auch das 1868 auf freiem Feld in Unterseen bei Interlaken durch Architekt Davinet geplante Grand Hotel sah die Anordnung der Küche im Kellergeschoss vor (Abb. 85).[68] Die Liste liesse sich fast beliebig verlängern.

Die Anordnung der Küche zu ebener Erde war in der Frühzeit des Hotelbaus äusserst selten anzutreffen. Zu diesen Ausnahmen gehörten gemäss Guyer bereits das Hotel Baur au Lac in Zürich sowie die beiden Entwürfe von Leonhard Zeugheer für das Hotel Bellevue in Zürich sowie den Saalanbau an den Schweizerhof in Luzern (Abb. 52).[69] Obschon sich Robert Roller in seiner Publikation von 1879 für die Anordnung der Küche im Untergeschoss aussprach, hatte dessen Vater 1856 beim Hotel Schweizerhof in Interlaken (Abb. 45) bereits eine der wenigen frühen, ebenerdigen Küchenanbauten erstellt.[70] Zwei Jahre später führte der junge Roller bei einem Umbau des Hotel Belvédère, ebenfalls in Interlaken, einen weiteren Küchenanbau im Erdgeschoss aus.[71] Beim Hotel Waldstätterhof in Luzern von 1900 fällt die Anordnung der Küche im Erdgeschoss besonders auf. Architekt Emil Vogt hatte diese im inneren Hofraum der V-förmigen Anlage angeordnet und damit einen besonders gut belichteten Küchenraum geschaffen. Dadurch musste er aber die Treppenanlage aus der axialen Mitte in eine weniger attraktive Lage im Seitenflügel verschieben, wodurch sie erheblich an repräsentativer Würde verlor.[72]

Seit der Publikation von Guyer kann das Festhalten an der Küche im Untergeschoss als Beharren auf alten Traditionen wider besseren Wissens bezeichnet werden. Zusammen mit anderen Anordnungen im Hotelbetrieb, die personalintensive Konsequenzen nach sich zogen, lässt sich dieses Verhalten wohl allein mit einem Überangebot an Arbeitskräften in der damaligen Zeit erklären. Vor dem Ersten Weltkrieg fielen die Lohnkosten in einem Hotel nicht dermassen ins Gewicht, dass je an Einsparungen gedacht werden musste. Billige Arbeitskräfte waren im Überfluss vorhanden. In den Kurorten war die Bevölkerung auf einen Nebenverdienst angewiesen, auch wenn dieser meistens gering ausfiel. Kurz vor dem Ersten Weltkrieg beschäftigte die Schweizer Hotellerie bei einer Bettenzahl von etwa 170 000 nahezu 100 000 Angestellte hinter den Kulissen des «Märchenzaubers», und niemand sprach zu dieser Zeit von Rationalisierung oder Stellenabbau.

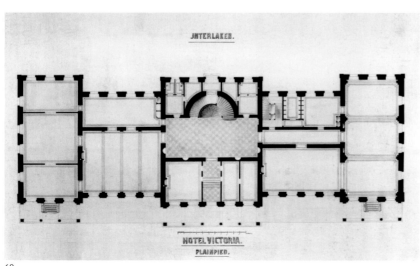

68
Interlaken, Hotel Victoria, 1864/65 erbaut nach Plänen des Architekten Friedrich Studer aus Bern. Originalplan der Architekten Studer & Davinet, datiert Juni 1868.

Der Personenlift in seiner Frühzeit
(siehe auch: Flückiger-Seiler, Hotelpaläste, 124–133)

Verschiedene Antriebssysteme

1853 stellte Elisha Graves Otis einem staunenden Publikum im New Yorker Crystal Palace die Fallbremse als seine neuste technische Errungenschaft vor. Dieses Bremssystem ermöglichte erstmals einen sicheren Personentransport.[73] Im Frühling 1857 wurde in einem New Yorker Geschäftshaus der erste öffentliche Personenaufzug in Betrieb genommen. Eine Dampfdruckmaschine bewegte eine Kabine für sechs Personen mit einer Geschwindigkeit von 0,2 Metern pro Sekunde vertikal durch das vierstöckige Gebäude. 1858 erhielt das Fifth Avenue Hotel als erstes Hotel von New York einen «Vertical Screw Railway Elevator».[74] Seit 1860 fuhr im Grosvenor Hotel in London der erste Hotellift Europas.[75]

Lärm, Gestank und personalintensiver Betrieb des Dampfaufzugs waren Hauptgründe für die Suche nach neuen einfachen, leisen und sicheren Systemen. Der hydraulische Antrieb[76] war das erste Resultat dieser Suche. 1860 berichtet die «Allgemeine Bauzeitung» von einem hydraulischen Aufzug für das Gepäck im Bahnhof St-Lazare in Paris.[77] An der Pariser Weltausstellung von 1867 stellte Léon Edoux sein bereits technisch ausgereiftes System des hydraulischen Aufzugs mit zwei parallelen Kabinen vor.[78] Innerhalb kurzer Zeit eroberte der hydraulische Aufzug die Geschäftshäuser und Hotels in den amerikanischen und europäischen Grossstädten. Grosse Propagandawirkung hatten die Aufzüge für Personen und Gepäck in den drei für die Weltausstellung 1873 erstellten Grosshotels in Wien. Nach dieser Ausstellung gehörten Lifte zum Hotelstandard der Luxusklasse.[79] 1879 stellt die Zeitschrift des Vereins Deutscher Ingenieure fest, dass der Fahrstuhl in «sämmtlichen comfortabler eingerichteten Hotels der grösseren Städte sich einzubürgern angefangen hat».[80]

Bald einmal erkannte man aber auch die Nachteile der hydraulischen Technik: aufwändig bei der Herstellung (Brunnenbohrung für die Kolbenanlage bei der direkten Hydraulik) und unsicher im Betrieb (Druckschwankungen im Wasserleitungsnetz führten zu unliebsamen Störungen). Der Anstoss zur Weiterentwicklung der Lifttechnik von der Hydraulik zum elektrischen Antrieb kam durch den Liftunfall im Grand Hôtel von Paris 1878.[81] Im Jahr 1880 wurde in Salzburg ein elektrischer Aufzug zum Mönchsberg in Betrieb genommen, bei dem zwei Kabinen an einem über ein Umlenkrad geführten Seil (das 1877 erfundene Prinzip des Seiltriebes) hinauf- und hinunterfuhren.[82] An der grossen Elektrizitätsausstellung in Paris 1881 konnte Siemens bereits eine verbesserte Version des elektrischen Aufzugs vorführen.[83]

Die Elektrizität wies gegenüber den älteren Antriebsarten mit Dampf und Hydraulik grosse Vorteile auf, weshalb sich der Lift mit der Anwendung der Elektrizität stark verbreitete. Einen entscheidenden Impuls lösten die fünf Aufzüge dreier Firmen im Eiffelturm an der Pariser Weltausstellung von 1889 aus.[84] 1893 bestaunte das interessierte Berliner Publikum den ersten elektrischen Aufzug der Stadt im Warenhaus von Carl Flohr. Im letzten Jahrzehnt des 19. Jahrhunderts konnte sich der elektrische Lift in den bedeutendsten europäischen Hotels endgültig etablieren.[85]

Liftanlagen in Schweizer Hotels

Die ersten Anwendungsschritte der noch jungen Lifttechnik fanden in der Schweiz am Genfersee statt. Bereits im Jahr 1857, als in New York der weltweit erste Personenaufzug in Betrieb genommen wurde, hatte der Genfer Architekt François Gindroz in seinem Wettbewerbsprojekt für das Hôtel Beau-Rivage in Ouchy eine Aufzugsanlage für den Gepäcktransport vorgeschlagen: «Au centre du bâtiment, en face du grand escalier est un local avec plancher mobile pour monter ou descendre les effets...»[86] Diese Anlage wurde, wie auch das fliessende Warmwasser in den Etagen, auf Intervention des Direktors Alexandre Rufenacht aber nicht ausgeführt.[87]

Eine absolute Pionieranlage erhielt das 1867 neu eröffnete Grand Hôtel in Vevey. Im Jahr, in dem Léon Edoux seinen hydraulischen Aufzug der breiten Öffentlichkeit präsentierte, installierte der fortschrittliche Architekt Jean Franel dort den ersten Personenlift in einem Schweizer Hotel.[88] Ein Reiseführer über Montreux aus demselben Jahr beschreibt die Liftanlage in zwei Sprachen als «eine Zugmaschine für Personen und eine andere für Gepäck» und auf Französisch als «un appareil (grue) servant à monter les personnes et un autre pour les bagages».[89] Die Anlage war offensichtlich so neu, dass der Autor die später verwendeten Namen noch nicht kannte! Sie wird in Guyers Standardwerk, obwohl nicht speziell erwähnt, in den publizierten Grundrissen bestätigt (Abb. 64).[90]

Die nächste bekannte Liftanlage, die im Sommer 1873 im Genfer Hôtel Beau-Rivage eingerichtet wurde, hat Guyer als «durch Wasser bewegten Pistonlift» erwähnt.[91] In einer Zeit, in der die ersten hydraulischen Lifte in den grössten Hotels der europäischen Grossstädte erst ihren Einzug hielten, bedeutete dieser Genfer Lift, von dem auch eine Fotografie existiert (Abb. 69), wohl eine grosse Sensation. Das «Journal de Genève» beschreibt die Anlage wie folgt: «L'ascenseur se compose d'un charmant petit salon, avec tapis, divan et glaces; quatre boutons marquent les étages et il suffit de pousser le numéro de l'étage où l'on veut se rendre, pour que l'élégante machine se mette aussitôt en mouvement et porte le voyageur à sa destination.»[92]

Im Jahr 1875 wurde im neu eröffneten Hôtel National in Genf bereits der zweite Personenlift in dieser Stadt in Betrieb genommen, eine hydraulische Anlage von Léon Edoux aus Paris.[93] Im Berner Oberland wetteiferten im gleichen Jahr zwei Hotels um die erste Liftanlage in ihrer Region. Im März 1875 meldete die «Berner Tagespost» die Bauarbeiten zur Installation einer hydraulischen Liftanlage «mit Wasserdruckpumpe im Keller» beim Hotel Victoria in Interlaken (Abb. 84).[94] Im Juni wurde in Thun der Thunerhof eröffnet (Abb. 132), in dem ein hydraulischer Personenlift in Betrieb kam. Dieser von der Firma Rieter in Winterthur gelieferte Aufzug «nach dem Telescop-System» war eines der «Sorgenkinder» des Hauses. Schon bald wurden die ersten Reparaturen notwendig, 1891 wies eine Expertise der Ingenieure Schütz und Weyermann verschiedene Mängel der Anlage nach. Bereits im Jahr darauf installierte die erfahrene Firma Stigler aus Mailand eine neue Liftanlage mit hydraulischem Antrieb, die dann zur vollständigen Zufriedenheit funktionierte.[95]

1877 berichtete ein Referent vor dem deutschen Architekten- und Ingenieurverein in Hamburg, dass in den Schweizer Hotels «für Fahrstühle zur Personenbeförderung und, getrennt

Aufzüge System "Stigler"

Beschreibung der einzelnen Teile und Lieferungsbedingungen

Die hydraulische Aufzugsmaschine. — Dieselbe besteht aus einem genau ausgebohrten Cylinder mit Deckel und starker Lagerplatte, in welcher eine stählerne Kammwalze gelagert ist, die mit den am Kolben befestigten Zahnstangen eingreift. Die Zahnstangen sind durch eine eiserne Traverse und runde Führungsstangen geführt. Auf der Achse der Kammwalze ist die grosse Seiltrommel aufgekeilt. Der Wasserverteiler hat Balancierbewegung und ist innen aus Rothguss. Die Steuerstange erstrekt sich über die ganze Länge der Maschine und erhält vom Fahrstuhl aus ihre Bewegung und durch die Maschine selbst die automatische Abstellung. (Genaue Beschreibung im Gutachten des Herrn Prof. Escher aus Zürich).

Die electrische Aufzugsmaschine besteht aus einem Electromotor mit speciellem Anlass- und Reversirapparat zur Ingangsetzung in beiden Drehrichtungen. Der Electromotor ist mit einer elastischen isolirenden Kupplung mit der Aufzugswinde verbunden. Diese enthält in einem starken Gehäuse eine stählerne Welle mit gehärteter Schraube, welche in ein Phosphorbronce-Rad mit fein gefrästen Zähnen eingreift Auf der Achse dieses Schraubenrades ist die Seiltrommel festgekeilt. Die Verlängerung der Schraubenachse trägt eine Bremsscheibe, welche automatisch beim Anhalten in den Stockwerken etc. festgebremst wird.

Specielle Steuerungsmechanismen bewirken auch hier das automatische Abstellen bei Ankunft in einem vorher eingestellten Stockwerk.

Der Fahrstuhl, die **Führungen** desselben und die **Steuerungsart** sind in der rückseitigen Offerte beschrieben.

Die Sicherheitsapparate am Fahrstuhl. — An jedem Stigler' schen Fahrstuhl sind 3 verschieden und von einander unabhängig wirkende Sicherheitsapparate angebracht, welche ein Abstürzen unmöglich machen. Einer dieser Apparate stellt den Fahrstuhl fest, wenn die Aufhängung reissen sollte; der zweite erzielt denselben Zweck durch einen vollkommen ausbalancirten Fangboden, der beim Niedergang des Fahrstuhles verhindert, dass irgend jemand, der unbefugter Weise sich im Fahrschacht herauslehnt oder in demselben sich befindet, erdrückt wird, und der dritte Apparat, welcher in doppelter Ausführung an jedem Stigler'schen Fahrstuhl sich befindet, stellt den Fahrstuhl durch 2 matematisch sicher wirkende Pendel fest, sowie die Fahrgeschwindigkeit beim Abwärtsfahren eine gewisse Grenze übersteigt und somit mit den Schwingungen der Pendel nicht mehr übereinstimmt. Sind die Pendel verschmutzt, so verhindern sie noch bei geringerer Fahrgeschwindigkeit den Niedergang des Fahrstuhles und nötigen infolgedessen zur Reinhaltung der Sicherheitsapparate.

Die Steuerungshemmung verhindert, dass bei offener Fahrstuhlthüre gefahren werden kann und garantirt somit das gefahrlose Ein- und Aussteigen in den Stockwerken. Dieser Apparat ist so mit der Fahrstuhlthüre in Verbindung gebracht, dass das Oeffnen derselben eine Klemmung und Festhaltung des Steuerseils bewirkt, welches erst bei geschlossener Thüre wieder manövrirbar ist.

Die Sicherheitsthürverschlüsse an den Stockwerksthüren halten die Thüren so lange geschlossen, bis der Fahrstuhl den Verschluss öffnet. Ist der Fahrstuhl vorbei, so ist das Thürschloss geschlossen, so dass die Thüre nicht geöffnet werden kann.

Die Zug & Gegengewichtsseile sind aus bestem Tiegelgussstahldraht hergestellt und für 15-20 fache Bruchsicherheit berechnet.

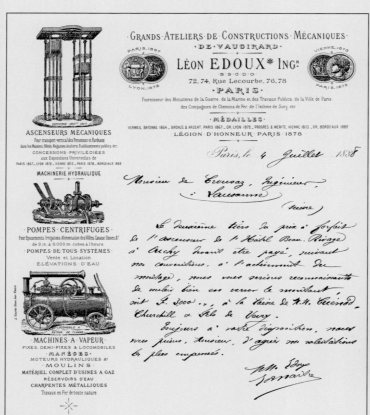

davon, auch für Gepäckaufzüge gesorgt» sei.⁹⁶ Auch Ludwig Klasen hebt 1884 besonders hervor, dass in den Schweizer Hotels «Fahrstühle zur Personen- und Gepäckbeförderung in die Stockwerke meistens vorhanden» seien.⁹⁷ Trotzdem traf man bis in die frühen 1880er-Jahre noch mehrheitlich auf Hotels und Pensionen ohne Aufzug. Eine erste grössere Zahl von Lifteinbauten erfolgte in den späten 1880er-Jahren. In Montreux beispielsweise blieb die wohl beim Neubau 1884 erstellte Liftanlage im Hotel Breuer (Abb. 106) einige Jahre die einzige des Ortes («seul ascenseur à Montreux»).⁹⁸ Auch im benachbarten Hôtel des Alpes in Territet, das unter der Leitung des Hotelpioniers Jean François Chessex seit den 1840er-Jahren einen steilen Aufstieg erlebte, wurden erst durch dessen Sohn Ami Chessex im Neubau des Grand Hôtel von 1888 (Abb. 77) zwei hydraulische Lifte eingebaut (Seite 69).⁹⁹ Im gleichen Jahr erhielt das seit mehr als einem Vierteljahrhundert bestehende Hôtel Beau-Rivage in Lausanne-Ouchy endlich eine Liftanlage. Sie wurde von der Firma Léon Edoux aus Paris geliefert (Abb. 70).¹⁰⁰

Mit etwas Verspätung eroberte der Lift auch die Hotels am Vierwaldstättersee: 1883 plante der Luzerner Architekt Arnold Bringolf im Hotel Luzernerhof den ersten Personenlift in der Region. Die Anlage wurde von der Pariser Firma James Hanning geliefert, die ein neues System mit einer Hydraulik ohne Kolbenantrieb einbaute, für das die damalige Referenzliste fast ausschliesslich amerikanische Beispiele nannte.¹⁰¹ Im Tessin wurde der erste Lift im Hotel Splendide in Lugano beim Umbau 1888–1891 eingebaut. Er war angetrieben durch einen sonst kaum verwendeten Gasmotor: «All Jng.re Stigler di Milano per il Lift, motore a gas, pompa [...] fr. 9 000.–» steht dafür in der Bauabrechnung.¹⁰² Die Liftfirma Stigler aus Mailand war nach der hauptsächlich in der Westschweiz tätigen Firma Edoux aus Paris die zweite in der Schweiz um die Jahrhundertwende häufig anzutreffende Liftfirma, die vor allem im Tessin und in der Innerschweiz Lifte liefern konnte (Abb. 71).¹⁰³

Gegen die Jahrhundertwende verbreiteten sich die Liftanlagen beinahe flächendeckend in allen touristischen Regionen. Dabei setzte sich der elektrische Antrieb endgültig durch. In den kleineren Fremdenorten ist die Installation eines Liftes auch im frühen 20. Jahrhundert noch ein Ereignis von Bedeutung. So hebt der nach dem Umbau von 1904 herausgegebene Prospekt der Hotel-Pension Reber au Lac in Locarno «das Anbringen eines nach modernster Konstruktion gebauten Personenaufzuges» noch besonders hervor.¹⁰⁴ Die wohl spektakulärste Liftanlage in der Schweiz liess der Hotelkönig Franz Josef Bucher-Durrer mit dem Hammetschwand-Aufzug auf dem Bürgenstock erstellen (Abb. 90). Die Aufzugskabine steigt zuerst durch einen Felsschacht und anschliessend in einem an der Felswand direkt über dem Vierwaldstättersee befestigten Eisenfachwerk 150 Meter in die Höhe. Die Einweihung dieser Anlage 1905 bedeutete einen absoluten Höhepunkt in der Anwendung von Liftanlagen im touristischen Bereich vor dem Ersten Weltkrieg.¹⁰⁵

69
Der 1873 im Genfer Hôtel Beau-Rivage in Betrieb genommene Personenlift war die zweite solche Installation in einem Schweizer Hotel. Fotografie um 1900.

70a
«Aufzüge System Stigler. Beschreibung der einzelnen Teile und Lieferungsbedingungen.» Dokument von 1899.

70b
Die Liftinstallation im Hôtel Beau-Rivage in Lausanne-Ouchy (Abb. 34, 35, 72) im Jahr 1888 wurde von der berühmten Liftfirma Edoux in Paris ausgeführt. Akonto-Rechnung der Firma vom 4. Juli 1888.

71
Liftkabine der Mailänder Firma A. Stigler aus dem Jahr 1894.

«Betreff dem Architekt Meili will ich denselben nicht für hier, sonst habe ich mit 3 Architekten zu kämpfen»

(BRIEF VON FRANZ JOSEF BUCHER-DURRER AUS KAIRO AN SEINEN SCHWIEGERSOHN, 1906)

Pioniere und «Könige in Hotellerie und Tourismus

EINFÜHRUNG

Beinahe in jedem Fremdenort, der eine gewisse Bedeutung erlangte, standen am Anfang der Entwicklung initiative Pioniere. Ihnen haben die entsprechenden Orte meistens einen grossen Teil ihrer frühen Bekanntheit zu verdanken. Sie waren visionäre Einzelkämpfer, die viel Erfolg ernteten. Sie gingen als selbständige Unternehmer in der Regel ein grosses Risiko ein, das sich aber vor der Krise der 1870er-Jahre stets auszahlte. Aus der Frühzeit sind kaum Namen von gescheiterten Hotelpionieren bekannt. Eines der wenigen von Misserfolg geprägten Unternehmen leitete Vincent Masson aus Vevey mit dem Bau des Hôtel Byron zwischen Villeneuve und dem Schloss Chillon (Abb. 123–129). Bereits ein Jahr nach Beginn mussten die Arbeiten an diesem grossen Hotelbau in einer menschenleeren und touristisch noch kaum erschlossenen Landschaft im Herbst 1838 wegen Zahlungsunfähigkeit erstmals eingestellt werden.[1] Für die überwiegende Mehrzahl der frühen Hotelpioniere aber waren die Zeiten bis zum Deutsch-Französischen Krieg erfolgreich und goldig. Die meisten dieser Visionäre zeichneten sich durch eine gute Ausbildung in entsprechenden Betrieben aus, die in der Regel weit ausserhalb des eigenen Ortes lagen. Am weitesten gereist war wohl Jean Bachoffner, der zur Leitung des 1839 neu eröffneten Hôtel Gibbon in Lausanne (Abb. 97) aus dem russischen St. Petersburg zurückgekehrt war.[2]

Tourismuspioniere gab es nicht nur im frühen 19. Jahrhundert, sie standen sowohl im späten 18. Jahrhundert wie auch in der Belle Epoque um 1900 stets am Anfang der Entwicklung eines Fremdenortes. In Genf, der ersten Hotelstadt auf heute schweizerischem Gebiet, trat der erste bedeutende Hotelpionier Antoine-Jérémie Dejean bereits kurz nach der Mitte des 18. Jahrhunderts auf (Abb. 95). Die Pioniere in Gersau (Joseph Müller, Abb. 87) und in Brunnen (Fridolin Fassbind, Abb. 56, und Ambros Eberle) leiteten die Entwicklung dieser Orte zu bedeutenden touristischen Regionen erst ein Jahrhundert später ein.

Bemerkenswerte Leistungen als Pioniere im schweizerischen Tourismus des frühen 19. Jahrhunderts erbrachten einige Emigranten. Der Früheste in dieser Reihe war Peter Ober aus dem damals französischen Elsass, der 1830 als Erzieher einer in Interlaken ansässigen englischen Familie ins Berner Oberland kam und sich dort bald einmal zu einem der initiativsten Hoteliers entwickelte (Abb. 83, 156).[3] Conrad von Rappard aus Frankfurt war Initiant der Hotellerie am Giessbach (Abb. 47), der Schifffahrt auf dem Brienzersee und schliesslich der für die Entwicklung von Interlaken bedeutenden Molkenkuranstalt Jungfraublick (Abb. 149).[4] Alexander Béha aus Villingen im Schwarzwald fiel als Geschäftsführer des Zunfthauses «Zum Distelzweig» in Bern dem Tessiner Nationalrat Luini auf, der ihn seinem Freund Giacomo Ciani in Lugano zur Leitung des neuen Hotel du Parc vermittelte (Abb. 91). Als dessen Direktor wurde Béha zum bedeutendsten Tourismuspionier der Südschweiz, über die er, wie Ober über Interlaken, die ersten Reiseführer schrieb.[5]

72

73

Im Höhepunkt des touristischen Geschehens zur Zeit des grössten Wachstums in der Hotellerie waren Hotelkönige die eigentlichen Dominatoren von grösseren Touristenorten. Sie waren in den mondänen Kurorten die Baumeister einer Traumwelt für die vornehme Hotelgesellschaft aus der europäischen Oberschicht. In der Genferseeregion wirkten als bedeutende Hotelkönige Ami Chessex und Alexandre Emery in Montreux, im Berner Oberland Friedrich Seiler und Eduard Ruchti in Interlaken, in der Vierwaldstätterseeregion vor allem Franz Josef Bucher-Durrer, teilweise zusammen mit Josef Durrer. Weitere Hotelkönige finden sich als Dirigenten der lokalen Entwicklung in zahlreichen kleineren touristischen Orten.

Einflussreichere Hotelkönige waren in der Regel nicht nur im Hotelfach tätig. Sie bestimmten oftmals auch das politische Leben ihrer Heimatgemeinde und ihres Kantons an vorderster Front, und sie setzten sich für die Förderung des touristischen Umfeldes einer Region ein. Die bedeutendsten Hotelkönige waren zugleich Initianten für den Bahnbau in ihrer Region. Hotel- und Bergbahnbau wiesen in der Zeit der Belle Epoque oftmals eine auffallende gemeinsame Entwicklung auf. An ihrem Ursprung standen vielfach die gleichen Namen.

Interessanterweise konnten sich bedeutende Hotelkönige vor allem in den vom Tourismus im 19. Jahrhundert neu geschaffenen Fremdenorten, wie Montreux und Interlaken, etablieren. In den alten Städten am Seeufer, wie Genf, Lausanne, Luzern oder Lugano, aber auch in Vevey, Thun oder Locarno, finden sich im ausgehenden 19. Jahrhundert kaum bedeutende Hotelkönige. Dort dominierte in der Regel kaum ein einzelner Hotelier das Geschehen in seinem Bereich. Aus dieser Sicht ist es nicht erstaunlich, dass sich das Hotelimperium von Franz Josef Bucher-Durrer entlang der Gotthardachse linear entwickelte, in der Stadt Luzern aber keinen besonderen Schwerpunkt bilden konnte.

Einige frühe Hotelbauten wurden nicht durch Privatpersonen, sondern mit Hilfe einer zu diesem Zweck gegründeten Aktiengesellschaft erstellt. Diese Art des Hotelbaus und der Tourismusentwicklung war in der Frühzeit vor allem in der Westschweiz verbreitet. In den Jahren 1829–1834 erbaute die auf Initiative des radikalen Genfer Politikers James Fazy gegründete «Société anonyme des Bergues» in der Rhonestadt das Hôtel des Bergues (Abb. 96).[6] Dieses erste Beispiel fand bereits 1855 in Genf einen Nachfolger in dem gemäss Baedeker «auf Actien gegründeten» Hotel Métropole.[7] Ouchy am Seeufer bei Lausanne war das nächste Beispiel einer durch eine Aktiengesellschaft initiierten touristischen Entwicklung mit Hotelbau. Die «Société immobilière d'Ouchy» war 1857 mit einem Kapital von einer Million Franken und dem Ziel gegründet worden, in Ouchy nach der Bereitstellung der entsprechenden Infrastruktur ein Erstklasshotel zu errichten. 1861 konnte das majestätische Hôtel Beau-Rivage eingeweiht werden (Abb. 72).[8] Die «Société immobilière de l'Hôtel de Vevey» entstand nach dem Vorbild der Gesellschaft in Lausanne-Ouchy. Deren Grand Hôtel wurde 1867 in einem schönen, ehemals dem spanischen Königshaus gehörenden Garten am See eröffnet (Abb. 32).[9] In Montreux dagegen entstanden die ersten Hotels durch Aktiengesellschaften erst in den 1890er-Jahren. Die bedeutendsten waren dabei die von Ami Chessex 1891 gegründete «Société du Grand Hôtel de Territet» (Abb. 74, 75) und seine «Société immobilière de Caux» (Abb. 118) von 1899 sowie die 1895 von Alexandre Emery ins Leben gerufene «Société des Hôtels National et Cygne» (Abb. 80).[10]

In anderen touristischen Gegenden konnten sich Aktiengesellschaften in der ersten Hälfte des 19. Jahrhunderts nicht im gleichen Mass durchsetzen wie in der Westschweiz. Am Vierwaldstättersee und im Berner Oberland sind vor der Hotelbaukrise in den späten 1870er-Jahren kaum Hotels bekannt, die mit Aktienkapital erbaut wurden. Am Vierwaldstättersee war der Hotelbau durch eine Privatperson die Regel und das mehrköpfige Familienunternehmen, wie beim Hotel Schweizerhof in Luzern, bereits die seltenere Ausnahme (Abb. 167). Im Berner Oberland entstand mit dem 1875 eröffneten Hotel Thunerhof der erste grössere Hotelbetrieb durch eine Immobiliengesellschaft (Abb. 132).[11]

TOURISMUSPIONIERE AM GENFERSEE

Der erste Tourismuspionier auf heute schweizerischem Gebiet[12] war der Genfer Antoine-Jérémie Dejean (1721–1785), eine beispielhafte Unternehmerpersönlichkeit im frühen Fremdenverkehr.[13] Mit 17 Jahren absolvierte er eine Lehre bei seinem Onkel im Hôtel de l'Ecu de Genève, mit 33 kaufte er die

Seiten 64/65:
Vergrösserung von Abb. 194
Übersicht mit den beiden Hotels Axenstein (oben, Abbruch 1964/65) und Axenfels (unten, Abbruch 1946/47) hoch über dem Vierwaldstättersee sowie dem Trassee der Bahnlinie Brunnen–Morschach–Axenstein. Fotografie um 1940.

72
Das 1861 eröffnete Hôtel Beau-Rivage in Ouchy (Abb. 34, 35, 70) entstand als erstes Grand Hotel von Lausanne direkt am Seeufer. Es war eine der wenigen Schweizer Hotelbauten, die aus einem Architekturwettbewerb hervorgingen. Fotografie kurz nach der Eröffnung.

73
Der erfahrene Hotelier Gabriel Monnet verlegte sein Hôtel des Trois Couronnes im Jahr 1842 von der Altstadt an das Seeufer und eröffnete dort das erste Grand Hotel von Vevey. Farbige Lithografie kurz nach der Eröffnung.

74
Im Jahr 1840 wurde in Territet die Auberge du Chasseur des Alpes eröffnet, der Kern des späteren Hotelimperiums von Ami Chessex. Zeichnung in einem 1889 veröffentlichten Reiseführer (Territet... 1889).

Auberge du Coq d'Inde, neun Jahre später das Hôtel des Trois Rois an der Place Bel-Air. Dort sah er ein, dass die Standortgunst dieses Erstklasshauses mit dem Nachteil seiner Lage am lärmigsten Platz der Stadt verbunden war. Daraus reifte die Idee, ein Haus in absoluter Ruhe und mit Blick auf See und Berge zu eröffnen. Deshalb kaufte er 1765 die Auberge du Logis-Neuf im nördlichen Vorort Sécheron, die er zum Hôtel d'Angleterre umgestaltete (Abb. 95, Seite 88). Er hatte erkannt, dass die englische Oberschicht ein reisefreudiges und vermögendes Volk war, dem es die gewünschte Aufmerksamkeit zu schenken galt. Er kümmerte sich deshalb ganz besonders um diese Kundschaft, was er bereits im Hotelnamen deutlich machte. In seinem neuen Haus bot er den Gästen alle nur erdenklichen Annehmlichkeiten mit Interieurs nach englischen Vorbildern und rund um das Haus eine romantische Gartenanlage nach dem Beispiel früher englischer Landschaftsgärten. Das Goldene Buch seines Hauses ist voll mit Namen des damaligen Hochadels (beispielsweise mehrmals die englische Königin) sowie der Finanz- und Politaristokratie aus ganz Europa. Auch zahlreiche berühmte Schriftsteller hielten sich dort auf: Goethe, Chateaubriand, Madame de Staël oder Lord Byron sind nur eine kleine Auswahl aus einer langen Liste.[14]

BERNHARD SIMON (1816 – 1900) aus dem glarnerischen Niederurnen befasste sich bereits während der Lehrzeit 1838/39 bei seinem Onkel Fridolin Simon (1790 – 1850), «inspecteur des bâtiments de la ville de Lausanne», mit dem Bau des ersten grossen Hotels (Hôtel Gibbon, Abb. 97) für den erkrankten Architekten Henri Fraisse. 1839 – 1854 war er als erfolgreicher Architekt in St. Petersburg tätig, wo er 1853 zum Mitglied der kaiserlich-russischen Akademie der Künste ernannt wurde. Nach seiner Rückkehr begann er in St. Gallen eine Tätigkeit als Architekt, Planer und Experte. 1860 begutachtete er Felix Wilhelm Kublys Pläne für ein Kurhaus in St. Moritz. 1861 war er für den Plan zum Wiederaufbau der abgebrannten Stadt Glarus zuständig, zwei Jahre später überprüfte er die Planungsarbeiten für den neuen Nationalquai in Luzern. 1868 kaufte er die Hotels Hof und Quellenhof in Bad Ragaz und begründete dort den modernen Kurort. 1875/76 erstellte er im Bad Tarasp die Trinkhalle sowie die Dependance.

ALS, 498f. – DIERAUER 1918 – HBLS 6, 373.

Dejean hat bedeutende Neuerungen im Hotelwesen eingeführt. Für die Anreise seiner Gäste richtete er einen direkten Kutschenservice nach Paris ein, und er holte die englischen Gäste in Calais direkt vom Dampfschiff ab, eine für die damalige Zeit avantgardistische Organisation.[15] Zudem war er der erste Hotelier, der auf heute schweizerischem Gebiet mit dem Argument der ruhigen Lage ein Hotel weit draussen vor den Stadttoren eröffnete. Der kluge Hotelier hatte mit diesem Bau bereits die drei tragenden Säulen für das Programm des Hotels im 19. Jahrhundert definiert: erstens eine aussichtsreiche Lage, wenn möglich mit Blick auf Wasser und Berge, zweitens ein grosser Komfort im Hause, ausgerichtet auf die anspruchsvolle Kundschaft, und schliesslich eine gestaltete Naturlandschaft ausserhalb des Hotels für Freizeit und Vergnügen mit Gartenanlagen und Spazierwegen in der näheren Umgebung. Dejean kann deshalb als einer der eigentlichen Pioniere im Hotelwesen bezeichnet werden. Viele seiner Ideen haben sich später in ganz Europa verbreitet, und seine Prinzipien haben einen wichtigen Grundstein gelegt zur führenden Stellung des Schweizer Hotelgewerbes im folgenden 19. Jahrhundert.

In den späten 1830er-Jahren konnte sich der Hotelbau am Genfersee auf Initiative von wichtigen lokalen Hotelpionieren stark entwickeln. In Lausanne hiess der Wegbereiter für die moderne Hotellerie Jean Bachoffner, in Vevey Jean Louis Gabriel Monnet, in Montreux Jean François Chessex aus Territet und in Villeneuve Vincent Masson aus Vevey. Übereinstimmend ist bei allen diesen Hoteliers ihre grosse Erfahrung, die sie zur Führung ihres neuen Betriebs mitbrachten. So wurde das Hôtel Gibbon in Lausanne (Abb. 97) 1839 von Jean Bachoffner errichtet, «qui avait été aubergiste à l'Hôtel d'Angleterre en Saint-Pierre [St. Petersburg in Russland]».[16] Als Architekt wirkte der junge Bernhard Simon, der anschliessend nach St. Petersburg auswanderte und dort bis zu seiner Rückkehr in die Schweiz im Jahr 1854 landesweit zu grössten Ehren gelangte. In Vevey wurde der Neubau des Hôtel des Trois Couronnes (Abb. 73), des eigentlichen Motors der touristischen Entwicklung in dieser mittelalterlichen Stadt, im Jahr 1842 von Louis Gabriel Monnet errichtet. Er war der Sohn des bereits mit dem gleichnamigen Betrieb in der Altstadt erfolgreichen Albert Théophile Monnet.[17] In Montreux und Clarens vermochte sich,

anders als im benachbarten Vevey, vor 1860 keine starke Hotelierpersönlichkeit zu etablieren. Der Hotelpionier in jener Gegend war Jean François Chessex, der 1840 in Territet die Auberge du Chasseur des Alpes eröffnete (Abb. 74, 75) und diese in den folgenden zwei Jahrzehnten sukzessive zu einem der bedeutendsten Hotelunternehmen von Montreux ausbaute.[18] In Villeneuve schliesslich war es Vincent Masson, «négociant à Vevey», der 1837 westlich des alten Städtchens, auf halbem Weg zur Burg Chillon, mit den Bauarbeiten für sein zu gross dimensioniertes Hôtel Byron (Abb. 123) begann, das nach zahlreichen finanziellen Schwierigkeiten erst 1841 eröffnet werden konnte (Seite 105).[19]

ZWEI HOTELKÖNIGE TEILEN MONTREUX

Die Boomjahre der Hotellerie von Montreux zwischen 1890 und 1914 waren geprägt durch zwei bedeutende Persönlichkeiten, die nicht nur als Hoteliers, sondern auch als Politiker in Erscheinung traten: Ami Chessex-Emery und Alexandre Emery. Beide organisierten die meisten Aktivitäten im touristischen Bereich, die sie (mit)begründeten oder leiteten, in gemeinsamer Arbeit. Auf diese Weise entschieden die Familien Chessex und Emery am Ende des 19. Jahrhunderts über die grossen Linien der Entwicklung im Fremdenort Montreux unter sich. Ihr «Königreich» hatten sie gegenseitig gut abgegrenzt: Im Osten, auf dem Gebiet der Gemeinde Planches, wirkte Chessex, westlich der Baye de Montreux sein Schwager Emery.[20]

Ami Chessex-Emery (1840–1917)[21] war der Sohn von Jean François Chessex, der 1840 in Territet die Auberge du Chasseur des Alpes eröffnet hatte (Abb. 74). Noch unter seinem Vater war 1855 als zweites Gebäude das Hôtel des Alpes südlich der Kantonsstrasse eröffnet und 1863/64 der älteste Bau auf der Nordseite der Strasse massiv erweitert worden (Abb. 75).[22] Vater Jean François hatte somit den Grundstein gelegt zu einem späteren Hotelimperium, das am Genfersee in Grösse und Ausstrahlung einmalig blieb. Nach seiner Heirat im Jahr 1873 mit Rosine Emery, der Schwester von Alexandre Emery, arbeitete sich Ami Chessex seit den 1880er-Jahren zur bestimmenden Kraft in der Hotellerie von Montreux empor. Nach dem Tod seines Vaters im Jahr 1884 übernahm er in Territet das Szepter. Er war bereits 1869 erster Präsident der «Société d'Embellissement» und 1876 der «Société d'Utilité Publique» von Montreux gewesen. 1879 amtete er als Gründerpräsident des Hoteliervereins und der dortigen Kursaalgesellschaft. 1896 initiierte er die «Société des Divertissements et Sports». Er war Initiant der meisten Bahnanlagen in der Region. In Territet leitete er zwei Standseilbahnen, die beide vor seiner Hoteltüre begannen: die 1881 eröffnete, damals steilste Bahn der Schweiz zum Höhenort Glion (Abb. 76) und die 1910 in Betrieb genommene Verbindung zu seinem Sanatorium in Mont-Fleuri oberhalb Territet. Beim Bau der Zahnradbahnen von Glion zur Bergspitze des Rochers-de-Naye im Jahr 1892 sowie von Aigle im Rhonetal zum neu gebauten Lungenkurort Leysin (Abb. 117, 119) im Jahr 1900 war Chessex ebenfalls in vorderster Front anzutreffen. Zudem war er 1903 Gründer der «Société Romande d'Electricité», die aus der seit 1886 bestehenden «Société de la Grand Eau» hervorgegangen war; er wurde deren Direktor auf Lebzeit. Zwischen 1886 und 1889 stand er zudem als Präsident an der Spitze des Schweizer Hotelier-Vereins.

Der erste Schwerpunkt des Hotelimperiums von Chessex, das er von seinem Vater übernommen hatte, lag in Territet. Dort liess er nebst kleineren Um- und Ergänzungsbauten zwei grosse Bauetappen ausführen: 1887/88 das Grand Hôtel (Abb. 77) durch Architekt Louis Maillard und 1903–1905 den Neubau des Hôtel des Alpes (Abb. 78) durch Architekt Eugène Jost, der seit 1894[23] als «Hofarchitekt» für alle Bauvorhaben der beiden Schwager Chessex und Emery zuständig war. Oberhalb von Territet gründete und leitete Chessex das 1870 eröffnete Sanatorium Mont-Fleuri. Weitere Aktivitäten entwickelte er seit den 1880er-Jahren als Promotor in Aigle und Leysin. In Aigle war Chessex seit dem 1. Mai 1884 Mitbesitzer des zwölf Jahre zuvor eröffneten Grand Hôtel.[24] In Leysin engagierte er sich intensiv für die Gründung der «Société climathérique de Leysin», die dort 1892 das erste, Grand Hôtel genannte Sanatorium eröffnete. Damit legte er den Grundstein zum Aufbau der bedeutenden Station für Lungenkranke, die fortan die Patienten von Montreux fern hielt (Abb. 117, 119).[25] In Caux plante er bereits in den späten 1880er-Jahren durch gezielte Landkäufe die Errichtung einer mondänen Hotelsiedlung.[26] Seit 1899 hatte er diesen Aussichtsort hoch über dem Genfersee als Präsident

75
Die 1840 eröffnete Auberge du Chasseur des Alpes in Territet wuchs im Lauf der folgenden Jahrzehnte zu einem der bedeutendsten Hotelkomplexe auf der Westseite von Montreux. Rechts aussen ist der Neubau des Hôtel des Alpes von 1855 sichtbar, links der aus der ersten Pension entstandene, 1863/64 massiv vergrösserte Hauptbau. Lithografie aus der Zeit vor den bedeutenden Erweiterungsbauten nach 1882.

76
Die 1883 eröffnete Drahtseilbahn von Territet nach Glion erschloss als erste Bergbahn das Plateau von Glion. Ansichtskarte um 1900.

77
Nach der Eröffnung des neuen Grand Hôtel mit vorgelagerten Terrassen und seitlichen Gärten, ein Bau des Architekten Louis Maillard, besass die Hotelanlage in Territet insgesamt 250 Betten. Ansichtskarte um 1890.

78
1902–1905 entstand das neue Hôtel des Alpes in Territet von Architekt Eugène Jost. Ansichtskarte um 1910.

76

77

78

79
1897 entwarf Architekt Eugène Jost ein gigantisches Vergrösserungsprojekt für das Hôtel National (Abb. 103), das nie ausgeführt wurde. Originaler Fassadenplan im Archiv von Montreux.

80
Die 1895 gegründete «Société des Hôtels National et Cygne» gehörte zum Reich des Hotelkönigs Alexandre Emery von Montreux (Journal des Etrangers 1904).

der von ihm gegründeten «Société immobilière de Caux»[27] fest in seiner Hand. Diese Gesellschaft erwarb das bestehende Grand Hôtel für 2,25 Millionen Franken und liess 1899–1902 durch Architekt Eugène Jost das Märchenschloss des Hôtel Caux-Palace erstellen (Abb. 55, 118). Caux wurde damit zum zweiten bedeutenden Schwerpunkt seines Hotelreiches. Der Erste Weltkrieg stürzte Ami Chessex in grosse finanzielle Probleme, die offensichtlich auch an seiner Gesundheit nagten. 1917 erlag er unerwartet einem Herzinfarkt. In seinem Nekrolog wird er als aktive, dominante Persönlichkeit charakterisiert, die den Weg mit starker Hand vorzeichnete, dann aber im Hintergrund die Fäden zog. Im Gegensatz zu seinem Schwager Alexandre Emery, der sechs Jahre dem Nationalrat angehörte, konzentrierte sich Ami Chessex auf die lokale und kantonale Politik. 1894–1915 war er in der Legislative der Gemeinde Planches, 1889–1899 Abgeordneter im Grossen Rat des Kantons Waadt.

Alexandre Emery (1850–1931)[28] repräsentiert am Genfersee den von auswärts eingewanderten, erfolgreichen Tourismusunternehmer. 1850 in Yverdon als Sohn eines Hoteliers geboren, kam Alexandre 1876 als Chef de reception zu Ami Chessex, der drei Jahre zuvor seine Schwester geheiratet hatte. Sechs Jahre später kaufte er das Hôtel du Cygne und legte damit den Grundstein zu seinem Hotelreich in der Gemeinde Châtelard, die ihn 1912 zum Ehrenbürger erhob. 1884 gelangte er in den Vorstand des Hoteliervereins von Montreux, den er von 1893 an 32 Jahre lang leitete. Zusammen mit seinem Schwager Ami Chessex war er in Montreux beinahe an allen bedeutenden Entwicklungen im touristischen Sektor beteiligt. Er engagierte sich für die Montreux–Oberland-Bahn nach Zweisimmen mit Anschluss nach Interlaken. Emery war aber auch Begründer der Zahnradbahn von Montreux nach Glion, der zweiten Bahnlinie in diesen Höhenort. Beide Unternehmen hatten ihre Talstation beim Bahnhof von Montreux, in

EUGÈNE JOST (1865–1946) aus Vevey war einer der wenigen Westschweizer Architekten, die ihre Studien an der Ecole des Beaux-Arts in Paris mit dem seit 1867 verliehenen Diplom abschlossen, sich also «Architecte diplomé par le Gouvernement français» nennen durften. Während seines Studiums war Jost bereits aussergewöhnlich erfolgreich: Er erhielt gleich zehn Medaillen (mentions) für seine Projekte, zusätzlich wurde er 1890 mit dem 2. Prix Rougevin und 1891 mit dem Prix Abel Blouet ausgezeichnet. Ein solches Palmarès hatten zu seiner Zeit nur wenige Schüler aufzuweisen. Jost hat einige schweizerische Wettbewerbe für sich entscheiden können: 1895 für das neue Postgebäude an der Place Saint-François in Lausanne, das er daraufhin mit Louis Bezencenet und Alexandre Girardet ausführen konnte, drei Jahre später für die neue Hauptpost in Bern, die er 1903–1906 zusammen mit dem Berner Architekten Ernst Baumgart erstellte. Für die Erweiterung des Kursaals von Montreux holte er 1897 gleichzeitig den ersten und zweiten Preis. 1905 schliesslich errang er im Wettbewerb für die Brücken Montbenon und La Caroline in Lausanne zweimal den ersten Preis, die Ausführung wurde aber zurückgestellt.

Josts Tätigkeiten im Hotelbau beschränkten sich auf die Region Montreux und die Stadt Lausanne, seine Werkliste ist aber im Hinblick auf die Bedeutung seiner Bauten in dieser Gegend beachtlich. Kurz nach der Eröffnung seines Architekturbüros 1893 erweiterte er die Pension Boand in Territet zum Hôtel Richelieu nach dem Vorbild fanzösischer Schlossarchitektur. Mit dem 1895 eröffneten Festsaalanbau an das Hôtel des Alpes in Territet und dem Umbau der Dependance begann die jahrzehntelange Zusammenarbeit mit Ami Chessex in Territet und Alexandre Emery in Châtelard, den bedeutendsten Hoteliers der Region Montreux in der Belle Epoque. Für sie erstellte er fortan alle bedeutenden Bauten: ein Projekt zur Vergrösserung des Hôtel National im Auftrag von Emery (Abb. 79), das Grand Hôtel Caux-Palace (Abb. 118) und gleich anschliessend das neue Hôtel des Alpes für Chessex (Abb. 78), das Hôtel Montreux-Palace (Abb. 112) mit dem Umbau des Hôtel du Cygne und schliesslich den Neubau des Pavillon des Sports wiederum für Emery. In Montreux war er ausserdem Architekt des neuen Hôtel de l'Europe und der Vergrösserung des Hôtel National.

Zwischen 1901 und 1905 erstellte er gleichzeitig das Hôtel Caux-Palace, den Bahnhof und den Kursaal von Montreux, das neue Hôtel des Alpes in Territet, die Hauptpost in Bern sowie das Montreux Palace! Zwischen 1905 und 1908 entstand zusammen mit Louis Bezencenet und dem ebenfalls an der Pariser Ecole des Beaux-Arts diplomierten Maurice Schnell das Palace in Lausanne-Ouchy als Anbau an das bestehende Beau-Rivage (Abb. 35). Mit zwei nicht realisierten Erweiterungsprojekten für das Hôtel Continental in Montreux war Jost im Jahr 1914 letztmals im Hotelbau tätig, obschon er sein Büro in Lausanne noch einige Zeit weiterführte.

Die Architektur von Jost blieb während seiner ganzen Tätigkeit in den historisierenden Formen verwurzelt. Seine frühen Projekte sind von der an der Ecole des Beaux-Arts damals favorisierten französischen Renaissance beeinflusst. Mit dem Caux-Palace von 1902 entwarf Jost eine im schweizerischen Hotelbau einmalige Kombination aus mittelalterlicher Burgenromantik und Neuschwanstein. Erste Einflüsse eines neobarocken Formenschatzes sind 1901 im Projekt für den Bahnhof von Montreux zu sehen. Beim Hôtel des Alpes in Territet von 1905 werden Anklänge an den französischen Barock, kombiniert mit Jugendstilformen der Jahrhundertwende, dominierender. Drei mächtige Kuppeldächer schliessen beim Montreux-Palace den Mitteltrakt und die Seitenflügel ab. Beim Palace in Lausanne-Ouchy, der am stärksten barockisierten Fassade von Jost, verschwinden die Kuppeldächer wieder zu Gunsten von zweistöckigen Mansartdächern.

Eugène Jost gehört zum Kreis der bedeutendsten Schweizer Hotelarchitekten. Unter diesen charakterisieren sich seine Bauten als Entwürfe mit einer ausserordentlichen ästhetischen Stilsicherheit im ganzen Repertoire des Historismus. Dem Stilwechsel zu Beginn des 20. Jahrhunderts vermochte Jost aber nicht mehr zu folgen, wie er selbst bekräftigte. Im Ersten Weltkrieg zog er sich aus dem aktiven Berufsleben zurück und verbrachte seine zweite Lebenshälfte in aller Stille.

LÜTHI 1999 – SKL 2, 133 – THIEME, BECKER XIX, 184 – HBLS 4, 414 – HUGUENIN, WYSSBROD 1988, 13f. – ACV, Dossier Agence télégraphique Suisse – ALS, 300f. – Persönliche Ergänzungen durch seinen Enkel Franklin Cordey – BTSR 1946, 108 (Nekrolog).

dessen Nähe er 1906 sein neues Montreux-Palace eröffnete. Auf politischer Ebene bevorzugte Emery die leitende Position und die nationale Bühne. 1902–1912 war er Bürgermeister (Syndic) der Gemeinde Châtelard und 1889–1893 Abgeordneter im Grossen Rat des Kantons Waadt. Seine politische Laufbahn krönte er mit einer mehrjährigen Vertretung im Nationalrat, 1919–1925 war er Mitglied des Zentralkomitees des Schweizer Hotelier-Vereins. Zusammen mit Alexander Seiler aus Zermatt gab er 1911 mit einer Motion im Nationalrat den Anstoss zur Gründung der Schweizerischen Verkehrszentrale.[29]

Die Hotels von Emery lagen, im Gegensatz zu denjenigen von Chessex, westlich des Baches Baye de Montreux auf dem Gemeindegebiet von Châtelard, wo er 1882 das Hôtel du Cygne gekauft hatte. 1895 erwarb Emery das 1874 erbaute Hôtel National und gründete die «Société des Hôtels National et Cygne» (Abb 79).[30] Aus dem Jahr 1897 datiert ein nicht ausgeführtes Projekt des Architekten Eugène Jost, mit dem das Volumen des bestehenden Hotel National fast verdreifacht worden wäre (Abb. 79).[31] Über die Gründe, warum dieses Projekt beiseite gelegt worden ist, lässt sich nur spekulieren. Vielleicht war Emery mit dem Kauf dieses Hotels zu sehr in das «Königreich» seines Schwagers östlich der Baye de Montreux eingedrungen.[32] Auffällig ist jedenfalls, dass sich die Hotelgesellschaft, die 1898 noch das Hôtel Lorius aufkaufte, in ihren Aktivitäten in der Folge auf das Gebiet der Gemeinde Châtelard beschränkte und im Hôtel National, obschon es sich in vorzüglicher Aussichtslage befindet, keine bedeutenden Investitionen mehr tätigte. Als neuen Mittelpunkt seines Hotelreiches liess Emery in den Jahren 1904–1906 durch den Architekten Eugène Jost das Hôtel Montreux-Palace erstellen (Abb. 112).[33] Während sich Chessex auf die Verwaltung seiner Hotelbetriebe in der Gemeinde und der Region (Aigle, Leysin) beschränkte, war Emery Administrator mehrerer Hotelgesellschaften im Ausland: in Paris (Meurice, Grand Hôtel, Hôtel du Rhin und andere), Marseille, Aix-les-Bains, Hyères und Nizza.

DIE GEBRÜDER KNECHTENHOFER ALS TOURISMUSPIONIERE IN THUN

In den 1830er-Jahren etablierten sich in Thun die Gebrüder Knechtenhofer als grosse Initianten des Fremdenverkehrs.[34] Jakob Wilhelm (1766–1824) richtete bereits in den 20er-Jahren in Privathäusern die ersten Unterkünfte für Touristen ein. Bald beteiligten sich auch seine drei Söhne Johann Jakob (1790–1867), Johannes (1793–1865) und Johann Friedrich (1798–1875) an diesen Aktivitäten.[35] 1831 erwarben sie das «Ländtehaus» am Aareufer und bauten es zu einer Pension um, die sie später «Auberge du bâteau» nannten. 1834 konnten sie das Hôtel des Bains de Bellevue eröffnen, das seinen Gästen einen schönen Blick auf Wasser und Berge ermöglichte (Abb. 82). Bereits 1833 war in der «London Times» eine Würdigung ihres Unternehmens und ein Lobgesang auf Thun als Ferien- und Ausflugsort erschienen, der offensichtlich zahlreiche Engländer an den Thunersee brachte.[36] 1835 startete das erste Dampfschiff auf dem See, ebenfalls «Bellevue» genannt, vor dem «Ländtehaus» der Gebrüder Knechtenhofer zu seinen öffentlichen Fahrten. Den Schiffsbetrieb leitete Johannes, der sich auf dem Neuenburgersee zum Schiffskapitän hatte ausbilden lassen; seine beiden Brüder organisierten den Hotelbetrieb.[37] 1841 erbauten die Gebrüder Knechtenhofer in ihrem Hotelpark eine englische Kirche (Abb. 81), wozu sie den Burgdorfer Architekten Robert Roller senior engagierten.[38] Diese Kirche in Thun war die erste englische Kirche in der Schweiz überhaupt und zugleich eines der ersten neogotischen Bauwerke in unserem Land.[39]

Das gute Gedeihen des innovativen Knechtenhofer-Unternehmens wird durch die rasche Abfolge von Neu- und Umbaudaten ihrer Hotelbauten eindrücklich dokumentiert: Ein knappes Jahrzehnt nach dem Bau des Bellevue entstand in den Jahren 1840–1842 das Du Parc als erste Dependance im östlichen Teil des Areals (Abb. 82). Dieser Bau war wohl der erste Auftrag, den der später im Hotelbau des Berner Oberlands äusserst erfolgreiche Architekt Robert Roller aus Burgdorf für die Gebrüder Knechtenhofer ausführen konnte.[40] In den späten 50er-Jahren wurde die Dependance Du Parc bereits erweitert. Zwischen 1854 und 1862 liessen die rührigen Hoteliers im Garten zwischen den beiden Hotelbauten eine Gruppe von Chaletbauten als Dependancen und Gemeinschaftsräume für die Hotelgäste errichten. Um 1860 wurde das ältere Bellevue ebenfalls vergrössert, um ein Stockwerk erhöht und mit einem zeitgemässen Walmdach versehen.[41] Bei allen diesen Bauten

81
Die 1841 erstellte englische Kirche beim Hotel Bellevue in Thun war das erste solche Bauwerk in der Schweiz. Lithografie um 1850.

82
Gesamtansicht des Bellevue-Hotelareals in Thun mit den bis 1862 im Park erbauten Chaletgebäuden. Hotelprospekt um 1900.

83
Die Pension Ober in Matten bei Interlaken mit dem bereits 1836 durch Notar Karl von Greyerz erstellten neogotischen Schlössli. Fotografie um 1890.

hatten die Burgdorfer Architekten Roller, senior und junior, die entsprechenden Pläne geliefert.[42]

Der ganze Gebäudekomplex des Bellevue war in eine grosszügige Parkanlage gebettet, die vom Aareufer bis zum Aussichtspavillon «Jakobshübeli» reichte und zu den damals grössten Gartenanlagen bei Schweizer Hotelbauten gezählt werden kann (Abb. 82). Es erstaunt deshalb kaum, dass bereits der erste Baedeker im Jahr 1844 das Bellevue unter die allerbesten Hotels einreihte, obwohl er für Thun im Allgemeinen keine lobenden Worte fand.[43]

EMIGRANTEN ALS HOTELPIONIERE IN INTERLAKEN

Als Hotelpioniere von Interlaken waren gleich mehrere weitsichtige Männer am Werk, wobei aber in der Frühphase, ähnlich wie in Montreux, keiner von ihnen eine dominierende Stellung einnehmen konnte. Kurz nach den beiden Unspunnenfesten eröffneten Johann Seiler, Johann Ritschard, Peter Seiler und Doktor Christian Aebersold auf dem Bödeli zwischen Thuner- und Brienzersee die ersten Pensionen. Weitere initiative Hoteliers folgten in den 30er-Jahren; wiederum entstanden aber nur kleinere Pensionen, unter denen sich vorerst noch keine die Vormachtstellung sichern konnte. Am ersten grossen touristischen Aufschwung von Interlaken in den 1830er-Jahren waren die beiden Einwanderer Peter Ober und Conrad von Rappard massgeblich beteiligt.

Peter Ober (1813–1869)[44] aus dem damals französischen Elsass kam nach einem Aufenthalt in Paris als Erzieher einer englischen Familie 1830 nach Interlaken. Durch seine Gattin Elisabeth Beugger erhielt er ein Beziehungsnetz zu mehreren damals bedeutenden Hotelierfamilien von Interlaken, das ihm die Grundlage gab zu seiner eigenen erfolgreichen Tätigkeit.[45] 1842 erwarb er die Pension von Karl von Greyerz mit dem charakteristischen Schlösschen im neogotischen Stil, das im Berner Oberland zum Symbol für sein erfolgreiches Unternehmertum wurde (Abb. 83, 156). Daneben wirkte Ober als erfolgreicher Autor von Reiseführern über das Berner Oberland. 1841 veröffentlichte er «Interlacken et ses environs», einen der ersten detaillierten Reiseführer der Gegend, der 1857, 1858 und 1861 als erweiterte Ausgabe in französischer, deutscher und englischer Sprache eine Neuauflage erlebte. 1854 publizierte er zudem einen ersten Reiseführer in französischer Sprache über das Berner Oberland.[46] Eine bemerkenswerte Tatsache ist die Heirat seines jüngeren Sohnes Gottfried Emil mit Berta Béha, der Tochter des bedeutendsten Tourismuspioniers im Tessin. Leider verstarb der junge Ober auf der Hochzeitsreise in Florenz, sodass sich aus dieser Verbindung keine weiteren überregionalen Synergien ergaben.[47]

Conrad von Rappard (1807–1881),[48] der zweite bedeutende Hotelpionier von Interlaken, war nach dem misslungenen liberalen Umsturz in Deutschland 1848 in die Schweiz geflohen. Zuerst leitete er mit seinem Bruder Hermann in Wabern bei Bern ein Institut für Mikroskopie. 1854 kauften die Brüder das Areal des Giessbach, wo sie ein neues Pensionshaus errichteten. Vier Jahre später veräusserten sie diesen Besitz an die Dampfschiffgesellschaft und erstanden die Pension Jungfraublick am Kleinen Rugen in Interlaken. Im Dezember 1859 wurde auf Initiative von Conrad von Rappard die «Molken-, Brunnen- und Badecur-Anstalt auf dem Jungfraublick bei Interlaken» gegründet.[49] Im Zentrum dieser auf dem ganzen Areal des Kleinen Rugen verteilten Bauten und Anlagen (Molkentrinkhalle und Aussichtspavillon sowie ein ausgedehntes Spazierwegnetz mit Ruhebänken) stand das 1864 eröffnete Hotel Jungfraublick (Abb. 149). Rappards Anlage leitete in Interlaken eine Zeit des bedeutenden Aufschwungs ein, der den Ort zwischen den beiden Seen zum wichtigsten Tourismuszentrum des Berner Oberlands machte. Bis zu seinem Tod im Jahr 1881 war Rappard einer der erfolgreichsten Hoteliers in Interlaken. Er setzte sich, wie die Tourismuspioniere an anderen Orten, auch in vorderster Front für zahlreiche weitere Verbesserungen zu Gunsten des Tourismus ein. So war er massgeblich an der Einführung der Gas- und Wasserversorgung auf dem Interlakner Bödeli beteiligt.[50]

ZWEI HOTELKÖNIGE AM HÖHEWEG IN INTERLAKEN

Die beiden Hoteliers, die Interlaken als Touristenort seit den späten 1860er-Jahren entscheidend geprägt haben, hiessen Friedrich Seiler-Schneider aus Bönigen und Eduard Ruchti aus Untersee. Sie besassen die nebeneinander gelegenen und

83

1864/65 gleichzeitig erbauten Hotels Jungfrau und Victoria am Höheweg, die unter ihrer Leitung zu den bedeutendsten Hotelbauten im Berner Oberland aufstiegen.

Friedrich Seiler-Schneider (1808–1883)[51] von Bönigen war der Sohn von Johann Seiler-Brunner, der 1807 am Höheweg eine erste Fremdenpension eröffnet hatte. Friedrich war einer der führenden Köpfe der radikalen Bewegung in den Unruhen auf dem Bödeli in der Jahrhundertmitte. Bis zum Umsturz 1850 amtete er als Regierungsstatthalter in Interlaken. Die Anliegen des Oberlands vertrat er im Grossen Rat des Kantons Bern und von 1848 bis zu seinem Tod im Nationalrat. Nach 1850 versuchte er den Verkauf von Oberländer Chalets in Frankreich, was ihm aber offensichtlich nicht gut gelang.[52] Danach konzentrierte er sich vollständig auf den Betrieb des Hotel Jungfrau, das er bereits 1829 von seinem Vater übernommen hatte. Im Juni 1864 eröffnete er den vom Architekten Robert Roller entworfenen neuen Hotelbau am Höheweg (Abb. 154), bei dem der neu in Interlaken tätige Architekt Horace Edouard Davinet in der Ausführungsphase eine wichtige Rolle spielte.[53] Dieser Hotelneubau initiierte den gleichzeitig erstellten Nachbarbau des Hotel Victoria durch seinen grossen Konkurrenten Eduard Ruchti. Kurz darauf plante Seiler ein noch grösseres Hotel, das allerdings nicht realisiert wurde: Von Horace Edouard Davinet liess er sich 1868 westlich des Städtchens Unterseen ein «durch das Beispiel unserer Nachbarn am Genfer- und Vierwaldstättersee» inspiriertes Grand Hotel entwerfen. Davinet hatte gemäss Beschrieb die «Erfahrungen in sämtlichen, diesem Zwecke entsprechenden Gasthöfen der Schweiz, von Genf bis Ragaz» in sein Werk einbezogen. Das Gebäude, das in knapp 300 Zimmern über 450 Betten anbieten sollte, hätte alle in Interlaken bisher gebauten Hotels in den Schatten gestellt. In den Hofräumen der beiden Hotelflügel war die Anordnung je eines grossen Speise- und eines Festsaales geplant (Abb. 85).[54]

Neben seiner Tätigkeit als Hotelier war Friedrich Seiler bei fast allen wichtigen wirtschaftlichen und touristischen Aktivitäten in vorderster Linie mitbeteiligt. So half er in jungen Jahren bei der Gründung der Ziegelei bei der Schifflände in Neuhaus und bei der Parkettfabrik in Unterseen. 1859 beteiligte er sich an einer vom Schweizer Bundesrat ausgeschriebenen «internationalen Ideenkonkurrenz zur Erlangung von Entwür-

84
Das 1865 eröffnete Hotel Victoria in Interlaken war ein Entwurf des Berner Architekten Friedrich Studer. Der 1899 erstellte Turmanbau stammte von Horace Edouard Davinet. Fotografie mit der Gartenanlage um 1920.

85
(a, b) Das von Architekt Horace Edouard Davinet ausgearbeitete, aber nicht realisierte Projekt für ein Grand Hotel in Unterseen bei Interlaken sah zwei grosse Innenhöfe vor, die den Speisesaal und den grossen Festsaal aufgenommen hätten. Werbeprospekt 1868.

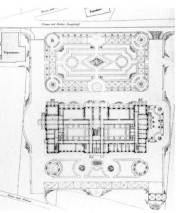

86

Der 1835 eröffnete Schwanen war das erste Luzerner Hotel am Wasser. Lithografie aus der Zeit kurz nach der Eröffnung.

87

Die Hotels von Joseph Müller («Papa Müller») aus Gersau: die 1841 eröffnete Pension auf Rigi-Scheidegg nach der Erweiterung durch einen neobarocken Neubau 1870 (Abbruch nach 1943 und Neubau Gasthaus) sowie das 1864 in Gersau neu erstellte klassizistische Hotelgebäude des Hotel Müller (Hotelneubau nach Brand 1978). Hotelwerbung um 1875.

fen zu Bergbahnen». Im gleichen Jahr meldete er ein Patent zum Heben von Schiffen bei Schleusen an. 1865 veröffentlichte er einen Vorschlag zur Verbindung von Thuner- und Brienzersee mit einem Kanal. 1867 lancierte er die Idee einer an dezentralisierten Standorten durchgeführten schweizerischen Ausstellung, die Grundidee einer Landesausstellung also. Zudem war er der grosse Förderer fast aller Bahnen, die rings um Interlaken entstanden; besonders initiativ war er beim Bau der Bödelibahn und der Brünigbahn.[55]

Eduard Ruchti (1834–1902)[56] war der Sohn von Karl Friedrich Ruchti, der im Geburtsjahr von Eduard in Unterseen an der Strasse zur Schiffsstation Neuhaus die Pension Ruchti eröffnet hatte. Seine durch den Vater organisierte und von dessen Freund Grossrat Friedrich Seiler unterstützte solide Ausbildung im Hotelfach führte Eduard Ruchti nach Frankreich und England, bevor er 1855 nach Interlaken zurückkehrte. Bald darauf erwarb er mit Seilers Unterstützung die in den 1810er-Jahren durch Doktor Aebersold eröffnete und seit 1836 Victoria genannte Pension am Höheweg. Als sein Nachbar Friedrich Seiler das neue Hotel Jungfrau zu bauen begann, fasste Ruchti ebenfalls den Entschluss zum Neubau eines Hotels. Zwischen Herbst 1864 und Sommer 1865 liess er in Rekordzeit nach den zuvor von Architekt Friedrich Studer für das Hotel Jungfraublick entworfenen Plänen[57] sein neues Hotel Victoria erbauen. Die Frage, ob es sich bei der am 8. Oktober 1864 durch den Regierungsstatthalter von Interlaken erteilten Baubewilligung[58] wirklich um diejenige zum Bau des Hotels handelt, lässt sich anhand des Texteintrages («zwischen dem Hotel & dem Chalet ein neues Wirtschaftsgebäude aufzustellen») nicht eindeutig beantworten. Weil sich für Ruchtis Hotel Victoria im Buch der sonst lückenlos vorhandenen Baubewilligungen kein entsprechender Text nachweisen lässt, liegt es im Bereich des Möglichen, dass der mächtige Hotelkönig und Politiker in der «Hitze des Gefechts» schlicht und einfach «vergass», die korrekte Bewilligung einzuholen... Zum Bau dieses Hotels holte der planende Architekt Friedrich Studer seinen Schwager Horace Edouard Davinet nach Interlaken. Damit konnte sich dieser den Grundstein zu einer erfolgreichen Karriere als Hotelarchitekt in der ganzen Schweiz legen (Abb. 84). Ruchti suchte für sein Hotel stets das Neuste und Beste: 1875 baute er im Victoria einen der ersten Personenlifte im Berner Oberland ein, 1882 leuchteten im neu angebauten Speisesaal die ersten elektrischen Lampen im Berner Oberland (Abb. 25).[59] Nachdem sein Nachbar und Förderer Friedrich Seiler 1883 verstorben war und 1888 auch dessen Sohn Johann Gottlieb, kaufte Ruchti das gesamte Hotel Jungfrau auf und gründete 1895 die Aktiengesellschaft zur Führung beider Betriebe.

Eduard Ruchti engagierte sich, wie sein Nachbar Friedrich Seiler, in einer ganzen Reihe weiterer Aktivitäten ausserhalb des Hotelbetriebs. So gehörte er ebenfalls zu den aktivsten Förderern des Eisenbahnbaus. Im Berner Oberland war er Mitbegründer fast aller touristischen Bahnanlagen, in die er auch namhafte Geldbeträge investierte. Ein besonderes Anliegen bedeutete ihm der Bau einer Verbindungslinie zwischen den beiden Seen, der 1875 eröffneten so genannten Bödelibahn. Lange Jahre präsidierte er den Verwaltungsrat der Kurhausgesellschaft sowie die Licht- und Wasserwerke. Ruchti war auch der Einzige, der das absolute Bauverbot auf der Höhematte (Abb. 151, Seite 121) in Interlaken mit dem Bau von Tennisplätzen durchbrechen konnte. Nachdem er sich lange Zeit auf Gemeindeebene politisch engagiert hatte, wurde er 1865 Grossrat des Kantons Bern; von 1896 bis zu seinem Tod gehörte er dem Nationalrat an. Seine wohltätige Ader führte ihn zur Gründung eines Waisenfonds und zur Unterstützung der Kirchenrenovation von Unterseen. Das Geläute, das er dort kurz vor seinem Tod spendete, soll erstmals zu seinem eigenen Begräbnis erklungen sein.[60]

LUZERNER HOTELPIONIERE

Die touristische Entwicklung der Stadt Luzern wurde im frühen 19. Jahrhundert, ähnlich wie in anderen grösseren Städten, nicht von einigen wenigen Pionieren geprägt, sondern beinahe gleichzeitig von mehreren Persönlichkeiten gestaltet. Das erste neue Gasthaus am See erstellte der aus Zug stammende Xaver Grob. Er fasste den Entschluss zum Bau des neuen Schwanen (Abb. 86) nach dem Grossbrand von 1833, bei dem sein alter Gasthof gleichen Namens in der Altstadt zerstört worden war.[61] Das erste Luzerner Grand Hotel, der Schweizerhof, entstand in dem Gebiet, für das der Basler Architekt Melchior Berri 1836 im Auftrag der Stadt Luzern eine städte-

86

bauliche Neuplanung erstellt hatte.⁶² Die Gebrüder Joseph Plazidus, Heinrich, Eduard und Xaver Segesser konnten sich zu Beginn der 1840er-Jahre das notwendige Bauland am See sichern und 1845 das neue Hotel eröffnen. Joseph Plazidus Segesser, der in München und Paris Architektur studiert hatte, lieferte für diesen Bau die Pläne (Abb. 167).⁶³ Mit dem Schweizerhof initiierten die Gebrüder Segesser eine Reihe von bedeutenden Hotels an der gleichzeitig neu erstellten Quaianlage; selbst betrieben sie aber ihr Luzerner Hotel nur kurze Zeit: Bereits im Jahr 1861 verkauften sie es an die Gebrüder Hauser aus Wädenswil, die sich in der Stadt seit einigen Jahren als erfolgreiche Wirte bekannt gemacht hatten und in deren Hand der Schweizerhof sodann verblieb.⁶⁴

HERAUSRAGENDE HOTELIERS ZWISCHEN RIGI UND AXENSTEIN

Rund um die Rigi, im 19. Jahrhundert der berühmteste Schweizer Berg, haben sich mehrere Hotelpioniere ausgezeichnet, die jeweils einen touristischen Ort geprägt haben. Auf dem Gipfel wirkte Joseph Martin Bürgi-Ulrich (1778–1833)⁶⁵ als wichtigste treibende Kraft. Im Jahr 1814 begann der initiative Rigiführer, der bereits im Klösterli das Hotel Krone besass, mit dem Bau einer Gaststätte auf seinem bereits seit längerer Zeit erworbenen Land unterhalb des Gipfels. Finanzielle Schwierigkeiten zwangen ihn vorerst zur Aufgabe dieses Vorhabens. Erst der Einsatz von Heinrich Keller, der ein Förderkomitee zum Bau eines Wirtshauses auf Rigi-Kulm gründete, brachte die Angelegenheit wieder in Schwung. Ein Spendenaufruf an das Schweizervolk war äusserst erfolgreich und ermöglichte die Vollendung des geplanten Kulmhauses bis 1816 (Abb. 165).⁶⁶ Das Echo auf die Eröffnung dieses Gasthauses war überwältigend, die Rigi wurde nun in allen Reiseführern ausführlich beschrieben und in den höchsten Tönen gelobt. Vater Bürgi war bis zu seinem Tod 1833 der dominierende Hotelier auf Rigi-Kulm, nachher traten die beiden Söhne in seine Fussstapfen. Bis zur Gründung der erfolglosen Hotelgesellschaft «Regina Montium» im Jahr 1873 blieben die Gebrüder Bürgi die einzigen Hotelbesitzer auf dem Gipfel. 1855 hatten sie sich dieses Exklusivrecht von der Unterallmeindkorporation Arth für die stolze Summe von 30 000 Franken erworben.⁶⁷

Die Eröffnung der Dampfschifffahrt auf dem Vierwaldstättersee im Jahr 1837 trug Entscheidendes zur Ankurbelung des Tourismus an dessen Ufern bei. So entschloss sich zu dieser Zeit ein initiatives Konsortium aus Gersau zum Bau eines Kurhauses auf Rigi-Scheidegg, der auf Gersauer Boden gelegenen östlichen Rigikrete. Einer der Initianten, der Sonnenwirt Joseph Müller (1820–1897)[68] aus Gersau, übernahm das 1840 eröffnete Gasthaus nach kurzer Zeit allein und baute es unter seiner Führung zu einem bedeutenden Kurort an der Rigi aus.[69] 1861 kaufte Müller den bei der Schifflände in Gersau gelegenen Gasthof «Zu den drei Kronen». Gleichzeitig erschienen die ersten medizinischen Schriften, die das äusserst milde Klima dieser Gegend beschrieben und Gersau mit Montreux oder Meran verglichen.[70] In der Folge ist dort ein markanter touristischer Aufschwung festzustellen. Bald einmal erstellte Müller an Stelle des alten Gasthofs «Zu den drei Kronen» einen imposanten Hotelneubau, den er innerhalb eines Jahrzehnts mehrmals vergrössern konnte.[71] Mit seinem Doppelbetrieb in Gersau und auf Rigi-Scheidegg (Abb. 87) errang «Papa Müller», wie er genannt wurde, neben seiner politischen Rolle in der ganzen Region eine wichtige Stellung im Fremdenverkehr. Bis zum Verkauf der Scheidegghotels an die von ihm gegründete Gesellschaft «Regina Montium» konnte er beide Häuser als äusserst erfolgreiche Betriebe führen.[72]

Als weitere herausragende Hotelierpersönlichkeit etablierte sich an der Rigi um die Jahrhundertwende der aus Ragaz stammende Anton Bon-Nigg (1854–1915).[73] Er war 1879 als Pächter in das vier Jahre zuvor eröffnete und von der allgemeinen Hotelkrise schwer getroffene Hotel Rigi-First gekommen. Auf die Saison 1887 konnte er diesen Hotelbetrieb erwerben und damit den Grundstein zu seinem bedeutenden Hotelbesitz legen, den er 1892 mit dem Kauf der Pension Pfyffer in Vitznau abrundete.[74] Im Sommer 1903 eröffnete der initiative Anton Bon auf dem Areal dieser Pension das neue Hotel du Parc (Abb. 184). Als Architekten hatte er den aus Ragaz stammenden und später vor allem im Engadin tätigen Karl Koller engagiert, der zur gleichen Zeit in St. Moritz das Grand Hotel erbaute und ein Jahrzehnt später für Anton Bon und dessen englischen Freund, Major Goldmann, auch das Grand Hotel Suvretta House bei St. Moritz ausführte. Das als Resultat gemeinsamer Studienreisen nach England und Deutschland durch Bon und Koller geplante Schlosshotel am Ufer des Vierwaldstättersees galt damals als einer der schönsten Hotelbauten der Schweiz. Es wurde zum aktuellen Anschauungsobjekt der interessierten Hoteliers aus allen Nachbarländern: aus England, Russland und sogar Amerika. Mehrere Hotelgesellschaften engagierten Bon in der Folge als Experten und Berater, und sein Hotel fand kurz vor dem Ersten Weltkrieg als einziges Schweizer Beispiel mit Grundrissen Erwähnung in einem Buch über Hotelbauten.[75]

Ambros Eberle und Fridolin Fassbind waren die treibenden Kräfte für die Entwicklung der Region Brunnen-Morschach zur bedeutendsten Touristenstation am Vierwaldstättersee nach Luzern. Ambros Eberle (1820–1883),[76] späterer Regierungsrat und Nationalrat, empfing im Sommer 1868 die englische Königin Victoria II. während ihres Aufenthalts in Luzern auf dem «Brändli» oberhalb von Brunnen. Nachdem sie die

KARL KOLLER (1873–1946) aus Ragaz (SG) musste seine Architektenausbildung am Technikum Winterthur nach dem Tod seines Vaters abbrechen. Er arbeitete daraufhin während zehn Jahren bei Chiodera & Tschudy in Zürich. Nachdem er für diese den Bau des Hotel Schweizerhof in St. Moritz geleitet hatte, wurde er mit dem Bau des 1900 eröffneten gleichnamigen Hotels in Vulpera beauftragt. Kurz darauf entstand das Vitznauer Parkhotel. Mit dem 1905 eröffneten Grand Hotel von St. Moritz (Abb. 21) konnte sich Koller als einer der bedeutendsten Hotelarchitekten seiner Zeit etablieren. Bis zum Ersten Weltkrieg erstellte er im Engadin weitere Hotels, unter anderem das Schlosshotel Pontresina (1905–1908), das Waldhaus Sils Maria (1906–1908) und das Kurhaus Val Sinestra (1909–1911). Seine burgenhafte monumentale Architektur rief in der Zeit des aufkommenden Heimatschutzgedankens teilweise heftige Kritik hervor. Das 1912 eröffnete Hotel Suvretta House bei St. Moritz, bei dem Koller die Integration der Architektur in die Landschaft am weitesten verwirklichte, fand dagegen allgemeine Anerkennung als hervorragende architektonische und technische Leistung auf dem Gebiet des modernen Hotelbaus. Koller wirkte schliesslich in ganz Europa als international gefragter Hotelbauexperte.

ALS, 318 – GUYER 1917 – RUCKI 1989, 155ff. – WALDER 1983.

prächtige Aussicht bei dem im Bau befindlichen Hotel Axenstein besonders gelobt und als eine der schönsten auf ihrer Schweizer Reise bezeichnet hatte, war diesem Ort eine stürmische Entwicklung sicher.[77] Das 1869 eröffnete Hotel Axenstein (Abb. 186) wurde durch zahlreiche Publikationen in ganz Europa bekannt.[78] Bis zu seinem Tod im Jahr 1883 blieb Ambros Eberle unangefochten der Hotelkönig auf dem Felsen hoch über dem Touristenort Brunnen (Seite 149).

1870 nahm mit dem Hotel Waldstätterhof in Brunnen das zweite Grand Hotel in der Gegend nach einer überaus langen Planungsgeschichte seinen Betrieb auf. Hier hiess der Initiator Fridolin Fassbind-Steinauer (1821–1893),[79] Gastwirt im damals bekannten Rössli zu Brunnen, der die Zeichen der touristischen Zukunft sehr früh erkannt hatte. Fassbind wurde in der ganzen Innerschweiz bekannt, als im Sommer 1865 der Bayernkönig Ludwig II. einige Tage in seinem Gasthof logierte.[80] Bereits 1857–1859 liess er Projekte für einen Hotelneubau erarbeiten, ein erstes von Karl Reichlin, «Ingenieur & Architekt in Schwyz», zwei weitere vom «berühmten Architekten Ferdinand Stadler in Zürich», wie Fassbind in seiner Autobiografie stolz feststellte (Abb. 56). Die Ausführung dieses Vorhabens wurde ihm aber durch politische Ränkespiele jahrelang hintertrieben, sodass er sein Hotel erst 13 Jahre nach den ersten Projekten in Betrieb nehmen konnte. Seine Neffen und deren Nachkommen begründeten mehrere Hotelbetriebe in der Innerschweiz und im Tessin.[81] Gottfried Fassbind führte den aus diesem Familienzweig stammenden Betrieb des Hotel Terrace in Engelberg weiter, während sein Bruder Josef in die Wirtefamilie Schindler von Rigi-Klösterli heiratete. Das Ehepaar Josef und Elisabeth Fassbind-Schindler baute sich dort ein bedeutendes Hotelimperium auf, das mit dem Erwerb des Grand Hotel in Kaltbad im Jahr 1927 seinen Höhepunkt erreichte. 1912 hatte Fassbind mit dem Kauf des Hotel Continental-Beauregard in Lugano seine Aktivitäten nach dem Vorbild vieler Hoteliers im späten 19. Jahrhundert über den Gotthard erweitert.[82]

FRANZ JOSEF BUCHER-DURRER, DER HOTELKÖNIG AN DER GOTTHARDROUTE, UND JOSEF DURRER-GASSER, SEIN INNOVATIVER GESCHÄFTSPARTNER

Der aus Kerns im Kanton Obwalden stammende Franz Josef Bucher-Durrer (1834–1906)[83] war in der Belle Epoque einer der bedeutendsten Unternehmer im touristischen Bereich. Er baute sich bis 1895 zusammen mit seinem Geschäftspartner Josef Durrer-Gasser (1841–1919)[84] aus Sarnen ein in Europa einmaliges Hotel-, Bahn- und Tourismusimperium auf. Die märchenhafte Erfolgsgeschichte begann mit der Gründung der Firma Bucher & Durrer im Jahr 1864. Im Gegensatz zu Josef Durrer, der von seinem Vater das Schreinerhandwerk erlernt hatte, war Franz Josef Bucher im väterlichen Bauernbetrieb tätig gewesen. Bucher hatte keine Kenntnis einer Fremdsprache, dafür war er ausgestattet mit einem instinktiven Sinn für das richtige Geschäft zur richtigen Zeit. Sein langjähriger Partner Josef Durrer war der stille Schaffer und Rechner, der im Schatten des holzbödigen Bucher zahlreiche technische Meisterleistungen vollbrachte.

Nachdem Bucher & Durrer vorerst im Kanton Obwalden einige Holzhäuser erstellt hatten, errichteten sie in Kerns und Kägiswil Parkettfabriken. 1870/71 erbauten sie mit dem Sonnenberg in Engelberg ihr erstes Hotel, das sie nach kurzer Zeit verkauften. Mit dem Gewinn erbauten sie das 1873 eröffnete Grand Hotel auf der Alp Trift, die sie gleichzeitig zum Bürgenstock umbenannten (Abb. 30, 88). In Paris kauften sie zur Ausstattung dieses noblen Hotels Seidentapeten, die eigentlich für die Kaiserin Eugenie hergestellt worden waren. Auch die kurz danach erstellte Strasse von Stansstad zum Bürgenstock war ihr Werk.[85] 1883, am Ende einer einschneidenden Wirtschaftskrise, dehnte Franz Josef Bucher seinen Wirkungskreis mit der Beteiligung am Grand Hotel Méditerranée in Pegli bei Genua erstmals ins Ausland aus. Gleichzeitig erstellte die Firma Bucher & Durrer als Generalunternehmerin das neue Hôtel Breuer in Montreux mit dem ersten Personenlift an diesem Ort (Abb. 106).[86] 1886 stiegen die beiden Unternehmer mit dem Bau der Standseilbahn von der Stadt zum Bahnhof Lugano ins Bahngeschäft ein. Innerhalb weniger Jahre erstellten sie die Standseilbahnen auf den

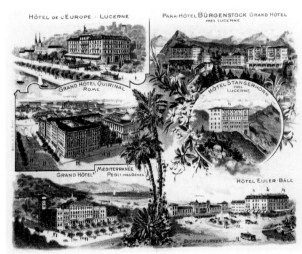

88
Das Hotelimperium von Franz Josef Bucher-Durrer entlang der Gotthardroute bis ans Mittelmeer hatte seinen Ausgangspunkt auf dem Bürgenstock. Menukarte der Bucher-Hotels um 1900.

89
Die Erschliessung des Stanserhorns mit einer Strassenbahn von Stansstad nach Stans, einer Standseilbahn auf den Gipfel und einem Gipfelhotel war ein «Gesamtwerk» von Franz Josef Bucher-Durrer. Werbeplakat 1893.

Bürgenstock (1888), auf den Monte San Salvatore bei Lugano (1890) sowie auf das Stanserhorn (1893). Mit der Bahn kam auf dem Bürgenstock auch das neue Park-Hotel in Betrieb. 1893 folgte auf dem Stanserhorn das grosse Gipfelhotel (Abb. 89).

Beim Verkauf der Strassenbahn von Genua, die Bucher & Durrer zu Beginn der 1890er-Jahre erstellt hatten, erhielten sie eine Million in bar ausbezahlt, mit der sich Bucher nach seiner Rückkehr zu Hause fotografieren liess.[87] Nach Unstimmigkeiten über die Verteilung dieser Million endete die langjährige Geschäftsverbindung der beiden ungleichen Partner. Während Durrer die Holz verarbeitenden Betriebe weiterführte, übernahm Bucher die Hotels und Bahnen. 1896 erstellte Bucher die Strassenbahn in Lugano; sie erhielt ihren Strom aus dem eigenen Kraftwerk bei Maroggia am Comersee. 1897 überquerte sein Imperium mit der Pacht des Hotel Continental in Kairo erstmals das Mittelmeer. Mit dem Kauf des Hotel Euler in Basel stiess Bucher im Jahr 1900 zudem an die nördliche Schweizer Grenze vor.

Trotz dem Bau der Standseilbahnen zu den Reichenbachfällen bei Meiringen und auf den Mont Pèlerin in Vevey konnte Bucher im Berner Oberland und am Genfersee nicht richtig Fuss fassen. Sein Aktionsfeld blieb schwergewichtig auf die Achse Basel–Gotthard–Mittelmeer konzentriert. Die von ihm 1900 gegründete «Schweizerische Hotelgesellschaft» erstellte mit dem 1902 eröffneten Palace in Mailand ein weiteres Hotel auf dieser Linie. 1901 erwarb Bucher das Hotel du Parc, das bedeutendste Hotel in Lugano, und liess es durch den Luzerner Architekten Emil Vogt zum Grand Hotel umbauen.[88] 1904 ergänzte er sein Imperium auf dem Bürgenstock, dort wo es drei Jahrzehnte früher entstanden war, mit dem neuen Palace Hotel (Abb. 30, 88). Im Jahr darauf kamen dort noch der waghalsige Hammetschwandlift (Abb. 90) und der in die Felsen gehauene Spazierweg hinzu. An Buchers siebzigstem Geburtstag 1903 betrieb der «Hotelkönig an der Gotthardroute» erstklassige Hotels in Basel, Luzern, Lugano, Mailand, Genua und Rom, dazu auf dem Bürgenstock und dem Stanserhorn. Nachdem er in Luzern seit 1883 das Hotel Europe gepachtet

FRANZ JOSEF BUCHER-DURRER (*17. Januar 1834 in Kerns/OW, †6. Oktober 1906 in Kairo)
JOSEF DURRER-GASSER (*24. Januar 1841 in Kerns/OW, †26. April 1919 in Sarnen/OW)

1864	Gründung der Firma Bucher & Durrer
1868	Bau der Parkettfabrik in Kägiswil
1870/71	Engelberg: Hotel Sonnenberg (Verkauf 1871)
1873	Bürgenstock: Grand Hotel (24.6.1873)
1874	Bürgenstock: Dependance
1877–1879	erste Trennung von Durrer und Bucher, Hotel Bürgenstock und die weiteren Hotels bleiben nach 1879 Eigentum von Bucher
1881	Kauf von Wäldern in Siebenbürgen, Bau von Sägewerk und Parkettfabriken
1883	Pegli bei Genua: Grand Hotel Méditerranée (Beteiligung, später Kauf)
1883	Luzern: Hotel Europe (Pacht)
1884	Montreux: Hôtel Breuer (Bauunternehmer)
1885	Bukarest: Möbel- und Parkettfabrik
1886	Standseilbahn Lugano Stadt – Stazione (8.11.1886)
1888	Brünig: Kurhaus, Architekt Jacques Gros (?)
	Bürgenstock: Park-Hotel (7.7.1888), Architekt Jacques Gros
	Kraftwerk Engelberger Aa, Architekt Jacques Gros
	Standseilbahn Bürgenstock: erste elektrische Standseilbahn der Schweiz (8.7.1888), Stationen von Architekt Jacques Gros
1890	Rom: Hotel Minerva (Pacht)
	Standseilbahn San Salvatore (27.3.1890)
	Kraftwerk in Maroggia (Strom für Lugano und weitere Gemeinden 1891)
1890/91	Genua: elektrische Trambahn (Verkauf 1892 für 1 Million Franken)
1893	Mailand: Umbau Palace Hotel
	Rom: Quirinal Hotel (Kauf)
	Stanserhorn: Hotel und erste Standseilbahn ohne Bremszahnrad, mit Fangbremse (23.8.1893)
	Strassenbahn Stansstad – Stans (26.8.1893)
1895	definitive Auflösung der Gesellschaft zwischen Bucher & Durrer, Bucher übernimmt Hotels und Bahnen, Durrer die Holz verarbeitenden Betriebe
1896	Strassenbahn Lugano (1.6.1896)
1897	Kairo: Hotel Continental (Pacht)
1899	Standseilbahn Reichenbachfall (8.6.1899)
1900	Gründung der Schweizerischen Hotelgesellschaft
	Basel: Hotel Euler (Kauf)
	Standseilbahn Vevey – Mont Pèlerin (24.7.1900)
1902	Mailand: Palace Hotel (Neubau)
1901–1903	Lugano: Grand Hotel (Umbau aus Hotel du Parc), Architekt Emil Vogt
1904	Bürgenstock: Palace Hotel, Architekt Heinrich Meili-Wapf
1905	Schweizerisch-Egyptische Hotelgesellschaft in Luzern
	Bürgenstock: Hammetschwandlift und Felsenweg
1906	Luzern: Hotel Palace (6.5.1906), Architekt Heinrich Meili-Wapf
1907	Kairo: Hotel Semiramis (Februar 1907), Architekt Heinrich Meili-Wapf
	Braunwald: Grand Hotel (Besitz von Durrer) (1.7.1907)
	Standseilbahn Braunwald (Besitz von Durrer) (6.8.1907)
unbekannt	Standseilbahn Belvédère di Lanzo (am italienischen Ufer des Lago di Lugano)

hatte, nahm er dort 1906 das eigene Hotel Palace in Betrieb (Abb. 180).⁸⁹ Doch er begnügte sich nicht damit: mit der von ihm gegründeten «Schweizerisch-Egyptischen Hotelgesellschaft» setzte er sich das Ziel, in Kairo ein Erstklasshotel zu erstellen.⁹⁰ Die Eröffnung dieses Hotelpalastes sollte den Höhepunkt seiner internationalen Hotelierkarriere bilden. Bei der Einweihungsfeier in Kairo fand aber das bewegte Leben von Franz Josef Bucher im Oktober 1906 ein abruptes Ende.

In der Zeit der getrennten Wege nach 1895 konzentrierte sich Josef Durrer auf die Holz verarbeitenden Betriebe in der Obwaldner Heimat sowie in Osteuropa, die er mit grossem Erfolg stets vergrösserte. 1906/07 schuf er mit der Standseilbahn und dem Grand Hotel Braunwald sein eigenes kleines Tourismusimperium im Glarnerland, das auch nach dem Ersten Weltkrieg im Familienbesitz blieb.⁹¹

Bucher & Durrer haben während der langjährigen Tätigkeit mit zahlreichen Architekten zusammengearbeitet, diese aber, im Gegensatz etwa zu den Hotelkönigen von Montreux und Interlaken, mehrmals ausgewechselt. Von den frühen Hotelbauten sind keine Architektennamen überliefert.⁹² Die ersten einem Architekten zugeschriebenen Entwürfe sind das Park-Hotel auf dem Bürgenstock sowie die Gebäude der dortigen Standseilbahn: Sie sind das Werk des aus Basel stammenden Architekten Jacques Gros, der zwischen 1887 und 1890 bei Bucher & Durrer arbeitete. Mit dem Umbau des Park-Hotel in Lugano zum Grand Hotel beauftragte Bucher 1901 den Luzerner Architekten Emil Vogt. Kurz darauf war Buchers Hotelimperium durch die «Schweizerische Aktiengesellschaft für Hotelunternehmungen» eine ernsthafte Konkurrenz entgegengetreten. Diese 1904 von der Hotelierfamilie Pfyffer von Altishofen zusammen mit schweizerischen und italienischen Politikern und Bankiers ins Leben gerufene Gesellschaft erstellte nach den Plänen des damals bereits international tätigen Architekten Emil Vogt 1904–1906 das Grand Hotel Excelsior in Rom und 1906–1909 das Grand Hotel Excelsior in Neapel.⁹³ Weil Architekt Vogt nun für seinen Konkurrenten baute, erhielt er von Bucher keine Aufträge mehr, an seine Stelle trat der Luzerner Heinrich Meili-Wapf. Seine letzten drei Hotelbauten auf dem Bürgenstock (Palace 1904, Abb. 30), in Luzern (Palace 1906, Abb. 180) und in Kairo (Semiramis 1907) entstanden in dessen Büro. Wie stark aber der eigene Einfluss des starrköpfigen Bucher auf den Bau der Hotels war, geht aus einer Äusserung hervor, die er von der Baustelle des Semiramis in Kairo über seinen damaligen «Hofarchitekten» Meili-Wapf nach Hause meldete: «Betreff dem Architekt Meili will ich denselben nicht für hier, sonst habe ich mit 3 Architekten zu kämpfen. Zudem würde dann dieser wieder plagiieren, er habe es gemacht, weil er einige Pläne lieferte, nach welchen es gar nicht gemacht wird. Es wäre mir sogar lieber, wenn er gar nicht nach Kairo käme, denn wahrscheinlich kommt er deswegen, um sich hier einzumischen und nachher zu sagen, er und Vogt haben auch etwas oder sogar die Hauptsache gemacht. Also wie gesagt, wünsche ich, dass er gar nicht herkommt. Rate Du ihm ab herzukommen.»⁹⁴

DER TESSINER HOTELPIONIER ALEXANDER BÉHA

In der Frühzeit der touristischen Entwicklung haben sich im Tessin einige Einwanderer als Tourismuspioniere ausgezeich-

JACQUES GROS (1858–1922) absolvierte eine Lehre beim Basler Architekten Rudolf Aichner-Burckhardt. 1884–1887 war er bei Nikolaus Hartmann in St. Moritz, 1887–1890 beim Unternehmer Bucher-Durrer, wo er das Park-Hotel auf dem Bürgenstock (Abb. 30) sowie die Gebäude der dortigen Standseilbahn entwarf. In seinem eigenen Büro in Zürich erstellte er dann das Hotel Waldhaus Dolder (1895) und das Grand Hotel Dolder (1899). Seit seiner Zeit bei Bucher-Durrer war Gros Spezialist für Bauten im Schweizer Holzstil, für die er in zwei Veröffentlichungen warb (GROS 1897, GROS 1902–1904).
NIEVERGELT 1978 und 1979 – ALS, 231 – SBZ 1922/80, 212, 233 (Nekrolog).

Der Zürcher **HEINRICH MEILI-WAPF** (1860–1927) diplomierte am Polytechnikum bei Friedrich Bluntschli. Nach Wanderjahren in Wien, Budapest, Triest und Florenz kam er 1889 nach Luzern, wo er eine erfolgreiche Architektenkarriere begann. Durch zahlreiche Wettbewerbserfolge wurde Meili-Wapf in der ganzen Schweiz bekannt. 1900 lehnte er eine Berufung an das Technikum Winterthur ab. Zu seinen bekanntesten Bauwerken gehören die drei im Auftrag der Hotelgesellschaft von Franz Josef Bucher-Durrer erstellten Hotelbauten: das Palace auf dem Bürgenstock von 1904 (Abb. 30), das Palace in Luzern von 1906 (Abb. 180) sowie das Semiramis in Kairo. Meili-Wapf wird auch als Erbauer des neuen Zentralgebäudes beim Grand Hotel auf Rigi-Kaltbad im Jahr 1908 genannt. Das 1912 in Interlaken geplante neue Grand Hotel des Alpes & Palace Hotel am Höheweg kam nicht mehr zur Ausführung. Das architektonische Hotelwerk von Meili-Wapf hat eine bedeutende Wandlung vom traditionellen Historismusbau (Bürgenstock 1904) zu einer vom Jugendstil beeinflussten neobarocken Fassadengestaltung (Luzerner Palace) durchgemacht.
SKL 2, 351 – SBZ 1927/90, 81, 133 (Nekrolog).

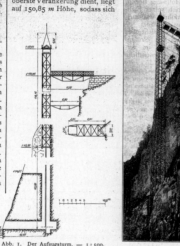

net. Als frühester dieser Promotoren trat in Lugano der aus dem Schwarzwald stammende Alexander Béha (1821–1901)[95] auf, der 1855 aus dem Hotel Distelzwang in Bern als erster Direktor ins Hotel du Parc gekommen war. Bald einmal etablierte er sich durch seine Publikationen über Lugano und Umgebung als bedeutendster Pionier des Tessiner Tourismus.[96] Sein Sohn Alessandro Béha-Castagnola war erster Präsident des 1891 gegründeten Hoteliervereins von Lugano.[97] In den 1880er-Jahren konnte sich Béha einen bedeutenden Hotelbesitz aufbauen. Den ersten Betrieb erwarb er um 1880 mit der Villa Vasalli, die er als Villa Beauséjour zur Dependance des Hotel du Parc machte und mit einem prächtigen romantischen Garten ausstattete (Abb. 91).[98] Um 1882 kaufte er das Hotel du Parc mit der Dependance Belvédère, die er mehr als zwei Jahrzehnte als Direktor erfolgreich geleitet hatte.[99] Bis zu seinem Tod im Jahr 1901 blieb Béha einer der bedeutendsten Hoteliers im Tessin, der weit über die damaligen Landesgrenzen hinaus bekannt war.

WALLISER HOTELIERDYNASTIEN

Im Wallis traten einige Hoteliers als Besitzer oder Pächter mehrerer Hotels, als eigentliche regionale Hotelkönige also, in Erscheinung. Als bekannteste Vertreter in diesem Bereich etablierten sich in der zweiten Hälfte des 19. Jahrhunderts die aus Blitzingen im Goms stammenden Nachfahren des Christian Seiler. Dessen Sohn, Alexander der Ältere (1819–1891),[100] hatte sich als Seifensieder ausgebildet und diesen Beruf anschliessend mit mehr oder weniger Erfolg in Sitten ausgeübt. Im Sommer 1851 übernahm er auf Anraten seines älteren Bruders, der in Zermatt als Kaplan tätig war, das dortige Gasthaus von Josef Lauber als Pächter. Drei Jahre später konnte er diese Herberge käuflich erwerben und zum Hotel Monte-Rosa mit 35 Betten erweitern. Damit hatte er den Grundstein zum späteren Familienimperium im Gletscherdorf gelegt. Bereits im Sommer 1854 pachtete er das Gasthaus auf Riffelberg. 1857 übernahm er das fünf Jahre zuvor von Josef Anton Clemenz erbaute Mont Cervin ebenfalls in Pacht, zehn Jahre später konnte Seiler auch dieses Hotel kaufen (Abb. 200). Kurz nach 1860 erstellten die beiden Brüder Alexander und Franz Seiler in Gletsch zuoberst im Rhonetal das neue Hotel du Glacier du Rhône (Abb. 222).[101]

In Zermatt betrieb Alexander Seiler bis zum Neubau des Hotel des Alpes durch Jgnaz Biner im Jahr 1871 alle Hotels mit insgesamt 158 Betten, 30 davon in Pacht auf Riffelberg. Seit 1867 war Seiler auch Postablagehalter, seit 1873 Posthalter; 1871 stellte er den Raum für das erste Telegrafenbüro des Dorfes zur Verfügung. Das nach mehrjähriger Bauzeit am 10. Juli 1884 eröffnete Hotel Riffelalp (Abb. 208), ein Entwurf des Architekten Rober Roller junior, war ein weiterer bedeutender Meilenstein im Aufbau des Hotelreiches von Alexander Seiler.[102] In den nächsten Jahren vergrösserte sich sein Einflussbereich durch Pacht und Kauf nochmals beträchtlich. In seinem Todesjahr standen mit Ausnahme des Hotel Poste alle Gasthöfe und Hotels in und um Zermatt unter seiner Leitung, die bedeutenden Hotels Monte Rosa, Mont Cervin und Riffelalp gehörten ihm selbst (Abb. 92).[103] Erst nach der Eröffnung der Eisenbahnlinie Visp–Zermatt 1891 konnten sich in Zermatt weitere neue Hotelbesitzer etablieren. Dass ein dermassen erfolgreicher Hotelier bei der einheimischen Bevölkerung auch viel Neid und Misstrauen weckte, zeigte sich 1871 beim Begehren Seilers auf Einbürgerung in Zermatt. In einem 18 Jahre dauernden Streit, bei dem sich alle Instanzen inklusive Bundesgericht und Bundesrat für Seiler entschieden, erkämpfte sich der Zermatter Tourismuspionier dieses Recht; zwei Jahre vor seinem Tod musste ihm dieser Wunsch auf massiven äusseren Druck endlich erfüllt werden.[104]

Nach dem Tod von Alexander dem Älteren übernahm vorerst dessen Gattin, Katharina Seiler-Cathrein, die Verwaltung der Seilerbetriebe. Nach ihrem Tod 1895 trat Alexander der Jüngere (1864–1920)[105] die Nachfolge an. «Monsieur Alexandre», wie der studierte Jurist mit Doktortitel im Dorf genannt wurde, war der eigentliche Hotelkönig von Zermatt. Er konnte die Zahl der Betriebe unter seinem Einfluss nochmals erhöhen: Sukzessive erwarb er das Gasthaus am Schwarzsee, 1905 konnte er das vier Jahre zuvor eröffnete Hotel Victoria[106] kaufen und mit einem imposanten Anbau erweitern (Abb. 218), 1920 kam durch eine Zwangsversteigerung auch noch das elegante Beau-Site[107] als einziges Hotel aus der Belle Epoque auf der linken Talseite hinzu (Abb. 220).

Die Tätigkeiten der Familie Seiler zu Gunsten des Zermatter, Walliser und Schweizer Tourismus sind beeindruckend.

Alexander Seiler der Ältere arbeitete vorwiegend im Hotelbereich: 1879 wirkte er als Gründungsmitglied und erster Präsident der «Société des Maîtres d'hôtels de la Vallée du Rhône et de Chamonix».[108] Der jüngere Alexander trat neben seinem Hotelengagement auch auf politischer Ebene aktiv in Erscheinung: Von 1891 bis 1920 war er Mitglied des Walliser Grossen Rats, von 1905 bis 1920 ausserdem Nationalrat. In dieser Funktion initiierte er 1911 zusammen mit Alexandre Emery aus Montreux die Gründung der Schweizerischen Verkehrszentrale.

Ein weiteres bedeutendes Hotelimperium leitete die Familie Cathrein, deren Vorfahren aus Landeck im Tirol ins Wallis eingewandert waren. Im ausgehenden 19. Jahrhundert erwarben sie zwischen Aletschgletscher und Eggishorn alle wichtigen Hotelbetriebe. 1871 kaufte Emil Cathrein zusammen mit seinen Schwägern Alexander Seiler dem Älteren und Felix Clausen, dem Juristen und späteren Bundesrichter, das Hotel Jungfrau am Eggishorn (Abb. 198). 1876 erstellte der initiative Hotelier den «Pavillon Cathrein am Concordiaplatz», aus dem später die dortige SAC-Hütte hervorging.[109] 1887 kam das Hotel auf der Riederalp zum Reich Cathreins, 1888 das Chalet auf der Riederfurka (Abb. 207), sodass die Familie vor dem Ersten Weltkrieg den Tourismus auf dem Plateau des Aletschgebiets konkurrenzlos kontrollierte. Emil Cathrein war ausserdem Initiant der konzessionierten, durch den Ersten Weltkrieg aber verhinderten Bahn von Brig über das Aletschplateau zum Märjelensee. An dieser Bahnstrecke hatte er auf der Riederalp ein weiteres Grand Hotel geplant, das aber nicht mehr zur Ausführung gelangte.[110] Durch die Heirat seiner Schwester Katharina mit Alexander Seiler dem Älteren waren die beiden Hotelreiche in Zermatt und am Rhonegletscher sowie im Aletschgebiet auch durch familiäre Banden miteinander verbunden.

Im Mittel- und Unterwallis etablierten sich einige weitere Hotelpioniere, die aber vorwiegend im lokalen Bereich tätig waren. Zu ihnen gehörten unter anderen Michel Zuffrey (1850–1917) aus St-Luc im Val d'Anniviers, der nach Reisen und politischen Mandaten in ganz Europa das Schloss «La Cour» in Siders zum Hôtel Château Bellevue umbaute und in Vermala das Hôtel Vermala errichtete.[111] Dessen Schwager Louis Antille (1853–1928) leitete 1890 mit dem Bau des Hôtel du Parc in Montana und dem anschliessenden Strassenbau auf das Hoch-

90
1905 eröffnete Franz Josef Bucher-Durrer auf dem Bürgenstock für seine Hotelgäste den Felsenweg und den berühmten Hammetschwandlift (SBZ 1905).

plateau den touristischen Aufschwung in dieser Gegend ein.[112] Im Val d'Hérens war der initiative Jean Anzévui am Ende des 19. Jahrhunderts auf mehreren Talstufen als Hotelier tätig. Zuerst erbaute er im Höhenort Arolla auf knapp 2000 Metern das 1872 eröffnete Hôtel Mont-Collon (Abb. 204).[113] 1891 kam auf der Zwischenstation zum Hochgebirge in Evolène das neue Grand Hôtel hinzu und zwei Jahre später in Sion das Grand Hôtel de Sion & Terminus. Mit diesen drei Hotelbetrieben konnte er seinen Gästen zwischen Talgrund und Hochgebirge, ähnlich wie Alexander Seiler in Zermatt, stets in den eigenen Betrieben Unterkunft und Verpflegung anbieten. Anzévui war zudem Initiant der 1865 eröffneten Telegrafenlinie ins Val d'Hérens, des Postkutschendienstes nach Evolène sowie der 1911 in Betrieb genommenen Elektrizitätsversorgung von Arolla.[114]

DER HOTELIER AN MEHREREN ORTEN

Nur wenige Hoteliers besassen mehrere Betriebe in verschiedenen touristischen Stationen der Schweiz. In der Regel blieb das Aktionsfeld eines Hoteliers auf eine bestimmte Region beschränkt. Etliche kurzfristige Mehrfachbesitze in verschiedenen Regionen sind wohl aber nicht bekannt geworden. Aus der bunten Palette von Hoteliers mit mehreren Betrieben in verschiedenen Regionen seien deshalb ohne Anspruch auf eine statistisch genügende Vollständigkeit einige herausgegriffen: Der Hotelier Frédéric (Friedrich) Weber führte bis zum Konkurs der Gesellschaft «Regina Montium» im Jahr 1879 deren Hotels auf der Rigi. Dann wechselte er nach Genf, wo er bis 1884 das neue Hôtel National leitete (Abb. 101) und anschliessend lange Zeit das Hôtel de la Paix.[115] Bereits 1877 hatte er auf dem Beatenberg die Pension Victoria erbaut, die bis zum Brand von 1894 in seinem Besitz blieb. Daneben dirigierte er gemäss seiner eigenen Werbung gleichzeitig auch das Hotel Bad Homburg und das Hôtel de France in Nizza (Abb. 93).[116] 1894 kam das neu aufgebaute Beatenberger Hotel Victoria in den Besitz des in Montreux ansässigen Hoteliers Thomas Unger-Donaldson, der dort bereits das Hôtel Belmont leitete.[117] Ein weiterer Doppelbesitz war am Ende des 19. Jahrhunderts das Grand Hôtel in Vevey und das Hôtel Balmoral in Paris.[118]

Dass die Führung von zwei Hotelbetrieben gleichzeitig nicht immer gelang, zeigt das Beispiel des vorher erfolgreichen

HÔTEL DU PARK.

VILLA BEAUSÉJOUR.

91

92

93

Direktors Alexandre Rufenacht[119] im Beau-Rivage in Lausanne-Ouchy. Nachdem er in dieser Funktion das neue Hôtel National in Genf erbaut hatte, häuften sich die Klagen über seine Hotelführung in Ouchy, sodass er schliesslich nach mehreren erfolgreichen Jahren dieses Hotel auf Ende 1875 nicht ganz freiwillig verlassen musste.[120]

Die Übernahme durch einen auswärtigen Eigentümer nach Konkurs war eine häufige Erscheinung: So erwarben die Besitzer des Hotel Schweizerhof in Interlaken, Theodor und Magdalena Wirth-Strübin, das Hotel Axenfels in Morschach am Vierwaldstättersee 1884 nach einem ersten Konkurs und führten den Betrieb bis 1888 (Abb. 190).[121] 1895 erwarb der Luzerner Hotelier Josef Doepfner,[122] der Besitzer des beim Bahnhof gelegenen Hotel St. Gotthard, in Interlaken das Hotel Beau-Rivage nach dessen mehrmaligem Konkurs. Auf diese Weise kam wohl der Luzerner Architekt Arnold Cattani zu einem Auftrag beim Wiederaufbau dieses Interlakner Hotels nach dem Brand von 1899 (Abb. 153).[123]

Das Winterquartier oder die Filiale im Süden war bei den Hoteliers der Belle Epoque besonders beliebt und oft nicht nur Bequemlichkeit und Luxus, sondern für das ganzjährig gesicherte Einkommen eine unabdingbare Notwendigkeit. Die beliebtesten Winterquartiere für Schweizer Hoteliers lagen an der Côte d'Azur in den zahlreichen seit den 1860er-Jahren aufgebauten Fremdenstationen.[124] Mehrere Schweizer Hoteliers besassen am warmen Mittelmeerstrand ihre Filiale für den Winter. So übersiedelte die Familie Wyder vom Hotel National in Interlaken im Winter jeweils ins eigene «Wyders Grand Hôtel Menton».[125] Im Hotelführer von 1911 empfiehlt sich der Besitzer des Grand Hotel Beau-Rivage in Interlaken: «Im Winter: Neapel, Grand Hotel.»[126] Im Jahr 1898 war laut Annoncen im «Journal et Liste des Etrangers de Montreux» der Hotelier J. Freudweiler vom Grand Hôtel in Villars-sur-Ollon den Winter über im Hôtel Alsace-Lorraine in Cannes anzutreffen. Der Direktor des Grand Hôtel des Palmiers in Nizza, J. Degiacomi, hielt sich gemäss der gleichen Zeitung im Sommer als Pächter im Neuen Stahlbad in St. Moritz in den Bergen auf.[127] Hoteliers aus kleineren Stationen in den Schweizer Alpen begnügten sich auch mit wärmeren Gegenden an unserer «Riviera». So führte die Familie Feller vom Hotel des Alpes in Fiesch im Goms (Abb. 94) um 1910 auch das Hôtel Central in Montreux, wo sie wohl einen angenehmeren Winter als im Walliser Hochtal erlebte. Die Familie Fallegger-Wyrsch als Eigentümerin des Hotel Bad Schirmberg im Kanton Luzern zog im Jahr 1903 definitiv in eine wärmere Gegend und baute sich mit dem Hôtel Eden in Montreux eine neue Existenz am Genfersee auf.[128]

Als Zwischenstation auf einer oft langen und beschwerlichen Anreise in die berühmten Touristenorte hatten sich entlang der grossen Reiserouten zahlreiche Gasthöfe etabliert. Sie boten auch noch im Zeitalter der Eisenbahn die Möglichkeit, eine lange Reise mit einer standesgemässen Unterkunft zu unterbrechen. So empfahl sich das Grand Hôtel von Vallorbe im Fremdenblatt «Journal et Liste des Etrangers de Montreux» 1903 als ideale Zwischenstation auf der Reise von London und Paris nach Montreux.[129] Bei Reisen in höher gelegene Orte schlugen Reiseführer sogar explizit eine Angewöhnungszeit in tieferen Zwischenstationen vor. Oftmals mussten auch überzählige Gäste in der Hochsaison einige Tage auf ein freies Zimmer in ihrem bevorzugten Berghotel warten. So bereitete man sich beispielsweise in Interlaken zum Aufenthalt auf dem Beatenberg vor, in Montreux auf Glion oder Caux, in Luzern auf den Bürgenstock oder in Vitznau und Gersau auf die Rigi. Aus dieser Sicht werden einige der genannten Doppelbetriebe im Besitz des gleichen Hoteliers erst recht verständlich. Eine lückenlose «Perlenkette» von Hotels hatte sich Franz-Josef Bucher-Durrer, der schweizerische Hotelkönig in der Belle Epoque schlechthin, kurz vor seinem Tod aufgebaut. Zwischen Basel und Kairo konnte man jeweils in einem seiner Hotels übernachten. Dazu betrieb er, gewissermassen als Höhepunkt der von ihm geschaffenen Traumwelt quer durch Mittel- und Südeuropa, auf dem Stanserhorn und dem Bürgenstock seine eigenen Berghotels in schönster Aussichtslage. Er war damit wohl der am besten auf die damaligen Reisebedürfnisse ausgerichtete Hotelier der Belle Epoque.

91
Das 1855 durch den Mailänder Architekten Luigi Clerichetti aus einer Klosteranlage umgebaute Hotel du Parc in Lugano war das erste Grand Hotel am Seeufer im Tessin. Ende der 1870er-Jahre erweiterte dessen Besitzer Giacomo Ciani seinen Betrieb mit der nebenan gelegenen Villa Beauséjour (BÉHA 1881).

92
Das von Alexander Seiler dem Älteren aufgebaute Hotelimperium in Zermatt war in seiner Dominanz in einem Bergdorf einmalig: Um 1890 führte er mit einer Ausnahme alle Hotels von Zermatt. Werbekarte um 1890.

93
(a, b: Vorder- und Rückseite) Friedrich Weber war einer der zahlreichen, international tätigen Hoteliers in der Belle Epoque. Zu seinen Wirkungsorten gehörten Genf, Bad Homburg, Nizza sowie Beatenberg im Berner Oberland. Fliessblatt mit Aufdruck um 1890.

94
Das Hotel des Alpes in Fiesch im Goms wurde 1866 – 1868 erbaut. Um 1910 führten seine Besitzer im Winter das Hôtel Central in Montreux. Fotografie um 1900.

94

Der Hotelbau am schweizerischen Ufer des Genfersees

FRÜHE STADTHOTELS

In den drei Städten Genf, Lausanne und Vevey, die sich am schweizerischen Ufer des Genfersees im frühen 19. Jahrhundert als bedeutende Tourismuszentren etabliert haben, sind Herbergen und Gasthöfe seit mittelalterlicher Zeit nachgewiesen. In Genf gehen die ältesten Gasthäuser in die Zeit der berühmten mittelalterlichen Messen zurück. Lausanne war als Bischofssitz seit alters Zentrum einer grossen Region mit zahlreichen bekannten Gasthäusern.[1] Vevey schliesslich lag bereits in römischer Zeit an der wichtigen Route von Italien über den Grossen St. Bernhard Richtung Westen, die das Städtchen im Mittelalter zum wirtschaftlichen und politischen Zentrum am oberen See werden liess.

In nachmittelalterlicher Zeit konnte sich die Stadt Genf dank ihrer Lage als Brückenkopf zwischen den Königreichen Sardinien und Frankreich sowie der Schweizerischen Eidgenossenschaft als bedeutendes überregionales Zentrum entwickeln. Im späten 16. und im frühen 17. Jahrhundert tauchten berühmte Hotelnamen erstmals auf, wie beispielsweise «L'Ecu de Genève», «La Balance», «La Couronne», «Les Trois Maures» oder «Le Coq d'Inde».[2] 1675 entstand das Hôtel des Trois Rois als erstes frei stehendes Hotel am Wasser in der Calvinstadt. Waren in den alten Städten die Gasthöfe in der Regel in einer geschlossenen Gebäudezeile eingebunden, lag dieses Haus nun erstmals allseitig frei auf einem städtischen Platz, der kurz zuvor vollständig neu gestalteten Place Bel-Air, und zudem nahe am Ufer der Rhone.[3]

Die Lage der Stadt Genf am grössten Binnensee Europas mit Blick auf das nahe Mont-Blanc-Gebirge und ihre Position als Brückenkopf zwischen den Königreichen Sardinien und Frankreich sowie als Eingangstor zur Schweizerischen Eidgenossenschaft waren die grossen Trümpfe für ihre frühe Entwicklung im europäischen Fremdenverkehr. In der Mitte des 18. Jahrhunderts sorgte die Eroberung des Mont-Blanc-Gipfels (Abb. 6) dafür, dass Genf Spitzenreiter in der Entwicklung der Hotellerie am Genfersee wurde: Die Nachricht von der Besteigung des Mont-Blanc-Gletschers durch zwei Engländer wurde zum Ansporn für eine ganze Reihe von Expeditionen aller Art, für die Genf mehrheitlich zum Standort und Ausgangspunkt gewählt wurde. Bereits 1757 beschrieb der Reiseführer «Le Voyageur français» von Abbé Delaporte die Stadt Genf mit ihren Hotels auf über 60 Seiten, wogegen er der Stadt Lausanne nur eine einzige Seite widmete.[4] Als der Mont-Blanc-Gipfel im Jahr 1786 erstmals bestiegen wurde, stand auch Genf an der Spitze aller heutigen schweizerischen Touristenorte.

So erstaunt es kaum, dass das Hotel als Bautyp des 19. Jahrhunderts für die Beherbergung der immer grösseren Touristenströme gerade in Genf als Prototyp entstand. 1765, also mitten im spektakulären Eroberungskampf um den Mont-Blanc-Gipfel, eröffnete der Hotelpionier Antoine-Jérémie Dejean im Vorstadtquartier Sécheron das erste Hotel ausserhalb der Stadtmauern (Seite 67). Das Hôtel d'Angleterre, wie er es mit Blick auf die zahlreichen britischen Touristen nannte, war zwar noch kein Neubau, sondern der Umbau eines alten Land-

95

96

sitzes (Abb. 95). Der viergeschossige Steinbau wies deshalb in seiner Gesamterscheinung eher eine traditionell-ländliche Architektur auf: Das ursprüngliche Walmdach mit Quergiebel erinnert an die Formen des ländlichen Hausbaus, die längsseitig in der Fassade sichtbare grosse Öffnung eher an das Tor einer landwirtschaftlichen Scheune. Das Hôtel d'Angleterre war also noch nicht als Bautyp wegweisend, sondern als Programm: Es war das erste Hotel, das weit draussen vor der mittelalterlichen Stadt, mit Blick auf den See und die bewunderten Berge eröffnet worden war.

ROUSSEAU UND BYRON

Bereits im Jahr 1729 hielt sich der junge Jean-Jacques Rousseau erstmals am Genfersee auf. In den 1750er-Jahren soll er wieder dorthin zurückgekehrt sein. Er hatte sich von der Landschaft zu mehreren Werken, insbesondere aber zu seiner «Nouvelle Héloïse», inspirieren lassen. Der 1761 erschienene Roman benutzte die Gegend um Clarens bei Montreux (Abb. 5) als Zentrum der Geschichte einer Liebschaft zwischen zwei jungen Menschen und machte sie damit schlagartig zu einer der bekanntesten Regionen in der gesamten französischsprachigen Welt. Dem lieblichen Waadtländer Ufer stellte er das Elend des unter der savoyischen Feudalherrschaft leidenden heutigen französischen Ufers gegenüber.[5] In seinen «Confessions» machte er nochmals Werbung für die Gegend: «Je dirai volentiers à ceux qui ont du gout et qui sont sensibles: Allez à Vevey, visitez le pays, promenez vous sur le lac.» Diese Botschaften des Romantikers Rousseau, die in ganz Europa gehört wurden, haben zweifellos entscheidend zur Lenkung der Touristenströme an die oberen Ufer des Sees beigetragen. Gegen Ende des 18. und zu Beginn des 19. Jahrhunderts brachen etliche Intellektuelle und Künstler aus ganz Europa auf, um das von Rousseau besungene Gebiet zu besuchen.[6]

Einer der bedeutendsten schreibenden Frühtouristen war der englische Dichter Lord Byron,[7] der England nach einem gesellschaftlichen Skandal 1816 verliess und sich von Juni bis Oktober dieses Jahres in Cologny bei Genf aufhielt. Von dort aus unternahm er, zusammen mit Hobhouse und Shelley, mehrere Exkursionen in die damaligen touristischen Gebiete der Schweiz. Mit seinen Lobgesängen auf die Schönheiten der Schweizer Seen und Alpenlandschaften («Child Harold», «The Prisoner of Chillon») war Byron zusammen mit Rousseau einer der Hauptinitianten für den kontinuierlich wachsenden Fremdenstrom, der sich in der Folge über die obere Genferseeregion ergoss.

ERSTE GRAND HOTELS

Nach dem von Dejean definierten Prinzip entstand zwischen 1829 und 1834 das erste Grand Hotel der Schweiz wiederum in Genf. Die Société des Bergues plante als Bestandteil ihres neuen Quartiers am rechten Seeufer auch den Bau eines grossen Stadthotels. Sieger eines Wettbewerbs mit eingeladenen Architekten aus ganz Europa wurde Augustin Miciol aus Lyon. Vorgegeben war das Gelände am Ausfluss des Genfersees in die Rhone, und definiert war auch die Baugestalt als Teil eines Baublocks im neuen Quartier des Bergues. Am 1. Mai 1834 konnte das Hôtel des Bergues als erstes Grand Hotel der Schweiz eröffnet werden. Mit seiner klassizistischen Architektursprache diente es als Vorbild für zahlreiche weitere Hotelbauten am Genfersee und in der ganzen Schweiz (Abb. 66, 96).[8]

In den späten 1830er-Jahren erfasste der Hotelbau in der Form grosser Häuser für mindestens 100 Gäste das gesamte obere Seebecken. 1839 wurde in Lausanne das Hôtel Gibbon eröffnet (Abb. 97), 1841 konnte das in einsamer Gegend östlich des Schlosses Chillon erbaute Hôtel Byron seine ersten Gäste aufnehmen (Abb. 123–129, Seite 105), und 1842 vermeldete Vevey die Eröffnung des Hôtel des Trois Couronnes (Abb. 73). Alle drei Betriebe gründeten auf den von Dejean definierten Prinzipien: Sie standen an einzigartiger Aussichtslage mit ungestörtem Blick auf See und Berge. Den grössten gestalteten Garten besass das Hôtel Gibbon in Lausanne. Das an der Hangkante der Place St-François gelegene Gebäude bot seinen Gästen den südlich anschliessenden Abhang als terrassierte Park- und Gartenanlage an und konnte damit gegenüber dem Hôtel des Bergues in Genf und dem Hôtel des Trois Couronnes in Vevey einen entscheidenden Pluspunkt buchen. In seinem Reiseführer von 1841 lobte Leuthy deshalb dieses Hotel in den höchsten Tönen und bezeichnete seine Lage als «unstreitig die schönste unter den Gasthöfen der Schweiz».[9]

Seiten 86/87:
Vergrösserung von Abb. 124
Zimmer im Hôtel Byron in Villeneuve (1933 abgebrannt). Ansichtskarte um 1900.

95
Das Hôtel d'Angleterre (Hôtel de Sécheron) in Genf wurde 1765 durch den Tourismuspionier Antoine-Jérémie Dejean als erstes Hotel ausserhalb der Stadtmauern mit Blick auf den See und das nahe Gebirge eröffnet (Hotelbetrieb um 1850 aufgegeben). Lithografie um 1800.

96
Das 1834 eröffnete Hôtel des Bergues in Genf war das erste Stadthotel dieser Grösse in der Schweiz, das mit schöner Aussicht am Seeufer neu errichtet wurde. Fotografie um 1890.

97
1839 wurde in Lausanne das Hôtel Gibbon als erstes grosses Hotel in dieser Stadt eröffnet. Seine mehrstufige Gartenanlage fand sogleich allgemeine Bewunderung (1920 abgebrochen, Neubau Bankgebäude). Lithografie von Baumann, Genf, um 1860.

97

SPÄTEINSTEIGER MONTREUX

Die touristische Entwicklung von Montreux setzte, verglichen mit Genf, Lausanne und Vevey, erst spät ein. Im 18. Jahrhundert lagen im dortigen Gebiet über zwanzig kleine Weiler und Bauerndörfer verstreut in den Weinbergen über dem Genfersee. 1805 beschrieb Johann Gottfried Ebel Montreux in seinem Reiseführer noch als «grosses Dorf im Kanton Léman»; während Vevey acht Seiten Beschreibung erhielt, wurden Montreux nur 17 Zeilen gewidmet.[10] In den 1830er-Jahren entstanden in der Region Montreux gemäss Wyssbrod insgesamt neun Pensionen, darunter die beiden Kernbauten der späteren Hotelimperien von Emery und Chessex (Seite 69): 1836 wurde das Hôtel du Cygne eröffnet (Abb. 98), der Vorgängerbau des späteren Hôtel Palace von Alexandre Emery, und 1840 entstand die Auberge du Chasseur des Alpes in Territet, der Kern des späteren Hotelreichs von Ami Chessex (Abb. 74).[11] Dass die Erstellung neuer Pensionen in den 1830er-Jahren einer dringenden Notwendigkeit entsprach, stellt ein zeitgenössisches Dokument aus dem Jahr 1833 fest: «Vu la grande quantité de voyageurs qui circulent sur la grande route de Lausanne à St-Maurice, sur un rayon de deux fortes lieues sans auberge où ils puissent être reçus et logés sans se détourner.»[12] Die ersten Pensionen und Hotels in Montreux waren, verglichen mit den gleichzeitig in Lausanne, Vevey und Villeneuve gebauten Hotels, aber noch recht bescheiden.[13] Trotz dieser Entwicklung warnen die ersten Baedeker von 1844 und 1848 die Touristen noch vor der Hotelinfrastruktur in der durch Rousseau bekannt gemachten Gegend und bezeichnen beispielsweise Clarens als «schmutzig und ärmlich». Die Hotelindustrie war dort offenbar noch nicht gleich entwickelt wie in den grossen Nachbarstädten am See.[14]

Etwa gleichzeitig mit der Eröffnung der ersten Pensionen am Seeufer entstanden in der Region Montreux auch die ersten Betriebe in Höhenlage: 1834 in Chernex, 1838 in Glion (die Auberge du Chasseur de Chamois), 1841 in Chailly und 1846 in Brent.[15] Somit hat sich die andernorts eher in zeitlicher Staffelung auftretende Besetzung von Hotelstandorten am Wasser und in der Höhe in der Region Montreux beinahe gleichzeitig eingestellt. Dabei richteten sich etliche Pensionen am See in ihrer Frühzeit offenbar eher für den längeren Aufenthalt ihrer Gäste ein. 1844 bezeichnete John Murray die Herbergen am Seeufer von Montreux als idealen Aufenthaltsort für den milden Winter.[16]

DIE «GOLDENEN 1860ER-JAHRE»

In der Jahrhundertmitte, am Vorabend der Eroberung des Genferseeufers durch die Eisenbahn, hat Genf als Zentrum des frühen touristischen Geschehens in den Städten Lausanne und Vevey ebenbürtige Partner am oberen Seebecken gefunden. In Lausanne war 1843 das Hôtel du Grand Pont eröffnet worden, 1844 kam das Hôtel Bellevue hinzu, ein weiterer Betrieb in schönster Aussichtslage am Stadtrand.[17] In Vevey dagegen blieb das grosse Trois Couronnes noch das einzige grosse Hotel direkt am Seeufer (Abb. 73).

Die ersten «goldenen» Jahre der Hotelentwicklung finden sich am Genfersee und im Chablais Vaudois, wie auch in anderen touristischen Regionen, in den 1860er-Jahren. Am Anfang dieser Epoche stand die Eröffnung des Hôtel Métropole in Genf, des ersten frei stehenden Grand Hotels direkt am Seeufer in der Rhonestadt. Abgeschlossen wurde die Expansionsphase durch die europaweite Wirtschaftskrise im Anschluss an den Deutsch-Französischen Krieg von 1871/72. In dieser Zeitspanne entstanden in Genf neben dem Métropole alle bedeutenden Hotels an dem in den 1850er-Jahren erstellten Quai du Mont-Blanc (Abb. 99). Als krönender Abschluss dieses intensiven Hotelbaus eröffnete 1875 das Grand Hôtel National (heute Palais Wilson) seine Tore (Abb. 63, 101). In der Calvinstadt war mit dem Ende dieser Epoche der Hotelbau am Wasser bereits weitgehend abgeschlossen, später entstanden nur noch Neubauten innerhalb der Stadtquartiere.[18]

In Lausanne bildeten sich zu Beginn der 1860er-Jahre nach dem Eisenbahnbau die ersten Kerne von später berühmten Häusern: 1859 das Hôtel Richemont und 1862 das Hôtel Belvédère als Erstbau des heutigen Lausanne-Palace.[19] In Ouchy, am Seeufer bei Lausanne, entstand 1857 die «Société immobilière d'Ouchy» mit dem Ziel, den Hafen und die Quaianlagen zu verbessern und am Seeufer ein neues Hotel zu errichten.[20] Aus einem Wettbewerb für ein Grand Hotel ging der Genfer Architekt François Gindroz als Sieger hervor.[21] Die Ausführung wurde aber den zweitplatzierten, in Lausanne ansässigen Architekten

98
Das erste Hôtel du Cygne in Montreux entstand 1836 am Seeufer. 1864 erbaute Architekt Philippe Franel im Auftrag des erfolgreichen Hoteliers Edouard Vautier oberhalb der Strasse das zweite Hotel mit gleichem Namen. Beim Neubau des Montreux-Palace 1902 wurde dieser Bau als dessen Annex umgebaut. Fotografie vor dem Bau der elektrischen Strassenbahn 1888 (Abb. 26).

99
Das 1865 als zweiter Hotelbau am Genfer Quai du Mont-Blanc eröffnete Hôtel Beau-Rivage unterschied sich mit seiner unkonventionellen Ecklösung von den anderen Bauten im Quartier. Fotografie um 1940.

100

101

100
Das bereits um 1850 geplante Park-Hôtel Mooser, in schönster Aussichtslage über der Stadt Vevey gelegen, wurde in zwei Etappen realisiert: 1867 der heutige Westflügel und ein Jahrzehnt später der Osttrakt. Fotografie um 1910.

101
Das Hôtel National entstand 1875 als letztes Grand Hotel in Genf weit ausserhalb des damals erstellten Quai du Mont-Blanc. Kurz danach legte eine allgemeine Wirtschaftskrise den Hotelbau lahm (seit 1920 Verwaltungsgebäude). Fotografie um 1900.

Achille de la Harpe (1807–1887) und Jean-Baptiste Bertolini (1822–1883) übertragen.[22] Alexandre Rufenacht (1817–1880), der bereits im Preisgericht engagierte Hotelier aus dem Hôtel des Bergues in Genf, wurde zum ersten Direktor ernannt.[23] Nach zweieinhalbjähriger Bauzeit konnte das Beau-Rivage am 24. März 1861 eröffnet werden (Abb. 72).[24] Nach diesen Eröffnungen war das Hotelangebot in Lausanne vorerst gesättigt. Die folgende Hotelbautätigkeit verlagerte sich, unterstützt durch die Eröffnung der Eisenbahnlinie nach Villeneuve im Jahr 1861, in die Region Vevey-Montreux.

Vevey erlebte am Ende der 1860er-Jahre eine rasante Vervielfachung des Angebots an Hotelbetten in der höchsten Klasse. 1867 öffnete das von der «Société immobilière de l'Hôtel de Vevey» erbaute Grand Hôtel de Vevey seine Tore (Abb. 32). Es besass, als technische Sensation in damaliger Zeit, den ersten Lift in einem Schweizer Hotel (Abb. 64, Seite 61). Im folgenden Jahr wurde das Grand Hôtel du Lac eröffnet. Diese beiden Hotels lagen, wie bereits das Trois Couronnes von 1842, direkt am Ufer des Genfersees. 1868 entstand die neue Pension Chemenin in schönster Aussichtslage oberhalb von Vevey,

Die Architekten Ernest Burnat & Charles Nicati aus Vevey gehören zu den frühen Hotelspezialisten in der Region Vevey-Montreux. ERNEST BURNAT (1833–1922) schrieb sich 1854 in Paris an der Ecole des Beaux-Arts ein, wo er auf den bereits dort studierenden Charles Nicati traf. Während seines Studiums, das er 1858 für eine Orientreise unterbrach, erhielt Burnat zahlreiche Auszeichnungen und Medaillen. **CHARLES NICATI (1833–1884)** war von 1853 bis 1860 an der Ecole des Beaux-Arts, die meiste Zeit gemeinsam mit Ernest Burnat. 1861 eröffneten beide Studienkollegen in ihrer Geburtsstadt ein bis zum Tod von Nicati erfolgreiches Architekturbüro. Als Erstes entstand 1865 das kleine Hôtel des Crêtes in Clarens. 1868 war mit dem Grand Hôtel du Lac in Vevey ihr erster grosser Hotelbau vollendet. Kurz danach entstand das Grand Hôtel des Salines in Bex (Abb. 104). 1874 wurden die Hôtel-Pension du Châtelard in Clarens und das schlossartige Hôtel National in Montreux (Abb. 103) eröffnet.

Die Architektur von Burnat & Nicati war in ihrer Frühphase charakterisiert durch die an der Ecole des Beaux-Arts gelehrte klassizistische Architektur und Einflüsse aus der italienischen Renaissance. Dem Zeitgeschmack folgend, entstand das 1869 eröffnete Grand Hôtel des Salines in Bex als Holzbau in den Formen des Schweizer Holzstils. Im Umfeld der touristischen Bauten am Genfersee war das Hôtel National avantgardistisch, seine Formensprache erinnert an die Renaissanceschlösser im Stil des Louis XIII. Mit dem Bau des ersten Kursaals von Montreux 1880/81 im maurischen Stil endete die Arbeit von Burnat & Nicati im touristischen Bereich der Region Vevey-Montreux.

BISSEGGER 1989 – DELAIRE 1907, 201 (Burnat) – HBLS 5, 296 (Nicati) – BTSR 1923, 11 (Nekrolog Burnat).

LOUIS BEZENCENET (1843–1922) eröffnete nach seiner nicht genau bekannten Ausbildung 1870 in Lausanne ein eigenes Büro und erstellte in der Westschweiz und im Oberwallis zahlreiche Tourismus- und Wohnbauten. Bereits 1871/72 leitete er die Arbeiten zum Bau des Grand Hôtel des Bains in Aigle, wo sein älterer Bruder als Arzt tätig war. Zwei bedeutende Gebäude erstellte er zusammen mit Eugène Jost, wobei er die ausführende Rolle des Konstrukteurs einnahm: das Postgebäude an der Place Saint-François in Lausanne (Wettbewerb 1895, Ausführung 1896–1900) und das Hôtel Palace als Anbau an das Beau-Rivage in Ouchy (1906–1908, Abb. 35). Im Oberwallis entwarf er die Bahnhöfe der Visp–Zermatt-Bahn (1890/91), die Villa Margerita für den Hotelier Alexander Seiler in Zermatt (1901), die Villa Cassel auf der Riederfurka für den englischen Bankier Sir Ernest Cassel (1902, Abb. 207) sowie Wohnhäuser an der Bahnhofstrasse in Brig (1906–1910). Ebenfalls Bezencenet zugeschrieben werden könnte anhand der architektonischen Erscheinung der Erweiterungsbau des Zermatter Hotel Victoria von 1906 (Abb. 218). Nach der Jahrhundertwende erstellte er einige Hotelbauten in Lausanne (Beau-Séjour, Victoria und Anbau an das Gibbon).

Bezencenet war kein Entwufsspezialist, eher könnte man ihn als begabten Konstrukteur bezeichnen. Das Grand Hôtel in Aigle entstand noch im Sinn der klassizistischen Vorbilder, seine Walliser Gebirgsbauten weisen auffallende Ähnlichkeit als massige Riegelhäuser auf. Die meisten seiner Entwürfe lassen sich aber als traditionelle Historismusarchitektur oder als Fachwerkbauten mit Mansartdach charakterisieren. Die Liste seiner prominenten Auftraggeber legt Zeugnis ab für eine offenbar zufriedene Kundschaft.

BTSR 1922, 309 (Nekrolog) – SCHMUTZ 1996 – ALS, 58.

102

103

eingebettet in eine mit prächtigen Bäumen ausgestattete Parkanlage. Nach der Erweiterung durch den längst geplanten Ostflügel um 1877 hiess der Betrieb Park-Hôtel Mooser (Abb. 24, 100).²⁵ Mit diesen Neubauten war die Entwicklung der Grosshotels auch in Vevey in den wichtigsten Zügen abgeschlossen.

In der Zeit der «goldenen 1860er-Jahre» setzte in Montreux die erste grosse Expansion der Hotelindustrie ein, man könnte auch bereits von einer Explosion sprechen. In einer 15-jährigen Phase entstanden bis 1875 knapp 50 neue Hotels und Pensionen. Erstmals wurden mehr Pensionen und Hotels neu erbaut als bestehende Privathäuser dazu umgebaut. Die touristische Entwicklung in dieser Zeitspanne lässt sich an statistischen Zahlen eindrücklich belegen: Die Bevölkerungszahl von Montreux stieg um mehr als 50 Prozent von etwa 4 400 auf mehr als 6 800, die Bettenzahl der Hotels verdoppelte sich von 800 auf über 1 600. 1857 beschäftigte die Post im Büro von Montreux zwei Angestellte, 1876 bereits über zwanzig Beamte, Gehilfen und Briefträger.²⁶ Die Gründe für diese Entwicklung sind, neben dem damaligen wirtschaftlichen Aufschwung, wohl primär in der besseren Erschliessung von Montreux durch die Verkehrsmittel zu suchen. 1860 erhielten Clarens und Montreux (in Rouvenaz) endlich die seit Jahren geforderten Schiffsstationen, ein Jahr danach wurde die Eisenbahnlinie von Lausanne nach Villeneuve eröffnet.

Der nun weitherum bekannte Fremdenort entwickelte sich in der Folge linear dem See entlang, parallel zu Bahn und Strasse. Einige später bedeutende Hotels traten in dieser Zeitepoche erstmals in Erscheinung, wie die 1867 eröffnete Pension Bon Port (Abb. 102), der Kern des späteren Grand Hôtel Excelsior oder das Hôtel Suisse, dessen erstes bescheidenes Gebäude 1869 eröffnet wurde. Ein paar in dieser Epoche neu eröffnete Betriebe erhielten innerhalb eines Jahrzehnts einen grösseren Neubau als Ergänzung oder sogar als Ersatz. Aber auch ältere Betriebe bauten in dieser Zeitepoche mächtig aus. Die 1840 eröffnete und bereits mehrmals vergrösserte Auberge du Chasseur des Alpes in Territet erhielt nach dem Bau des Hôtel des Alpes von 1855 in den Jahren 1863/64 eine weitere Vergrösserung und bildete in der Folge den bedeutendsten Hotelkomplex auf der Westseite der Region Montreux (Abb. 75). Mit dem Hôtel National der Architekten Burnat & Nicati hielt 1874 in Montreux erstmals der Typus eines Schlosshotels nach französischem Vorbild Einzug (Abb. 103).

Die bis in die frühen 1870er-Jahre andauernden «goldenen 1860er-Jahre» waren aber auch geprägt durch eine Ausdehnung der touristischen Infrastruktur auf das Waadtländer Chablais, das in dieser Epoche von den fremden Reisenden richtiggehend erobert wurde. In Bex entstanden in dieser Zeit die ersten grösseren, speziell für die immer zahlreicheren Touristen errichteten Hôtel des Bains und Hôtel de l'Union. Im Jahr 1869 wurde in der Nähe einer der stärksten Salzquellen Europas das Grand Hôtel des Salines eröffnet (Abb. 104). Der mächtige fünfteilige Hotelbau in einer imposanten Parkanlage mit Pavillons, Springbrunnen und Spazierwegen war von den an der Pariser Ecole des Beaux-Arts ausgebildeten Architekten Ernest Burnat und Charles Nicati aus Vevey erbaut worden, die kurz zuvor das Grand Hôtel du Lac in Vevey erstellt hatten und auch für den Entwurf des 1874 eröffneten Hôtel National in Montreux verantwortlich zeichneten (Abb. 103). Im benachbarten Aigle wurde im Jahr 1872 ebenfalls ein erstes bedeutendes Hotel eröffnet: das Grand Hôtel des Bains (Abb. 11), ein Bau des Lausanner Architekten Louis Bezencenet.

ERSTE HOTELS IN HÖHENLAGE

1855 wurde in Glion das Hôtel du Righi Vaudois eröffnet. In seinen Dimensionen wirkte das einfache Holzchalet noch recht bescheiden. Ambitiöser war sein Name, der auf die Pionierfunktion des Innerschweizer Berges in der Tourismusgeschichte hindeutete, wo 1816 die erste Herberge eröffnet worden war (Seite 134).²⁷ Im Westschweizer Rahmen stellt die Eröffnung des Hôtel du Righi Vaudois eine Pioniertat dar, ist dieser Betrieb doch der erste in erhöhter Lage mit spezieller Ausrichtung auf eine vorzügliche Aussichtslage eröffnete Hotelbetrieb über dem Genfersee (Abb. 105). Als Bauherr trat der Genfer Bankier Jacques Mirabeau auf, Architekt des «Hotel-Chalets» war der als Erbauer des Trois Couronnes in Vevey bekannt gewordene Philippe Franel aus Vevey.

In die späten 1860er-Jahre zurück reichen auch die Wurzeln der touristischen Entwicklung in Villars-sur-Ollon.²⁸ Um 1866 empfing das «Châlet Muveran» seine ersten Gäste,

102
Die 1867 eröffnete Pension Bon Port in Territet konnte in den folgenden Jahren kontinuierlich ausgebaut und vergrössert werden. 1875 entstand der abgebildete Neubau mit Mansartdach. Hotelprospekt um 1900.

103
Das von den Architekten Burnat & Nicati 1873/74 erbaute Hôtel National in Montreux war der erste Hotelbau am Genfersee nach dem Vorbild französischer Renaissance-Schlösser. Fotografie nach der Vergrösserung mit neuem Dachaufbau durch Eugène Jost 1898 (Abb. 79).

104
Das in den 1860er-Jahren durch die Architekten Burnat & Nicati erbaute Grand Hôtel des Salines in Bex ist ein charakteristischer Vertreter des Schweizer Holzstils (Abbruch nach Brand 1981). Zeitgenössischer Hotelprospekt.

105
Das 1855 als Sommersitz des Genfer Bankiers Jacques Mirabeau erbaute Chalet in Glion war das erste Pensionsgebäude in diesem Höhenort. 1866 bereits entstand daneben das zweite Haus des Hôtel du Righi Vaudois.

104

105

1872 eröffnete das Hôtel du Chamossaire in Chesières seinen Betrieb, etwas später das Hôtel du Grand Muveran sowie das Hôtel Bellevue. Damit war aus diesem ehemaligen Bauerndorf innerhalb eines Jahrzehnts ein neuer Hotelort in Höhenlage, vorerst allerdings noch mit einer bescheidenen Hotelinfrastruktur, entstanden.

DIE «ZWISCHENZEIT» DER 1880ER-JAHRE

Nach einem vorübergehenden wirtschaftlichen Einbruch der Hotellerie in den 1870er-Jahren entstanden in den 1880er-Jahren nur wenige Neubauten. Einer der wenigen Bauten war das 1884 vollendete Hôtel Breuer, das vom Innerschweizer Unternehmen der Parkettfabrik Bucher & Durrer erbaut wurde (Abb. 106).[29] Diese Zeitspanne lässt sich aber als Ausbauphase verschiedener touristischer Infrastrukturprojekte charakterisieren. So wurde 1881 in Montreux und 1884 in Genf ein Kursaal eröffnet. 1880–1882 entstand der Englische Garten (Quai Dapples) in Ouchy. In diesem Jahrzehnt wurde in der Westschweiz auch die elektrische Beleuchtung eingeführt: 1883 konnten die ersten Hotels von Lausanne mit elektrischem

---

Jean Benjamin PHILIPPE FRANEL (1796 – 1867) aus Vevey ist der älteste bekannte Architekt im Hotelbau der Region Vevey-Montreux. Sein Ausbildungsweg ist nicht geklärt, er soll sich in Zürich und Basel aufgehalten haben. Während einer fast 50-jährigen Tätigkeit in seiner Heimatstadt wird er Zimmermann oder Unternehmer, manchmal auch Architekt genannt. Franel war eventuell Schüler von Friedrich Weinbrenner in Karlsruhe, jedenfalls ein konsequenter Vertreter der klassizistischen Architektur, der mit diesem Baustil die Hotelarchitektur am oberen Genfersee in ihrer Frühphase markant geprägt hat. Seine Urheberschaft an den Hôtel Trois Couronnes in Vevey (1840 – 1842, Abb. 73) und Cygne II in Montreux (1863/64, Abb. 98) ist gesichert, diejenige am Cygne I von 1836 vermutet. In Montreux hat er die Villa Mirabeau erstellt, die 1874 zum Hôtel Roy umgenutzt wurde. 1855 war er verantwortlich für die Erstellung des Chalets in Glion für den Genfer Banquier Jacques Mirabeau, das spätere Hôtel du Righi Vaudois (Abb. 105). Während der Planungszeit des Trois Couronnes absolvierte der Berner Friedrich Studer (1817 – 1879) bei Franel ein Lehrjahr. Dadurch hat Franel wohl sogar indirekte Impulse auf den Hotelbau in weiteren Teilen der Schweiz ausgeübt, denn der spätere Partner und Schwager Studers war der von Interlaken aus in der ganzen Schweiz tätige Architekt Horace Edouard Davinet (1839 – 1922).

Sein Sohn, **JEAN Etienne Henri FRANEL (1824 – 1885)**, war ein würdiger Nachfolger seines Vaters als Hotelarchitekt. Er hat, anders als der um zwölf Jahre jüngere Robert Roller aus Burgdorf, nicht nur sein Büro aus der Kleinstadt (Vevey) in die Metropole (Genf) verlegt, er hat auch den Übergang zum neobarocken Baustil bereits in den späten 1860er-Jahren realisiert und damit dem schweizerischen Hotelbau entscheidende gestalterische Impulse verliehen. Sein 1867 vollendetes Grand Hôtel in Vevey (Abb. 32, 64) war ein äusserst avantgardistisches Werk: Es erhielt als erster Hotelneubau einen Speisesaal als Anbau, und es war das erste Schweizer Hotel mit einem Mansartdach sowie einem Personenlift! Jean Franel gehörte ausserdem zum exklusiven Kreis der begehrten Hotelbauexperten, wie seine Ernennung zum Jurymitglied in den Wettbewerben beim Beau-Rivage in Ouchy (1857) und beim Thunerhof (1872) deutlich macht.

SKL 1, 478 – THIEME, BECKER XII, 379 – BISSEGGER, PAUL: Philippe Franel, architecte-entrepreneur à Vevey, Manuskript.

LOUIS VILLARD (1856 – 1937) trat, nach einer unbekannten Ausbildung, bei der ersten Landesausstellung von 1883 in Zürich erstmals als Architekt auf. Danach soll er im Büro der Brüder Henri & Charles Chaudet in Montreux gearbeitet haben. Seit 1892 erscheint er als «surveillant des travaux» der Gemeinde Planches. 1893 eröffnete er sein eigenes Büro in Montreux, wo er zeit seines Lebens blieb. In den Memoiren seines Sohnes, des in der Westschweiz bekannten Sängers und Cabarettisten «Gilles», wird er als dominierende Figur in der Familie und auf seinen Baustellen geschildert (VILLARD-GILLES, JEAN: Mon demi-siècle et demi. Lausanne 1970, 14). Sein Nachruf betont die prägenden Charakterzüge des Architekten und bezeichnet ihn wegen seiner regen Bautätigkeit in der Zeit der grössten Entwicklung des Ortes als «créateur de Montreux». Kaum ein anderer Schweizer Architekt hat das architektonische Gesicht einer Fremdenregion in der Belle Epoque dermassen geprägt wie Louis Villard die Gegend von Montreux. Er hat überall in dieser Gegend Bauten erstellt. Zu seinen bedeutendsten Hotelprojekten gehören das Hôtel Château-Belmont von 1901, das 1902 bewilligte Projekt des Hôtel Splendide, das Erweiterungsprojekt des Hôtel International zum Hôtel Eden 1905 oder der Neubau des Hôtel Suisse in Montreux von 1905 bis 1907 (Abb. 113). In Les Avants schien er bei den Hotelbauten über ein eigentliches Monopol verfügt zu haben (Grand Hôtel du Jaman 1898/99, zweimalige Erweiterung des Grand Hôtel, Abb. 116). Sein Architekturstil war geprägt von den damals aktuellen Tendenzen, seine Bauten stark beeinflusst von jeweils gerade vollendeten Referenzbauten, meistens des ihm im architektonischen Entwurf überlegenen Eugène Jost. Sein häufigster Baustil war die drei- oder fünfteilige historisierende Fassade, bedeckt mit einem steilen Walmdach mit Lukarnen.

ACV, Dossier Agence télégraphique Suisse – BTSR 1937, 198 (Nekrolog).

Strom versorgt werden (Seite 32). Aber auch der Eisenbahnbau machte in dieser Zeit grosse Fortschritte. Nachdem 1877 die erste Drahtseilbahn der Schweiz zwischen Lausanne und Ouchy eröffnet worden war, konnte im August 1883 eine weitere solche Anlage (die steilste Bahn damals in der Schweiz) zwischen Territet und Glion in Betrieb genommen werden (Abb. 76). 1888 schliesslich verband die erste elektrische Eisenbahn in der Schweiz Vevey mit Clarens und Montreux. Die Linie begann in Vevey beim Grand Hôtel, führte in Clarens und Montreux an allen grossen Quaihotels vorbei und endete, nachdem sie in Territet die Verbindung mit der Drahtseilbahn nach Glion hergestellt hatte, vor dem Schloss Chillon. Die Wagen mit offenem Oberdeck (Abb. 26) boten den lustwandelnden Touristen, lange bevor der Film als bewegte Bildfolge erfunden war, ein bisher unbekanntes und offensichtlich erfolgreiches Sichterlebnis an, das sich in unerwartet hohen Frequenzen äusserte.[30]

DER ZWEITE «HOTELBOOM» ZWISCHEN 1890 UND 1914

Eine zweite, noch bedeutendere Entwicklungsphase ergriff die Region des oberen Seebeckens zwischen 1890 und dem Ausbruch des Ersten Weltkriegs. Während die Hotelentwicklung in Genf und Vevey bereits weitgehend abgeschlossen war, konnten von diesem zweiten «Bauboom» Lausanne und in ganz besonderem Mass Montreux profitieren.

In Lausanne begann die intensive Hotelbautätigkeit erst kurz vor 1900. Bis zum Ersten Weltkrieg wurden in der Stadt und in Ouchy über 20 neue Beherbergungsbetriebe eröffnet. Besonders auf die Eröffnung der durchgehenden Eisenbahnlinie durch den Simplon im Jahr 1906 folgte ein immenser Bauboom. Lausanne lag nun an der Eisenbahnlinie von Paris nach Mailand und war damit zum Etappenort an einer der damals bedeutendsten europäischen Bahnverbindungen geworden! Verständlich ist deshalb die auffallende Konzentration dieser Neubauten im Gebiet des Bahnhofs von Lausanne. In dieser Zeit entstanden, als Erweiterung bestehender Anlagen und als Neubauten, noch einige Grand Hotels, wie beispielsweise 1908 in Ouchy das Palace als Erweiterung des Beau-Rivage von 1861 (Abb. 35) und 1909 das Grand Hôtel Alexandra (Abb. 57, 108) sowie das als Schlossbau gestaltete Royal zwischen Ouchy und dem Bahnhof von Lausanne (Abb. 109). Bei diesem Nobelhotel waren alle 150 Gästezimmer mit eigener Toilette ausgerüstet, und das ganze Haus wies 64 Badezimmer auf; ein Quantensprung gegenüber den Bauten des mittleren und späten 19. Jahrhunderts, als pro Stockwerk jeweils noch ein Badezimmer genügt hatte und die Etagentoiletten bei der Treppenanlage konzentriert waren.[31] 1915 schliesslich, bereits mitten im Ersten Weltkrieg, konnte das neue Hôtel Lausanne-Palace eröffnet werden, unter Einbezug von Teilen des 1865 als Belvédère erbauten und 1899 zum Beau-Site erweiterten Vorgängerbaus (Abb. 110).[32]

Die Entwicklung der Region von Montreux ist in diesem Zeitabschnitt im schweizerischen Vergleich einzigartig. Mit dem 1894 eröffneten Hôtel Continental, dem ersten fünfteiligen Hotelbau von Montreux in neobarocker Architektursprache und mit Mansartdach sowie einer Kuppel über dem Mitteltrakt, begann ein eigentlicher Hotelboom (Abb. 111). 1895 erstellte der in Paris ausgebildete Architekt Ernest Moachon mit dem Hôtel Bristol eine der imposantesten Hotelanlagen am Seeufer in Territet (Abb. 107). Innerhalb von 15 Jahren entstanden in der Region Vevey-Montreux gegen 50 neue Hotels und Pensionen. Dazu wurden über 40 Betriebe umgebaut, vergrössert oder gänzlich neu errichtet. 1906 wurde das imposante Montreux-Palace eingeweiht (Abb. 112), das in zeitgenössischen Publikationen grosse Bewunderung erhielt.[33] Im Jahr darauf folgte der Neubau des Hôtel Suisse (Abb. 113) von Architekt Louis Villard, der auf die Bautätigkeit der Region Montreux einen bedeutenden Einfluss ausgeübt hat. In dieser Zeitspanne lassen sich zwei deutliche Phasen einer verstärkten Bautätigkeit herauslesen, die etwa von 1892 bis 1899 und von 1904 bis 1909 dauerten. Danach wurden mehrheitlich nur noch Hotels in den höher gelegenen neuen Zentren (Caux, Les Avants, Sonloup) eröffnet.[34]

Um die Jahrhundertwende wurde offensichtlich jeder Gewinn sogleich in ein Vergrösserungsprojekt reinvestiert. Das Geld floss in Strömen; als Alexandre Emery 1911 ein Kapital von einer Million Franken zum Bau des Pavillon des Sports suchte, wurden ihm innerhalb von drei Wochen elf Millionen angeboten.[35] Zwischen 1890 und 1914 stieg die Einwohnerzahl von Montreux um das Zweieinhalbfache von etwa 9 600 auf

106
Das 1884 vom Innerschweizer Unternehmen Bucher & Durrer erbaute Breuer wies als eines der wenigen Hotels von Montreux einen gegen den See gewandten U-förmigen Baukörper auf. Hotelprospekt um 1890.

107
1895 erstellte der in Paris ausgebildete Architekt Ernest Moachon mit dem Hôtel Bristol eine der imposantesten Hotelanlagen am Seeufer in Territet (Abbruch 1984, Abb. 61). Fotografie nach dem Saalanbau 1905.

108
Das 1909 eröffnete Grand Hôtel Alexandra in Lausanne war ein eleganter Entwurf der Architekten Austermayer & Daulte. Fotografie um 1920.

109
Das Hôtel Royal in Lausanne-Ouchy von 1909, ein Entwurf der Architektengemeinschaft Charles Mauerhofer mit Adrien van Dorsser und Charles-François Bonjour, bildet eine einzigartige Mischung aus traditioneller Historismusarchitektur, mittelalterlichem Schlossbau und Gestaltungselementen zwischen Neogotik und Jugendstil. Fotografie um 1910 (siehe Abb. Seiten 172/173).

110
Das Hôtel Lausanne Palace wurde 1915 als letztes Palace-Hotel in der Schweiz eröffnet. Ansichtskarte um 1930.

111
Das 1894 eröffnete Hôtel Continental war der erste fünfteilige Hotelbau in Montreux in neobarockem Stil mit Mansartdach und charakteristischer Kuppel über dem Mitteltrakt (Abbruch 1978/79). Fotografie kurz nach der Eröffnung 1894.

112
Ansicht von Montreux mit dem 1906 eröffneten Montreux-Palace Hôtel, einem Hotelpalast in neobarocker Formensprache (ganz rechts).

113
Das 1907 eröffnete Grand Hôtel Suisse war eines der letzten in Montreux eröffneten Hotels dieser Grösse. In seiner Fassadengestaltung folgte es dem mehr als ein Jahrzehnt älteren Hôtel Continental. Fotografie 1943.

107

108

109

110

111

112

113

114

Rochers de Naye — Vue vers la Dent du Midi

115

knapp 23 000. Die Zahl der Hotelbetten verdreifachte sich von 2 625 im Jahr 1890 auf 7 525 im Jahr 1912.³⁶ Wurden in den 1860er-Jahren neue Hotels mit einer durchschnittlichen Grösse von 36,5 Betten erbaut, wiesen neue Hotels zwischen 1900 und 1912 eine Durchschnittszahl von 196,5 Betten auf. Im Jahr 1900 wurden in Montreux knapp 30 000 Übernachtungen registriert, 1910 waren es über 75 000. In der Spitzenzeit vor dem Ersten Weltkrieg logierten in den Hotels von Montreux mehr als 8 000 Gäste pro Monat.³⁷

Die in dieser Zeitspanne entstandenen Hotels verteilten sich auf die ganze Grossregion von Montreux, vom Seeufer bis in die Höhenlagen von Les Avants und Caux, wo damals ebenfalls eine grosse Entwicklung stattfand. Nachdem 1888 mit der Strassenbahn die lineare Erschliessung am Seeufer entlang hergestellt worden war, begann 1892 der radiale Bahnbau in die Höhe. In diesem Jahr wurde die erste Zahnradbahn der Region von Glion auf den Gipfel des Rochers-de-Naye eröffnet (Abb. 115). 1901 fuhr die erste Eisenbahn nach Les Avants, wo seit 1874 ein Grand Hôtel bestand (Abb. 114).³⁸ Der kontinuierliche Weiterbau führte diese Linie 1905 nach Zweisimmen, von wo aus Interlaken und Luzern per Schiene erreichbar waren. 1909 wurde die direkte Bahnverbindung von Montreux nach Glion eingeweiht (Abb. 76), im Jahr darauf zwei Drahtseilbahnen von Territet nach Mont-Fleuri und von Les Avants nach Sonloup (Abb. 116). 1911 schliesslich eröffneten die Ausflugsbahn von Blonay nach Les Pléiades sowie die beiden Tramlinien von Chillon nach Villeneuve und von Clarens nach Blonay ihren Betrieb. Damit war innerhalb von zwei Jahrzehnten zwischen Vevey und Villeneuve ein umfangreiches Eisenbahnnetz entstanden, das vorwiegend dem Tourismus diente und das in seiner Dichte in der Schweiz einmalig blieb.³⁹

Der Bau dieser Eisenbahnanlagen trug Entscheidendes dazu bei, dass sich in den 1890er-Jahren in Caux und Chamby neue, für die Region bedeutende Hotelstationen entwickelten. Gleichzeitig konnten sich die bestehenden Hotelstandorte Glion und Les Avants stark vergrössern; in Les Avants wurde das Grand Hôtel von 1874 in den Jahren 1901 und 1912 zweimal vergrössert (Abb. 116). In Leysin wurde im Jahr 1892 mit der Eröffnung des Grand Hôtel genannten Sanatoriums des Architekten Henry Verrey gewissermassen der Grundstein

114
Das Grand Hôtel in Les Avants oberhalb von Montreux wurde 1874 eröffnet, knapp drei Jahrzehnte bevor die Eisenbahn diesen Höhenort erschloss. Fotografie um 1890.

115
1892 wurde die Zahnradbahn auf den Gipfel des Rochers-de-Naye als erste Bergbahn am Genfersee eröffnet. Gleichzeitig kam das neue Gipfelhotel in Betrieb, allerdings nur als Teil einer ursprünglich geplanten Gesamtanlage. Ansichtskarte um die Jahrhundertwende.

116
Les Avants mit dem 1901 und 1912 erweiterten Grand Hôtel und dem 1899 eröffneten Grand Hôtel du Jaman (links). Im Vordergrund die 1910 eröffnete Standseilbahn nach Sonloup, die im Winter eine berühmte Bobsleighbahn erschloss. Fotografie um 1930 (siehe Abb. Seite 1).

117
Bei der Gründung des Lungenkurortes Leysin stand der Hotelier Ami Chessex aus Territet an der Spitze der «Société climathérique de Leysin». 1892 empfing dort das erste, als «Grand Hôtel» bezeichnete Sanatorium lungenkranke Patienten, die fortan in Montreux nicht mehr geduldet waren. Fotografie um 1910 mit dem Grand Hôtel (ganz oben), dem Hôtel du Mont-Blanc von 1893/1896 und seinem Erweiterungsbau von 1898 (Mitte) sowie dem Sanatorium Belvédère von 1906 (unten).

118
Die absolute «Hotel-Traumwelt» wurde von Ami Chessex, dem Hotelkönig von Territet, mit dem 1902 eröffneten Palace Hôtel in Caux realisiert. Ansicht der gesamten Hotelanlage mit der 800 Meter langen Promenierterrasse. Rechts oben das 1893 eröffnete Grand Hôtel. Fotografie um 1910.

119
Liegeterrasse eines Sanatoriums in Leysin um die Jahrhundertwende.

120
Das 1913 eröffnete monumentale Villars-Palace war mit den vielfältigsten Freizeitanlagen ausgerüstet. Fotografie um 1950.

121
Das Grand Hôtel von Caux, ein 1893 eingeweihtes Werk des Architekten Louis Maillard aus Vevey, bot in wunderbarer Aussichtslage allen damals nur erdenklichen Komfort. Dank der im Jahr zuvor eröffneten Eisenbahn von Montreux auf den Rochers-de-Naye war es auch mit der «weiten Welt» verbunden (Abb. 27). Fotografie nach der Erhöhung der Seitenflügel und des Mitteltraktes 1899/1900.

118

119

120

121

122
Dem 1905 eingereichten Erweiterungsprojekt für das Hôtel Monney in Montreux wurde die Ausführung verweigert, angeblich wegen der überschrittenen Baulinien, in Tat und Wahrheit aber wohl unter dem Einfluss der sich bedroht fühlenden Konkurrenz. Baueingabeplan der seeseitigen Fassade von Architekt Hermann Lavanchy (nicht ausgeführt).

123
Das zwischen dem Schloss Chillon und der mittelalterlichen Stadt Villeneuve in freier Landschaft errichtete Hôtel Byron konnte 1841 seine ersten Gäste aufnehmen. Das ambitiöse Unternehmen geriet aber sogleich in ernsthafte Schwierigkeiten und musste lange Jahre ums Überleben kämpfen (1933 abgebrannt). Lithografie um 1850.

gelegt zum bedeutendsten Lungenkurort der Westschweiz (Abb. 117, 119).[40] Villars schliesslich entwickelte sich zwischen 1896 und dem Ausbruch des Ersten Weltkriegs zum wichtigsten Höhenort im Chablais. Nach dem 1896 eröffneten Grand Hôtel de Villars[41] kamen 1901 das Du Parc & Queen's Hôtel[42] und 1913 schliesslich das bereits von einem Heimatstil regionaler Prägung beeinflusste Villars-Palace hinzu (Abb. 120).[43]

Um die Jahrhundertwende erfreuten sich diese höher gelegenen Stationen einer besonderen Beliebtheit. Sie waren künstlich geschaffen, modern und komfortabel ausgerüstet, im Prinzip völlig von der Welt abgeschnitten und dennoch mit Bahn und Telefon mit ihr verbunden. Caux kann als typisches Beispiel eines durch den Bahnbau geschaffenen Höhenortes bezeichnet werden. Im Juli 1893, ein Jahr nach der Eröffnung der Zahnradbahn auf den Rochers-de-Naye, öffnete das Grand Hôtel Caux (Abb. 27, 121) mit 100 Betten seine Tore, ein Entwurf des Hotelarchitekten Louis Maillard. Es war damals mit Abstand das grösste Hotel von Montreux. Im Februar 1899 gründete Ami Chessex, der Hotelkönig von Territet, die «Société immobilière de Caux» mit dem Ziel, das bestehende Grand Hôtel aufzukaufen und ein neues Hotel zu bauen, das alles in den Schatten stellen sollte, was bisher in Montreux bestand. Zwischen 1899 und 1902 entstand dort, nach einem Entwurf des Architekten Eugène Jost, einer der grössten und luxuriösesten in der Schweiz je realisierten Hotelpaläste (Abb. 118). 100 Baderäume auf 250 Zimmer, Lift, elektrisches Licht und Zentralheizung gehörten ebenso zu den Selbstverständlichkeiten dieses Märchenschlosses wie die zahlreichen Fest- und Privatsäle, eine 800 Meter lange künstlich hergestellte Promenierterrasse sowie alle nur erdenklichen Möglichkeiten für die sportliche Betätigung.[44] Besonders die Wintersaison wurde in Caux propagiert: Man stellte drei Eisbahnen, eine Schlittel- und eine eigene Bobsleighpiste zur Verfügung. Caux war zu Beginn des 20. Jahrhunderts eine kleine autonome Welt für sich, die ihren Touristen alles zur Erholung und für die sportliche Betätigung anbot, was sich diese vom modernen Tourismus nur wünschen konnten. Auch nach 1902 wurden in Montreux noch etliche Hotels eröffnet, wie 1906 das berühmte Montreux-Palace. Das Caux-Palace sollte aber definitiv Höhepunkt in der theatralischen Inszenierung der Grand Hotels am Genfersee bleiben.

SÄTTIGUNG UND ABSCHLUSS

Kurz nach der Jahrhundertwende wurden die ersten Zeichen einer Sättigung im touristischen Sektor offensichtlich. Im Jahr 1902 schlug Alexandre Emery, der Hotelkönig von Montreux, die Gründung einer Organisation zum Schutz des Schlosses Chillon und dessen Umgebung vor, um im Umfeld dieser Anlage jegliche Überbauung zu verhindern. Die Hoteliers begannen sich also mit der Verunstaltung der Landschaft durch den Tourismus auseinander zu setzen. Sie erhielten bald Unterstützung von der jungen Heimatschutzbewegung, die sich zu Beginn des Jahrhunderts formiert hatte, in der Westschweiz unter der ideenreichen Führung von Marguerite Burnat-Provins, der Gattin des Architekten Ernest Burnat. Der junge Heimatschutz prangerte gerade in seinen frühen Jahren die Hotelbauten von Montreux als Beispiele für die Zerstörung von intakten Ortsbildern an.[45]

Bald einmal richteten sich die Einwände auch gegen neue Hotelprojekte. 1905 wurde der geplante massive Ausbau des Hôtel Monney von den Behörden der Gemeinde abgelehnt, auch ein redimensioniertes Projekt fand im folgenden Jahr keine Gnade (Abb. 122).[46] Diese Verweigerung kann als erstes Zeichen einer allgemeinen Sättigung verstanden werden. Die Macht der Hoteliers, denen es im Fall von Montreux nicht primär um den Schutz des Ortsbildes ging, liess nicht mehr jegliche Konkurrenz zu. Das neu eingeführte Mittel der Baulinie, die im eigentlichen Sinn der Freihaltung von Verkehrsflächen diente, war gerade recht, um der ungeliebten Konkurrenz die Vergrösserung zu unterbinden. 1913 wurde den Hotels Beau-Lieu, Continental und Bel-Air, die alle seeseitig der Grand'Rue lagen, ebenfalls unter dem Vorwand der Freihaltung von Verkehrsflächen, der Ausbau untersagt.[47] Wenn das «Journal des Etrangers» am 11. Januar 1907 feststellte: «On a continué, en 1906, à construire beaucoup dans notre région, trop même à notre goût», dann werden solche Ablehnungen von Baugesuchen durch die (von Hoteliers dominierten) politischen Behörden verständlich. 1909 stellt die gleiche Zeitung sogar die Frage: «Par quels moyens pourrait-on restreindre l'augmentation inouïe du nombre des hôtels qui a eu lieu ces dernières années?»[48] Die Weltgeschichte hat den Hoteliers von Montreux kurz darauf die Lösung dieses Problems abgenommen...

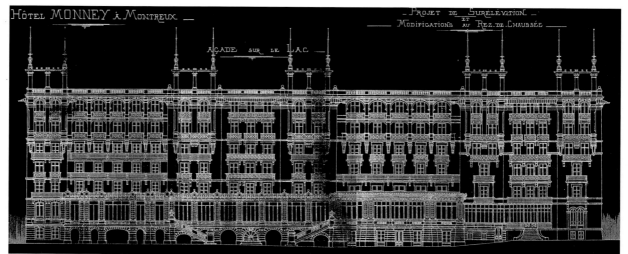

122

DAS HOTEL BYRON IN VILLENEUVE

Im mittelalterlichen Städtchen Villeneuve reicht die Tradition der Gasthöfe weit vor die Zeit der grossen Touristenströme im 19. Jahrhundert zurück. Seit dem 17. Jahrhundert ist eine «Auberge communale» nachgewiesen, die später den Namen Auberge de l'Aigle erhielt. 1716 kam die Auberge de la Croix Blanche hinzu.[49] Mit der Eröffnung der Dampfschifffahrt auf dem Genfersee im Jahr 1823 stieg die Zahl der Touristen in Villeneuve jährlich an. Seit 1828 hielt die «Guillaume Tell», das erste Dampfschiff auf einem Schweizer See, auch in Villeneuve, während in Montreux beispielsweise erst im Jahr 1860 eine eigene Schifflände entstand.

Bereits sehr früh bemühte sich die Gemeinde Villeneuve, den anreisenden Touristen den Aufenthalt durch angenehme Promenaden zu verschönern. So beschloss die Municipalité 1828, «faire ranger la place de la Grand Rivaz, de la fermer soit avec des palissades en chênes soit avec des bouteroues ainsi que d'y planter des peupliers ou d'autres arbres».[50] Diese Bemühungen um die Pflege von Plätzen und Promenaden zeigen, dass sich zu dieser Zeit bereits Touristen in Villeneuve aufhielten. Für sie entstand in einem damals noch vollständig unbewohnten Gebiet das Hôtel Byron.

1837 begann Vincent Masson-Vallon, «négociant à Vevey», mit den Bauarbeiten für ein Hotelgebäude auf einer eigens geschaffenen Terrasse auf halbem Weg zwischen dem mittelalterlichen Städtchen Villeneuve und dem Schloss Chillon (Abb. 123). Der Bauherr des für damalige Verhältnisse riesigen Baus entstammte einer Familie aus Veytaux, die seit dem 17. Jahrhundert im Besitz dieser Liegenschaft war.[51] Als Architekten engagierte der mutige Unternehmer den Genfer Jean Marc Louis Junod.[52] Während der Bauarbeiten musste der Bauherr mehrmals von der Gemeinde zurechtgewiesen werden, weil er verschiedene Vorschriften nicht beachtete. Im Herbst 1838 wurden die Bauarbeiten wegen Konkurses von Vincent Masson erstmals eingestellt. Danach konnten sie unter der Leitung des Konkursverwalters Jean Jacques de la Rottaz wieder aufgenommen werden. Als Bauunternehmer arbeiteten die Gebrüder Jean und Dominique Tasso aus Pully, als Zimmermeister David Margairaz aus Cully.[53] Am 10. Mai 1839 ersuchte Masson die Gemeinde um Erlaubnis zur Einrichtung eines Hotelbetriebs «sous la dénomination d'hôtel Byron», womit der Hotelname erstmals aktenkundig wird. Aus dem Jahr 1840 datiert eine Publikation über das neue Haus mit dem viel versprechenden Titel «L'Hôtel Byron à la Combaz sur la grande route de Paris à Milan, par le Simplon et prés des Bords du Lac de Genève dans le Canton de Vaud», womit der Erbauer seine grossen Ambitionen öffentlich kund tat.[54] Der im gleichen Jahr erschienene Reiseführer von Johann Jakob Leuthy erwähnt das Hotel noch nicht; im September 1841 tritt das Byron aber erstmals in der Hotelliste von Villeneuve auf, nachdem es im Juli 1841 provisorisch eröffnet worden war. 1844 wird es auch in der ersten Ausgabe des Baedeker genannt.[55]

Das Hôtel Byron war in vielerlei Hinsicht aussergewöhnlich: Es war das erste Hotel dieser Grösse weit und breit. Nur wenige Zeit zuvor war am 1. Mai 1834 in Genf das Hôtel des Bergues als erstes grosses Stadthotel eröffnet worden (Abb. 96). 1838 empfing das Hotel Baur am Paradeplatz in Zürich seine ersten Gäste, im Jahr darauf das Gibbon an der Place St-François in Lausanne (Abb. 97). Erst ein Jahr nach der Eröffnung des Byron erhielt Vevey mit dem Trois Couronnes das

Im frühen 19. Jahrhundert konnten sich JEAN LOUIS JUNOD (1770–1846) und dessen Sohn JEAN MARC LOUIS (JOHN) JUNOD (1806–1873) eine wichtige Stellung im Baugeschehen am untersten Genfersee sichern. John Junod hatte 1826/27 an der Ecole des Beaux-Arts in Paris studiert und anschliessend in Genf ein eigenes Büro eröffnet, das bei zahlreichen touristischen Bauunternehmungen beteiligt war. Vater und Sohn Junod realisierten in der Genfer Landschaft mehrere wichtige Bauten, so die Kirchen von Compesières und Choulex. 1836 verfassten sie ein Projekt für das Schlachthaus in Morges. Um 1845 erstellte John Junod im Auftrag der Genfer Regierung Pläne für die Dampfschifflände in Eaux-Vives, und seit 1854 befasste er sich mit der Planung des Eisenbahnbaus in Genf. Aus Junods Büro kamen die Pläne zum Bau des Hôtel de la Couronne von 1835, des ersten Genfer Hotels mit einem Lichthof und einer Erschliessungsgalerie im Innern. Von 1838 bis 1841 leitete Junod den Bau des Hôtel Byron zwischen dem Schloss Chillon und dem mittelalterlichen Städtchen Villeneuve.

Archives de l'Etat de Genève, Archives de familles (Junod) – BRULHART, DEUBER-PAULI 1985, 261, 315.

123

124

125

126

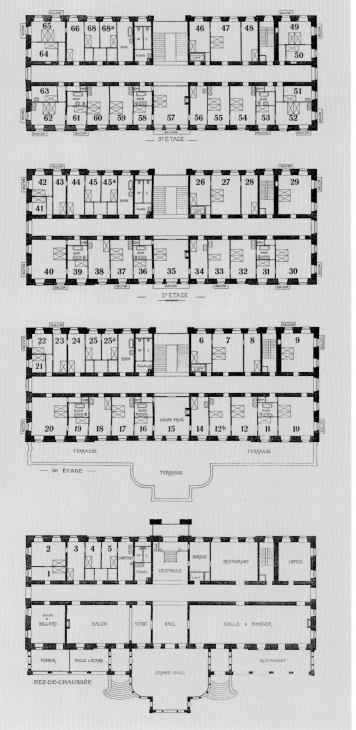

127

erste Grand Hotel (Abb. 73). In Montreux war 1836 ein im Vergleich zum Byron bescheidener Gastbetrieb, das Hôtel du Cygne, eröffnet worden (Abb. 98).

Der Baustil des Hôtel Byron war dem Zeitgeist entsprechend klassizistisch (Abb. 128, 129). Seine insgesamt 15 Fensterachsen waren rhythmisch aufgeteilt in Dreiergruppen: beidseits je ein dreiachsiger Seitenrisalit, in der Mitte ein schmaler, ebenfalls dreiachsiger Mittelrisalit mit einer vorgebauten Loggia, dazwischen nochmals je ein dreiachsiger Zwischentrakt. Die grosse verglaste Halle mit anschliessender Veranda auf der gesamten Gebäudelänge wurde beim Umbau 1898 angefügt (Abb. 125). Die Seitenrisalite erhielten zwei klassische Giebeldreiecke, die quer zum schwach geneigten Walmdach des Hauptgebäudes angeordnet waren, sodass diese beiden Dächer auf den Seitenrisaliten optisch als Quergiebel in Erscheinung traten. Der Grundriss des Gebäudes erscheint als zweibündige Anlage mit einem Längsgang und beidseitig angeordneten Zimmern (Abb. 127). Der Eingang befand sich in der Gebäudemitte auf der Nordseite. Auf der aussichtsreichen Südseite im Erdgeschoss lagen verschiedene Säle (Salle de billard, Salon) sowie der grosse Speisesaal (Abb. 126).

Das Hôtel Byron schien von Anfang an auf einem schlechten finanziellen Fundament zu stehen, und es war wohl für seine abgelegene Lage zu gross dimensioniert. Der Besitzer musste nach der Eröffnung mit allen Mitteln gegen den Untergang kämpfen. 1846 lehnte die Gemeinde ein Gesuch ab, im Hôtel Byron ein Spielcasino nach dem Vorbild von «Baden, Wiesbach etc.» einzurichten. 1848 bezeichnet der Baedeker das Hotel als «rasch verfallen» und beschreibt «seine öden Mauern», die «in die Lüfte recken».[56] Erst zu Beginn der 1850er-Jahre schien sich der Betrieb zu stabilisieren. 1853 wird das Hotel im Baedeker erstmals ohne negative Bemerkungen erwähnt. Zu gleicher Zeit beschreibt Staatsarchivar Baron das Gebäude als «vaste hôtel dans le genre des meilleurs hôtels des plus grandes villes, [...] destiné essentiellement aux étrangers et autres personnes qui désirent d'air et y passer la belle saison. On y a établi, dans ce but, toutes les aisances désirables, et même des bains chauds et froids.»[57]

In den folgenden Jahren konnte sich das Hotel offensichtlich gut behaupten. Seit den 1860er-Jahren hatte sich der benachbarte Touristenort Montreux rasch vergrössert, und das Hôtel Byron gehörte zum erweiterten Kreis der Hotels in dieser Region. 1876 erkundigte sich der Hotelier bei der Gemeinde nach den Möglichkeiten eines Bezugs von Gas aus Villeneuve, da die Reparatur der hoteleigenen Anlage teuer zu stehen käme; das Hôtel Byron hatte offenbar seit längerer Zeit eigenes Gas für Heizung, Kochherd und Beleuchtung besessen.[58] Im Juli 1889 erhielt das Haus elektrischen Strom aus dem Elektrizitätswerk von Montreux mit Hilfe einer damals sehr beachteten langen Freileitung.[59] 1898 wurden der erste Lift und die zentrale Heizung eingebaut. Die Installation einer Warmwasserheizung war zu jener Zeit eine fortschrittliche Angelegenheit, die ersten Anlagen waren bloss kurze Zeit zuvor realisiert worden. Der hydraulische Lift hingegen war um die Jahrhundertwende am oberen Genfersee kein Luxus mehr: Seit 1867 besass das Grand Hôtel in Vevey den ersten Hotellift in der Schweiz, in Montreux war diese Bequemlichkeit seit 1884 im Hôtel Breuer bekannt, und seit 1888 besass das nahe gelegene Hôtel des Alpes in Territet gleich mehrere Personenlifte. Es zeigt sich also hier ganz deutlich, dass das Hôtel Byron um die Jahrhundertwende nicht mehr zu den fortschrittlichsten Häusern gehörte, die Hotels in Montreux hatten ihm diesen Rang längst streitig gemacht.

In der Zeit der Belle Epoque schien in Villeneuve dennoch Hochbetrieb zu herrschen. Seit 1903 war das ehemals abgelegene Hôtel Byron durch die elektrische Strassenbahn mit der ganzen Region zwischen Vevey und Villeneuve verbunden. Die Gesellschaft, die die Tramlinie von Villeneuve zum Schloss Chillon betrieb, nannte sich «Compagnie du tramway Chillon–Byron–Villeneuve».[60] Im Februar 1912 konnte die neue Dependance neben dem Hauptbau eröffnet werden. Sie bot pro Stockwerk zehn komfortable Zimmer mit Bad oder WC an, erstmals gab es nun in diesem Pionierbau der Schweizer Hotellerie auch Zimmer mit eigenem Bad.[61]

Der Erste Weltkrieg bedeutete dann aber einen schweren Rückschlag für das Unternehmen. Nach dem Ende des Kriegs öffnete es seine Tore nur noch sporadisch. Am 24. Januar 1933 fiel der Altbau einem Brand zum Opfer. Übrig geblieben ist nur die ehemalige Dependance, die nach dem Zweiten Weltkrieg zum Altersheim umgebaut wurde.

124
Hotelzimmer. Ansichtskarte um 1900 (siehe Abb. Seiten 86/87).

125
Hotelhalle («Grand Hall»). Ansichtskarte um 1900.

126
Restaurant in der 1898 vorgebauten Veranda. Ansichtskarte um 1900.

127
Grundrissplan des Hôtel Byron um 1920.

128 und 129
Fassadenansicht des Hôtel Byron nach der seeseitigen Erweiterung im Erdgeschoss von 1898.

128

129

Hotelbauten am Thunersee

Zu Beginn des 19. Jahrhunderts war die Verkehrserschliessung des Berner Oberlands mangelhaft, die Thunerseeufer für den Tourismus noch kaum zugänglich. Über die aktuellen Verkehrswege berichtet Johann Gottfried Ebel in seinem vierbändigen Reiseführer von 1805: «Von Thun geht ein Fussweg nach Unterseen an der Nordseite des Sees längs dem Ufer und über Beaten-Berg; ein anderer Weg für Reuter und Fussgänger an der Südseite des Sees durch Spietz und Leissingen.» Im Gegensatz zu Genf oder Luzern, damals bereits bekannte Touristenstationen, nimmt die Beschreibung der Stadt Thun in Ebels Reisehandbuch mit der Nennung von zwei Gasthäusern einen bescheidenen Raum ein. Interlaken, wo Ebel das «Gemeinde- oder Gasthaus» als einzige Herberge beschreibt, wird ebenfalls nur kurz genannt. Auch rund um den Thunersee finden keine Gasthäuser Erwähnung, obwohl zu jener Zeit zahlreiche alte Dorfwirtschaften bekannt sind.[1] Bei Spiez, der einzigen von Ebel erwähnten Ortschaft am Thunerseeufer, wird nur die «sehr schöne Lage» hervorgehoben.[2]

Im Jahr 1828 hat sich die Situation noch nicht entscheidend verbessert. Der Thuner Hotelier Alexander Emanuel Rüfenacht, «Maître de l'hôtel» im Thuner Freienhof, beklagt sich in seinem «Hotelprospekt» über die schlechten Strassenverhältnisse am Seeufer: «Quoi que la route pour Unterseen, sur la rive gauche du lac, soit très-mauvaise, longue et pénible, on peut à la rigueur se faire conduire en char-à-banc, alors on paye deux jours. On met sept à huit heures pour faire cette course.»[3] Erst 1835 erreichte die Fahrstrasse am linken Ufer Interlaken; im gleichen Jahr nahmen die Gebrüder Knechtenhofer auf dem Thunersee das erste Dampfschiff in Betrieb.[4]

THUN ALS ERSTES ZENTRUM DES BERNER OBERLÄNDER FREMDENVERKEHRS

Ähnlich wie die Städte Genf oder Luzern liegt auch Thun am Ausfluss eines grossen Sees und damit an einer wichtigen verkehrsgeografischen Stelle. Dort wurde wegen der fehlenden Strassen bis weit ins 19. Jahrhundert von der Kutsche auf das Schiff als Fortbewegungsmittel umgestiegen. Die Stadt am Eingang zum Oberland etablierte sich deshalb als idealer Ausgangspunkt zum Besuch der landschaftlichen Schönheiten im Berner Oberland. Eine damals beliebte Tour beinhaltete bei-

PAUL-ADOLPHE TIÈCHE (1838 – 1912) studierte am Polytechnikum in Zürich als einer der ersten Schüler von Gottfried Semper. 1861 – 1867 schloss er ein weiteres Studium an der Ecole des Beaux-Arts in Paris an, wo er 1864 zur ersten Klasse zugelassen wurde. 1868 – 1870 war er in Mülhausen bei Ludwig Friedrich von Rütte. In seinem eigenen Büro in Bern, das er seit 1870 führte, entwarf Tièche neben der Berner Kaserne (1872 – 1876) und den Anstalten von Marsens (FR) und Münsingen als bedeutendste Hotelbauten das Grand Hotel in Baden (1874) sowie den Thunerhof (1875, Abb. 132). 1888/89 erstellte er den Bahnhof der Brünigbahn in Luzern.

ALS, 530f. – HBLS 6, 787 – SKL 3, 309f. (nach eigenen Angaben) – SBZ 1912, 287 – Der Bund, 16. 5. 1912 (Nekrolog).

130

spielsweise die Bootsfahrt nach Unterseen, eine anschliessende Wanderung über die Kleine und die Grosse Scheidegg nach Meiringen sowie einen Besuch des Giessbachfalls.[5] Thun lag aber nicht nur an einer günstigen Stelle, sondern die Stadt bot auch eine «prächtige Aussicht über die ganze Landschaft und den See nach dem Oberlande oder den hohen Gebirgen der Alpenkette», wie Ebel in seinem Reiseführer von 1805 schrieb.[6]

Zu Beginn des 19. Jahrhunderts war in der Stadt Thun das Hotel Freienhof, das seit dem 14. Jahrhundert als Gasthof bekannt ist,[7] einer der modernsten Gasthöfe weit und breit. Es war in den Jahren 1781–1783 durch den Thuner Stadtwerkmeister Emanuel Friedrich Anneler neu errichtet worden. Die zeitgenössischen Abbildungen zeigen den Freienhof als bedeutenden Bau am Rand der Altstadt; in seinem Garten genoss man einen ungestörten Blick auf die Berner Oberländer Bergwelt (Abb. 130). In der Zeit nach 1800 sind in Thun die ersten Aktivitäten für den Fremdenverkehr zu erkennen. Das 1809–1814 durch den Basler Maler Marquard Wocher gezeichnete Panorama kann wohl als früheste schweizerische Fremdenverkehrswerbung gelten. Es war seit 1814 in Basel zu bewundern und stellte Thun als Idealbild eines Schweizer Fremdenortes dar.[8] 1818/19 errichtete Jakob Wilhelm Knechtenhofer auf dem nach ihm benannten Jakobshübeli einen Pavillon, von dem aus die Besucher eine Aussicht, die sie vorher im Panorama von Wocher in Basel gesehen hatten, in der Natur geniessen konnten (Abb. 131). Zwischen 1813 und 1830 entstand nordwestlich der Altstadt am Aareufer die Schwäbis-Promenade als Promenierallee für Touristen und Einheimische.[9] Um 1825 kam in einem speziell errichteten Gebäude das «Panorama du Righi» in Betrieb, damit die Besucher von Thun gleichzeitig auch noch die Rundsicht von diesem berühmten Berg bewundern konnten.[10] In den 1830er-Jahren schliesslich schufen die Gebrüder Knechtenhofer mit ihrem Tourismusimperium die Grundlage für die Blütezeit des Thuner Fremdenverkehrs. Ihr 1834 eröffnetes und in eine grosszügige Parkanlage gebettetes Hotel Bellevue figurierte bereits im ersten Baedeker von 1844 unter den besten Hotels der Schweiz (Abb. 82).

Die 40er- und 50er-Jahre des 19. Jahrhunderts bildeten die Glanzzeiten der Thuner Hotellerie. Damals zogen neben dem knechtenhoferschen Betrieb noch weitere bedeutende Pensionen und Hotels die Fremden in Scharen nach Thun. Gegen 1850 hebt der Baedeker besonders die vielen Engländer hervor, die sich in den Gasthöfen der Stadt am unteren Ende des Thunersees aufhielten.[11] Zu jener Zeit lebten Angehörige des europäischen Hochadels wie Napoleon III., die Könige von Holland und Schweden oder der Prinz von Wales oft während Wochen mit Gefolge im Bellevue und besuchten von hier aus die Sehenswürdigkeiten im Berner Oberland.[12]

Mit der Eröffnung der Eisenbahnlinie von Basel über Bern nach Thun im Sommer 1859 gingen diese Glanzzeiten zu Ende. Rasch versank die Stadt zum Durchgangsort auf der um mindestens eine Tagesetappe verkürzten Reise ins Berner Oberland. Man wechselte fortan in Thun von der Schiene auf die Strasse oder auf das Schiff, um möglichst schnell Interlaken zu erreichen. Dort hatten sich unterdessen zahlreiche neue Hotelbauten etabliert, die den Reisenden ein Logis näher bei der bewunderten Alpenwelt anbieten konnten. Im Jahr 1864 zogen sich die Gebrüder Knechtenhofer, als sie diese Verschiebungen im Thuner Fremdenverkehr erkannt hatten, aus der Leitung ihrer Hotelbetriebe zurück. Nach dem Tod von «Kapitän» Johannes 1866 verkauften sie ihren gesamten Thuner Besitz.[13] Die Fortsetzung der Fremdenverkehrsgeschichte von Thun bis zum Ersten Weltkrieg war von Schwierigkeiten geprägt, aus denen auch mit der Eröffnung des Grand Hotel Thunerhof kein Ausweg gefunden wurde.

Der Thunerhof entstand als grösstes Hotel in Thun 1875 auf Empfehlung eines Gutachtens von Kantonsbaumeister Friedrich Salvisberg und dem Thuner Baumeister Eduard Hopf (Abb. 132).[14] Aus einem Wettbewerb unter vier Architekten erhielt schliesslich Paul-Adolphe Tièche den Bauauftrag. Wegen Kostenüberschreitung um mehr als 50 Prozent und der sich abzeichnenden grossen Wirtschaftskrise geriet das Unternehmen jedoch noch im Eröffnungsjahr in grosse finanzielle Schwierigkeiten, und im folgenden Jahr war der Konkurs nicht mehr abzuwenden.[15] 1878 ging das Burgergut mit dem Thunerhof an die Einwohnergemeinde Thun, die das Hotel bis 1895 selbst führte.

Nach dem Konkurs des Thunerhofs entstanden in Thun lange Zeit keine neuen Hotels mehr. 1896 errichtete ein Initia-

Seiten 108/109: Vergrösserung von Abb. 162
Hotelhalle im Bear & Grand Hotel Grindelwald (1941 abgebrannt). Fotografie um 1940.

130
Werbeschrift von 1828 über das Thuner Hotel Freienhof aus der Feder des initiativen Hoteliers Alexander Emanuel Rüfenacht.

131
Der Thuner Tourismuspionier Jakob Wilhelm Knechtenhofer erbaute den ersten Aussichtspavillon in Thun als Attraktion für die immer zahlreicheren Touristen. Lithografie 1856.

132
Der 1875 eröffnete Thunerhof war das erste und einzige Grand Hotel in Thun (Verwaltungsgebäude seit 1942). Fotografie 1903.

131

132

133
Das Thuner Kursaalgebäude errichtete der Unternehmer Johann Frutiger aus Oberhofen 1896 als typischen Bau im Schweizer Holzstil (1963 neubauähnlicher Umbau). Fotografie 1906.

134
Das Hotel Faulenseebad nach dem Bau des zweiten Gebäudes 1895 (Abb. 53). Hotelprospekt um 1900 (seit 1920 Blindenanstalt, 1962 Abbruch).

135
Die Pläne zum neobarocken Neubau des Hotel Bären in Aeschi entstanden 1897 im Büro des Oberhofner Baumeisters Johann Frutiger (Abbruch kurz vor 1950).

136
Das 1873 eröffnete Hotel Spiezerhof war ein Werk des damals bereits bekannten Hotelarchitekten Horace Edouard Davinet (Abbruch 1976). Fotografie 1896.

133

134

135

136

137

Das markante Zeichen des 1902 eröffneten Park-Hotel Bubenberg in Spiez war das von weither sichtbare mächtige Kuppeldach (seit 1951 Mehrfamilienhaus). Fotografie um 1905.

138

In der Sommersaison 1905 nahm die Strassenbahn vom Spiezer Bahnhof zur Schiffstation ihren Betrieb auf. Ansichtskarte um 1910.

139

Das 1903 eröffnete Hotel Hilterfingen war einer der ersten stattlichen Steinbauten mit Walmdach am Thunersee. Fotografie kurz nach der Eröffnung.

140

Die Pension Moy wurde mit dem Erweiterungsbau von Baumeister Johann Frutiger im Jahr 1906 zum bedeutendsten Hotelbau von Oberhofen. Ansichtskarte um 1910.

tivkomitee neben dem Hotel Bellevue ein Kursaalgebäude nach Plänen des Unternehmers Johann Frutiger aus Oberhofen als typischen Bau im Schweizer Holzstil (Abb. 133). Erst 1904 wurde mit dem Hotel Beau-Rivage, neben dem Thunerhof am Aareufer gelegen, nochmals ein stattliches Hotel neu gebaut.[16] Diese Hoteleröffnung und zwei weitere Erweiterungen bedeuteten aber das letzte Aufflackern der untergehenden Thuner Fremdenindustrie, die bis zum Ersten Weltkrieg, verglichen beispielsweise mit Spiez und Interlaken, ein äusserst bescheidenes Dasein fristete.

GASTHÖFE UND HOTELBAUTEN AM THUNERSEEUFER

In der gesamten ersten Hälfte des 19. Jahrhunderts nannten die Reiseführer am Thunerseeufer weder Pensionen noch Hotels. 1816 rät Wyss sogar: «Am Thunersee kehre man lieber gar nicht ein, sondern habe auf dem Schiffe, was man etwa zur Erfrischung nöthig glaubt. Erst am oberen Ende des Sees, beym Neuhaus, wird man mit Vergnügen etwas geniessen.»[17] Auch 1840 hat sich die Situation noch nicht grundlegend verbessert. Herzog beschreibt in Interlaken bereits mehrere Pensionen, aber immer noch keine in den weiteren Seeorten. Auch Johann Jakob Leuthy kennt im selben Jahr in seinem umfassenden «Begleiter auf der Reise durch die Schweiz» am Thunerseeufer nur in Thun und Interlaken Gasthäuser.[18] Das gleiche Bild bieten die frühen Ausgaben des berühmten Baedeker. In der ersten Ausgabe von 1844 wird neben Thun und Interlaken noch kein weiterer Ort am Thunersee genannt.

Die linke Seite des Thunersees erhielt vor dem rechten Ufer gute Verkehrswege. Bereits seit 1835 war die erste Kutschenstrasse von Spiez nach Interlaken befahrbar. Dadurch wurde das Faulenseebad erschlossen, dessen Wasserquellen bereits im 16. Jahrhundert bekannt waren. 1843 entstand dort, wohl als Folge der verbesserten Erschliessung, ein erstes kleines Badegebäude. Seit Juni 1875 bot ein neuzeitliches Hotel den nun zahlreicher eintreffenden Badegästen einen fortschrittlichen Komfort mit fliessendem Wasser und «Water Closets» an. Der vom Burgdorfer Architekten Robert Roller junior entworfene Hotelbau im Schweizer Holzstil fand in dessen Schrift von 1879 eine ausführliche Beschreibung (Abb. 53, 134, Seite 52).[19] Das 1890 vergrösserte und 1894/95 mit einem zweiten Bau ergänzte Faulenseebad, das sich seit der Jahrhundertwende «Wald-Hotel Victoria Faulenseebad» nannte, blieb bis zum Ersten Weltkrieg eines der berühmtesten Bäder im Berner Oberland, in dem sich auch oft adelige Häupter aus ganz Europa einfanden.[20]

In den 1860er-Jahren konnte sich Aeschi als erster und einziger Höhenort am linken Thunerseeufer etablieren. 1868 entstand dort nach Plänen von Horace Edouard Davinet das neue Blümlisalp, ein Hotelbau im Schweizer Holzstil (Abb. 33).[21] Nach diesem bescheidenen Start kamen dort in bester Aussichtslage über dem See bis zum Ersten Weltkrieg noch ein halbes Dutzend weitere Gastwirtschaftsbetriebe hinzu, unter anderen 1898 das Hotel Bären als stattlicher Steinbau in neobarocken Bauformen mit Mansartdach (Abb. 135) durch den Baumeister Johann Frutiger aus Oberhofen.[22] Damit war der Hotelbauzeit in diesem Höhenort, der nie einen eigenen Bahnanschluss erhielt, bereits erreicht. Aeschi konnte sich, trotz der schönen Aussichtslage und der relativen Nähe zum Bahnknotenpunkt Spiez, erstaunlicherweise nicht in die Liste der bedeutendsten Touristenorte am Thunersee einreihen.

Im frühen 19. Jahrhundert war Spiez in den Reiseführern noch vollständig unbekannt.[23] Als Felix Mendelssohn 1831 im benachbarten Spiezmoos übernachtete, fand sich dort noch kein Gasthaus.[24] Erst 1842 entstand eine «Wirtschaft zur Schonegg» an der neuen Strasse nach Interlaken, 1856 kam dort die Pension mit dem gleichen Namen hinzu.[25] Es war das erste Haus in einer langen Reihe von Hotels und Pensionen, die Spiez nach der Jahrhundertwende zu einem wichtigen Touristenort am Thunersee machten. Eine bedeutende Etappe in der touristischen Entwicklung bedeutete der Bau des Grand Hotel Spiezerhof «in schönster Lage am Ufer des Thuner See's». Das bei der neuen Schiffsstation nach den Plänen von Architekt Horace Edouard Davinet erbaute und im August 1873 eröffnete Hotel ging auf die Initiative des dortigen Schlossbesitzers Fred. von Erlach zurück (Abb. 136).[26] Das wagemutige Unternehmen in einer wirtschaftlich schwierigen Zeit endete nach zwei Jahren mit dem finanziellen Ruin. Die Touristenschar fuhr offenbar auch nach der Eröffnung des Spiezerhofs immer noch an Spiez vorbei nach Interlaken.

137

Erst mit der Eröffnung der Eisenbahnlinie von Thun nach Interlaken im Jahr 1893 erhielt der Spiezer Hotelbau eine Wiederbelebung: Neben dem neuen Bahnhof entstand als erstes das Gasthaus Bahnhof-Terminus.[27] Mit dem Ausbau von Spiez zum Eisenbahnknotenpunkt mit Linien nach Zweisimmen (und Montreux) sowie nach Brig setzte eine rasante touristische Entwicklung ein. Die Zukunft als Etappenort an einer internationalen Eisenbahnlinie nach Italien verlieh den touristischen Bereichen grosse Impulse, ähnlich wie in Lausanne die Eröffnung der durchgehenden Simplonlinie. Um die Jahrhundertwende entstanden in Bahnhofnähe zahlreiche Hotels in schönster Aussichtslage, beispielsweise das Park-Hotel Bubenberg mit seinem von weither sichtbaren Eckturm mit Kuppeldach (Abb. 137). In der Sommersaison 1905 konnten die Gäste zudem erstmals mit eleganten Tramwagen vom Bahnhof ans Seeufer fahren (Abb. 138), eine Exklusivität, die um die Jahrhundertwende sonst so mondäne Touristenorte wie Montreux (Abb. 26), Luzern oder St. Moritz (Abb. 21) auszeichnete.[28] Die in Spiez durch den Eisenbahnbau ausgelösten grossen Hotelpläne führten auch zu zahlreichen nicht realisierten Projekten: 1906 beispielsweise suchte man Aktionäre für den Neubau eines Palace-Hotels im Stil eines romantischen Schlosses unterhalb des Bahnhofs (Abb. 37).[29] Gegen Ende des Ersten Weltkriegs wurde mit dem Projekt für ein Hotel Erlacher-Hof gegenüber dem Bahnhof ein letztes Mal versucht, in Spiez ein Grand Hotel zu errichten.[30]

Im Hotelführer von 1911 war Spiez nach Interlaken und Beatenberg der Ort mit der drittgrössten Zahl von Betrieben im Berner Oberland.[31] Kurz vor dem Ersten Weltkrieg vergrösserte sich die Zahl der Hotels nochmals, dann war die Entwicklung endgültig abgeschlossen. Auch das Projekt eines eigenen Kursaals war weit gediehen, man hatte den Standort dafür bereits bestimmt, realisiert wurde es aber nicht mehr.[32] Nach dem Krieg verlor Spiez seine einstige grosse Bedeutung als Touristenort, sodass die ehemals wichtige Fremdenstation 1943 nicht mehr zu den von Armin Meili untersuchten Kurorten gehörte.[33]

Am rechten Thunerseeufer konnten sich bis zum Ersten Weltkrieg insgesamt vier touristische Zentren am See und eines in Höhenlage etablieren: Hilterfingen, Oberhofen, Gunten, Merligen und Beatenberg. Eine bedeutendere Hotelbautätigkeit leitete am Seeufer erst die 1884 eröffnete so genannte Beatusstrasse von Merligen nach Sundlauenen ein.[34] Dieser kühne Strassenbau, der oft mit der Axenstrasse am Vierwaldstättersee verglichen wurde, führte den Fremdenstrom vermehrt ans rechte Ufer. Trotzdem blieb diese Seite lange Zeit ohne Bahnverbindung. 1889 wurde von der Schiffsstation Beatenbucht eine Standseilbahn nach Beatenberg eröffnet, das Projekt einer solchen Bahn nach Sigriswil blieb unausgeführt. Erst 1914, am Vorabend des Ersten Weltkriegs, verband eine Strassenbahn alle rechtsufrigen Seeorte zwischen Thun und Interlaken.[35]

Hilterfingen, die erste Gemeinde oberhalb von Thun, reihte sich als letzte Station in den Kreis der Hotelorte am rechten Thunerseeufer. Obwohl der Baedeker seit den 1860er-Jahren den Gasthof des Alpes erwähnte, entstanden die bedeutenden Hotelbauten in Hilterfingen erst im frühen 20. Jahrhundert: 1903/04 die Hotel-Pension Hilterfingen (Abb. 139)[36], kurz danach das Hotel Bellevue, ein vierstöckiger Heimatstilbau neobarocker Prägung mit Mansartdach[37], 1909 das Hotel Wildbolz (später Seehof)[38], ein Heimatstilbau mit regionaltypischen Elementen in einem neobarocken Entwurf des Berner Architekten Albert Gerster.[39] Erst am Ende des Ersten Weltkriegs, im Jahr 1918, entstand der zweite Bau des Hotel Bellevue zwischen Strasse und Seeufer.[40]

In Oberhofen nennt der Baedeker seit 1854 den Bären als einziges Gasthaus am rechten Seeufer. Gegen 1870 diente das Wohnhaus des Gärtnermeisters Bénédict Moy als Fremdenpension, und die Pensionen Zimmermann und Oberhofen wurden neu eröffnet. Bald darauf kam der erste Erweiterungsbau der Pension Moy hinzu, in den 1880er-Jahren die Pension Favorita.[41] Alle diese Häuser charakterisieren sich als kleine Holz- oder Fachwerkbauten mit Satteldach und Zierformen im Schweizer Holzstil, die mehrheitlich aus dem Architekturbüro des Bauunternehmers Johann Frutiger aus Oberhofen stammten. Grosshotels entstanden auch in Oberhofen erst zu Beginn des 20. Jahrhunderts. 1903 erstellte Johann Frutiger das Hotel Victoria, einen asymmetrisch gegliederten, teilweise verputzten Fachwerkbau mit markantem Quergiebel.[42] 1906 kam der grosse Erweiterungsbau an das bestehende Hotel Moy hinzu,

138

139

140

ein in Grund- und Aufriss vollständig asymmetrisch gegliederter, fünfteiliger Putzbau mit einem Turmaufbau über dem Mittelrisalit, wiederum vom örtlichen Baumeister Johann Frutiger erstellt (Abb. 140).[43] 1909 entstand in erhöhter Lage über dem alten Dorf das Parkhotel als Mischung aus Heimatstil- und Jugendstilelementen.[44] Die Reihe der Hotelneubauten in Oberhofen schloss 1913 das Hotel Montana ab, ein vom Jugendstil stark beeinflusster Heimatstilbau mit etlichen neobarocken Einflüssen.[45]

In Gunten, der nächsten Ortschaft am See, führte Gemeindeweibel Christen Amstutz seit 1831 eine Dorfwirtschaft.[46] 1866 entstand dort die Pension du Lac und etwa gleichzeitig das Weisse Kreuz.[47] Auch in Gunten charakterisierte sich die Hotelarchitektur bis nach 1900, wie in Oberhofen, mit einfachen klassizistischen Fachwerk- oder Putzbauten mit Satteldach und Holzzierelementen, in der Mehrzahl erstellt durch den Baumeister Johann Frutiger. Die Grossbauten kamen dort, wie andernorts am rechten Ufer des Thunersees, erst nach 1900 hinzu: 1909 verband der neue Mitteltrakt des Hirschen mit neobarocken Heimatstilformen die beiden alten Bauten (Abb. 141).[48] 1910 schliesslich wurde das Parkhotel, ein von Jugendstilformen beeinflusster Neobarockbau der Thuner Architekten Lanzrein & Meyerhofer, eröffnet und – als Seltenheit im Hotelbau – ausführlich publiziert (Abb. 142).[49]

In Merligen, der am weitesten von Thun entfernten Ortschaft am rechten Ufer, verweist der Baedeker von 1854 noch auf die preisgünstige Übernachtung in einem Wohnhaus.[50] Erst 1857 entstand das Pensionshaus Löwen, das nach der Eröffnung der neuen Strasse von Merligen über die Beatushöhlen nach Sundlauenen im Jahr 1884 Hotel Beatus hiess. 1904 wurde das alte Gebäude durch einen Neubau in einem von neobarocken Formen beeinflussten Heimatstil ersetzt. Vom ursprünglichen Projekt aus dem Büro des Oberhofner Bauunternehmers Johann Frutiger konnten nur der Mitteltrakt und ein Seitenflügel erstellt werden (Abb. 143).[51] Als letztes Hotel am rechten Thunerseeufer vor dem Ersten Weltkrieg wurde 1914 in Merligen das Hotel des Alpes eröffnet, ebenfalls nach Plänen von Johann Frutiger aus Oberhofen.[52]

Das auf einer Sonnenterrasse über dem rechten Thunerseeufer gelegene Beatenberg erhielt in den 1850er-Jahren eine Strassenverbindung, die dem Höhenort den Weg zum Fremdenverkehr ebnete. Bereits im Jahr 1859 soll der Pfarrer die ersten Gäste in seinem Haus aufgenommen haben. 1866 eröffneten zwei Wirte aus Untersee die ersten Pensionen mit den Namen Alpenrose und Bellevue. Ein Jahr später kam die Pension des Alpes hinzu.[53] 1869 fand Beatenberg im Baedeker erstmals Erwähnung, 1873 meldete der Reiseführer neben drei Pensionen auch Logiermöglichkeiten im Pfarrhaus. Zwei Jahre später entstand am westlichen Ende des lang gestreckten Dorfes das grosse Kurhaus «nach dem Vorbild der Anstalten in Davos» (Abb. 144). Dort dinierte kurz nach der Eröffnung gemäss zeitgenössischen Berichten Kronprinz Friedrich Wilhelm von Preussen, der spätere Kaiser Friedrich III.[54] Im glei-

Der Bauunternehmer JOHANN FRUTIGER (1848–1913) aus Oberhofen eröffnete nach seiner Steinhauerlehre 1869 die Firma «Johann Frutiger Baumeister», die zu einer der erfolgreichsten Bauunternehmungen im ganzen Berner Oberland wurde. Sein umfangreiches Werk umfasste neben dem Hochbau vor allem Strassen- und Bahnbauten. Es scheint, dass Johann Frutiger bis zur Jahrhundertwende beinahe alles gebaut hat, was es in seiner engeren Heimat am rechten Thunerseeufer zu bauen gab: die Mehrzahl der Wohnhäuser, Pensions- und Hotelbauten sowie wohl die meisten Strassenbauten zwischen Thun und Interlaken und schliesslich auch eine ganze Reihe von Bahnbauten wie die Standseilbahnen von der Beatenbucht nach Beatenberg und von Interlaken zum Harder oder die Bauten (Stationsanlagen und Gipfelhäuser) der Zahnradbahn auf das Brienzer Rothorn. Zu seinen Meisterwerken gehörte die 1884 fertig gestellte, viel bewunderte Beatusstrasse zwischen Merligen und Interlaken. Neben den zahlreichen Bauten am rechten Thunerseeufer gehörte auch Spiez zur Zeit der grossen Expansion dank dem Eisenbahnbau um 1900 zu den Schwerpunkten von Frutigers Bautätigkeit. Kurz vor dem Ersten Weltkrieg beteiligte sich Johann Frutiger zudem in vorderster Front am Aufbau des neuen Kurortes Gstaad. Die Architektur aus Johann Frutigers Büro wurde jeweils durch die dort beschäftigten, leider unbekannten Architekten bestimmt. In den Projektplänen der Hotelbauten zwischen 1893 und 1913 ist eine Kontinuität der Fassadengestaltung in drei Phasen zu erkennen, die mit den Stichworten Schweizer Holzstil, Mansartdach und Heimatstil zu charakterisieren sind. Die Bauten der frühesten Zeit lassen sich durchwegs als Bauten im Schweizer Holzstil bezeichnen (Abb. 133, 140). Mit dem Entwurf für das Hotel Bären in Aeschi ob Spiez wagte das Büro Frutiger 1897 – mit der neuen entwerferischen Hand des in Burgdorf und an der Technischen Hochschule in Stuttgart ausgebildeten Sohnes Hans – den Schritt zu eleganten neobarocken Bauten mit Mansartdach (Abb. 135). Prominente Bauten aus dieser Serie waren etwa der neue Beatus in Merligen im Jahr 1903 (Abb. 143) oder das Hotel Bahnhof in Saanen (1904), vielleicht auch der Umbau des Kurhauses auf dem Beatenberg von 1900 bis 1903 (Abb. 144). Zu den Heimatstilbauten der letzten Epoche mit konsequenter Fassadenasymmetrie, häufigen Eck-Erkern und -türmen gehörten das 1909 erbaute und bereits 1911 erweiterte Parkhotel in Gstaad oder das 1913 entworfene Hotel des Alpes in Merligen.

Archiv Frutiger, Thun – HÄSLER 1986, 42ff.

141

chen Jahr fuhr in den Sommermonaten eine Postkutsche nach Interlaken, und das Dorf erhielt das erste Telegrafenbüro.[55] 1876 verglich man «St. Beatenberg» als Kurort mit den grossen Orten wie Davos, Montreux oder Lugano.[56] In dieser Zeit entstand bei der Kirche die erste Pension Victoria, die mit einem grossen Neubau 1890/91 (1894 nach einem Brand wieder aufgebaut) zum bedeutendsten Hotel im Dorf wurde (Abb. 145).[57] Die 1899 eröffnete Bahnverbindung nach Beatenbucht löste eine weitere intensive Phase im Hotelbau aus: Zwischen 1899 und 1909 kamen insgesamt elf neue Betriebe hinzu. Mit den Grosshotels Victoria, Kurhaus und Regina in der Waldegg wies Beatenberg kurz vor Ausbruch des Ersten Weltkriegs über 20 Hotels und Pensionen auf. Der bedeutendste Höhenort über dem Thunersee nahm deshalb in der Hotelstatistik des Berner Oberlands hinter Interlaken den zweiten Rang ein, gefolgt von Spiez.[58] Nach dem Ersten Weltkrieg hatte Beatenberg, wie auch Spiez am anderen Seeufer, seine wichtige Stellung im Oberländer Tourismus verloren. Vor allem die einst zahlreichen Gäste aus dem mittlerweile verschwundenen russischen Zarenreich blieben seit den 1920er-Jahren vollständig aus.

DIE HOTELBAUTEN VON INTERLAKEN

Die beiden einzigen Gasthöfe, die im Gebiet zwischen Thuner- und Brienzersee im späten 18. Jahrhundert eine Unterkunft anboten, waren die alte, auf mittelalterliche Tradition zurückreichende Klosterherberge in Interlaken und das Gasthaus in der mittelalterlichen Stadt Unterseen. Mit dem beginnenden 19. Jahrhundert konnte sich Interlaken neben der Stadt Thun als zweites Zentrum für den Aufenthalt von Reisenden im Berner Oberland etablieren. Die Entwicklung begann aber nur zögernd, wie die Eröffnungsdaten der ersten Pensionen deutlich zeigen. Am Anfang standen gemäss zeitgenössischen Berichten die Kuren mit Ziegenmolke, die man im Kanton Appenzell bereits seit einiger Zeit kannte und die von weitsichtigen Ärzten in Interlaken seit 1801 mit steigendem Erfolg angeboten wurden.[59] Doktor Aebersold begann als guter Geschäftsmann bald einmal im eigenen Haus mit der Beherbergung seiner Kurgäste, die vorher im ganzen Bödeli in Privathäusern logieren mussten.[60]

Den entscheidenden Anstoss zur Einrichtung von eigentlichen Fremdenpensionen vermittelten die beiden Älplerfeste, die 1805 und 1808 auf der Matte bei der Burgruine von Unspunnen stattfanden (Abb. 8).[61] 1806 eröffnete Grossrat Johann Seiler aus Bönigen am Höheweg ein Haus mit Kaufladen und richtete in den oberen Stockwerken die ersten Fremdenzimmer ein. Bald darauf konnte er seinen Betrieb in ein neues Haus verlegen; es war die erste Fremdenpension am Höheweg (Abb. 45).[62] Der Reiseführer von Johann Rudolf Wyss führt im Jahr 1816 als bekannteste Häuser am Höheweg die Pensionen Seiler und Aebersold auf. Nach zeitgenössischen Berichten wurden zu jener Zeit trotz den nun eröffneten Pensionen immer noch zahlreiche Touristen in den Privathäusern der umliegenden Dörfer einquartiert, so gross war der Andrang geworden.[63]

Im zweiten Viertel des 19. Jahrhunderts vergrösserte sich der Fremdenstrom immer mehr. Die Strassenerschliessung und die Einführung des Dampfschiffverkehrs auf dem Thunersee waren wohl die wichtigsten Gründe für diese Entwicklung, die manchen Kleinbauern zu einem Berufswechsel in den Tourismus bewogen. Dazu kam die Aufbruchstimmung nach der Einführung einer vom liberalen Geist geprägten neuen Kantonsverfassung von 1831, die diese Entwicklung stark förderte.[64] Die rasche Entwicklung des Fremdenverkehrs in der Region Bödeli führte in den frühen 30er-Jahren innerhalb kurzer Zeit zu einer Verdoppelung der Pensionen. Innerhalb einer Zeitspanne von nur sechs Jahren konnte sich ein Dutzend Pensionen etablieren, die den Grundstein zu den später bedeutendsten Hotelbauten von Interlaken legten (Abb. 16). In der Darstellung durch Peter Ober, den seit 1830 in Interlaken ansässigen grossen Förderer des Fremdenverkehrs, werden diese Pensionen 1841 aus zeitgenössischer Sicht eingehend beschrieben.[65] Auffallend ist die Lage dieser neuen Fremdenhäuser am Höheweg und rund um die Höhematte. Die grosse freie Wiese auf der Westseite der alten Klosteranlage war damit bereits in den frühen 30er-Jahren zum Zentrum des Interlakner Fremdenverkehrs geworden (Abb. 146). Die späteren Bemühungen um ihre dauernde Freihaltung von Überbauungen gewinnen aus dieser Sicht eine besondere Bedeutung.

Der starke Anstieg in der ersten Hälfte des 19. Jahrhunderts wurde vor allem durch den Aufenthalt vieler Engländer

141
Die erste Pension Hirschen in Gunten entstand im Jahr 1863, der Westbau folgte 1897, und 1909 wurden die beiden Gebäude mit einem von Jugendstilformen beeinflussten Neobarockbau verbunden. Ansichtskarte um 1920.

142
Das Parkhotel in Gunten entstand 1910 als ein von Jugendstilformen beeinflusster Neobarockbau der Thuner Architekten Lanzrein & Meyerhofer. Fotografie um 1920.

143
Der 1903/04 ausgeführte Neubau für das Hotel Beatus in Merligen entsprach dem ursprünglich geplanten Mitteltrakt und Ostflügel einer symmetrischen Gesamtanlage (Abbruch und Neubau 1960). Ansichtskarte um 1910.

144
Das 1875 «nach dem Vorbild der Anstalten in Davos» eröffnete Kurhaus in Beatenberg unterschied sich mit seinem Schweizer Holzstil kaum von den übrigen Beatenberger Hotels (Abbruch 1943). Ansichtskarte um 1890.

142

143

144

145

146

145
Nach einem Grossbrand im Jahr 1894 wurde das Hotel Victoria in Beatenberg als Massivbau mit Fachwerkfassaden und vier Quergiebeln wieder aufgebaut. Fotografie um 1900.

146
Blick auf Höheweg und Höhematte in Interlaken mit den dort bis 1840 erbauten Pensionen (Journal des Etrangers 1902).

147
Das 1859 eröffnete erste Kursaalgebäude von Interlaken, eines der ersten in der Schweiz überhaupt, wurde vom Burgdorfer Architekten Robert Roller entworfen, der sich in Thun und Interlaken bereits mit mehreren Hotelbauten bekannt gemacht hatte. Ansichtskarte um 1900.

148
Der 1874 eröffnete neue Hotelflügel erweiterte das Hotel Ritschard am Höheweg zum L-förmigen Grand Hotel (1971 Abbruch und Neubau Hotel Metropole als Hochhaus). Ansichtskarte um 1900.

149
Das Hotel Jungfraublick in Interlaken konnte nach einer langen Vorgeschichte durch den Architekten Robert Roller erstellt und 1864 eingeweiht werden. Es entstand in einem ausgedehnten Park am kleinen Rugen mit Spazierwegen, Ruhebänken und einer grossen Trinkhalle. Fotografie vor dem Anbau von 1905.

147

148

149

eingeleitet, für die Interlaken damals, zusammen mit Thun, der bevorzugte Aufenthaltsort war.⁶⁶ Bereits 1834 notiert ein Reisebuchautor: «Interlaken a depuis quelques années changé de physionomie et d'aspect; ce n'est plus un village suisse, mais un village à la manière anglaise.»⁶⁷ 1840 bemerkt Johann Jakob Leuthy: «Interlaken [...] ist während den Sommermonaten gleichsam englische Colonie.»⁶⁸ Im gleichen Jahr entsprach der Regierungsrat des Kantons Bern einem Gesuch zur Einrichtung von englischen Gottesdiensten in den «zwei obersten Räumen des Chors der alten Klosterkirche zu Interlaken». Der dazu notwendige Umbau wurde durch den englischen Geistlichen A. Sillery initiiert. Interlaken konnte damit, wie in Thun das Hotel Bellevue (Abb. 81), seinen Gästen als einer der ersten Orte in der Schweiz einen englischen Gottesdienst anbieten.⁶⁹

Nachdem die ältesten Pensionen ausschliesslich kleinere Holzhäuser waren, entstanden kurz vor 1840 die ersten Gasthäuser als repräsentative Steinbauten. Zu diesen gehörten beispielsweise das «Casino», eine Erweiterung der alten Pension Seiler, oder das 1839 eröffnete Hotel Belvédère (Abb. 156).⁷⁰ Dieser elegante Steinbau muss nach dem damaligen Empfinden die übrigen Hotelbauten von Interlaken deutlich übertroffen haben. Im Vergleich mit den Betrieben in den Touristenorten am Genfersee und in Luzern hatten aber die grössten Hotelbauten von Interlaken damals noch deutlich bescheidenere Dimensionen (Abb. 16).

In den mittleren 50er-Jahren kamen in Interlaken zahlreiche neue Hotels hinzu. 1854 nahm das neue Hotel Ritschard am Höheweg seinen Betrieb auf (Abb. 156), und die Pension Ruchti in Unterseen wurde zum stattlichen Hotel Beau-Site. 1856 entstand das Hotel Schweizerhof am Höheweg, der erste nachweislich durch den Architekten Robert Roller senior erstellte Hotelbau in Interlaken (Abb. 45, 156).⁷¹ Gleichzeitig erbaute Peter Ober, der grosse Förderer des Interlakner Fremdenverkehrs, der 1842 die Pension von Greyerz übernommen hatte, dort ein Holzchalet als neue Pension neben das bestehende neogotische Schlösschen (Abb. 83, 156, Seite 73).⁷² In den späten 50er-Jahren reifte bei weitsichtigen Bürgern der Gedanke, für die zahlreichen Fremden ein Kur- und Konversationshaus zu erstellen. Ein Initiativkomitee mit beinahe allen Besitzern von Verkaufsbuden und Hotels am Höheweg beteiligte sich an diesem Vorhaben, zu dem der Burgdorfer Architekt Robert Roller junior die Pläne lieferte.⁷³ Am 20. Juli 1859 konnte die erste «Kuranstalt mit Lokalen für Lektüre, Konversation, Musik und Spiele» sowie einem Restaurantbetrieb eröffnet werden (Abb. 147).⁷⁴

Die 1859 eröffnete Eisenbahnlinie nach Thun führte zu einer markanten Zunahme des Fremdenverkehrs in der Region Interlaken zu Beginn der 60er-Jahre. Diese Steigerung fand ihren baulichen Ausdruck in zahlreichen neuen Hotelbauten. Beim Hotel Schweizerhof erstellte Robert Roller 1863 zwei neue Seitenflügel. Etwa gleichzeitig entstanden die beiden seitlichen Erweiterungen des benachbarten Hotel Belvédère und der neue Mittelbau beim Hotel des Alpes. 1874 erhielt das Hotel Ritschard einen neuen mächtigen Flügelbau des Architekten Horace Edouard Davinet (Abb. 148, 156).

Zwischen 1863 und 1865 wurde die Bettenkapazität von Interlaken von knapp 1000 auf ziemlich genau 2000 verdoppelt, eine in keinem anderen Ort in einer solch kurzen Zeit erreichte Zuwachsrate.⁷⁵ In dieser Zeit wurde das Bild der Hotellandschaft am Höheweg geformt, die bis zum Beginn des Ersten Weltkriegs erhalten blieb. Damals entstanden auch Pläne für eine weitere Bautätigkeit auf dem Bödeli. Kantonsbaumeister Friedrich Salvisberg aus Bern beispielsweise hat 1866 Vorschläge für die Bebauung und ein neues Strassennetz in den Gebieten nördlich und westlich der Höhematte entworfen.⁷⁶

In dieser überaus intensiven Bauphase entstanden in einer auch im schweizerischen Vergleich nirgends überbotenen Rekordzeit die drei bedeutendsten Hotels von Interlaken: Jungfraublick, Jungfrau und Victoria. 1864 konnte, nach einer langen Baugeschichte mit vielen Rückschlägen, das Hotel Jungfraublick auf dem Kleinen Rugen eröffnet werden (Abb. 149, 156).⁷⁷ Dieser Bau war ein Entwurf des Architekten Robert Roller junior, nachdem offenbar ein erstes Projekt von Friedrich Studer aus Bern als zu teuer erachtet worden war.⁷⁸ Im Sommer 1865 war der Um- und Erweiterungsbau beim Hotel des Alpes vollendet, nochmals ein Werk Rollers (Abb. 156).⁷⁹ Im gleichen Jahr wurden auch die beiden grossen, nebeneinander gelegenen Konkurrenten Jungfrau und Victoria eröffnet. Das zuerst begonnene Hotel Jungfrau (Abb. 154, 156) war das gemeinschaftliche Werk des bewährten Architekten Robert

150
Das 1865 eröffnete Hotel Victoria in Interlaken war vom Berner Architekten Friedrich Studer (dem Erbauer des ersten Bundesratshauses) entworfen und unter der Leitung seines jungen Schwagers Horace Edouard Davinet erbaut worden. Ansichtskarte um 1895.

151
Die südlich des Höhewegs gelegene Höhematte wurde 1864 mit einem dauernden Überbauungsverbot belegt. Fotografie etwa 1893.

150

151

Roller und des jungen, von seiner Ausbildung aus Stuttgart zurückgekehrten Horace Edouard Davinet, der mit diesem Hotelbau eine der erfolgreichsten Karrieren als Hotelarchitekt begann.[80] Auch beim Bau des Hotel Victoria nebenan war der junge Architekt Davinet beteiligt (Abb. 25, 68, 84, 150). Die Pläne stammten aber noch von dessen Schwager Friedrich Studer, Erbauer des Bundeshauses West und des Hotel Bernerhof in Bern. Sie waren offenbar während Davinets Lehrzeit (nach 1857) für das Hotel Jungfraublick ausgearbeitet, von den Gebrüdern Rappard aber als zu teuer erachtet worden. Beim raschen Bauentscheid von Eduard Ruchti zum Bau des Hotel Victoria 1864 fanden sie dann willkommene Anwendung (Seite 124).[81]

Am Ende dieser grossen Expansionsphase in den 60er-Jahren projektierte der Besitzer des Hotel Jungfrau, Nationalrat Friedrich Seiler, im Jahr 1868 westlich von Unterseen ein «durch das Beispiel unserer Nachbarn am Genfer- und Vierwaldstättersee» inspiriertes Grand Hotel. Architekt des Entwurfs, der die «Erfahrungen in sämtlichen, diesem Zwecke entsprechenden Gasthöfen der Schweiz, von Genf bis Ragaz» in sein Werk einbezog, war wiederum Edouard Davinet. Das Gebäude, das in knapp 300 Zimmern über 450 Betten anbieten sollte, hätte alle in Interlaken bisher gebauten Hotels in den Schatten gestellt (Abb. 85).[82]

In dieser intensiven Phase der 60er-Jahre wurde die Idee einer dauernden Freihaltung der Höhematte von jeglicher Bebauung geboren und verwirklicht. Das ursprünglich zu den Gütern des Klosters Interlaken gehörende Landstück lag südlich der prominenten Hotelreihe am Höheweg und sicherte diesen Betrieben die ungestörte Aussicht auf das Dreigestirn Eiger, Mönch und Jungfrau. Auslöser der Initiative war ein Gesuch zum Bau eines Bankgebäudes im Jahr 1863. Dieser Plan und weitere Ideen zur Nutzung der Höhematte rüttelten die massgebenden Kreise auf. Einem Initiativkomitee gelang es, die Mehrheit der Bevölkerung davon zu überzeugen, dass dieses Land nie überbaut werden dürfe. In zähen Verhandlungen brachten einflussreiche Kreise innerhalb kürzester Zeit eine dauerhafte Lösung zustande: 37 Miteigentümer kauften im Januar 1864 die Höhematte und auferlegten der gesamten Landparzelle gegenseitige Dienstbarkeiten, die auf alle Zeiten ein Bauverbot, ein Zerstückelungsverbot sowie einen Baumschutz festlegten (Abb. 151).[83] Diese wegweisende Tat fand im Baedeker sogleich lobende Erwähnung.[84] Zudem realisierte der Touristenort Interlaken damit eine repräsentative Promenierallee, die in den anderen vergleichbaren Orten am Seeufer angelegt worden war, dessen Realisierung am Ufer in Interlaken aber wegen der dazu ungeeigneten Anlage der Hotels nicht möglich gewesen wäre.

Kurz nach der erfolgreichen Aktion zur Freihaltung der Höhematte erhielt Interlaken eine Gasbeleuchtung. Alle grossen Hotels am Höheweg waren gleich zu Beginn an das Gasnetz angeschlossen, das am 6. August 1866 seinen Betrieb aufnahm.[85] Die öffentliche Beleuchtung bestand zunächst aus vier Strassenlaternen an Höhematte und Höheweg. Nach einem

ROBERT ROLLER (1805–1858), der Vater des gleichnamigen Architekten aus Burgdorf, stammte aus Erzingen im Württembergischen. Nach seinem Studium in Stuttgart arbeitete er bei Hofbaumeister Giovanni Salucci in Stuttgart, 1831 wählte ihn der Stadtrat von Burgdorf zum ersten Stadtbaumeister in der vom neuen liberalen Gedankengut geprägten Stadt. Neben seiner Tätigkeit als Stadtbaumeister führte Roller zahlreiche öffentliche und private Bauvorhaben aus. Sein ausserordentlich breites Spektrum an Bauaufgaben reichte von Villen und Brücken über Fabriken und Lagerhäuser bis zu Schulhäusern und Kirchen. Der Umbau des Berner Grossratssaals, der als innenarchitektonisches Hauptwerk des Spätklassizismus in Bern gilt, bescherte ihm gleich zu Beginn seiner praktischen Tätigkeit einen breiten Bekanntheitsgrad, sodass er bald weit über die Grenzen des Kantons Bern als Gutachter, Berater und Architekt tätig werden konnte. 1850 war er Mitglied der Jury für das neue Bundeshaus. Seine anfänglich sparsam-karge und disziplinierte Architektur des Klassizismus wandelte sich im Lauf der Zeit zum frühen Historismus. Mit seinen Holzbauten war Roller Vater ein bedeutender früher Vertreter des Schweizer Holzstils. Im Bereich der Tourismusarchitektur war Robert Roller senior im Berner Oberland ein wichtiger Wegbereiter. Neben den Bauten für die Familie Knechtenhofer in Thun (die Dependance du Parc, das Chalet Göttibach und 1840/41 die erste englische Kapelle in der Schweiz, Abb. 81, 82) errichtete er 1855/56 das Hotel Schweizerhof am Höheweg in Interlaken (Abb. 45, 156), den ersten grösseren Hotelbau im Schweizer Holzstil in der Oberländer Fremdenverkehrsmetropole.

Sein Sohn, Conrad Emanuel ROBERT ROLLER (1832–1898) bildete sich an der Polytechnischen Schule in Karlsruhe zum Architekten aus. Anschliessend unternahm er verschiedene Bildungsreisen durch ganz Europa, bevor er 1858 das väterliche Architekturbüro in Burgdorf übernahm. Dort erstellte er zwischen 1855 und 1865 die wichtigsten Hotel- und Tourismusbauten von Interlaken und zahlreiche weitere in der ganzen Schweiz, darunter das berühmte Hotel auf der Riffelalp ob Zermatt (Abb. 208) im Auftrag der Hotelierfamilie Seiler. Daneben war er der einzige Schweizer Architekt, der seine Erfahrungen im Hotelbau auch in schriftlicher Form hinterliess (ROLLER 1879). Die Architektur des jüngeren Roller war geprägt durch die stilistischen Vorgaben seines vom Klassizismus geprägten und als Wegbereiter des Schweizer Holzstils bekannten Vaters. Der junge Roller verstand es, beide Elemente zu einem ihm eigenen, beinahe unverwechselbaren Stil zusammenzufügen, der besonders bei den Bauten für Bäder und Kurhäuser deutlich zum Ausdruck kam (Abb. 147). Neben den Holzbauten weist das Werk der beiden Roller auch bedeutende Massivbauten auf, die mehrheitlich von den Formen des Spätklassizismus geprägt sind, bei denen aber stets wieder Zierformen des Schweizer Holzstils auftraten.

Robert Roller Vater und Sohn gehören zum kleinen, erlesenen Kreis der bedeutendsten Schweizer Hotelarchitekten im 19. Jahrhundert. Durch ihre über Jahrzehnte und in zwei Generationen konsequente Anwendung eines klassizistischen, beim jüngeren Roller bereits spätklassizistischen Baustils haben sie ein gemeinsames Werk geschaffen, das durch seine Homogenität auffällt.

ALS, 452 – SKL 2, 664 – Berner Taschenbuch 1863, 302 (Nekrolog) – ROLLER 1879.

Der aus dem französischen Pont-d'Ain stammende HORACE EDOUARD DAVINET (1839–1922) kam durch Heirat seiner Schwester mit dem bekannten Berner Architekten Friedrich Studer zur Architektur. Während der Lehrzeit Davinets im Büro seines Schwagers baute dieser das «Bundesrathhaus» sowie, zusammen mit Johann Carl Dähler (1823–1890), das Hotel Bernerhof nebenan (Abb. 36). Die letzte Station seiner Ausbildung ohne Hochschulabschluss führte Davinet zu Professor Wilhelm Bäumer nach Stuttgart, für den er von 1862 bis 1864 an der Wilhelma für König Wilhelm I. von Württemberg baute. Von dort wurde er von Studer zur Bauführung des Hotel Victoria in Interlaken gerufen (Abb. 68, 150). Gleichzeitig leitete er auch die Arbeiten beim Bau des benachbarten Hotel Jungfrau von Architekt Robert Roller (Abb. 154). Mit diesen Arbeiten legte er den Grundstein zu einer der erfolgreichsten Architektentätigkeiten im Bereich von Hotel- und Tourismusbauten in der zweiten Hälfte des 19. Jahrhunderts. Zwischen 1864 und 1876 plante und baute das Büro von Davinet & Studer in Interlaken zahlreiche Hotelbauten in der engeren Region und der ganzen Schweiz. Davinets grosse Zeit als Hotelarchitekt lag in den Jahren 1872–1875, als er in Interlaken gleichzeitig drei der bedeutendsten Hotels erstellen konnte: den neuen südlichen Flügel des Hotel Ritschard (seit 1885 Metropole & Monopole, Abb. 148), den Neubau des Hotel Beau-Rivage am östlichen Ende des Höhewegs (Abb. 153) sowie die Vergrösserung der Pension Wyder (seit 1883 Hotel National) in der Südwestecke der Höhematte. Zur gleichen Zeit befasste er sich mit Erweiterungsbauten im Bad Weissenburg (Modernisierung des hinteren älteren Bades), mit dem Neubau des Spiezerhofs (1873 eröffnet, Abb. 136) sowie dem Bau des Kursaals in Heiden (1874 eröffnet). Allein im Jahr 1875 wurden drei vom ihm entworfene Grand Hotels eröffnet: das neue Hotel Sonnenberg auf Seelisberg, das Hotel Schreiber auf Rigi-Kulm (Umschlag, Abb. 58, 60) sowie das Grand Hotel Giessbach am Brienzersee (Abb. 47). Kein anderer Schweizer Hotelarchitekt konnte im 19. Jahrhundert in einer vergleichbaren Zeitspanne so viele bedeutende Hotelbauten erstellen.

Mit dem Ausbruch der Wirtschaftskrise kehrte Davinet 1876 nach Bern zurück, wo er sich bei der Planung des Kirchenfeldquartiers vor allem mit städtebaulichen Fragen auseinander setzte, dort aber auch etliche Gebäude selbst entwarf. 1891 wurde er zum Direktor des Berner Kunstmuseums berufen. Während dieser Tätigkeit führte sein Büro, das seit 1903 vom Grossneffen Frédéric Studer (1880–1943) geleitet wurde, nur noch vereinzelte Bauaufträge im Tourismus aus. Zu den Bauten aus dieser Zeit gehören unter anderem das Viktoriaspital in Bern (1904), der Wiederaufbau des Kollegiums Maria Hilf in Schwyz (1910) sowie zahlreiche Mehrfamilienhäuser in der Stadt Bern. Die Hotels Jungfrau und Victoria aus Interlaken blieben Davinet während seiner gesamten weiteren Tätigkeit treu: 1882 plante er den grossen Festsaal beim Hotel Victoria (Abb. 25), zwei Jahre darauf den neuen Jungfrau-Westtrakt, wiederum ein Jahrzehnt später den Jungfrau-Osttrakt (Abb. 154) mit dem grossen, von Otto Haberer ausgemalten Festsaal, und 1899 schliesslich den ostseitigen Anbau an das Hotel Victoria mit dem markanten Turm (Abb. 84). Auch beim Wiederaufbau des abgebrannten Victoria-Osttraktes 1906 war Davinet, wiederum zusammen mit Frédéric Studer, nochmals zur Stelle.

In seinem langen Leben hat Horace Edouard Davinet bedeutende Gebäude in vielen Fremdenorten der Schweiz und sogar im Ausland entworfen. Als einer der ganz wenigen Hotelarchitekten, vielleicht sogar als einziger, hat er in drei verschiedenen Regionen gebaut: im Berner Oberland, am Vierwaldstättersee und am Bodensee. Am Genfersee war er als Berater tätig: Er hat die lokalen Behörden von Montreux bei der Planung eines neuen Quartiers in Clarens unterstützt und beim Wettbewerb als Mitglied der Jury mitgewirkt. Sein virtuoser Umgang mit dem zeitgenössischen Repertoire der Architekturformen hat den Schweizer Hotelbau zwischen 1865 und 1875 stark geprägt. Er beherrschte das Vokabular der damaligen historisierenden Architektursprache wie kaum ein anderer Berufskollege. Hier liegt wohl das Geheimnis seiner Beliebtheit als Hotelarchitekt in der ganzen Schweiz. Davinets Hotelbauten aus dieser Zeit gehörten zu den zeitgenössischen architektonischen Meisterwerken. Das Hotel Beau-Rivage in Interlaken repräsentiert das Beispiel eines Hotelschlosses nach dem Vorbild der französischen Renaissance, das Hotel Schreiber auf Rigi-Kulm eine Schlossanlage nach barockem Vorbild. Beim Kursaal in Heiden griff Davinet auf die Formensprache des Schweizer Holzstils zurück, den er mit den damals verbreiteten maurischen Architekturelementen zusammenfügte. Etliche seiner Bauten sind von den spätklassizistischen Formen des jungen Robert Roller aus Burgdorf beeinflusst, mit dem Davinet vor allem während der Anfangsphase seiner Tätigkeit in Interlaken eine intensive Zusammenarbeit pflegte. Zu den bedeutenden Holzbauten im Schweizer Holzstil gehören unter anderen das 1868 geplante Hotel Blümlisalp in Aeschi ob Spiez (Abb. 33), die um 1870 realisierte Villa Choisy sowie das Wohnhaus von Peter Paul Ober in Interlaken. Sein Spätwerk zu Beginn des 20. Jahrhunderts, das Davinet zusammen mit seinem Grossneffen Friedrich Studer ausführte, war geprägt vom Heimatstil mit neobarocken Formen und teilweise bereits durchsetzt mit feingliedrigen Jugendstilformen.

ALS, 141 – HBLS 2, 673 – SKL 1, 346 – SBZ 1922, 22 (Nekrolog) – Der Bund, 4.7.1922 – Oberländisches Volksblatt, 6.7.1922 (Nekrolog) – Neues Berner Taschenbuch 28/1929, 78 – Burgerbibliothek Bern (Nachlass mit Autobiografie) – Auskünfte Marcelle Geiger-Vifian.

Jahr wurde die Leitung bis nach Matten zur Pension von Peter Ober verlängert (Abb. 156), der im Verwaltungsrat der Gesellschaft sass.[86] Kurz danach entstand eine neue Trinkwasserversorgung mit Quellwasser aus dem Saxetental. Am 1. Juli 1870 konnte das erste Leitungsnetz, das alle bedeutenden Hotels in Interlaken mit fliessendem Wasser versorgte, in Betrieb genommen werden.[87]

Nach dem grossen Bauboom in den 60er-Jahren war in Interlaken der Bedarf an Hotelbetten vorerst gedeckt. Ein neuer Bauschub setzte in den frühen 70er-Jahren ein, als Folge der 1872 eröffneten Bahnlinie zwischen Därligen und Zollhaus (heute Interlaken Ost). Beim neuen Hauptbahnhof, wie damals die heutige Station Interlaken West hiess, entstanden die ersten Hotelbauten: 1874 das Hotel de la Gare direkt neben dem neuen Bahnhof, vier Jahre später das Hotel Berger (heute Hotel Bernerhof) bei der Strassengabelung nach Unterseen.[88] In dieser Zeit realisierte Architekt Davinet zwei weitere Hotelbauten: den südseitigen Erweiterungsbau an das bestehende Hotel Ritschard am Höheweg (Abb. 148, 156) sowie das mächtige Hotel Beau-Rivage am östlichen Ende dieser Strasse (Abb. 153).[89] Diese Eröffnungen stellen sich in die Reihe der bedeutenden Neubauten im ganzen Berner Oberland: In Spiez war 1873 der Spiezerhof eröffnet worden (Abb. 132, 136), in Thun 1875 nach einem Wettbewerb der Thunerhof (Abb. 4). 1879/80 entstand im Anschluss an den Dorfbrand in Meiringen das neue Hotel du Sauvage (Abb. 152), der stattlichste Hotelbau des bedeutenden Tourismuszentrums im Haslital.[90]

Damit war die Hotelbautätigkeit der 70er-Jahre in Interlaken aber bereits erschöpft. Die zweite Hälfte dieses Jahrzehnts war am Thunersee geprägt von zahlreichen Hotelkonkursen: 1875 ging der Spiezerhof Bankrott, zwei Jahre darauf der Thunerhof, und in Interlaken häuften sich gegen Ende der 70er-Jahre die Konkurse von Hotelunternehmungen.[91] Auch in den frühen 80er-Jahren ging diese Zahl in Interlaken nicht zurück, teils kamen sogar berühmte Hotels unter den Hammer. Neubauten entstanden bis in die frühen 90er-Jahre nur noch beim Westbahnhof. Erfolgreich waren in dieser Zeit offenbar nur ganz wenige Hotelbetriebe. So kaufte Eduard Ruchti vom Hotel Victoria 1876 den Oberländerhof und 1889 das Hotel Beau-Site. Zudem waren die beiden «Zwillinge» am Höheweg, das Victoria und das Jungfrau, die einzigen Hotels, die in den 80er-Jahren Vergrösserungen vornehmen konnten: 1882 eröffnete das Victoria seinen neuen Festsaal (Abb. 25) und nahm gleichzeitig als erstes Hotel im Berner Oberland die elektrische Beleuchtung in Betrieb, sechs Jahre bevor am 5. Juli 1888 elektrische Lampen die Strassen von Interlaken erleuchteten.[92] Kurz darauf, im Jahr 1885, wurde beim benachbarten Hotel Jungfrau der westliche Seitentrakt eröffnet (Abb. 154).[93]

Nach der Eröffnung der durchgehenden Bahnlinie von Thun nach Interlaken am 1. Juli 1893 erlebte die Interlakner Hotellerie einen letzten Entwicklungsschub. Innerhalb eines Jahrzehnts eröffneten ein Dutzend neue oder aus alten Pensionen entstandene Hotels ihren Betrieb, die meisten davon beim neuen Hauptbahnhof auf der Westseite. So wie der Höheweg durch die Hoteleröffnungen der 60er-Jahre gestaltet worden war, hat der Hotelbau der 90er-Jahre das Gebiet um den Bahnhof Interlaken West geprägt. Diese Hotels blieben mit weit unter 100 Betten pro Betrieb aber unterdurchschnittlich klein und erreichten kaum die Bedeutung der Betriebe am Höheweg.

FRIEDRICH STUDER (1817 – 1879) absolvierte nach einer Lehre als Zimmermann eine Architektenausbildung bei Philippe Franel in Vevey und Amadeus Merian in Basel. Kurz vor 1850 begann er in Bern eine selbständige Tätigkeit, deren Höhepunkt der Bau des Bundesratshauses 1852 – 1857 bedeutete. Kurz darauf (1856 – 1858) erstellte er zusammen mit Carl Dähler das Hotel Bernerhof als erstes Nobelhotel in Bern neben dem Bundeshaus (Abb. 36). 1864/65 entstand in Interlaken nach seinen Plänen, unter Mitarbeit seines Schwagers Horace Edouard Davinet, das Hotel Victoria (Abb. 68, 150). Mit ihm zusammen führte er danach einige Jahre lang ein erfolgreiches Architekturbüro in Interlaken. In späten Jahren erstellte Studer noch zahlreiche Wohnbauten in den neuen Quartieren Berns, bevor er das Büro an seinen Enkel Frédéric Studer (1880 – 1943) übergab. Im Werk von Studer sticht das Bundeshaus, ein Palazzo im Münchner Palaststil des frühen 19. Jahrhunderts, als Höhepunkt hervor. Eine ähnliche architektonische Erscheinung weist das Interlakner Hotel Victoria auf. Das Hotel Bernerhof dagegen entwarf Studer als streng gegliederten klassizistischen Baukörper.

ALS, 523 – SKL 3, 272 – Auskünfte Marcelle Geiger-Vifian.

Die miteinander verknüpfte Geschichte dreier Hotelbauten der Belle Epoque in Interlaken

HOTEL JUNGFRAUBLICK (Abb. 149, 156)
Baugeschichte

1838: Bau der Pension Jungfraublick durch Friedrich Seiler-Hopf (seit 1864 Dependance).

1856: Verkauf der Pension Jungfraublick für 50 000 Franken an die Gebrüder Conrad und Hermann von Rappard.

28. 10. 1859: Bewilligung zum Bau eines Hotels auf dem Rugen.

Dez. 1859: Emissionsprospekt für die Kapitalbeschaffung: «Programm betreffend die Gründung einer Molken-, Brunnen- und Bade-cur-Anstalt auf dem Jungfraublick bei Interlaken».

20. 2. 1860: Emission des Aktienkapitals von 0,8 Millionen Franken.

3. 9. 1860: Zweite Baubewilligung. Das erste Bauprojekt von Architekt Friedrich Studer ist zu teuer und wird 1864/65 als Hotel Victoria am Höheweg erbaut.

11. 7. 1863: Projektpläne Kurhaus Jungfraublick (375 000 Franken) sowie Ökonomie und Trinkhalle (25 000 Franken) gemäss Werkverzeichnis des Architekten Robert Roller junior, Burgdorf.

23. 8. 1864: Beschluss zum Bau einer Dependance.

1870: Anschluss an das erste Wassernetz in Interlaken: fliessendes Wasser im Hotel.

1880: Liquidation der AG Kurhaus Jungfraublick.

1905: Erstellung des nordseitigen Erweiterungsbaus, Architekt unbekannt.

Beschreibung

Ein 1859 baubewilligtes erstes Projekt des Berner Architekten Friedrich Studer für die Gebrüder Rappard blieb, angeblich wegen zu hoher Kosten, unausgeführt. Die lange Bauzeit des neuen Hotels auf dem Rugen zwischen 1862 und 1864 war geprägt von verschiedenen Pannen: So meldet der «Schweizer Handels-Courier» am 9. Dezember 1862: «Das grosse Kurhaus ‹Jungfraublick› wurde letzthin theilweise wieder abgetragen und der leitende Baumeister, Architekt Maring, seines Dienstes entlassen.» Das definitive Bauprojekt entstand in der Folge im Büro des im Berner Oberländer Hotelbau erfahrenen Architekten Robert Roller junior. Er erstellte auf dem nördlichen Geländesporn des Kleinen Rugen eine dominante vierstöckige Hotelanlage im Schweizer Holzstil. Das Gebäude auf einer künstlich hergestellten Terrasse bestand aus einem längs gerichteten Hauptgebäude und zwei quer gestellten Seitenflügeln mit Satteldach und zahlreichen spätklassizistischen Holzzierformen. Die beachtliche Gebäudelänge von 32 Metern wird durch die zwei breiten Seitenflügel optisch verlängert. Der im Schweizer Hotelbau erstmals angewendete H-förmige Grundriss ergab eine zweibündige Zimmerflucht an einem zentralen Erschliessungsgang und kleine Zimmer auf der Schmalseite des Gebäudes in den Seitenflügeln.

1905 entstand mit einem nordseitigen Anbau eine beachtliche Gebäudeerweiterung: Ein zweiter, neu angefügter Längstrakt wurde mit einem dritten Querflügel nordseitig abgeschlossen. Der gegenüber dem Altbau um ein Stockwerk erhöhte neue Flügel dominierte die Hotelanlage fortan als markanter Kopfbau.

HOTEL VICTORIA (Abb. 25, 68, 84)
Baugeschichte

1810er-Jahre: Eröffnung der Pension von Dr. Christian Aebersold als zweite Pension am Höheweg.

1836: Kauf durch Peter und Johannes Stähli und Umbenennung in Pension Victoria.

1849: Erwerb durch Peter Ober (?).

1857: Kauf der Pension Victoria durch Eduard Ruchti (1834 – 1902).

8. 10. 1864: Baubewilligung für Eduard Ruchti: «... zwischen dem Hotel & dem Chalet ein neues Wirtschaftsgebäude aufzustellen...»

1864/65: Bau des neuen Hotel Victoria nach den ursprünglich für das Hotel Jungfraublick erarbeiteten Plänen des Berner Architekten Friedrich Studer, Bauführung durch Horace Edouard Davinet.

20. 7. 1865: Eröffnung des neuen Hotels.

1866: Anschluss an das erste Gasnetz in Interlaken.

1870: Anschluss an das erste Wassernetz in Interlaken.

1875: Einbau eines hydraulischen Liftes mit «Wasserdruckpumpe im Keller»: erster Lift in Interlaken, zweiter im Berner Oberland.

1. 9. 1881: Brand in der Dependance (Chalet Ruchti).

12. 7. 1882: Eröffnung des neuen Speisesaals («Salle Versailles») mit der ersten elektrischen Hotelbeleuchtung im Berner Oberland.

1883: Kauf des Chalets östlich des Hotels.

1885: Einrichtung der grössten Haustelefonanlage der Schweiz.

1893: Kauf der Pension Volz mit Ökonomieteil hinter dem Speisesaal.

1899: Anbau auf der Ostseite mit dem charakteristischen Turm, Architekt Horace Edouard Davinet.

20. 2. 1906: Brand im Ostflügel, Wiederaufbau nach Plänen der Architekten Davinet & Studer.

Beschreibung

Die 1864/65 vom Interlakner Hotelkönig Eduard Ruchti (als Konkurrenz gegen den kurz zuvor begonnenen Bau des Hotel Jungfrau nebenan) im Eiltempo erstellte Hotelanlage war einer der imposantesten Hotelpaläste von Interlaken. Die vom Architekten Friedrich Studer aus Bern, dem Erbauer des ersten Bundeshauses, entworfenen Pläne waren ursprünglich für das Hotel Jungfraublick bestimmt, dort aber aus Kostengründen nicht verwirklicht worden. Die Bauführung vor Ort leitete Studers Schwager, der aus Frankreich stammende Architekt Horace Edouard Davinet. Die stattliche fünfteilige Hotelanlage mit einem betonten Mittelrisalit und zwei Seitenflügeln war der erste Hotelbau Interlakens nach dem in den 1850er-Jahren entwickelten Typ des Palasthotels. Mittel- und Seitenrisalite waren gegenüber dem Hauptbau um ein Stockwerk erhöht und mit einer Balustrade abgeschlossen, der Mittelrisalit mit einem Renaissance-Blendgiebel bekrönt. Die Rundbogenöffnungen im Erdgeschoss erinnern an den von Studer bereits beim Bundeshaus angewendeten «Münchner Rundbogenstil». Loggiaartige Veranden charakterisieren das Erdgeschoss, und zahlreiche Balkone gliedern die Fassade in den Obergeschossen. Der Grundriss zeigt eine traditionelle zweibündige Hotelanlage mit einem langen Mittelgang. Im Mittelrisalit konzentrierte Studer die Vertikalerschliessung in der Form einer halbrunden, einläufigen Treppe an einem inneren Lichthof. Diese Disposition erinnert stark an die Anlage im Bernerhof, dem ersten Berner Nobelhotel, das Friedrich Studer ebenfalls entworfen hatte.

Im Jahr 1882 wurde auf der Nordwestseite ein neuer prunkvoller Speise- und Festsaal angebaut. Mit dieser Erweiterung erhielt das Victoria als erstes Hotel im Berner Oberland eine elektrische Beleuchtung. Die Tageszeitungen meldeten unter anderem: «Dynamo von Siemens-Halske» und: «Fünf Lampen erleuchten den neuen, grossen Speisesaal und drei nach Schluss der Tafel den neuen Garten.»

1899 kam auf der Ostseite ein weiterer dreiachsiger Gebäudeflügel mit einer mächtigen Dachkuppel mit Aussichtsplattform hinzu. Architekt dieses bedeutenden Erweiterungsbaus war wiederum der zu dieser Zeit in Bern ansässige Architekt Davinet. 1906 lieferte das Büro Davinet & Studer für den Wiederaufbau dieses Gebäudeteils nach einem Grossbrand sogar nochmals die Ausführungspläne.

HOTEL JUNGFRAU (Abb. 154, 156)
Baugeschichte
1807: Bau der Pension von Johann Seiler-Brunner (1767–1833) als erstes Fremdenhaus am Höheweg.
1820: Bau des Chalet de la Jungfrau als Dependance (1897 Abbruch und Neuaufbau an der Alpenstrasse).
1829: Neuer Besitzer: Friedrich Seiler-Schneider, Nationalrat (1808–1883).
vor 1844: Umbenennung in Hotel Jungfrau.
1858: Anbau an das Hotel Jungfrau gemäss Werkliste des Architekten Robert Roller junior.
19. 6. 1863: Bewilligung zum Neubau eines Hotels.
Juni 1864: Projekt zum Neubau des Hotel Jungfrau gemäss Werkverzeichnis des Architekten Robert Roller junior, Burgdorf, Bauführung durch Horace Edouard Davinet.
1866: Anschluss an das erste Gasnetz in Interlaken.
1870: Anschluss an das erste Wassernetz in Interlaken.
1883: Eigentumsübergang an Johann Gottlieb Seiler-Sterchi, genannt Friedrich (1836–1888).
4. 3. 1884: Bewilligung für einen Anbau an das Hotel Jungfrau.
1884/85: Neubau des Westtraktes, Architekt wohl Horace Edouard Davinet (Pläne nicht vorhanden). Das Hotel hat nun 180 Zimmer mit 200 Betten.
1888: Verkauf von Witwe Seiler an Eduard Ruchti.
1888: Anschluss an das erste Elektrizitätsnetz in Interlaken.
28. 6. 1894: Bewilligung für An- und Höherbau.
1894/95: Neubau des Osttraktes mit neuem Festsaal, Einbau von zwei Räumen mit Bad/WC für 36 Zimmer im Ostflügel. Chalet de la Jungfrau an die Alpenstrasse versetzt. Der neue Osttrakt ist im Hotelführer 1896 bereits abgebildet, Architekt wohl Horace Edouard Davinet (Pläne nicht vorhanden). Das Hotel hat nun mehr als 200 Zimmer mit 300 Betten. Der von Otto Haberer ausgemalte neue Festsaal wird 1897 eröffnet.
1903: Anbau einer Veranda beim Eingang und von WC-Anlagen im Mitteltrakt, Architekten Pfleghard & Häfeli, Zürich.
1908: Erstes Projekt zum Ausbau des vierten Stockwerks im Hauptgebäude (nicht ausgeführt).
1911: Definitives Projekt zum Ausbau des vierten Stockwerks, Architekten «E. Davinet, F. Studer».

Beschreibung
Der vor dem benachbarten Hotel Victoria begonnene Neubau des Hotel Jungfrau am Höheweg findet sich auf der Werkliste des Burgdorfer Architekten Robert Roller junior. Ein Vergleich mit dem übrigen Werk von Roller lässt den Schluss zu, dass sein Anteil am Entwurf des Interlakner Jungfrauhotels, ein oft dem Architekten Horace Edouard Davinet zugewiesenes Werk, nicht unbedeutend war. Die Dachgestaltung mit der Lukarnenreihe im schwach geneigten Walmdach sowie der klassizistische Dachaufbau mit einem Giebeldreieck lässt sich eindeutig dem Werk des noch im Klassizismus verharrenden Roller zuordnen. Weder von Friedrich Studer noch von Horace Edouard Davinet sind solche stark vom Klassizismus geprägte Fassadengestaltungen bekannt. Zudem lässt sich eine grosse Verwandtschaft mit dem gleichzeitig im Büro von Roller entstandenen neuen Mittelbau des benachbarten Hotel des Alpes feststellen. Der Grundriss dieses frühen Grosshotels von Interlaken weist ein gewöhnliches axiales Schema mit einer rückseitig leicht hervortretenden zweiläufigen Treppenanlage auf, ebenfalls eine von Roller eingeführte Spezialität. Die gleiche Disposition, allerdings mit nur neun statt dreizehn Fensterachsen, war bereits von Rollers Vater beim Hotel Schweizerhof in Interlaken angewendet worden. Zudem propagierte Roller diesen Grundriss in seiner Publikation von 1879 über Hotelbauten explizit als den für spätere Erweiterungen am besten geeigneten Grundriss. Beim Bau war der in den lokalen Presseberichten oft als Architekt des Hotels bezeichnete Horace Edouard Davinet massgeblich beteiligt.

Die beiden Seitenflügel, als separate Anbauten 1884/85 (durch die Familie Seiler) und 1894/95 (nach dem Kauf durch Eduard Ruchti) realisiert, tragen die Handschrift von Davinet, der, obschon seit Jahren in Bern als Direktor des Kunstmuseums tätig, immer noch alle Umbauten für dieses Haus ausführte. Die Eck-Erker dieser neuen Seitenflügel nehmen die Gestaltung im Hauptbau von 1864 auf. Sie sind als Gestaltungselement aber auch im ersten Projekt Davinets für das Hotel am Giessbach zu finden. Im Ostbau konnte der neue, im historisierenden Stil üppig dekorierte und vom bedeutenden Kunstmaler Otto Haberer ausgeschmückte Festsaal eingeweiht werden. Damit besass das Jungfrau auch, wie das benachbarte Victoria bereits seit 1882, einen eigenen grossen Festsaal.

152
Das neue Hotel du Sauvage, der stattlichste Hotelbau in Meiringen, entstand 1879/80 im Anschluss an den grossen Dorfbrand. Fotografie um 1950.

153
Das 1873 eröffnete Hotel Beau-Rivage in Interlaken. Originalzeichnung des Fassadenplans von Architekt Horace Edouard Davinet (1906 Neubau nach Brand).

154
Das von Friedrich Seiler erbaute Hotel Jungfrau am Höheweg in Interlaken war ein Entwurf des Burgdorfer Architekten Robert Roller junior; die Bauführung hatte der junge Horace Edouard Davinet inne. Die beiden Anbauten kamen 1885 (West) und 1895 (Ost) hinzu. Ansichtskarte um 1900.

155
1897 wurde der Schweizerhof als letztes bedeutendes Hotel am Höheweg in Interlaken erhöht und seine Fassaden neuzeitlich gestaltet (1971 abgebrannt). Fotografie um 1920.

156
Die bedeutenderen Hotelbauten von Interlaken um 1865 in einer Übersicht (von links): Jungfrau, Victoria, Ritschard (oberste Reihe), Schweizerhof, Belvédère (zweite Reihe), Ober, Casino (dritte Reihe), des Alpes, Jungfraublick, Interlaken (unterste Reihe).

152

153

154

155

156

In den anderen Quartieren von Interlaken entstanden in den 90er-Jahren nur noch vereinzelte Betriebe. Am östlichen Ende des Höhewegs kamen das Hotel St. Georges (Abb. 40) und das Hotel Bavaria hinzu. Daneben wurden etliche Hotels umgebaut und vergrössert. 1894/95 erhielt das Jungfrau mit dem neuen Osttrakt seine letzte Erweiterung (Abb. 154),⁹⁴ und 1899 entstand der östliche Anbau beim Hotel Victoria mit dem markanten Turm (Abb. 84), nochmals ein Werk des nun in Bern als Direktor des Kunstmuseums amtierenden Architekten Davinet.⁹⁵ Auf die Sommersaison 1897 konnte der neue Festsaal beim Hotel Schweizerhof, ein Werk des Luzerner Architekten Arnold Cattani, eingeweiht werden (Abb. 65),⁹⁶ im folgenden Jahr wurde der Schweizerhof nochmals erhöht und seine Fassaden neuzeitlich gestaltet (Abb. 155).⁹⁷

Im letzten Jahrzehnt vor dem Ersten Weltkrieg kamen in Interlaken, im Gegensatz etwa zu Montreux oder Weggis, nur noch vereinzelte neue Betriebe hinzu, der Zenit war dort längst überschritten. Die meisten neuen Betriebe des frühen 20. Jahrhunderts entstanden in der Nähe des Ostbahnhofs. Zahlreiche Projekte blieben aber unausgeführt, wie das geplante Schlosshotel am Standort des späteren Hotel Savoy.⁹⁸ In dieser Zeitepoche erlebte Interlaken kaum noch touristische Innovationen, wie die Tatsache beweist, dass die 1903 erteilte Konzession für den Bau einer «Tramway vom Hauptbahnhof zum Ostbahnhof mit zwei Abzweigungen» unausgeführt blieb.⁹⁹ Interlaken erhielt deshalb keine Strassenbahn mehr, ganz im Gegensatz zu den anderen bedeutenden Fremdenorten Montreux, Lausanne-Ouchy, Thun, Spiez, Luzern, Brunnen oder St. Moritz (Abb. 21, 26, 138).

BEAR & GRAND HOTEL GRINDELWALD

Die Geschichte des Hotel Bär in Grindelwald begann als Dorfwirtschaft im 18. Jahrhundert. Damals waren die Tavernenrechte in dieser weitläufigen Berggemeinde am Fuss der Eigernordwand nicht an ein einzelnes Haus gebunden, sondern sie wanderten nach einer Steigerung periodisch von einem Haus zum nächsten.¹⁰⁰ Zusammen mit dem Adler und dem Steinbock gehörte der Bären zu den alten, traditionsreichen Namen im Gletscherdorf. Alt Weibel Christian Bohren, der bereits seit 1798 den Steinbock pachtweise führte, soll im Jahr 1800 das Gasthofrecht zum Schwarzen Adler erworben und danach das aus zahlreichen zeitgenössischen Darstellungen bekannte Haus erbaut haben (Abb. 4). Zwischen 1818 und 1823 war dort Elisabeth Ritter-Grossmann, die ehemalige «belle batelière de Brienz» (Abb. 14, Seite 23), als Wirtin tätig.¹⁰¹ Der Bären seinerseits, seit dem späten 18. Jahrhundert der direkte Konkurrent des Adler, erscheint anno 1786 erstmals in einer Beschreibung als «Wirtshaus zum grossen Hause». Mit dem Erwerb des Tavernenrechts durch Christian Burgener im Jahr 1820 erhielt dieses Haus, nach einem Neubau des Gebäudes, offiziell den Namen Bären.¹⁰² Adler (Abb. 4) und Bären beherrschten nun ein halbes Jahrhundert lang die Hotelszene von Grindelwald. Während der Adler durch Schicksalsschläge und Konkurse im Lauf der Zeit an selbständiger Bedeutung einbüsste und 1887 zum Besitz des Bärenwirtes Johannes Boss kam, entwickelte sich der Bären im späten 19. Jahrhundert zum dominierenden Betrieb.¹⁰³

Bereits im Reiseführer von Johann Jakob Leuthy 1840 wird der Bären besonders hervorgehoben: «seit einigen Jahren äusserst vorteilhaft [...] und angenehm eingerichtet».¹⁰⁴ In der Jahrhundertmitte erscheint die erste Darstellung des «Hotel de l'Ours» vor einer imposanten Gletscherkulisse. Der damalige stattliche Holzbau mit einem traditionellen Quergiebel lässt sich als Erweiterung des ursprünglichen Gebäudes von 1820 deuten: wohl das Resultat der 1840 datierten Aus- und Umbauten durch den damaligen Besitzer Johann Jakob Wettach.¹⁰⁵ Hatte der Bären also in der ersten Jahrhunderthälfte bereits eine beachtliche Entwicklung in mehreren Bauetappen erlebt, so begann sein eigentlicher Aufstieg zum ersten Haus am Ort 1867 mit dem Kauf durch Johannes Boss (1815–1900), Bürger von Grindelwald und vorher Kutscher in Interlaken.¹⁰⁶ In mehreren Etappen entstand innerhalb von zwei Jahrzehnten aus einem ehemals traditionellen Rundehaus ein mehrteiliger stattlicher Hotelkomplex. An Stelle des alten Gasthauses errichtete Johannes Boss wohl kurz nach seinem Kauf der Liegenschaft einen ersten Neubau: das in Nord-Süd-Richtung stehende Gebäude mit Walmdach und zwei ungleichen Türmchen (eines vor die Fassade vorstehend, eines nur als Dachaufbau konstruiert, Abb. 157). In den 1870er-Jahren, wohl als Folge des damaligen Ausbaus der Talstrasse, kam der grosse Quer-

157
Nach dem Kauf der Hotelliegenschaft Bären 1867 erstellte Johannes Boss einen neuen Bau mit Walmdach und zwei Türmen. Im nächsten Jahrzehnt entstand der grosse Querbau auf der Aussichtsseite. Fotografie um 1880.

158
Das 1888 vom initiativen Hotelier Johannes Boss eröffnete Winterhaus war gemäss Werbung ein «Bau mit besonderer Heizeinrichtung nach Davoser Muster» (1892 abgebrannt). Fotografie um 1890 (siehe Abb. Seiten 2/3).

159
Fotografie der im Dorfbrand 1892 zerstörten Gesamtanlage, rechts das Winterhaus von 1888.

160
Das 1892–1894 nach einem Grossbrand neu erstellte Hotel Bären in Grindelwald war eine der ganz wenigen Dreiflügelanlagen bei Hotelbauten der Belle Epoque (1941 abgebrannt). Ansichtskarte um 1900.

159

160

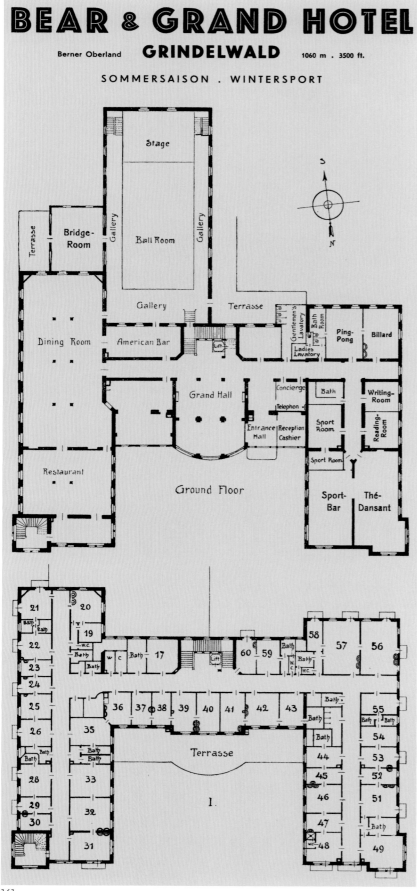

161

bau in bester Aussichtslage hinzu.[107] Bei diesem mächtigen Hoteltrakt handelt es sich wohl um den im Nekrolog des erfolgreichen Architekten Horace Edouard Davinet genannten Neubau.[108] Charakteristisch für Davinets Bauten ist das oktogonale Türmchen auf der östlichen Schmalseite (Abb. 157). Neben dem Hotelbetrieb organisierte der ehemalige Kutscher aus Interlaken als Hotelbesitzer in Grindelwald gemäss den zeitgenössischen Quellen einen bedeutenden Reit- und Kutschenbetrieb mit über 70 Pferden in Spitzenzeiten.[109]

Nachdem das Hotel bereits 1860 kurzfristig im Winter für ein paar Tage geöffnet worden war, begann an Weihnachten 1888 im Hotel Bären eine neue Ära. Der initiative Hotelier Johannes Boss hatte laut Zeitungsberichten ein neues Winterhaus erstellt, einen «Bau mit besonderer Heizeinrichtung nach Davoser Muster» und 100 Betten in 70 Zimmern (Abb. 158).[110] Dank diesem Neubau konnte die erste Wintersaison eröffnet werden, mit der Grindelwald zum Wintersportpionier im Berner Oberland wurde, beinahe zwei Jahrzehnte vor Wengen, Mürren und Adelboden.[111] Bereits für die erste Saison entstand unterhalb des Bären eine der ersten grossen Eisbahnen in der Schweiz, gemäss Berichten aus St. Moritz[112] gleichzeitig mit der Austragung des ersten Eishockeyspiels im Engadiner Winterkurort. Die 1890 eröffnete Bahn von Interlaken nach Grindelwald verkehrte sogleich auch im Winter, obschon sie den Betrieb nur mit grossen finanziellen Schwierigkeiten aufrechterhalten konnte.[113] Mit diesem dritten Bau innerhalb von zwei Jahrzehnten hatte sich Johannes Boss ein stattliches Hoteldorf zusammengestellt, das im Berner Oberland nur wenige Konkurrenten kannte (Abb. 159). In den 1880er-Jahren errichtete der initiative Hotelier bei seinem Betrieb eine eigene englische Kirche, und 1890 erhielt er die Konzession für ein eigenes Elektrizitätswerk, das dann allerdings nicht zur Ausführung kam.[114]

Nach einem ersten, offenbar glimpflich verlaufenen Brand im Dachstock des Bären im Juli 1890[115] brach im Sommer 1892 das grosse Unglück über das Dorf Grindelwald und den Bären herein. Innerhalb weniger Stunden verbrannten am 18. August 1892 im westlichen Dorfteil insgesamt 116 Firste. Weil der Brand in einer Dachkammer des alten Bären ausgebrochen war, gehörten dessen drei Bauten zu den zuerst betroffenen

162

Objekten, von denen am folgenden Tag nur noch rauchende Asche übrig blieb.[116]

Aus diesem Tiefschlag konnte sich Johannes Boss rasch erholen. In den folgenden zwei Jahren erstellte er an gleicher Stelle die neue, grosse Dreiflügelanlage mit rund 300 Gästebetten (Abb. 160). Das gemäss zeitgenössischer Berichterstattung «aus den Trümmern» wieder aufgebaute Haus entstand wohl, wie oft in solchen Fällen üblich, auf den bestehenden Grundmauern. Der unregelmässige Grundriss mit verschiedenen, aus den sichtbaren Plänen kaum zu erklärenden Gang- und Zimmerachsen lässt kaum eine andere Erklärung zu (Abb. 161). Der im Vergleich mit anderen ähnlichen Entwürfen, etwa beim Hotel Kursaal Maloja von 1884 (Abb. 44), unbeholfen wirkende Grundriss der Dreiflügelanlage von 1892 unterstützt jedenfalls diese Aussage. Damit wäre auch die an sich erstaunliche Feststellung gedeutet, dass der Wiederaufbau nicht das Werk eines (bekannten) Architekten, sondern durch den «planenden Baumeister» Karl Bühler aus Interlaken ausgeführt worden sei.[117] Andere Quellen bezeichnen sogar den Hotelier Boss als Planverfasser und Bauführer,[118] eine im schweizerischen Vergleich und bei allem Respekt vor den Leistungen von Johannes Boss doch eher unwahrscheinliche Hypothese.

Die Erscheinung des neuen Hotel Bären wirkte imposant: Der viergeschossige Dreiflügelbau war eine der grössten im alpinen Raum je realisierten Hotelanlagen. Der mit rustikalen Ecklisenen versehene Fassadenaufbau war für seine Entstehungszeit recht aussergewöhnlich, dominierte damals doch in den meisten Touristenorten noch die traditionelle Historismusfassade den Hotelbau. Die Erscheinung des nun mehrheitlich englisch benannten Hotel Bear nahm gewissermassen rustikale Elemente voraus, die erst ein Jahrzehnt später durch die Einflüsse des jungen Heimatschutzes verbreiteten Eingang in die Hotelarchitektur gefunden haben. Neben den Fassaden repräsentierte auch die Dachgestaltung eine eigenartige und in der damaligen Zeit noch kaum bekannte Mischung aus traditionellen und fortschrittlichen Elementen. Während der Walmdachaufsatz im Mittelrisalit und die beiden Eckkuppeln noch der Historismusarchitektur des 19. Jahrhunderts zugeordnet werden können, gehörte das grosse Flachdach damals zu den ganz fortschrittlichen Elementen der Baukunst.

Einen in seiner Erscheinung ähnlichen Bau realisierte Architekt Arnold Cattani 1904 mit der Erneuerung des Hotel Axenfels am Vierwaldstättersee (Abb. 192).

Weitere Brände wie der Totalbrand im Hotel Adler vom 28. Februar 1897 oder das Feuer in der Bären-Dependance im Jahr 1912 konnten dem Hotel Bären vorderhand noch nichts anhaben.[119] Bis zum Ersten Weltkrieg spielte das Bear & Grand Hotel im Hotelkonzert von Grindelwald die erste Geige. Eine geschickte Hotelführung rettete den Betrieb, wenn auch mit teils erheblichen finanziellen Schwierigkeiten, sogar über die Zwischenkriegszeit.[120] In den offensichtlich gut in Stand gehaltenen ausgedehnten Gesellschaftsräumen des Erdgeschosses (Abb. 162–164) florierte das Hotelleben bis zum Ausbruch des Zweiten Weltkriegs. Erst der Brand im Dachstock am Abend des 14. Januar 1941 setzte dem Hotelbetrieb ein jähes Ende. Innerhalb einer Nacht brannte das ganze Gebäude vollständig nieder.[121] Mit ihm verschwand auch das ganze wertvolle Hotelarchiv, das uns heute noch über Haus- und Besitzergeschichte seriöse Auskunft geben könnte.[122] 1979 schliesslich wurde mit der Liquidation des «Grand Hotels Bär & Adler AG», die sich wegen des unterbliebenen Wiederaufbaus nur noch als Immobiliengesellschaft betätigt hatte, ein endgültiger Schlussstrich unter die Geschichte dieses berühmtesten Grindelwaldner Hotels gezogen. Heute steht an dessen Stelle das grosse, in den späten 1970er-Jahren erbaute Sportzentrum.

161
Grundriss des Bear & Grand Hotel. Hotelplan um 1940.

162
Hotelhalle. Fotografie um 1940 (siehe Abb. Seiten 108/109).

163
Der grosse Festsaal. Fotografie um 1940.

164
Hotelbar. Fotografie um 1940.

163

164

Hotelbauten am Vierwaldstättersee

WALLFAHRT UND FRÜHTOURISMUS AN DER RIGI

Ausgangspunkt des touristischen Geschehens am Vierwaldstättersee bildete die Wallfahrt. Lange bevor der Rigigipfel zum beliebtesten Aussichtspunkt der Schweiz wurde, gehörten Kaltbad und Klösterli zu den von Pilgern viel besuchten Wallfahrtsorten. In Kaltbad entstand um 1700 ein bescheidenes Gasthaus.[1] Im Klösterli ist bereits seit dem späten 17. Jahrhundert ein Gasthaus nachgewiesen; bis im frühen 19. Jahrhundert vergrösserte sich dort die Zahl der Pensionen auf insgesamt vier (Abb. 171). Im Jahr 1804 stellt der Reiseführer von Johann Gottfried Ebel fest: «Ich kenne keine Berggegend, wo man neben dem Zweck, in reiner Bergluft zu leben und Milchkuren zu machen, so genussvoll mehrere Wochen zubringen könnte, als auf dem Rigi.»[2] Solche und andere zeitgenössische Werbung führte immer mehr Fremde auf den bekanntesten Aussichtsberg. Dass die damalige grosse Zunahme von Pilgern nicht immer zur Freude der Einheimischen und der Geistlichkeit geschah, legt die zeitgenössische Quelle von Pfarrer Fassbind dar: «Seit dem Jahr 1810 hat die Zahl, insbesonders unkatholischer Bergfahrer so zugenommen, dass selbe den andächtigen Wallfahrter verdrängen, da zumal den Gastwirthen mehr an reichen Lutheranern als an armen Pilgern gelegen ist.»[3]

Im Jahr 1814 begann der Rigiführer Joseph Martin Bürgi-Ulrich, der im Klösterli das kleine Hotel Krone führte, mit dem Bau einer Gaststätte auf seinem bereits seit längerer Zeit zu diesem Zweck erworbenen Land unterhalb des Rigigipfels. Finanzielle Schwierigkeiten zwangen ihn aber vorerst zur Aufgabe dieses Vorhabens. Als Heinrich Keller, der Autor des berühmten Rigi-Panoramas (Abb. 12), im Jahr darauf von Bürgis Schwierigkeiten hörte, gründete er zusammen mit einflussreichen Persönlichkeiten ein Komitee zum Bau dieses Wirtshauses auf Rigi-Kulm. Zu den berühmtesten Mitgliedern gehörten der Reiseschriftsteller und Arzt Johann Gottfried Ebel, der Leiter der Linthkorrektion Hans Conrad Escher von der Linth sowie der Zürcher Architekt Hans Caspar Escher. Ein schweizerischer Spendenaufruf ergab die für damalige Verhältnisse enorme Summe von 971 Schweizer Franken (auf heutige Verhältnisse umgerechnet etwa 25 000 Franken). Damit konnte Bürgi das geplante Kulmhaus vollenden und am 6. August 1816 eröffnen (Abb. 165).[4]

Das Echo auf dieses Gasthaus war überwältigend. Die Rigi wurde fortan in allen Reiseführern ausführlich beschrieben

MELCHIOR BERRI (1801–1854), der bei Friedrich Weinbrenner in Karlsruhe und an der Académie Royale des Beaux-Arts in Paris ausgebildete Architekt aus Basel, ist eine der bedeutendsten Architektenpersönlichkeiten der deutschsprachigen Schweiz in der Zeit des Klassizismus. Seit 1828 führte er in Basel ein eigenes Architekturbüro und eine Zeichenschule. Obwohl sich Berris ausgeführte Werke vor allem auf Basel konzentrieren, entwarf er mehrere Projekte in anderen Schweizer Städten, unter anderem ein Rathausprojekt für Bern, die aber fast alle unausgeführt blieben.
CARL 1963 – ALS, 53ff.

165

166

und in den höchsten Tönen gelobt. Das reisende Volk begann den Berg in Scharen zu stürmen. Bereits 1818 schreibt Ulrich Hegner in seinem Reiseführer vom «beliebtesten Berg der Schweiz», und 1833 gehört die Rigibesteigung zum absoluten Muss: «Der Rigiberg ist heut zu Tage ein so allgemein europäischer Wallfahrtsort geworden, dass von den meisten die Schweiz besuchenden Fremden dessen Besteigung zum angelegensten Zielpunkt ihrer Wanderung und zum besonderen Gegenstand ihrer Huldigung gemacht wird.»[5] 1840 bezeichnete Johann Jakob Leuthy den Blick vom Rigigipfel als «die mannigfaltigste, reichste und schönste Rundsicht des schweizerischen Alpengebirges».[6] Das wichtigste und oftmals einzige Ziel der Rigireise war der Sonnenaufgang. Im Baedeker von 1844 finden sich deshalb bereits Klagen über den grossen Besucheransturm: «Im August und September wimmelt bei heitrm [!] Wetter das Kulmhaus von Reisenden, so dass an Bedienung wenig zu denken ist und man sich glücklich schätzen muss, noch ein Bett gefunden zu haben.» Das Zeremoniell um den Sonnenaufgang schildert der Baedeker wie folgt: «Eine Stunde vor Sonnenaufgang erschallt das Alphorn. Nun entsteht ein Rennen und Jagen im Hause, Jeder fürchtet den Aufgang der Sonne zu versäumen, nach und nach werden die Zellen leer, mit schlaftrunkenen Augen, in Tücher, Mäntel oder auch Decken eingehüllt, eilt Alles auf die Höhe» (Abb. 166).[7] Nach anfänglicher Skepsis gegenüber den Fremden stellten sich die Einheimischen bald einmal auf die Bilder ein, die die Touristen dort suchten. Der Älpler wurde ins touristische Folkloreprogramm einbezogen, jeden Morgen durfte er beispielsweise auf der Hotelterrasse Kühe und Ziegen melken.[8]

Der rasch zunehmende Besucherstrom hatte seine direkten Auswirkungen auf den Bau von Gasthäusern. 1817, im Jahr nach der Eröffnung des Kulmhauses, nahm Joseph Blasius Schreiber aus Arth das erste kleine Gasthaus auf Rigi-Staffel in Betrieb (Abb. 171). Er legte damit den Grundstein zu einem weiteren Fremdenort am Rigihang, der mit dem Bahnbau zu einer wichtigen Fremdenstation werden sollte.[9] Im Klösterli, damals noch unbestritten das Zentrum des gesamten Rigitourismus, kam 1822 das neue Hotel Schwert hinzu (Abb. 171).[10] Im gleichen Jahr wurde das Gasthaus auf dem Kulm auf 26 Betten vergrössert. Kurz zuvor war auf dem Gipfel der berühmte hölzerne Aussichtsturm erstellt worden (Abb. 166). Nach dem Ausbau des Weggiser Rigiwegs eröffneten die Gebrüder Zimmermann aus Vitznau im Sommer 1825 im Kaltbad ein neues steinernes Gasthaus.[11] Mit diesen Aktivitäten war eine erste Ausbauetappe am damals bekanntesten Aussichtsberg der Schweiz abgeschlossen. Zwischen Klösterli, Kaltbad und Kulm standen nun sieben Gasthäuser mit über 200 Betten, während beispielsweise in Weggis um 1830 nur zwei bescheidene Gasthäuser vorhanden waren und Vitznau sowie Luzern in den Reiseführern noch gar nicht auftauchten. Auch die anderen bedeutenden Touristenorte der Belle Epoque rund um den See (Bürgenstock, Seelisberg, Brunnen, Morschach oder Flüelen) waren damals den Touristen noch gänzlich unbekannt.

LUZERNS EINSTIEG IN DEN FREMDENVERKEHR

Bis weit ins 19. Jahrhundert blieb Luzern eine kleinstädtische Siedlung mittelalterlicher Prägung. Die Altstadt war umgeben von einem hermetischen Mauergürtel mit Türmen und Toren sowie Brücken, die eine Befestigungsfunktion einnahmen. Ein wichtiger Durchbruch in der baulichen Entwicklung der Stadt Luzern gelang in den 1830er-Jahren dank dem damaligen Vorwärtsstreben des Fremdenverkehrs.[12] Eingeleitet wurde die Entstehung von Hotelbauten am Seeufer durch einen Brand, der im Juni 1833 ein Altstadtquartier einäscherte.[13] Beim Wiederaufbau entstanden mit dem Bauschutt die ersten Quaianlagen: «Unter der Egg» am rechten und die heutige Bahnhofstrasse am linken Reussufer. Diesem Stadtbrand fiel auch der Gasthof Schwanen zum Opfer. Der initiative Wirt entschloss sich zum sofortigen Wiederaufbau, allerdings nicht mehr am bisherigen Standort, sondern am See beim alten Hoftor. Im Jahr 1835 konnte der neue Schwanen als erstes direkt am Wasser gelegenes Gasthaus der Stadt Luzern eröffnet werden (Abb. 86).[14] Am 24. September 1837 nahm Casimir Friedrich Knörr auf dem Vierwaldstättersee das erste Dampfschiff in Betrieb. Seine Schifflända errichtete er vor dem neuen Gasthof Schwanen, womit dieser bereits kurz nach seiner Eröffnung in den Mittelpunkt des touristischen Geschehens von Luzern rückte.[15] Bereits im Jahr 1836 war das Projekt einer Quaianlage entstanden, die einen neuen Stadtteil als Verbindung von

Seiten 132/133: Vergrösserung von Abb. 177

Das 1875 eröffnete Hotel Rigi-First war vom jungen Luzerner Architekten Paul Segesser nach dem Vorbild des dortigen Hotel National entworfen worden (1948 abgebrannt nach Brandstiftung des Besitzers). Im Hintergrund die Hotelsiedlung Kaltbad. Fotografie um 1890.

165

Das 1816 eröffnete erste Gasthaus auf dem Rigigipfel in einer zeitgenössischen Darstellung.

166

Sonnenaufgang auf Rigi-Kulm. Aquatinta von 1875.

167

Das 1845 eröffnete Hotel Schweizerhof war das erste grosse Quaihotel von Luzern. Lithografie um 1850.

168

Ansicht von Weggis um 1850 mit den beiden damals bedeutendsten Gasthöfen «zum Dampfschiff» (rechts neben der Kirche, heute Seehof Hotel du Lac) und «zum Löwen» (am rechten Bildrand, heute Hotel Beau Rivage).

167

168

Hofquartier und Halde mit dem Schwanenplatz und der rechtsufrigen Altstadt seeseitig abschliessen sollte. Der Basler Architekt Melchior Berri entwarf dazu ein Idealprojekt nach klassizistisch strengem Massstab, das der Stadt ein ganz neues Gesicht gegeben hätte. Er schlug vor, zwischen der auf die Hofkirche gerichteten «Neuen Strasse» und dem Seeufer eine Reihe von fünf vierstöckigen Gebäuden zu erstellen, die seeseitig durch eine Arkadenreihe miteinander verbunden gewesen wären. Das westliche Eckgebäude bezeichnete Berri als «Gasthof zum Adler», die restlichen als «übrige Häuser des neuen Quartiers».[16]

Die Entwicklung dieses Gebiets verlief aber in anderen Bahnen, indem nicht nach Berris klassizistisch strengem Plan gebaut wurde, sondern auf Grund von Privatinitiativen, bei denen die bedeutendsten Luzerner Familien in vorderster Front tätig waren. So entstand nach einer langen und verworrenen Planungsgeschichte durch verschiedene Interessenten als Erstes das Hotel Schweizerhof. Bei seiner Eröffnung 1845 war es das zweite Aussichtshotel am See, das aber bald einmal zum touristischen Wahrzeichen Luzerns wurde (Abb. 167).[17] Gleichzeitig erstellte die Stadt den ersten Teil der nach dem Hotel benannten Quaianlage, das 120 Meter lange Reststück bis zur Hofkirche entstand durch eine weitere Aufschüttung zwischen 1852 und 1860.[18]

DER ERSTE BAUBOOM AN DER RIGI

Die Eröffnung der Dampfschifffahrt auf dem Vierwaldstättersee im Jahr 1837 kurbelte den Rigitourismus kräftig an. Weggis wurde dabei zu einem beliebten Ausgangspunkt für die Besteigung des berühmtesten Berges. Immer mehr Rigibesucher wählten nun diesen bequemen Weg der Anreise.[19] Die Entwicklung der Hotellerie setzte in Weggis aber vorerst nur zögernd ein. 1844 bezeichnet der Baedeker «Wäggis» noch als «kleines Dorf am Fuss des Rigi» und erwähnt nur den Gasthof Löwen.[20] Zusammen mit dem 1851 vergrösserten Gasthaus zum Dampfschiff blieb der Löwen bis in die 1860er-Jahre das einzige Gasthaus von Bedeutung (Abb. 168).[21]

Während sich die Hotellerie am Seeufer in Weggis nur relativ langsam entwickelte, kam der Tourismus an der Rigi immer schwungvoller in Fahrt. Ein initiatives Konsortium aus Gersau entschloss sich kurz vor 1840 zum Bau eines Kurhauses auf Scheidegg. Mit dem 1840 eröffneten Haus, das 40 Zimmer und eine integrierte Kapelle enthielt, entstand der Grundstein zu einem weiteren Kurort an der Rigi. Scheideck, wie der Ort damals genannt wurde, erhielt bald einen Wagenweg nach Gersau. Der Wirt des Hauses zu den drei Kronen in Gersau übernahm das Kurhaus Scheidegg und führte beide Unternehmen als Doppelbetrieb. Das hoch gelegene Kurhaus konnte sich besonders vor dem Bau der Rigibahnen als erfolgreicher Hotelbetrieb etablieren (Abb. 87, 171).[22]

1847 liess Martin Bürgi, der Besitzer des Gasthauses auf Rigi-Kulm, das alte Holzhaus niederreissen und ein neues Gebäude erstellen: das Hôtel Rigi-Kulm. Am 8. Juni 1848 konnte das erste eigentliche Hotel auf dem Gipfel eingeweiht werden. Es war für diesen nur zu Fuss und mit Lasttieren erreichbaren Bauplatz ein stattlicher Hotelbau in schönster Aussichtslage mit einer zum Sonnenaufgang ausgerichteten Hauptfassade (Abb. 169). Das dreiteilige Gebäude mit zwei Seitenrisaliten erhielt in Anbetracht seines Standortes ein erstaunliches Komfortangebot, beispielsweise ein «Leskabinett» und weitere, in solcher Höhenlage bisher nicht gekannte Gesellschafts-

---

FERDINAND STADLER (1813 – 1870) studierte nach einer Lehre als Zimmermann am Polytechnikum in Karlsruhe bei Hübsch und Eisenlohr, anschliessend in Darmstadt bei Moller. Nach dem Bau der Elisabethenkirche in Basel 1857 – 1866 galt er als grosser Kirchenspezialist. Sein grösster Erfolg war jedoch 1850 der erste Preis im Wettbewerb für das neue Bundesratshaus in Bern, dessen Ausführung er aber dem Einheimischen Friedrich Studer überlassen musste. 1855 erhielt er neben Gottfried Semper die zweite Architekturprofessur am Eidgenössischen Polytechnikum in Zürich, von der er aber nach nur zwei Jahren zurücktrat und Ernst Georg Gladbach (1812 – 1896) als Nachfolger empfahl. In den späten 1850er-Jahren entwarf Stadler am Vierwaldstättersee drei Hotelprojekte: 1856/57 wurde das Regina Montium als zweites Hotelgebäude auf Rigi-Kulm nach seinen Plänen gebaut (Abb. 170). Kurz darauf zeichnete er zwei Projekte für den Bau des Hotel Waldstätterhof in Brunnen (Abb. 56), das erst ein Jahrzehnt später nach Plänen von Johann Meyer ausgeführt wurde. 1859/60 schliesslich entstand das erste Hotel Sonnenberg auf dem Seelisberg nach seinen Plänen (Abb. 179).

HAUSER 1976 mit Werkverzeichnis – ALS, 501ff.

LEONHARD ZEUGHEER (1812 – 1866) war der erste Schweizer Architekt, von dem eine teilweise Ausbildung in England mit Sicherheit bekannt ist. Nach seiner Rückkehr legte er beim Wettbewerb für die Neumünsterkirche in Zürich 1834 das älteste bekannte neogotische Kirchenprojekt der Schweiz vor. Im mittleren 19. Jahrhundert war er einer der meistbeschäftigten und einflussreichsten Architekten in Zürich, wo er unter anderem die Neumünsterkirche (1834 – 1839) und das alte Kantonsspital (1835 – 1842) erstellte. Im Hotelbau wurde er bekannt durch den Neubau des Hotel Bellevue am Limmatquai (1855 – 1863) sowie den grossen Saalanbau mit Küche beim Schweizerhof in Luzern (1865, Abb. 52).

ALS, 579f. – SKL 3, 560 – HBLS 7, 649 – REBSAMEN 1972.

räume. Mit diesem Bau fanden nun insgesamt 130 Personen auf dem Gipfel Unterkunft.[23]

In den 1850er-Jahren durchzog eine weitere grosse Erneuerungswelle die Fremdenorte an der Rigi. Als Erstes entstand auf Kaltbad nach einem Brand im Jahr 1849 ein neues Hotel, das bis zum Ersten Weltkrieg ständig ausgebaut und erweitert wurde und bis zum Totalbrand 1961 erhalten blieb. 1853 und 1854 wurde das Kurhaus auf Scheidegg zweimal grundlegend umgebaut. Auch dieser Bau blieb, mit zahlreichen späteren Erweiterungen, bis zum Abbruch im Zweiten Weltkrieg erhalten (Abb. 87).[24] Auf Rigi-Kulm schliesslich entstand in den Jahren 1856/57 nach den Plänen des bekannten Zürcher Architekten Ferdinand Stadler, der zuvor den Wettbewerb für das Bundeshaus in Bern gewonnen hatte, ein zweiter Hotelbau, genannt «Regina Montium» (Abb. 170). Das Land dazu hatten die Gebrüder Caspar und Joseph Bürgi von der Unterallmeindkorporation Arth für die stolze Summe von 57 000 Franken erworben. Für weitere 30 000 Franken erkauften sie sich zudem das Recht, während zehn Jahren die einzigen Hoteliers auf dem Rigigipfel zu sein.[25] Mit diesen Bauten hatte sich um 1860 an der Rigi eine Gästeinfrastruktur etabliert, die bemerkenswert war. Den Touristen standen insgesamt ein knappes Dutzend Gasthäuser und Hotels mit gegen 500 Betten zur Verfügung. Das Schwergewicht lag dabei im Klösterli, der Scheidegg sowie auf Rigi-Kulm. Auf dem Gipfel übernachtete man jedoch in der Regel nur in der Nacht vor dem Sonnenaufgang.

ENTWICKLUNG DER 1870ER-JAHRE IN LUZERN

Die Hotels Schwanen und Schweizerhof blieben während zweier Jahrzehnte die einzigen Aussichtshotels, die in Luzern direkt am See lagen. Die private Bautätigkeit der frühen 1850er-Jahre blieb wegen der vorhergehenden wirtschaftlichen Stagnation gering. Erst der Eisenbahnbau von 1856 bis 1859 regte den Hotelbau wieder an. Als Erstes erhielt der Schweizerhof 1854/55 seine beiden Dependancen.[26] Kurz danach wurde aus dem Wohnhaus am Schweizerhofquai 1 das Hotel Englischer Hof, und neben dem Schwanen entstand das Hotel Rigi. 1856 waren die vier grössten Hotels von Luzern an der neu errichteten Quaianlage aufgereiht.[27]

Auslöser einer weiteren intensiven Hotelbauphase, die in der Mitte der 1860er-Jahre einsetzte, war der am 18. September 1865 vom Regierungsrat genehmigte Bebauungsplan. Dieser regelte die Gestaltung der neuen Quaianlagen als Fortsetzung des Schweizerhofquais sowie des Quartiers, «wo die Fremden sich der schönen Aussicht wegen vorzugsweise aufhalten».[28] Nun begann im Gebiet westlich der Hofkirche eine rege Bautätigkeit, unter anderem beeinflusst durch die ersten Projekte eines Bahnhofs für die Gotthardbahn. Bereits 1864/65 war an der Ecke Schweizerhofquai/Alpenstrasse der Luzernerhof erbaut worden, und gleichzeitig hatte der Schweizerhof seinen imposanten grossen Saal von Architekt Leonhard Zeugheer erhalten. 1866/67 entstand mit dem Beau-Rivage das erste Hotel westlich der Hofkirche. 1870 folgte das mächtige Grand Hotel National, etwas näher bei der Stadt und direkt am See gelegen (Abb. 172). 1874/75 schliesslich entstand das Hotel Europe, das den östlichen Endpunkt der Hotelentwicklung bildete und 1899 als Endstation für die neu eröffnete Tramlinie ins Haldenquartier ausgewählt wurde. Nachdem der geplante Bahnhof der Gotthardbahn nicht im Haldequartier verwirklicht wurde, kam es in der Folge dort zu etlichen Konkursen.[29] Das 1873 eröffnete Grand Hotel Stadthof an der Alpenstrasse beispielsweise konnte seinen Hotelbetrieb nur gerade zwei Jahre aufrechterhalten. Für diese Krise waren aber nicht nur die lokalen Verhältnisse schuld, die allgemeine wirtschaftliche Situation in Europa erlaubte in den späten 1870er-Jahren auch andernorts kaum noch Hotelneubauten.

1867 eröffnete das Du Lac als erstes Hotel auf der linken Seite der Reuss in der Nähe des Bahnhofs seine Tore. Drei Jahre später folgte das Hotel St. Gotthard-Terminus beim Portal des ersten Bahnhofs, dessen Zufahrtslinie durch die heutige Pilatusstrasse führte. Bereits 1872 erweiterte das Hotel du Lac seinen Betrieb mit einer grossen Dependance an der Seidenhofstrasse. Diese beiden Hotels blieben aber bis zur Eröffnung des neuen Bahnhofs 1896 die einzigen bedeutenden Betriebe in Bahnhofnähe.

FREMDENVERKEHR AM URNERSEE

In den 1860er-Jahren begann der Fremdenverkehr mit der Eroberung des obersten Seebeckens. Unmittelbarer Auslöser

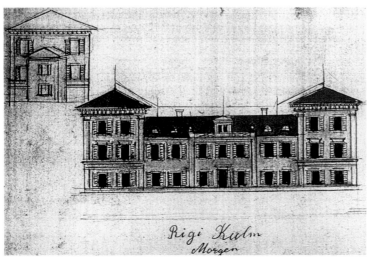

169
Zeichnung des ersten Hotels auf Rigi-Kulm von 1848 (Hôtel Rigi-Kulm).

170
Das 1857 eröffnete Hotel Regina Montium von Architekt Ferdinand Stadler auf Rigi-Kulm. Lithografie von 1858.

169

dieser Entwicklung war der Bau der Axenstrasse von Brunnen nach Flüelen, die am 3. Juli 1865 feierlich eingeweiht werden konnte. Im gleichen Jahr eröffnete bereits das erste Hotel an der neuen Strasse seine Tore: das Uri Rotstock in Sisikon.[30] Ein Spaziergang über die neue Prachtsstrasse mit ihren überraschenden Ausblicken gehörte in der Folge zum Programm eines Aufenthalts in Brunnen. Eine weitere Sensation bedeutete der mehrtägige Aufenthalt des Bayernkönigs Ludwig II. in Brunnen, der am 23. Oktober 1865, von Luzern her kommend, inkognito im Rössli abgestiegen war, jedoch bald erkannt wurde.[31] Im September 1868 besuchte die englische Königin Victoria II. während ihres Ferienaufenthalts in Luzern das «Brändli» oberhalb von Brunnen.[32] Mit diesen Ereignissen, die damals grosses Aufsehen hervorriefen, wurde die Gegend am Urnersee mit Brunnen als Mittelpunkt innerhalb kürzester Zeit zur bekannten Touristengegend. Von Jahr zu Jahr wuchs die Fremdenschar an, die dort einen längeren Aufenthalt einschaltete. Bereits 1862 bezeichnete der Baedeker Brunnen als «wohl der schönstgelegene Ort am Vierwaldstätter-See» und stellte dort «eine starke Zunahme der Ferienaufenthalter» fest.[33]

In den Jahren 1857 und 1858 hatte der initiative Rössliwirt Fridolin Fassbind-Steinauer[34] aus Brunnen zwei Vorprojekte für den Bau eines Grand Hotel am Seeufer in Auftrag gegeben. Das erste Projekt von 1857, ein Hauptbau mit zwei seitlichen Pavillons, entwarf Karl Reichlin, «Ingenieur & Architekt in Schwyz». 1858/59 liess Fassbind vom Architekten Ferdinand Stadler in Zürich ein weiteres Projekt in zwei Varianten erstellen. Stadler hatte kurz zuvor das Hotel Regina Montium auf Rigi-Kulm erbaut (Abb. 170).[35] Seine erste, 1858 datierte Variante sah einen zentralen Massivbau und zwei seitlich U-förmig angebaute Flügel mit einem Fachwerkaufbau unter schwach geneigtem Walmdach vor, eine dem Zeitgeist entsprechende Architektur in Anlehnung an die damals aktuelle, mit ländlichen Elementen durchsetzte Bauweise. Das zweite Projekt war majestätischer, ein dem Stil Stadlers entsprechender fünfteiliger Baukörper in spätklassizistischer Architektursprache (Abb. 56). Beide Projekte fanden keine Ausführung, weil Fassbind nicht alle benötigten Landparzellen erwerben konnte.

Die bedeutendste touristische Entwicklung erlebte die Region von Brunnen in den Jahren zwischen 1869 und 1874, als im Dorf am See sowie in Morschach über 400 zusätzliche Hotelbetten in drei neuen Grand Hotels entstanden. 1869 eröffnete das Hotel Axenstein seine Tore (Abb. 186),[36] im Jahr darauf nach einer endlos langen Vorgeschichte das Hotel Waldstätterhof in Brunnen (Abb. 173), beides Bauten des Luzerner Architekten Johann Meyer. 1874 kam das Hotel Axenfels bei Morschach hinzu (Abb. 190). Mit diesen drei grossen Hotels reihte sich das ehemals bescheidene Fischerdorf innerhalb kürzester Zeit in die Reihe der bedeutenden schweizerischen Touristenstationen.

Um 1860 entdeckte man auch das günstige Klima der Gegend von Gersau. In medizinischen Schriften wurde die ehemals selbständige Republik am See mit Montreux oder Meran verglichen.[37] 1875 stellte eine Studie fest, dass Gersau von «Nebeln viel seltener heimgesucht wird als Montreux». «Schweizerisches Nizza» oder «Montreux am Vierwaldstättersee» lauteten deshalb die damaligen Bezeichnungen für den von einem milden Klima begünstigten Ort.[38] Dieser meteorologische Rahmen mag der Hauptgrund gewesen sein für den Entschluss von Hotelier Joseph Müller zum Neubau des Gasthof «Zu den drei Kronen». Das 1863/64 erbaute Hotel et Pension Müller war das erste grosse Hotel am oberen Vierwaldstättersee.[39] Das imposante Gebäude am Seeufer war ein fünfstöckiger Massivbau mit fünfteiliger Fassade. Der Mittel- und die Seitenrisalite besassen noch kein Mansartdach wie zahlreiche Grosshotels kurz danach, sondern quer gestellte Satteldächer mit klassizistischen Giebeldreiecken. Alle 120 Zimmer waren beheizbar, und das Haus besass gemäss der zeitgenössischen Werbung von Anfang an eigenes Gaslicht (Abb. 87).[40]

BAHNBAU UND HOTELBOOM AN DER RIGI

Am 9. Juni 1869 erteilte der Luzerner Grosse Rat den Ingenieuren Riggenbach, Naeff und Zschokke die Konzession zum Bau einer Bergbahn nach einem neuartigen System mit Zahnrädern. Am 23. Mai 1871, dem Geburtstag von Riggenbach, wurde die erste Zahnradbahn Europas im Beisein von vier Bundesräten offiziell in Betrieb genommen. Zwei Jahre später, im Juni 1873, konnte die Linie bis Rigi-Kulm verlängert werden, nachdem eine Schwyzer Gesellschaft für diese Strecke vom Kanton Schwyz eine Konzession erhalten hatte, die der Luzer-

171
«Souvenir du Rigi»: Ansicht mit den wichtigsten Hotelbauten an der Rigi um 1860. Lithografie aus OSENBRÜGGEN 1870.

172
Das 1870 eröffnete Hotel National in Luzern war das erste Hotel in der Innerschweiz mit einer historisierenden Fassadengestaltung. Fotografie etwa 1875.

173
Das Hotel Waldstätterhof in Brunnen nach der Eröffnung 1870. Zeitgenössischer Hotelprospekt.

172

ner Gesellschaft vorenthalten worden war.⁴¹ Berühmt wurde die Rigibahn vor allem durch die Abbildungen und Schilderungen der waghalsigen Schnurtobelbrücke (Abb. 20). Die Vitznauer Rigibahn wurde zu einer der bestausgelasteten Bahnen des Landes, ihre Gewinne waren unvergleichlich: Bereits im Eröffnungsjahr wurde das Aktienkapital mit 10 Prozent Dividende bedacht, dann steigerten sich die Auszahlungen bis 1874 sogar auf 20 Prozent. Bis zum Ersten Weltkrieg sanken sie nie unter 8 Prozent, die Regel war 10 Prozent. Solche Erträge konnte keine andere Schweizer Bergbahn auch nur annähernd erreichen.⁴² 1874 wurde an der Rigi eine weitere Eisenbahnlinie eröffnet: die Aussichtsbahn von Kaltbad über Unterstetten nach Scheidegg. Auch diese Eisenbahnlinie bildete damals eine grosse Sensation, war sie doch die höchstgelegene Eisenbahnlinie Europas (Abb. 176). Sie verband die bestehenden Fremdenorte Kaltbad und Scheidegg und bildete die Voraussetzung für die Entstehung von zwei neuen Hotelbetrieben in First und Unterstetten.⁴³ In jenen Jahren vervielfachten sich die Beschreibungen über die Rigi, in der Regel nahm dieser bekannteste Schweizer Berg gleich mehrere Seiten eines Reiseführers in Anspruch.

Nach dem Bau dieser Bergbahnen setzte an der Rigi ein intensiver Hotelbau ein. Bereits vor der Eröffnung der Bahnlinien war das Kurhaus auf Rigi-Scheidegg erweitert worden: 1868 mit der westseitigen Trinkhalle und 1870 mit dem neuen Ostgebäude (Abb. 39, 87). 1869 kam am Weggiser Rigiweg das Gasthaus zum Felsentor in Betrieb.⁴⁴ Rigi-Kaltbad, der Eisenbahnknotenpunkt am Berg, entwickelte sich besonders stark. Zwischen 1869 und 1872 entstanden neben den bestehenden älteren Herbergen zwei gleiche Hotelgebäude, verbunden durch einen repräsentativen Mitteltrakt.⁴⁵ 1874 kam dort noch das Hotel Bellevue hinzu (Abb. 174). Auch auf Rigi-Staffel, durch die 1875 eröffnete Bergbahn von Arth nach Rigi-Kulm zum zweiten Eisenbahnknotenpunkt an der Rigi geworden, entwickelte sich der Hotelbau. Im Eröffnungsjahr der Arther Rigibahn kamen dort die Hotels Rigibahn und Staffel-Kulm (später Hotel Felchlin) in Betrieb.⁴⁶

Die bedeutendsten Hotelbauten an der Rigi wurden beide im Jahr 1875 eröffnet. Gleichzeitig mit der Inbetriebnahme der Zahnradbahn von Arth am Zugersee nach Rigi-Kulm empfing auf dem Gipfel das grosse Hotel Schreiber seine ersten Gäste. Es war, vom bekannten Hotelarchitekten Horace Edouard Davi-

JOHANN MEYER (1820 – 1902) aus Buttisholz im Kanton Luzern absolvierte zuerst die Zeichenschule in Luzern, danach besuchte er die Kunstakademie in München. Bis 1853 war er im Ausland als Dekorationsmaler tätig, allein acht Jahre in England. Nach Luzern zurückgekehrt, war er kurze Zeit Leiter der Abteilung für Zeichnen an der höheren Lehranstalt. Da ihm diese Tätigkeit aber nicht behagte, absolvierte er 1857 – 1859 ein Architekturstudium in München, Wien und Berlin. Danach kehrte er als Zeichen- und Englischlehrer an das Kollegium nach Schwyz zurück. Neben dem Schulunterricht wurde Johann Meyer zu einem in der ganzen Innerschweiz tätigen Architekten, der sich vor allem mit touristischen Bauten auszeichnete und dabei am oberen Vierwaldstättersee zwei bedeutende Hotels realisierte: das Hotel Axenstein (1869, Abb. 186) sowie den Waldstätterhof in Brunnen (1870, Abb. 173).
WIGET 1975, 26ff.

Der Luzerner **PAUL SEGESSER** (1847 – 1897), Sohn des Architekten Josef Plazidus, absolvierte sein Architekturstudium am Polytechnikum in Zürich. Nach seinem ersten Wettbewerbserfolg für den Bau des Gymnasiums in Sarnen war er bald ein viel beschäftigter Architekt in der Innerschweiz. Nachdem er als Student bereits auf den Entwurf des Hotel National Einfluss genommen hatte (Abb. 172), entstand sein erster und zugleich prominentester Hotelbau 1874/75 auf Rigi-First (Abb. 175, 177). Der imposante Historismusbau zwischen Neorenaissance und Neobarock hob sich von den bisherigen noch vom Klassizismus beeinflussten Hotel-Holzbauten an der Rigi deutlich ab und erinnert in seiner vornehmen Gestaltung stark an die Nationalfassaden in Luzern. 1890 erstellte Paul Segesser auf dem Pilatus den grossen Hotelneubau bei der Bergstation, einen einfachen, kaum gegliederten vierstöckigen Kubus mit Flachdach. In seinem Todesjahr 1897 wurde der Speisesaalanbau beim Hotel National in Luzern vollendet.
SKL 3, 119 – SBZ 1897, 54 (Nekrolog).

173

net erbaut, eines der eindrücklichsten Gipfelhotels in der Schweiz. Die mächtige Zweiflügelanlage mit V-förmig angeordneten Zimmertrakten und einem oktogonalen Kopfbau mit der Treppenanlage war in ihrer Disposition als Berghotel einmalig (Umschlag, Abb. 58, 60).[47] Im gleichen Sommer kam an der Bahnlinie zwischen Kaltbad und Scheidegg das neue Hotel Rigi-First in Betrieb (Abb. 175, 177). Der Luzerner Architekt Paul Segesser[48] hatte dort in schönster Aussichtslage einen mächtigen Prachtsbau entworfen, der sich als fünfteilige Anlage in neobarocken Formen von allen anderen Hotelbauten an der Rigi deutlich unterschied. Im Jahr 1876 entstand noch die Hotel-Pension Rigi-Unterstetten, die ebenfalls an der Aussichtslinie Kaltbad–Scheidegg lag. Sie begründete einen letzten neuen Fremdenort an der Rigi.[49]

Mit diesen Hotelbauten war offensichtlich der Zenit überschritten. Dazu kam die wirtschaftlich ungünstige Entwicklung in den mittleren 1870er-Jahren, die auch den Hotelbetrieben an der Rigi schwer zusetzte. Die 1873 auf Initiative des Scheidegg-Hoteliers Joseph Müller gegründete Aktiengesellschaft Regina Montium konnte bis 1875 zwar die Rigi-Scheidegg-Bahn sowie die Hotels auf Scheidegg, Kulm und First kaufen. Ihr eigentliches Ziel aber, die Hotels und Bahnen auf der Rigi zu monopolisieren, erreichte sie nicht mehr. Ungünstige Ergebnisse im Betriebsjahr 1873, grosse Einbussen beim Hotelbetrieb auf der Scheidegg durch den Bahnbau und dringend notwendige Investitionen in den Kulmhotels, um mit dem neuen Hotel Schreiber konkurrenzieren zu können, stürzten die neue Gesellschaft in den Konkurs, noch ehe sie richtig zu arbeiten begonnen hatte. Die wirtschaftliche Krise zwang sie zur Veräusserung des gesamten Besitzes unter grossen Verlusten. Auf dem Kulm erlangten in der Folge die Gebrüder Schreiber ein Monopol. Das Hotel First wurde von einer Betriebsgesellschaft übernommen, die Anton Bon-Nigg aus Ragaz als Pächter anstellte. Dieser übernahm 1887 das Hotel selbst, 1892 zusätzlich das Parkhotel in Vitznau. Die neuen Eigentümer auf Scheidegg hiessen Hauser und Stierlin.[50]

Das missglückte Abenteuer der Regina Montium bremste die Euphorie rund um den Rigigipfel stark. Zwischen 1876 und 1907 entstanden dort keine Hotels mehr. Erst nach einer 30-jährigen Pause kam 1907 wieder ein neuer Betrieb hinzu:

174
Rigi-Kaltbad in einer Ansicht nach 1874 mit dem neuen, 1869 – 1874 erstellten Doppelhotel und dem 1874 eröffneten Hotel Bellevue. Fotografie um 1890.

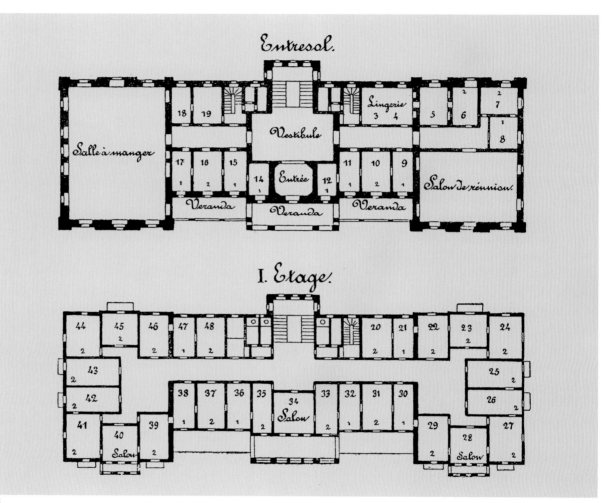

175
Grundriss des Hotel Rigi-First aus einem zeitgenössischen Hotelprospekt.

176
Die damals höchstgelegene Adhäsionsbahn der Welt wurde 1874/75 zwischen Kaltbad und Rigi-Scheidegg eröffnet: Blick auf den grossen Metallviadukt in Unterstetten. Fotografie um 1905.

177
Das 1875 eröffnete Hotel Rigi-First war vom jungen Luzerner Architekten Paul Segesser nach dem Vorbild des dortigen Hotel National entworfen worden. Im Hintergrund die Hotelsiedlung Kaltbad. Fotografie um 1890 (siehe Abb. Seiten 132/133).

das Hotel Edelweiss auf Rigi-Staffelhöhe. 1911 folgte noch das Hotel Alpina auf Kaltbad, dann war die Entwicklung endgültig abgeschlossen.[51] Zu Beginn des Ersten Weltkriegs standen den Gästen an den Abhängen der Rigi knapp 2 000 Gästebetten zur Verfügung, womit diese Gegend eine der bedeutendsten Fremdenregionen der Innerschweiz geworden war.[52]

WEITERE FREMDENORTE RUND UM DEN SEE

Der Bahnbau und die grosse Ausbauphase an der Rigi in den 1870er-Jahren trugen auch wesentlich zur Entwicklung der gesamten Vierwaldstätterseegegend bei. Rund um den See entstanden in der Folge einige neue Fremdenorte, und bestehende Dörfer entwickelten sich zu wichtigen touristischen Zentren. Zu den bekanntesten gehörten Vitznau sowie Seelisberg und der Bürgenstock in erhöhter Lage und schliesslich der Pilatus und das Stanserhorn als Beispiele alpiner Stationen. Aber auch an entfernten und bisher kaum von Fremden aufgesuchten Orten, wie im Obwaldner Ort Flüeli-Ranft oder bei Emmetten oberhalb von Beckenried, entstanden neue stattliche Hotelbauten.

Der Baedeker von 1862 nennt «Fitznau» als Uferort am See, noch ohne dort eine Pension zu erwähnen.[53] Zum Fremdenort wurde Vitznau erst durch den Bau der Rigibahn. Seitdem in den 1860er-Jahren der Bau einer Zahnradbahn auf den damals berühmtesten Schweizer Berg geplant wurde, entfaltete sich im favorisierten Ort der Talstation eine grosse Bautätigkeit. Bereits im Jahr 1866 hatte die Pension Pfyffer am westlichen Ende des alten Dorfes ihren Betrieb aufgenommen. Sie lag direkt am Seeufer und war umgeben von grosszügigen Gartenanlagen. Im Zusammenhang mit dem Bahnbau entstanden in Vitznau weitere Pensionen, die aber in ihren Dimensionen erstaunlich klein blieben: etwa die Pensionen Rigi und Zimmermann im Dorf oder die Pension Rigibahn (später Terminus) bei der Talstation der Zahnradbahn. Im Hotelführer von 1896 werden in Vitznau jedoch bereits sieben Betriebe aufgeführt: Hotel und Pension Rigibahn, Pension Kohler, Hotel und Pension Rigi, Hotel und Pension zum Weissen Kreuz, Hôtel et Pension du Parc, Pension Handschin und Pension Bellevue.[54] In diesen 30 Jahren hatte sich Vitznau zum bedeutenden Touristenort entwickelt.

In Seelisberg, der hoch über dem See gelegenen Gemeinde, nahm das Gastgewerbe in der Jahrhundertmitte einen ersten Aufschwung, als die Pension Sonnenberg ihren Gästen Molkenkuren anbot. Seit 1854 hielten die Dampfschiffe im Hinblick auf den Kurbetrieb auf dem Seelisberg in Treib.[55] 1859/60 entstand das erste Hotel Sonnenberg nach den Plänen des Architekten Ferdinand Stadler (Abb. 179). Dieses entwickelte sich in den späten 1860er-Jahren zum bedeutendsten Betrieb des Ortes. 1869 erstellte der initiative Urner Regierungsrat Michael Truttmann-Borsinger als Eigentümer dieses Hotelbetriebs eine eigene Telegrafenleitung nach Beckenried, und ein Jahr später baute er auf seine Kosten eine Strasse nach Emmetten.[56] 1874/75, kurz nach Vollendung des letzten der drei Grand Hotels in Brunnen und Morschach, errichtete Truttmann nach Plänen des bekannten Interlakner Hotelarchitekten Horace Edouard Davinet und des Unternehmers Hürlimann aus Brunnen das neue Grand Hotel Sonnenberg (Abb. 179).[57] Mit diesem Bau konnten in Truttmanns Hotelbetrieb etwa 500 Personen logiert werden.

Auf dem Bürgenstock entstanden zwischen 1873 und 1904 gleich drei grosse Hotels in schönster Aussichtslage: 1873 das Grand Hotel (1913 erweitert), 1888 das Park-Hotel und schliesslich 1904 das Palace Hotel (Abb. 30). Rund um diese Betriebe gestaltete der bekannte «Hotelkönig» Franz Josef Bucher-Durrer (Seite 79, Abb. 88), der den ganzen Bürgenstockbetrieb sein Eigen nannte, eine ausgedehnte Park- und Waldlandschaft mit Wegen, Bauten und Anlagen für die Erholung. Bereits 1888 wurde diese damals schon sehr bekannte Fremdenstation mit einer Drahtseilbahn zum Seeufer mit der Dampfschiffsstation verbunden.[58] Im Jahr 1900 entschloss sich Bucher-Durrer zur Erstellung eines Spazierwegs auf der felsigen Nordseite des Bürgenberges. Aus diesem Vorhaben entstand der berühmte Felsenweg, vom dem aus die spektakuläre Liftanlage des Hammetschwandlifts senkrecht auf den Gipfel des Bürgenbergs führte (Abb. 90).[59]

Als im letzten Viertel des 19. Jahrhunderts in der ganzen Schweiz die Touristen in immer höhere Lagen vordrangen, wurden auch am Vierwaldstättersee immer neue Gegenden touristisch erschlossen. Im Obwaldner Ort Flüeli-Ranft, bekannt als Geburtsort von Bruder Klaus, eröffnete der lokale Tourismus-

178

179

180

pionier Franz Hess im Jahr 1896 das Hotel-Kurhaus Nünalphorn, ein stattliches dreigeschossiges Hotelgebäude mit einem damals modernen Flachdach. In dieser Zeit erhielten auch zwei bekannte Berggipfel, die vorher nur mühsam zu Fuss erreichbar waren, ihre ersten touristischen Anlagen: der Pilatus und das Stanserhorn. 1860 eröffnete der initiative Caspar Blättler-von Büren aus Rotzloch auf dem Pilatus das Hotel Bellevue und gleichzeitig auf dem Nachbargipfel das Hotel Klimsenhorn. Diese Gipfelgasthäuser waren aber nur über steile Bergwege zu Fuss erreichbar. Erst mit dem Bau der Zahnradbahn von Alpnachstad (Abb. 21) konnte der Pilatusgipfel ins Programm einer Schweizer Reise aufgenommen werden. Als steilste Zahnradbahn Europas war sie sogleich ein viel bestauntes technisches Wunderwerk. Kurz nach ihrer Inbetriebnahme 1889 kam auch das neue Grand Hotel auf dem Gipfel in Betrieb, ein Bau des Luzerner Architekten Paul Segesser.⁶⁰ 1893 schliesslich konnten sowohl die Bahn als auch das Hotel auf dem Gipfel des Stanserhorns eingeweiht werden (Abb. 89). Diese beiden Betriebe bildeten einen wichtigen Bestandteil des Hotelreiches von Franz Josef Bucher-Durrer (Seite 79).⁶¹

LETZTE HOTELBAUTEN UM 1900

Um die Jahrhundertwende entwickelte sich in der Stadt Luzern die Halde zum Hotelquartier schlechthin. An bevorzugter Aussichtslage entstanden in dieser Zeit insgesamt zehn neue Hotels und Pensionen. So wurde das Hotel National durch seinen neuen Ostbau von Emil Vogt im Jahr 1900 zum zweitgrössten Hotel der Stadt mit 450 Betten.⁶² Einen Höhepunkt in der Luzerner Hotelentwicklung bildete das Grand Hotel Palace, 1906 von Heinrich Meili-Wapf für den Obwaldner Hotelkönig Franz Josef Bucher-Durrer erbaut. Hinter einer massigen Fassade zwischen Neubarock und Jugendstil verbirgt sich einer der frühesten Eisenbetonbauten der Zentralschweiz (Abb. 180).⁶³ Auf diesen Zeitpunkt hin war der Quai bis auf die Höhe des Palace verlängert worden.⁶⁴ Den Schlusspunkt hinter eine lange Bauphase mit Aussichtshotels in der Halde setzte das Montana. Dieser von den Architekten Möri & Krebs entworfene Hotelbau im geometrischen Jugendstil entstand in erhöhter Lage, was die Erschliessung mit einer hoteleigenen Drahtseilbahn nötig machte (Abb. 180).⁶⁵

178
Die 1905–1908 erstellte Quaianlage in Weggis mit dem Posthotel (im Vordergrund, Abbruch und Neubau 1982/83) und dem Hotel Central (hinten). Fotografie um 1920.

179
Grand Hotel Sonnenberg in Seelisberg mit dem 1859/60 erstellten ersten Hotelbau (vorne) von Architekt Ferdinand Stadler und dem grossen Neubau durch Architekt Horace Edouard Davinet 1875. Lithografie kurz nach 1875.

180
Das von Architekt Heinrich Meili-Wapf für den Hotelkönig Franz Josef Bucher-Durrer entworfene Hotel Palace wurde im Jahr 1906 am Luzerner Quai eröffnet. Vier Jahre später entstand das oberhalb gelegene Hotel Montana der Architekten Alfred Möri und Karl Friedrich Krebs. Ansichtskarte um 1940.

181
Der 1897 erstellte Erweiterungsbau des Luzerner Hotel du Lac mit seiner imposanten Kuppel von Architekt Arnold Cattani (Abbruch 1948). Fotografie um 1900.

182
Das 1913 in Weggis eröffnete Hotel Central entstand als charakteristischer Heimatstilbau. Fotografie um 1920.

183
Das Hotel Vitznauerhof, ein Entwurf des Mannheimer Architekten F. Kühn, entstand 1901 als vierstöckiger Putzbau mit einem durch mehrere Dachgiebel aufgelockerten Steildach. Besonders markant erschien der imposante Turmaufsatz über dem Ründedach im Mittelrisalit. Fotografie um 1910.

184
1902/03 erstellte der später vor allem im Engadin tätige Hotelarchitekt Karl Koller für den Hotelier Anton Bon neben der alten Pension Pfyffer in Vitznau das neue schlossartige Park-Hotel. Fotografie 1943.

185
Werbeplakat für das Grand Hotel in Brunnen kurz nach der Eröffnung (2002 umgebaut in Eigentumswohnungen).

182

184

185

Nach der Einweihung des neuen Luzerner Bahnhofs am 1. November 1896 begann in dessen Umgebung eine rege Bautätigkeit. Bereits um 1890 war an der Ecke Pilatusstrasse/Hirschmattstrasse das Hotel Victoria entstanden. Im Eröffnungsjahr des neuen Bahnhofs vergrösserte das Hotel St. Gotthard-Terminus am Bahnhofplatz seine Kapazität durch eine Aufstockung. Im folgenden Jahr war auch der Erweiterungsbau des Hotel du Lac am Reussufer von Architekt Arnold Cattani vollendet, dessen grosse Kuppel das Bild der Stadt Luzern in der Folge bis zum Abbruch 1948 markant prägte (Abb. 181). Um die Jahrhundertwende öffneten beim Bahnhof nochmals zahlreiche neue Hotels ihre Tore. Die charakteristischen Eckbauten in diesem neuen Quartier waren das 1899 eröffnete Monopol & Métropole von Emil Vogt an der Ecke Pilatusstrasse/Zentralstrasse sowie der Waldstätterhof eine Querstrasse weiter hinten vom gleichen Architekten, der in zwei Etappen in den Jahren 1900 und 1901 erbaut wurde.[66]

In Weggis begann der Hotelbau erst richtig in den 1890er-Jahren, stark gefördert durch das in medizinischen Schriften angepriesene milde Klima in der dortigen Gegend. Bis zum Ersten Weltkrieg eröffnete dort beinahe jährlich ein neues Haus seine Tore.[67] Alle diese Pensionen und Hotels blieben aber im Vergleich zu den andernorts erstellten Hotelbauten bescheiden. Im Hotelführer von 1901 weisen keine Betriebe mehr als 100 Betten auf.[68] Erst mit dem Neubau des Parkhotel Bellevue und verschiedenen Erweiterungen des Hotel Post überschritten zwei Betriebe kurz vor dem Krieg diese Marke. Trotzdem stieg die Bettenzahl um die Jahrhundertwende in Weggis insgesamt stark an: von knapp 400 im Jahr 1890 auf 1400 kurz vor Ausbruch des Ersten Weltkriegs.[69] Sie lag damit aber immer noch deutlich hinter Brunnen zurück, das damals, zusammen mit Morschach (Axenstein und Axenfels), über 2 000 Betten anbieten konnte. Immerhin gewann Weggis zu dieser Zeit das Format eines bekannten Kurortes, sodass auch Bestrebungen in Gang kamen, die andernorts üblichen Infrastrukturanlagen zu realisieren. 1907 wurde das Projekt zum Bau eines Kursaales ausgearbeitet und veröffentlicht. Seine Realisierung verzögerte sich aber und unterblieb schliesslich.[70] Dafür wurde

Der Luzerner EMIL VOGT (1863–1936) war um 1900 der berühmteste Luzerner Hotelarchitekt und gleichzeitig einer der im Hotelbau erprobtesten Schweizer Fachleute. Nach seinem Architekturstudium am Polytechnikum in Zürich (Diplom bei Friedrich Bluntschli) arbeitete er bei Gustav Gull, als dieser das Postgebäude von Luzern erstellte (1887/88), sowie bei Othmar Schnyder und Paul Segesser, beides im Hotelbau erfahrene Luzerner Architekten. 1891 etablierte er sich in Luzern mit einem eigenen Büro, in dem er in der Folge weit über zwanzig Hotelbauten in der ganzen Innerschweiz, in Italien, Deutschland und schliesslich auch in Ägypten erstellte und umbaute. Zu seiner Werkliste gehören unter anderen das Monopol & Métropole (1899), der Waldstätterhof und der ostseitige Anbau an das National (1900) in Luzern, der Wiederaufbau des abgebrannten Hotels Axenstein in Morschach (1902, Abb. 189), das Grand Hotel in Brunnen (1903/04, Abb. 185), der Umbau des ersten Grand Hotels in Lugano zum Grand Hotel Palace (1902–1904), zusammen mit dem Luganeser Architekten Otto Maraini der Neubau des Excelsior Hotel in Rom (1906) sowie das neue Excelsior in Neapel (1909) und schliesslich drei Hotels im Oberengadin: das Monopol im Dorf St. Moritz, die Höhen-Kuranstalt Chantarella sowie das Hotel Carlton (1911–1913) in St. Moritz. Nach dem Krieg hatte Vogt eine lange «Durststrecke» zu bewältigen, bis er 1925 mit der Erweiterung des Luxor-Hotel in Ägypten wieder ein Hotel verwirklichen konnte. 1931 folgte noch das King David Hotel in Jerusalem. Vogt kann ohne Zweifel als einer der virtuosesten Künstler unter den Architekten bezeichnet werden, die sich im späten 19. und frühen 20. Jahrhundert mit dem Hotelbau auseinander gesetzt haben. Seine Werke lassen sich nicht in ein Schema pressen, sie bestechen durch immer neue Einfälle und Anlehnungen. Jedes Gebäude besass sein eigenes Gesicht, sodass in seinem Werk keine charakteristischen Vorlieben auszumachen sind. Seine Entwicklung des so genannten Appartementsystems und seine Anwendung beim Ostbau des National und beim Grand Hotel in Brunnen waren konzeptionelle Meisterleistungen.

Kriens-Kairo 1998 – VOGT 1927 – SKL 3, 397 – BLVS 3, 149 – SBZ 1936/108, 89 (Nekrolog).

Der Engelberger ARNOLD CATTANI (1846–1921) studierte in Karlsruhe und am Polytechnikum, wo er bei Gottfried Semper diplomierte. Danach arbeitete er einige Zeit für seinen Lehrmeister in Dresden, Wien und Zürich. Sein zweiter Preis beim Wettbewerb für das Bundesgerichtsgebäude in Lausanne machte ihn im ganzen Land bekannt. Nach längeren Studienreisen gründete er zu Beginn der 1880er-Jahre in Luzern ein eigenes Architekturbüro, in dem er zahlreiche Hotel- und Tourismusbauten in der ganzen Innerschweiz und für Interlaken entwarf. Er realisierte 1891 den Anbau an den Waldstätterhof in Brunnen, 1895–1897 den imposanten kuppelüberwölbten Erweiterungsbau des Hotel du Lac in Luzern (Abb. 181) und den prachtvollen Neorokoko-Speisesaal beim Hotel Schweizerhof in Interlaken (Abb. 65). 1899 erstellte er Gebäudeteile zum Wiederaufbau des abgebrannten Hotel Beau-Rivage in Interlaken, 1903/04 leitete er den Umbau des Hotel Axenfels bei Morschach (Abb. 192). In seinem Heimatort Engelberg baute er 1897/98 die Kuranstalt, 1902 das Grand Hotel (seit 1954 Hotel Europäischer Hof genannt) und schliesslich 1904/05, gewissermassen als Höhepunkt und Abschluss seiner Hotelbaukarriere, das Grand Hotel Terrace. Seine Architektur war von historistischen Stilelementen stark beeinflusst; sie erschien schwungvoll, ohne pompös zu wirken. Als Schüler von Semper übernahm Cattani dessen Vorliebe für die dekorative Innenraumpolychromie, für die er jeweils begabte Künstler beizog. Der Neorokoko-Festsaal beim Hotel Schweizerhof in Interlaken sowie die Säle im Du Lac in Luzern und in der Kuranstalt von Engelberg gehörten zum Feinsten aus der Belle Epoque.

ALS, 120 – SKL 1, 281 – Festschrift SIA 1893, 98 – SBZ 1921, 267 (Nekrolog) – FRÖHLICH 1991, 189 – WETTSTEIN 1996, 23.

186
(a, b) Das 1869 hoch über dem Vierwaldstättersee eröffnete Hotel Axenstein war durch den Besuch der englischen Königin Victoria bereits kurz vor seiner Eröffnung bekannt geworden. Werbekarte aus der Eröffnungszeit.

187
In der Werbung für das Hotel Axenstein fand die grosse Garten- und Parkanlage rund um das Gebäude grosse Beachtung: «Den Glanzpunkt in der näheren Umgebung des Axenstein [...] bietet unmittelbar hinter demselben der umfangreiche Wald mit seinem kühlen Schatten, seinem balsamischen Tannendufte und den geschmackvollen Parkanlagen, in denen man stundenweit lustwandeln kann.»

188
Grundriss des Hotel Axenstein nach dem Wiederaufbau von 1901/02. Planaufnahme 1943.

189
Das nach dem Grossbrand vom Dezember 1900 durch Architekt Emil Vogt wieder aufgebaute Hotel Axenstein. Ansichtskarte um 1910.

zwischen 1905 und 1909 nach dem Vorbild grosser Touristenorte eine grosszügige Quaianlage erstellt und mit einem monumentalen Brunnen ausgeschmückt. 1912 schliesslich wurde dieser Quai mit vier Kandelabern elektrisch beleuchtet (Abb. 178).[71] Als wohl grösster Hotelbau von Weggis entstand der neubauähnliche Umbau des Hotel Bellevue zum Parkhotel Bellevue im Jahr 1912 durch die Luzerner Architekten Alfred Möri und Friedrich Krebs.[72] Die gleichen Architekten erstellten 1914 mit dem Hotel Schweizerhof den letzten Hotelbau in Weggis vor dem Ersten Weltkrieg.[73] Zusammen mit dem bereits 1909 erweiterten Schlosshotel Hertenstein und dem 1913 neu erbauten Hotel Central bilden diese beiden Bauten vier charakteristische Beispiele von Heimatstilarchitektur aus der Zeit kurz vor dem Ersten Weltkrieg (Abb. 182).

Auch in Vitznau setzte um die Jahrhundertwende eine grössere Hotelbautätigkeit ein. 1901 wurde das Hotel Vitznauerhof nach Plänen des Mannheimer Architekten F. Kühn eröffnet, ein vierstöckiger Putzbau mit einem durch mehrere Dachgiebel aufgelockerten Steildach. Besonders markant erschien den zeitgenössischen Berichten der imposante Turmaufsatz über dem Rundedach im hervortretenden Mittelrisalit (Abb. 183).[74] Zwei Jahre später, im Sommer 1903, konnte die initiative Hotelierfamilie Bon, die seit 1892 im Besitz der Pension du Parc war, das neue Hotel du Parc eröffnen (Abb. 184). Als Architekten hatte Anton Bon-Nigg den aus Ragaz stammenden und vor allem im Engadin tätigen Karl Koller engagiert, der zur gleichen Zeit in St. Moritz auch das Grand Hotel erstellte und ein Jahrzehnt später für den gleichen Eigentümer das Grand Hotel Suvretta House bei St. Moritz entwarf. Das nach gemeinsamen Reisen durch Bon und Koller geplante Hotel am Seeufer galt damals als einer der schönsten Hotelbauten der Schweiz. Es wurde zum Anschauungsobjekt der interessierten zeitgenössischen Hoteliers aus allen Nachbarländern und fand als einziges Schweizer Beispiel mit Grundrissen Erwähnung in einem damals bedeutenden deutschen Werk über den Hotelbau.[75] Die schlossartige Architektur, eine damals vor allem in der Westschweiz verbreitete Spezialität,[76] tritt in Kollers Hotelbauwerk öfters auf, das Vitznauer Parkhotel repräsentiert sie aber wohl am ausdrucksvollsten. Mit dem asymmetrisch angeordneten Turm, dem ostseitigen Quergiebel sowie zahlreichen Rundbogenöffnungen sind auch erste Anklänge einer Heimatstilarchitektur zu erkennen.

Kurz vor der Jahrhundertwende begann auch in Brunnen eine letzte Hotelbauwelle mit dem neuen Hotel Eden.[77] 1901/02 wurde das abgebrannte Grand Hotel Axenstein von Emil Vogt – grösser und prächtiger, wie es damals hiess – wieder aufgebaut (Abb. 189).[78] 1904 kam das Hotel Drossel hinzu, das sich an die traditionelle Hotelreihe Goldener Adler, Hirschen, Hinterer Adler am Quai anschloss. 1905 schliesslich erweiterten das Parkhotel und das Hotel Bellevue ihre Betriebe nochmals.[79]

Das von Architekt Emil Vogt entworfene Grand Hotel Brunnen, ein von Einflüssen des Jugendstils geprägter Bau, entstand 1903/04 durch eine zu diesem Zweck gegründete Aktiengesellschaft mit grosser finanzieller Beteiligung des Kunstmalers August Benziger (Abb. 185, 193).[80] Mit dem Grand Hotel Brunnen war der Bau von grossen Hotels rund um den Urnersee weitgehend abgeschlossen. Kurz darauf entstanden in Flüelen noch die Hotels du Lac (1906) und Urnerhof (1908) sowie auf dem Seelisberg der Neubau des Hotel Bellevue (1910). Im Vergleich zu den vier Grand Hotels in Brunnen waren dies aber bescheidenere Bauten.[81] Vor dem Ersten Weltkrieg war Brunnen nach Luzern zum wichtigsten Fremdenplatz am Vierwaldstättersee aufgestiegen. Die Hotelstatistik verzeichnete damals in Luzern knapp 60 Hotels, Gasthäuser und Pensionen mit etwa 5 500 Betten. Die Region Brunnen und Morschach hatten mit knapp 40 Betrieben und über 2 000 Betten die Hotels an der Rigi mit insgesamt etwa 1 800 Betten auf den dritten Platz der Statistik verwiesen.[82]

AXENSTEIN UND AXENFELS
Das Hotel Axenstein

Im Jahr 1864 fasste der initiative Schwyzer Kanzleidirektor und Kantonsrat Ambros Eberle den Entschluss, an einer der aussichtsreichsten Stellen über dem Axen ein Grand Hotel zu errichten. Zu diesem Zweck kaufte er die beiden Heimwesen «Brändli» und «Birgi». Bestärkt haben dürften ihn dabei die mit dem Bau der Axenstrasse in Aussicht stehenden neuen touristischen Perspektiven. Nachdem im Jahr 1867 die Strasse von Brunnen nach Morschach fertig erstellt worden war, erfolgte am 9. Mai 1868 die Grundsteinlegung zum Hotelbau. Noch im

gleichen Jahr, am 8. September, besuchte die englische Königin Victoria den Axenstein und bezeichnete diesen Platz als «the most beautiful spot I met with on my journey through Switzerland».[83]

Am 20. Juni 1869 konnte das erste Gebäude eingeweiht werden: ein einfacher vierstöckiger Massivbau unter einem Mansartdach mit neun Fensterachsen. Das Hotel wurde bereits von Anfang an in eine wunderschöne Parkanlage mit exotischen Bäumen und Sträuchern, pittoresken Weganlagen und Springbrunnen eingebettet (Abb. 186). Trotz seiner Abgeschiedenheit erlangte dieses Hotel bald europaweit grosse Bekanntheit. Dazu trugen zahlreiche Publikationen, vor allem durch den in Zürich lehrenden deutschen Rechtsprofessor Eduard Osenbrüggen, Entscheidendes bei.[84] In den folgenden Jahren erfuhr die Anlage deshalb eine ständige Erweiterung. 1870 kam die Villa Victoria (10 Zimmer) hinzu, im Jahr darauf das Chalet Axenstein (35 Zimmer und Kursaal). 1871/72 wurde das Hauptgebäude um die beiden Seitenflügel erweitert, sodass es nun als fünfteilige Anlage über 200 Gäste aufnehmen konnte und die gesamte Hotelanlage bereits gegen 300 Betten aufwies (Abb. 187).[85]

Architekt des Baus von 1869 und wohl auch der Erweiterung von 1872 war der Luzerner Johann Meyer. Nach dessen Plänen wurde das Erdgeschoss durch einen auf die Seeseite gerichteten Haupteingang über eine grosse Freitreppe erschlossen. Darüber befanden sich drei Vollgeschosse, ein weiteres lag im Mansartdach. Neun Fensterachsen, die mittleren drei mit Pilastersäulen abgetrennt, sowie zahlreiche Balkone gliederten die Gebäudefassade. Der Mittel- sowie die beiden später angefügten Seitenrisalite ragten leicht über den Hauptbau vor, die Mittelachse wurde durch einen auf das Dach gesetzten Blendgiebel im Stil der Neorenaissance betont. Ganz besonders hervorgehoben wurde in der Werbung die grosse Garten- und Parkanlage rund um das Gebäude: «Den Glanzpunkt in der näheren Umgebung des Axenstein, der denselben vor anderen klimatischen Kurorten der Schweiz so sehr bevorzugt, bietet unmittelbar hinter demselben der umfangreiche Wald mit seinem kühlen Schatten, seinem balsamischen Tannendufte und den geschmackvollen Parkanlagen, in denen man stundenweit lustwandeln kann» (Abb. 187).[86]

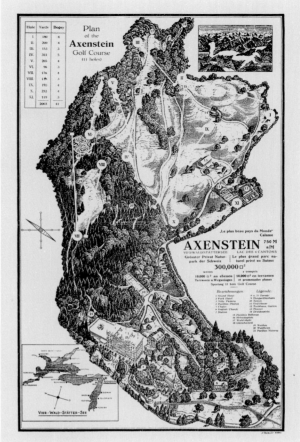
187

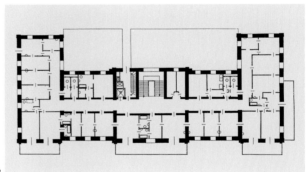
188

189

190

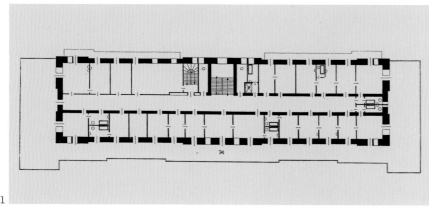

191

Am 29. Dezember 1900 zerstörte ein Grossbrand die ganze Herrlichkeit auf Axenstein. Dieses Ereignis fand als Schlussszene im Roman «Grand Hotel Excelsior» von Meinrad Inglin, dem Urenkel des Gründers Ambros Eberle, eine dramatische literarische Aufarbeitung.[87] Beim Wiederaufbau entstand eine noch grössere Hotelanlage mit 250 anstatt 200 Betten und allem damaligen Komfort, wie «Lifts, elektr. Licht, Centralheiz., Post u. Telegr., Bäder, zwei Lawn-Tennis. Beste engl. Sanit. Anlagen» (Abb. 189).[88] Geplant wurde dieser Neuaufbau von dem im internationalen Hotelbau bereits mehrfach bewährten Luzerner Architekten Emil Vogt.[89] Dieser erstellte auf dem Erdgeschoss des Altbaus ein um ein Stockwerk erhöhtes Gebäude. Das zusätzliche vierte Geschoss wurde mit einem durchgehenden Balkon vom alten Fassadenteil abgetrennt. Als markante Veränderung besass das neue Hotel Axenstein erhöhte Mittel- und Seitentrakte, die mit Flachdach abgeschlossen und mit einem Renaissance-Blendgiebel bekrönt waren. Elegante «Œil de bœuf»-Öffnungen ergänzten das Schrägdach über den beiden Zwischentrakten. Auf der Westseite wurde dem Gebäude ein neuer Speisesaal angebaut. Im Grundriss nach dem Wiederaufbau fallen die rückseitig verlängerten Seitentrakte auf, sodass der neue Axenstein nun einen U-förmigen Plan aufwies (Abb. 188).

Zwischen den beiden Weltkriegen erlebte das Hotel Axenstein eine weitere gute Zeit. Es offerierte seinen Gästen ein grosses Komfortangebot: neben der ausgedehnten Parkanlage einen Tennisplatz, seit 1925 eine 11-Loch-Golfanlage und seit 1930 ein offenes Schwimm- und Sonnenbad. Nach dem Zweiten Weltkrieg kam der Hotelbetrieb aber nicht mehr in Schwung. Im Herbst 1964 schloss das Haus seine Tore endgültig, im folgenden Jahr machten Luftschutztruppen das nicht mehr benötigte Haus dem Erdboden gleich.[90]

Das Hotel Axenfels

Der Erfolg des hoch über dem Vierwaldstättersee erbauten Hotel Axenstein spornte offensichtlich zur Nachahmung an; nur fünf Jahre später entstand das zweite Grosshotel auf den Felsen über dem Axen. Am 28. Juni 1874 konnte westlich des Dorfes Morschach das Grand Hotel Axenfels eröffnet werden.[91] Es war ein stattliches Gebäude an schönster Aussichtslage

192

über dem See, und es bot in 140 Zimmern insgesamt 170 Betten an, 42 Zimmer hatten einen eigenen Balkon. Im Hotelführer von 1896 gehörten auch noch «elektrisches Licht, Telefon, Bäder, Douchen und Lawn-Tennis» zu den Annehmlichkeiten des Hauses (Abb. 190).[92]

Im Gegensatz zu dem damals noch relativ bescheidenen Axenstein wurde das Hotel Axenfels von Anfang an als imposanter fünfteiliger Baukörper mit insgesamt 17 Fensterachsen erstellt. Die beiden schmalen Seitenrisalite und der fünf Achsen breite Mittelrisalit dominierten durch ihre Erhöhung um ein Stockwerk und den zinnenartigen Abschluss die Gesamterscheinung des Baukörpers. Diesem vorgelagert war eine Veranda mit vier klassischen Säulen vor dem Mittelrisalit und zwei seitlichen, in den Garten führenden Treppen (Abb. 190). Überraschend ist die Ähnlichkeit der äusseren Erscheinung des Hotel Axenfels mit dem um ein Jahrzehnt älteren Hotel Victoria in Interlaken des Berner Architekten Friedrich Studer (Abb. 150). Der Grundriss des Hotel Axenfels erscheint als einfaches Längsrechteck mit einem zweibündigen Plan und beidseits an den Mittelgang anschliessenden Hotelzimmern sowie einer zentralen Erschliessungstreppe (Abb. 191).

In den folgenden Jahren erlebte das Hotel eine wechselhafte Geschichte. Nach nur fünf Jahren musste der Erbauer Michael Imhof 1879 Konkurs anmelden, und das Hotel kam an die Bernische Boden-Kreditanstalt.[93] Seit 1884 führte der Hotelier Theodor Wirth-Strübin vom Interlakner Hotel Schweizerhof das Haus während vier Jahren, bevor es an den aus dem Elsass eingewanderten Paul Schnack überging.[94] Während seiner jahrelangen Leitung erhielt das Haus, wohl mit gleichem Grundriss, ein neues Aussehen als viergeschossiger Mauerbau mit schwach geneigtem Walmdach und Lukarnen. Leicht vortretende Mittel- und Seitenrisalite gliederten weiterhin die Fassaden, der Mittelrisalit war mit einem aufgesetzten Blendgiebel ausgestattet.

1902/03 erfuhr der grosse Park eine Erweiterung und Umgestaltung. Im Winter 1903/04 wurde das Hotel durch den Luzerner Hotelarchitekten Arnold Cattani vollständig umgebaut. Das alte Dachgeschoss wurde zu einem Vollgeschoss umgebaut, und das Haus erhielt ein zusätzliches sechstes Stockwerk. Nun konnte es 250 Gäste beherbergen, die sich neuerdings über einen elektrischen Lift freuen durften.[95] Bei dieser letzten Umgestaltung wurde das Gebäude mit einem Flachdach und drei turmartigen Walmdachaufsätzen versehen, die das Axenfels in der Folge charakterisierten (Abb. 192). Nach erfolgreichen Jahren bis zum Ersten Weltkrieg wurden die Zeiten zwischen den beiden Weltkriegen zur finanziellen Zerreissprobe. Im Zweiten Weltkrieg diente es als militärische Unterkunft; im Sommer 1947 wurde der einst stolze Hotelbau in ruinösem Zustand abgebrochen (Abb. 192).

Die Hotelbahn von Brunnen nach Axenstein

Eine bedeutende Entwicklung für den Kurort Brunnen leitete der Bau der Zahnradbahn nach Morschach und zum Grand Hotel Axenstein ein. Diese Bahn, eine der zahlreichen, vorwiegend für Hoteltouristen erbauten Anlagen in der Schweiz, wurde am 1. August 1905 eröffnet (Abb. 193, 194). Ihre Realisierung bedeutete den Abschluss einer langen Reihe von Projekten zur Erschliessung der beiden prominenten Hotelbauten oberhalb von Brunnen und des Ausflugsgebiets von Stoos und Fronalp. Bereits 1888 war ein erstes Projekt zum Bau einer wasserbetriebenen Drahtseilbahn zum Hotel Axenstein aufgelegt worden. 1891 wurde eine Zahnradbahn von Brunnen über Morschach auf die Fronalp konzessioniert, wegen Schwierigkeiten bei der Finanzbeschaffung aber vorerst nicht realisiert.[96] In der Folge stritten sich zwei Konzessionsbewerber jahrelang um das Recht zur Erstellung einer Bahn in dieses Gebiet.

Nach langen Auseinandersetzungen wurde schliesslich 1904/05 eine Bahn erstellt, die am Dorfrand von Brunnen beim Grand Hotel begann. Die Linie endete nach 2,5 Kilometern Bergfahrt beim Grand Hotel Axenstein. Das Hotel Axenfels lag bei der Zwischenstation Morschach in der grossen Geleisekurve des Bahntrassees. Der fast vollständig auf den Zubringerdienst zu diesen Hotels ausgerichtete Betrieb erlitt nach dem Zweiten Weltkrieg mit dem Abbruch des Hotel Axenfels erste grosse Einbussen. Die Schliessung des Hotel Axenstein im Herbst 1964 versetzte dieser Touristenbahn den Todesstoss. Nach einer weiteren kurzen Leidenszeit endete der Betrieb im Frühjahr 1969, und kurz danach wurde die gesamte Anlage abgebrochen.[97]

190
Das 1874 eröffnete Hotel Axenfels mit seiner prächtigen Gartenanlage. Zeitgenössischer Hotelprospekt.

191
Grundriss des Hotel Axenfels nach dem Umbau 1904. Planaufnahmen 1943.

192
Fotografie des Hotel Axenfels im letzten Zustand nach der Aufstockung von 1904 durch Architekt Arnold Cattani (Abbruch 1946/47).

193
Das Grand Hotel in Brunnen mit der Talstation der Zahnradbahn nach Morschach und zum Hotel Axenstein (2002 umgebaut in Eigentumswohnungen). Ansichtskarte um 1910.

194
Übersicht mit den beiden Hotels Axenstein (oben, Abbruch 1964/65) und Axenfels (unten, Abbruch 1946/47) hoch über dem Vierwaldstättersee sowie dem Trassee der Bahnlinie Brunnen – Morschach – Axenstein. Fotografie um 1940 (siehe Abb. Seiten 64/65).

193

194

Die alpine Hotellerie im Wallis

CHAMONIX ALS AUSGANGSPUNKT

Die Eroberung des Mont-Blanc-Gipfels im Jahr 1786 machte die Region Chamonix zum ersten Bergtal, das vom frühen Alpintourismus nach damaligen Begriffen bereits regelrecht überschwemmt wurde. Um 1800 hielten sich jährlich gegen 1 500 Fremde in der Gegend auf. Zwanzig Jahre später, als sich die Touristen noch kaum in die Walliser Täler wagten, statteten bereits etwa 3 000 Leute der Region am Fuss des Mont-Blanc ihren Besuch ab.[1] Die meisten Reisenden hielten sich nur einen bis maximal drei Tage dort auf, wie der Baedeker 1844 berichtet. Dabei führten sie «Hochgebirgsausflüge» zu den nahe gelegenen Aussichtspunkten durch.[2]

Frühe, bescheidene Unterkünfte bestanden im Tal von Chamonix bereits um 1770, der erste Hotelneubau im 19. Jahrhundert wurde 1816/17 errichtet.[3] 1844 nennt der Baedeker im Hauptort das «Hotel de Londres et d'Angleterre (ausgezeichnet), das Union (weniger zu empfehlen) und das Couronne (ziemlich gut)».[4] In der grossen Zeit der Eroberung der Hochalpen zwischen 1850 und 1865 erhöhte sich die Zahl der Hotels und Pensionen in Chamonix markant, und die lokalen Führer erliessen ein erstes Reglement: «Règlement et Tarif des Guides de Chamonix».[5] Um die Jahrhundertwende war Chamonix einer der grössten Fremdenorte in den Alpen. Den mehr als 30 000 Touristen pro Jahr standen damals 20 grosse und kleine Hotels und Pensionen zur Verfügung. Bis zum Ersten Weltkrieg stieg die Zahl der Betriebe auf knapp 40, darunter ein halbes Dutzend mit weit über 100 Betten (Abb. 195).[6]

In der Gegend des Mont-Blanc entstand im 19. Jahrhundert die Idee zur Aufnahme eines Hochgebirgsbesuches in eine Schweizer Reise. Das Tal von Chamonix war deshalb bis zum Ersten Weltkrieg bei den meisten Reiseführern im Schweizer Teil integriert. Gebirgshotels blieben in dieser Region jedoch auch zu Zeiten, in denen sich die Berggänger in den Walliser Tälern bereits wochenlang in Hotels auf 2 000 Metern aufhielten, die Ausnahme. Das 1881 eröffnete «Hôtel du Montanvers» auf 1 900 Metern blieb der einzige solche Betrieb in der Gegend von Chamonix. 1909 wurde er zum Endpunkt einer Zahnradbahn zu dieser inzwischen berühmten Panoramasicht über dem Gletscher (Abb. 196).[7]

Die Erstbesteigung des Mont-Blanc-Gipfels prägte die Gegend von Chamonix als Urzelle des hochalpinen Tourismus. Sehr bald aber fand dieser im nahe gelegenen Wallis idealere, höher gelegene Standquartiere. Diese waren zudem, ganz im Sinn der immer zahlreicheren Berggänger, von einer viel grösseren Zahl von Drei- und Viertausendergipfeln umgeben.

DAS WALLIS ALS ELDORADO DER HOCHGEBIRGSTOURISTEN

Das Wallis, das sich im 18. Jahrhundert den Fremden gegenüber noch ungastlich gezeigt hatte und deshalb von Touristen kaum aufgesucht wurde,[8] entwickelte sich im Verlauf des 19. Jahrhunderts zum Eldorado für den Hochgebirgstourismus. Bereits um 1800 tauchten gemäss zeitgenössischen Berichten vermehrt Fremde in den entlegenen Seitentälern auf. Zu die-

195

196

ser Zeit waren es allerdings oft noch wagemutige Einzelgänger wie beispielsweise 1789 Horace Bénédict de Saussure, der im Zermatter Pfarrhaus eine Unterkunft gefunden hatte.[9] Rückblickend hält Pfarrer Joseph Ruden in seiner Zermatter Chronik von 1869 fest: «Vor 30–40 Jahren [also um 1830] gab es in Zermatt noch selten einen Touristen.»[10] Um 1850 wurden Fremde in dieser Gegend meist noch mit einheimischer Kost verpflegt, wie eine englische Alpinistin berichtet: «... wurden wir mit einem recht guten Abendessen bedient, bestehend aus mehreren Gerichten, die allerdings wohl alle aus dem gleichen armen Schaf gewonnen wurden.»[11] Der endgültige Einbruch des Fremdenverkehrs in die späteren Walliser Hochburgen des Alpinismus fällt in die Zeit der frühen 1850er-Jahre.[12] Die Zeit zwischen 1854 und 1865, in denen die Walliser Viertausender der Reihe nach bezwungen wurden, gingen als «goldene Jahre des Alpinismus» in die Geschichte ein. Die Eroberung des Matterhorns 1865, die mit dem Absturz der Seilschaft von Eduard Whymper endete, markierte einen ersten Höhepunkt in der Bezwingung des Alpenraums (Abb. 197).[13]

DIE ERSTEN WALLISER GEBIRGSHOTELS

Der Anfang einer Beherbergung im Walliser Gebirge findet sich in den frühen 1830er-Jahren. Das erste alpine Gasthaus mit zwölf Betten eröffnete Josef Anton Zeiter am Fuss des Rhonegletschers kurz vor 1835.[14] 1836 zeichnet der Walliser Maler Lorenz Ritz diese Behausung am Gletscher, die sich noch kaum von den Alphütten in der Umgebung unterschied. In Zermatt erhielt der Dorfarzt Josef Lauber 1839 vom Walliser Staatsrat die Erlaubnis, sein Haus als «Laubers Wirtshaus» für die immer zahlreicheren Besucher zu öffnen.

Die Gasthäuser in Gletsch und Zermatt boten im Wallis eine erste Übernachtungsmöglichkeit in dieser Höhenlage an. Sie blieben im Wallis zu einer Zeit, in der Chamonix bereits einige stattliche Hotelbauten aufwies, noch ein gutes Jahrzehnt ohne Konkurrenz. Weitere Herbergen entstanden in der ersten Hälfte des 19. Jahrhunderts nur entlang der Transitrouten durchs Rhonetal und über die Alpenpässe.

Das Aletschgebiet sowie das Saas- und das Mattertal blieben auch in der weiteren Entwicklung der Walliser Gebirgshotellerie die eigentlichen Pionierregionen.

Das Aletschgebiet wurde durch die Berichte der Brüder Rudolf und Gottlieb Meyer aus Aarau, die sich seit dem Sommer 1812 am Aletschgletscher aufhielten, erstmals bekannt gemacht. Die Erstbesteigung des Eggishorns durch den Engländer Malkin im August 1840 rückte diese Gegend endgültig ins Zentrum der damaligen Bergbegeisterung. Berühmtheit erlangte das Eggishorn vor allem durch das Panorama des Alpenforschers Gottlieb Studer, das in der Folge während etlicher Jahre in Baedekers Reiseführer veröffentlicht wurde.[15] Die Walliser Seite galt damals zudem als einzige Aufstiegsroute ins Jungfraumassiv.[16] Für die Zunahme des Fremdenstroms um die Jahrhundertmitte vermochte der Hüttentourismus im Gebiet des Eggishorns und des Aletschgebiets bald einmal nicht mehr zu genügen. Im Sommer 1854 eröffnete deshalb Eugen de Sepibus in seinem Ferienhaus auf der Riederalp das erste Gasthaus in der Nähe des Aletschgletschers.[17] Im folgenden Jahr kam im Talgrund unten in Fiesch das Hotel du Glacier als erstes Fremdenhaus in Betrieb.[18] Etwa gleichzeitig entstanden an den Abhängen des Eggishorns Berggasthäuser: zuerst das bescheidene Gasthaus «im obere Tälli» und 1856 die von Alexander und Franz Wellig erbaute «Hotel-Pension Jungfrau am Eggishorn», die von Emil Cathrein in den 1870er-Jahren zu einem bedeutenden Berghotel erweitert wurde (Abb. 198).[19] Gegen Ende der 1850er-Jahre gründete der initiative Leopold Bürcher auf der Belalp, mit einmaligem Ausblick über den ganzen unteren Aletschgletscher, ein Hotel, das sich bis zum Ersten Weltkrieg zu einem der beliebtesten Aufenthaltsorte für englische Touristen im Oberwallis entwickelte (Abb. 199).[20] 1866 schliesslich kam in Fiesch noch das Hotel des Alpes hinzu, dessen Neubau im Baedeker von 1869 Erwähnung fand (Abb. 94).[21]

Im Saas- und im Mattertal begann der Hotelbau, ähnlich wie im Aletschgebiet, ebenfalls in der Jahrhundertmitte. In jenen Jahren setzte ein richtiggehender Sturm auf die Gipfel rund um diese beiden lang gezogenen Walliser Seitentäler ein. Das Strahlhorn wurde im August 1854 als erster Viertausender bezwungen. Im folgenden Sommer erreichte eine Bergsteigergruppe erstmals die Dufourspitze im Monte-Rosa-Massiv, den höchsten Punkt auf Schweizer Boden. Mit diesem Ereignis begann der unaufhaltsame Aufstieg von Zermatt als Zentrum der von englischen Alpinisten dominierten Bergsteigerei.[22]

Seiten 152/153:
Vergrösserung von Abb. 208
Auf Riffelalp oberhalb Zermatt entstand zwischen 1878 und 1884, mehr als ein Jahrzehnt vor dem Bau der Gornergratbahn, das monumentale Hotel Riffelalp der Hotelierfamilie Seiler (1961 abgebrannt). Fotografie um 1910.

195
Chamonix war bereits im frühen 19. Jahrhundert eine alpine Hotelstadt, als das Wallis noch kaum Hotelbauten kannte. Fotografie um 1900.

196
Das 1881 eröffnete Hôtel du Montenvers am berühmten Gletscherblick von Chamonix wurde 1909 mit einer Zahnradbahn erschlossen. Werbeplakat 1910.

197
Mitglieder des Alpine Club vor dem Hotel Monte Rosa in Zermatt 1864, in heller Kleidung Eduard Whymper. Zeitgenössische Lithografie.

198
1856 entstand an den Hängen oberhalb von Fiesch die «Hotel-Pension Jungfrau am Eggishorn», die Emil Cathrein kurz nach 1870 zu einem bedeutenden Berghotel erweiterte (1971 abgebrannt). Fotografie um 1910.

197

198

199
Gegen Ende der 1850er-Jahre gründete der initiative Leopold Bürcher auf der Belalp oberhalb von Naters, mit Ausblick über den Aletschgletscher, ein Hotel, das sich bis um die Jahrhundertwende zu einem der beliebtesten Aufenthaltsorte für englische Touristen im Oberwallis entwickelte. Fotografie um 1920.

200
Zermatt um 1860: ganz hinten der 1852 vom ehemaligen Staatsrat Clemenz eröffnete Steinbau des Hotel Mont Cervin, links davor das ehemalige Wirtshaus von Doktor Lauber, das von Alexander Seiler übernommen und 1855 zum Hotel Monte Rosa umgebaut worden war.

201
Der Pfarrer gehörte zu den Initianten des Gasthofs auf Riffelberg über Zermatt, der im Sommer 1854 eröffnet werden konnte.

202
Das in der Sommersaison 1858 eröffnete Hôtel de la Dent-Blanche in Evolène war der erste Hotelbau in dem bisher für den Touristenstrom noch weitgehend unerschlossenen Val d'Hérens. Fotografie um 1920.

203
St-Luc im Val d'Anniviers wurde 1860 mit der Eröffnung des ersten Hôtel Bella Tola im Dorf zum touristischen Etappenort. 1883 entstand vor dem Dorf ein Neubau für diesen Hotelbetrieb. 1893 kam oberhalb dieses Hauses das neue Hôtel du Cervin hinzu. Fotografie um 1900.

202

203

204

1852 eröffnete der ehemalige Walliser Staatsrat Josef Anton Clemenz das Mont Cervin als zweites Gasthaus im Matterhorndorf: ein bescheidenes Steingebäude mit 14 Betten. Drei Jahre später übernahm der aus dem Goms stammende Alexander Seiler das ältere Gasthaus von Doktor Lauber und baute es zum Hotel Monte Rosa um. Damit legte er den Grundstein zum späteren grossen Hotelimperium der Familie Seiler (Abb. 200).[23] Zur gleichen Zeit gehörte der einheimische Pfarrer zu den Initianten des Gasthofs auf Riffelberg, wo das mehr als 900 Höhenmeter über dem jungen Touristenort Zermatt gelegene Gebäude im Sommer 1854 eröffnet werden konnte (Abb. 201). Im Saastal ging die Initiative zum Hotelbau ebenfalls vom Pfarrer aus. In Saas Grund entstand auf dessen Anregung 1850 ein erstes Hotel, und kurze Zeit später liess Pfarrer Johann Josef Imseng das Hotel Mattmark am Monte-Moro-Pass auf 2130 Metern gleich selbst erstellen.[24]

In der Sommersaison 1858 leitete die Eröffnung des Hôtel de la Dent-Blanche in Evolène (Abb. 202) in dem bisher für den Touristenstrom noch weitgehend unerschlossenen Val d'Hérens den Hotelbau in den französischsprachigen Walliser Südtälern ein. Dieses Hotel etablierte sich als erster Etappenort auf der Route von Sitten nach Zermatt durch die südlichen Seitentäler, die in den frühen 1860er-Jahren rasch an Popularität gewann. Der Baedeker liefert die Begründung für diese Entwicklung: «Die staubige Landstrasse in dem breiten schattenlosen grossentheils sumpfigen Rhonetal ist für Fussgänger kein erquicklicher Boden.» Der damals am meisten verwendete Reiseführer propagierte deshalb seit 1862 eine Wanderung von Sitten nach Evolène, dann über den Col de Torrent nach St-Luc, den Pas du Bœuf nach Gruben im Turtmanntal und das Zehnterhorn nach St. Niklaus im Mattertal und schliesslich bis ins Gletscherdorf oder sogar zum Riffelberg.[25] Diese anstrengende Wanderung («über die verschiedenen Pässe nur mit Führer») war nur möglich geworden, weil innerhalb kürzester Zeit eine gut eingerichtete Hotelinfrastruktur bereitstand: Nach dem ersten Hotel in Evolène kam 1860 das Hôtel Bella Tola in St-Luc (Abb. 203) hinzu und 1861 das Hotel Weisshorn im Turtmanntal.[26] In St. Niklaus im Mattertal meldete der Baedeker bereits seit 1848 ein «gutes Wirthshaus», 1863 wurde dort das stattliche Grand Hôtel St. Nicolas eröffnet.[27]

In den späten 1860er-Jahren, die in den touristischen Zentren am Genfersee, im Berner Oberland und in der Innerschweiz durch ein beachtliches touristisches Baugeschehen geprägt waren, entstanden in den Walliser Berggegenden nur vereinzelte neue Hotels. Zu diesen Neubauten gehörten beispielsweise im Val d'Hérens das Gasthaus Mont-Collon in Arolla im Jahr 1865 (Abb. 204 a, b, c) oder im Val d'Anniviers das Hôtel Durand in Zinal im Jahr 1867 (Abb. 205).[28] Dazu kamen einige Aus- und Erweiterungsbauten in der Region von Zermatt. In Gletsch und auf dem Furkapass hat der Aufenthalt der englischen Königin Victoria im August 1868 eine eigene Bautätigkeit ausgelöst.[29] Am Fuss des Rhonegletschers entstand danach ein grosses neues Hotelgebäude (Abb. 223).

Eine weitere bedeutende Entwicklungswelle setzte nach der krisenbedingten Depressionsphase der 1870er-Jahre ein. Die statistisch erfasste Hotelzahl von 79 Betrieben im Jahr 1880 stieg bis 1894 auf 136 und bis 1912 sogar auf 321, sie hatte sich also innerhalb von gut drei Jahrzehnten vervierfacht. Die Bettenzahl erhöhte sich in der gleichen Zeit von knapp 4000 über 6900 auf über 15000.[30]

In dieser Zeitspanne entwickelten sich im Walliser Gebirge wiederum einige neue Hotelstandorte. Der Walliser Hotelbau der 1880er-Jahre, der intensivsten Ausbauphase überhaupt, war geprägt durch zahlreiche neue Hotelbauten in den südlichen Seitentälern und an schönster Aussichtslage. An der Furkapassstrasse eröffnete Hotelier Seiler aus Gletsch 1882 das neue Hotel Belvédère (Abb. 224). Sein Kollege Cathrein errichtete gleichzeitig auf der Riederfurka ein neues Gasthaus. In dessen Nähe liess der englische Adelige Sir Ernest Cassel durch den Lausanner Architekten Louis Bezencenet seine berühmte Villa mit eigener Telegrafenleitung nach Brig erbauen, in der vor dem Ersten Weltkrieg bei Besuchen von Winston Churchill etliche Entscheidungen der Weltgeschichte vorbereitet wurden (Abb. 207).[31] Im abgelegenen Binntal eröffnete der Erner Hotelpionier Josef Schmid 1883 das stattliche Hotel Ofenhorn (Abb. 206).[32] Auf der Riffelalp oberhalb Zermatt entstand im Auftrag des Zermatter Hotelkönigs Alexander Seiler bis 1884, also mehr als ein Jahrzehnt vor dem Bau der Gornergratbahn, das monumentale Hotel Riffelalp (Abb. 208). Diese Hotelikone in den Alpen war ein Entwurf des Architekten

204
(a, b, c) Das Hôtel Mont-Collon in Arolla wurde 1872 vom Hotelpionier Jean Anzévui eröffnet und in drei Etappen zum stattlichen Grand Hotel auf knapp 2000 Metern über Meer ausgebaut.

205
In Zinal (1680 Meter über Meer) entstand 1867 das Hôtel Durand, das bis zum Ersten Weltkrieg mehrmals erweitert wurde (Mitte). 1894/95 wurden das Hôtel Diablons (links) und das Hôtel Besso (rechts) erbaut, die beide den Namen eines bekannten Berges aus unmittelbarer Nähe erhielten. Ansichtskarte um 1910.

206
1883 eröffnete Josef Schmid aus Ernen im abgelegenen Binntal das neue Hotel Ofenhorn. Ansichtskarte um 1920.

205

206

207

208

207
1882 eröffnete Hotelier Cathrein auf der Riederfurka ein neues Gasthaus. In dessen Nähe liess der englische Adelige Sir Ernest Cassel durch den Lausanner Architekten Louis Bezencenet eine Villa erbauen, in der vor dem Ersten Weltkrieg bei Besuchen von Winston Churchill etliche Entscheidungen der Weltgeschichte vorbereitet wurden. Fotografie um 1900.

208
Auf Riffelalp oberhalb Zermatt entstand zwischen 1878 und 1884, mehr als ein Jahrzehnt vor dem Bau der Gornergratbahn, das monumentale Hotel Riffelalp der Hotelierfamilie Seiler. Architekt war der im Berner Oberland im Hotelbau bekannte Burgdorfer Robert Roller junior (1961 abgebrannt). Fotografie um 1910 (siehe Abb. Seiten 152/153).

209
Im Val de Bagnes entwickelte sich Fionnay am Ende des 19. Jahrhunderts zu einem wichtigen Ferienort. Bald wurde der Ausgangspunkt für die Besteigung des Grand-Combin im Baedeker zu einem «längeren Aufenthalt» empfohlen. Das Hôtel des Alpes erhielt bei seinem Umbau 1906/07 einen eleganten Eck-Erker (Abbruch 1956). Ansichtskarte um 1910.

210
Das im Baedeker von 1897 erstmals genannte Hôtel Bella Vista in Chandolin (seit 1901 als Grand Hôtel bezeichnet) war das Werk des bedeutenden Westschweizer Architekten Louis Maillard.

211
Das 1882 als Baustelle beschriebene und im Baedeker erwähnte Hotel Weisshorn oberhalb St-Luc wurde nach einem Brand im September 1889 durch einen Neubau ersetzt. Fotografie um 1920.

212
Um 1890 etablierte sich Champex als beliebter Ausgangspunkt für Exkursionen ins Mont-Blanc-Gebirge. Die 1889 eröffnete Pension von Emil Cretex erfuhr kurz nach der Jahrhundertwende eine markante Vergrösserung zum Grand Hôtel (Umbau in Ferienresidenz). Fotografie um 1910.

213
Champex kannte bereits früh auch eine Wintersaison: Eisbahn vor dem 1900 eröffneten Hôtel des Alpes (um 1950 Umbau in Ferienresidenz). Fotomontage um 1930.

214
Das Grand Hôtel de la Pierre-à-Voir am Pas de Lin zwischen dem Rhonetal und dem Entremont wurde in einsamer Bergwelt 1896 eröffnet; kurz danach erhielt es eine Fahrstrasse nach Martigny und Saxon (Abbruch nach Brand 1917). Ansichtskarte um 1900.

Robert Roller junior.³³ Hoch über der altbekannten Bäderstation Leukerbad kamen auf der Gemmi das Hotel Wildstrubel und am Torrenthorn das Hotel Torrentalp hinzu.³⁴ Im Val de Bagnes entwickelte sich Fionnay mit der Eröffnung von drei neuen Hotels (Carron 1889, Grand-Combin 1893 und des Alpes 1898) zu einem bedeutenden Fremdenort. Er profilierte sich als Ausgangspunkt für die Besteigung des Grand-Combin, erhielt aber im Baedeker auch das Prädikat «zum längeren Aufenthalt geeignet» (Abb. 209).³⁵ Das Val d'Anniviers schliesslich etablierte sich gegen Ende des Jahrhunderts zu einem der wichtigsten Zentren der Hotellerie im Wallis. In den 1890er-Jahren entstanden in Zinal, St-Luc, Chandolin und Grimentz zahlreiche neue Hotels. Zu den berühmtesten gehörte das mehrmals erweiterte Hôtel Bella Tola in St-Luc (Abb. 203) von Pierre Pont, der ebenfalls das 1896 eröffnete Hôtel Bella Vista (später Grand Hôtel) in Chandolin besass (Abb. 210), beides Entwürfe des bekannten Architekten Louis Maillard aus Vevey. In einer einsamen und unberührten Berglandschaft auf 2340 Metern über Meer entstand 1884 das Hôtel Weisshorn (nach Brand von 1889 wieder aufgebaut) durch die Gebrüder Mosoni, das höchstgelegene Gebirgshotel im französischsprachigen Wallis (Abb. 211).³⁶

Die Zeit nach 1890 verlief wiederum ruhiger. Um 1890 etablierte sich Champex als beliebter Ausgangspunkt für Exkursionen ins Mont-Blanc-Gebirge und zugleich als wichtiger Aufenthaltsort. Der erste Betrieb, die 1889 eröffnete Pension von Emil Cretex, wurde nach der Jahrhundertwende mehrmals erweitert und dann als Grand Hôtel bezeichnet (Abb. 212). In den 1890er-Jahren kamen rund um den idyllischen Bergsee zahlreiche weitere Pensionen und Hotels hinzu (Abb. 213).³⁷ Trotz dieser grosszügigen Hotelinfrastruktur wurden die Projekte zum Anschluss von Champex ans Eisenbahnnetz aber nicht verwirklicht.

Ebenfalls mit einer Doppelfunktion als Ferienort und Ausgangspunkt zur Bergbesteigung entstanden 1896 das Grand Hôtel de la Pierre-à-Voir am Übergang Pas de Lin (Abb. 214) zwischen Vollèges und Saxon sowie das Hôtel du Muveran in Mayens-de-Leytron.³⁸ Les Mayens-de-Sion etablierte sich um die Jahrhundertwende mit verschiedenen neu eröffneten Hotels als Aussichtsstation inmitten der Maiensässe von Sitten (Abb. 215).

CHARAKTERISTISCHE STANDORTE

Die Walliser Gebirgshotels lassen sich bezüglich ihrer Standorte und auch bezüglich ihrer Entstehungsgeschichte in drei unterschiedliche Kategorien einteilen, die sich zeitlich beinahe nahtlos folgen:

Die Hotels der frühesten Kategorie verdanken ihre Entstehung in der Regel ihrer Lage an einer Transitroute oder an einem Passübergang in der Nähe markanter Aussichtsberge. An solchen Wegen suchten die ersten Touristen im frühen 19. Jahrhundert eine Übernachtungsgelegenheit. Zu dieser Gruppe gehörten in erster Linie die Häuser an der Touristenroute vom Genfersee nach Chamonix, die seit dem späten 18. Jahrhundert eine grosse Bedeutung erhalten hat.³⁹ Weitere frühe Gasthäuser entstanden am Furkapass sowie am damals stark begangenen Monte-Moro-Pass im Mattertal. Diese in der Regel kleinen und bescheidenen Gasthäuser trugen häufig einen Namen im Zusammenhang mit dem Passübergang, an dem sie lagen: das Hotel Furka auf der Furkapasshöhe (Abb. 216), das Hotel Monte Moro in Saas Grund oder das Hôtel du Col d'Hérens in Ferpècle.

Eine bedeutende Anzahl Gebirgshotels wurde in den «goldenen Jahren des Alpinismus» der 1850er- und 1860er-Jahre erstellt. Mit ihrer charakteristischen Lage in einsamen Tälern und an steilen Bergflanken dienten sie primär als Basislager für die Eroberung der nahe gelegenen Drei- und Viertausendergipfel. Die meisten dieser Häuser finden sich deshalb in den Regionen mit der grössten Konzentration dieser Berge: im Obergoms sowie im Saas- und im Mattertal. Daneben liegen aber auch zahlreiche Hotels zuhinterst in den Seitentälern am Fuss der Bergkette, die das Wallis gegen Süden abschliesst. La Fouly im Val Ferret, Fionnay im Val de Bagnes, Arolla und Ferpècle im Val d'Hérens, Zinal im Val d'Anniviers oder Gruben im entlegenen Turtmanntal sind Beispiele aus einer langen Liste der in dieser Zeit neu erschlossenen Walliser Fremdenorte. Diese Hotelbauten erhielten oftmals den Namen eines nahe gelegenen Berggipfels: Jungfrau am Eggishorn (Abb. 198), Monte Rosa in Saas Grund, Dom in Saas Fee (Abb. 219), Monte Rosa und Mont Cervin (Matterhorn) in Zermatt (Abb. 217), Cervin, Bella Tola und Weisshorn in St-Luc (Abb. 203), Durand, Diablons und Besso in Zinal (Abb. 205), Dent-Blanche in Evo-

211

212

213

214

215
Les Mayens-de-Sion etablierte sich um die Jahrhundertwende mit verschiedenen neu eröffneten Hotels als Aussichtsstation inmitten der Maiensässe von Sitten. Die 1882 als erstes Haus eröffnete Pension des Mayens-de-Sion erfuhr auf die Sommersaison 1904 eine bedeutende Vergrösserung (1912 abgebrannt). Ansichtskarte um 1910.

216
Auf dem Furkapass entstand 1852 ein erstes Wirtshaus, das sukzessive vergrössert wurde und 1892 mit dem Hotel Furkablick eine direkte Konkurrenz erhielt. 1868 diente das Haus auf der Passhöhe der englischen Königin für drei Tage als Unterkunft (1982 Sprengung durch die Armee). Fotografie um 1930.

217
Fotografie von Zermatt um 1900. Deutlich sichtbar ist der Hotelboom nach der Eröffnung der Bahn von Visp nach Zermatt: Hotel Zermatterhof (ganz links), Hotel Mont Cervin (rechts daneben mit Mittelrisalit) und Hotel Monte Rosa (dahinter) sowie rechts im Bild die Hotels beim Bahnhof.

lène (Abb. 202), Grand Hôtel de la Pierre-à-Voir auf dem Pas de Lin (Abb. 214), Mont-Collon in Arolla (Abb. 204) oder Grand Combin in Fionnay (Abb. 209).

Eine dritte, nicht weniger bedeutungsvolle Hotelgruppe entstand in der Belle Epoque als Aussichtshotels im Gebirge. Diese durchwegs nach 1880 entstandenen Bauten charakterisieren sich durch ihre Lage an den schönsten Aussichtsplätzen in den Walliser Bergen sowie durch ihre Einrichtung als Hotel der Luxusklasse, wie sie zu dieser Zeit auch in den Touristenstationen an den grossen Schweizer Seen üblich waren. Eine verwöhnte Kundschaft, die im Sommer ihren Aufenthaltsort vorübergehend in die Schweizer Bergwelt verlegte, schätzte hier neben dem günstigen Standort als Ausgangspunkt zur Bergbesteigung vor allem die vorzügliche Aussichtslage im Gebirge. Zwischen *lunch* und *dinner* genoss die vornehme Hotelgesellschaft auf der Hotelterrasse das unvergleichliche Panorama. Mit dem Fernrohr beobachtete sie mit grosser Anteilnahme die Seilschaften an den Drei- und Viertausendergipfeln. Sie diskutierte dabei immer häufiger über die nahe Bergwelt, die sie immer seltener selbst bestieg. Viele Namen erinnern an diese neue Ausrichtung: das Hotel Belvédère am Rhonegletscher zwischen Furkapasshöhe und Gletsch (Abb. 224, 225), die Hotels Bellevue und Beau-Site in Saas Fee, das Bellevue und das Beau-Site in Zermatt (Abb. 220), das Belvédère auf dem Gornergrat oder das bei der Eröffnung Bella Vista genannte Grand Hôtel in Chandolin (Abb. 210). Einige Hotels aus der Pionierzeit haben sich im letzten Viertel des 19. Jahrhunderts zu solchen Aussichtshotels auf einer Panoramaterrasse gewandelt, wie das Hotel Jungfrau am Eggishorn nach dem Kauf durch die Familie Cathrein im Jahr 1871 (Abb. 198) oder das 1856 eröffnete Hotel auf der Belalp am Aletschgletscher mit dem kontinuierlichen Ausbau seit den 1870er-Jahren duch die Familie Klingele (Abb. 199).

AUSBAU DER INFRASTRUKTUR

In der Spätphase und zugleich Hochblüte der Walliser Gebirgshotellerie ist ein bedeutender Ausbau der zu diesen Bauten gehörenden Infrastruktur zu erkennen. Neben den Gebirgsrouten erfreuten sich auch Spazierwege zu nahe gelegenen Aussichtspunkten oder kleine Promenaden besonderer Beliebtheit. Manch ein Hotel zählte diese Spazierwege zu den Trümpfen in seiner Werbung. Ebenfalls eine gewisse Verbreitung fanden die Kirchen für den anglikanischen Gottesdienst nach dem Vorbild der Thuner Tourismuspioniere Knechtenhofer von 1841 (Abb. 81, Seite 72). Seit den 1880er-Jahren gehörte eine englische Kirche zur erweiterten Infrastruktur bedeutender Walliser Touristenorte. 1870 wurde die erste solche Kirche in Zermatt eröffnet, 1889 in Saas Fee. Auch einige von Gästen aus dem britischen Empire besonders stark frequentierte Gebirgshotels, wie das Jungfrau am Eggishorn (Abb. 198), das Belalp am Aletschgletscher (Abb. 199), das Riffelalp oberhalb Zermatt (Abb. 208) oder das Hotel am Rhonegletscher (Abb. 223), erhielten ihre eigenen englischen Kirchen.[40]

In der Belle Epoque bildete auch die Eisenbahn ein wichtiges Element der sich stetig entwickelnden Infrastruktur im Tourismusbereich. Der Bau der Zahnradbahn von Visp nach Zermatt löste am Matterhorn einen immensen Hotelbau aus: Während der Bauzeit und kurz nach der Eröffnung 1892 entstanden dort ein halbes Dutzend neue Hotels und Pensionen. Bis kurz vor dem Ersten Weltkrieg wurden zudem zahlreiche bestehende Betriebe umgebaut und teils beträchtlich erweitert. So erhielt das 1901 eröffnete Hotel Victoria bereits nach fünf Jahren einen stattlichen Erweiterungsbau (Abb. 218).

Es erstaunt deshalb kaum, dass zahlreiche Fremdenorte eine Eisenbahnverbindung anstrebten. Besonders zu Beginn des 20. Jahrhunderts ist eine Häufung von Konzessionsgesuchen an die Bundesbehörden festzustellen. Bereits 1899 und wiederum 1906 wurde eine Adhäsions- und Zahnradbahn von Stalden nach Saas Grund und als Fortsetzung eine Standseilbahn nach Saas Fee konzessioniert, 1906 ebenfalls zum zweiten Mal das Projekt einer Eisenbahn von Sierre über Zinal nach Zermatt und 1909 eine solche von Sion über Vex nach Les Mayens-de-Sion.[41] Besonders zahlreich waren die Bahnprojekte im Aletschgebiet: 1908 erhielt eine Zahnradbahn von Brig auf die Belalp eine Konzession, im Frühjahr 1910 eine Schienenverbindung Brig – Riederalp – Hotel Jungfrau – Märjelensee.[42] Als wohl kuriosestes unter allen schweizerischen Bahnprojekten gilt das im Jahr 1907 der Bundesversammlung zur Konzessionierung vorgelegte Bahnunternehmen mit einer Kombination aus Zahnradbahn von Brig an den Rand des

215

216

Aletschgletschers (Zenbächen) und einer anschliessenden Schlittenseilbahn über den Aletschgletscher zum Jungfraujoch. In drei Seilbahnsektionen auf dem Eis wären je nach Bedarf zehnplätzige Holzschlitten angehängt worden. Damit bei dieser Schlittenbahn auf dem Gletscher die Seile nicht hätten einfrieren können, schlugen die Initianten einen kontinuierlichen Tag-und-Nacht-Betrieb vor (Abb. 221).[43] Alle diese Projekte blieben unausgeführt, sodass die Entwicklung der Gebirgshotels im Wallis, im Gegensatz zu zahlreichen anderen schweizerischen Tourismusgegenden, durch den Eisenbahnbau kaum beeinflusst worden ist.

ARCHITEKTUR UND ARCHITEKTEN

In der Architektur der Walliser Gebirgshotels widerspiegelt sich die Kargheit, von der das alpine Bauen bis in die neuste Zeit stark geprägt ist. Bereits die frühen Gasthäuser in Gletsch und Zermatt waren kleine, einfache Steinbauten mit bescheidenen Fensteröffnungen (Abb. 200). Auch alle weiteren frühen Hotelbauten erschienen als einfache, kaum gegliederte Baukörper: meistens zweistöckige Steinbauten mit vier bis sechs Fensterachsen unter einem steilen Sattel- oder Walmdach. Wohl hatte man also den Bau von Pensionen im alpinen Wallis zu dieser Zeit als neue Bauaufgabe definiert, eine eigenständige Architektursprache war dabei aber noch nicht entstanden. Bei der Fassadengestaltung dieser touristischen Pionierbauten im Gebirge griff man höchstens auf bewährte Architekturmuster für zeitgenössische Gebäude der Öffentlichkeit, etwa Gemeinde- oder Pfarrhäuser, zurück.

Nach 1850 traten die Hotels bereits stärker aus dem traditionellen Ortsbild hervor. Auch waren sie nun fast ausschliesslich Steinbauten, im Volumen grösser und mehrheitlich mit einem markanten Walmdach ausgestattet. Dadurch unterschieden sie sich deutlich von den traditionellen Holzwohnhäusern im Ober- und Mittelwallis. Das 1855 eröffnete Hotel Monte Rosa etwa prägte als vierstöckiger Massivbau mit sechs Fensterachsen das traditionelle Ortsbild von Zermatt. Ebenso präsentierte sich das dortige Hotel Mont Cervin nach seiner Erweiterung von 1856 mit sieben Fensterachsen auf vier Stockwerken und einigen Balkonen (Abb. 200). Die Reihe lässt sich um zahlreiche Beispiele verlängern: In den späten 1850er- und den 1860er-Jahren charakterisieren sich die Walliser Berghotels in der überwiegenden Mehrzahl als auffällige zwei- bis vierstöckige Steinbauten mit Walm- oder Satteldach und ersten bescheidenen Fassadengliederungen (Abb. 201, 207). Auch in ihrer Lage gegenüber dem traditionellen Ortsbild unterschieden sie sich von den bisherigen, meist in die gewachsene Siedlungsstruktur einbezogenen Häusern. Sie distanzierten sich von den Bauten der einheimischen Landwirte, und sie manifestierten dadurch die Verselbständigung der Hotellerie auch im baulichen Kontext. Die soziale Trennung zwischen Einheimischen und Touristen kam damit baulich sehr deutlich zum Ausdruck: Die Hotels entstanden in vornehmer Distanz zum alten Dorfkern und dem damit vielerorts verbundenen sozialen Elend (Abb. 203, 206, 217, Seite 45).

Kurz vor 1870, vielleicht bereits für den königlichen Besuch von 1868, führte die Hotelierfamilie Seiler in Gletsch das neue, vorher im Walliser Hotelbau unbekannte Gestaltungselement des Mittelrisalits ein. Die neue Fassadengliede-

LOUIS MAILLARD (1838 – 1923) aus Vevey erscheint seit den 1870er-Jahren als bedeutender Hotelarchitekt in Montreux. Nach Studien in Karlsruhe und Paris an der Ecole des Beaux-Arts (?) eröffnete er um 1865 in Vevey ein Architekturbüro. Zu seinem Frühwerk gehört das Hôtel Roth von 1874 in Clarens. Gleichzeitig war er dort verantwortlich für die Ausführung der 21 Villen Dubochet nach den Plänen des Pariser Architekten Emile Hochereau. 1882 – 1884 folgte ein Laden- und Galerieanbau am Hôtel des Trois Couronnes in Vevey und 1887/88 der Neubau des Grand Hôtel für Ami Chessex in Territet (Abb. 77). 1890 – 1893 erstellte er für eine Hoteliergruppe unter Philippe Faucherre das Grand Hôtel von Caux, sein eigentliches Meisterwerk (Abb. 121). 1891 und 1896 erneuerte er das Hôtel Victoria und das Hôtel du Righi Vaudois in Glion und gab ihnen ihr heutiges Aussehen mit Mansartdach und seitlich angebautem Speisesaal. 1896/97 wurde Maillard als Mitglied in die Jury für die Erweiterung des Kursaals von Montreux berufen. 1896 erstellte er in Chandolin im Val d'Anniviers das Hôtel Bella Vista (später Grand Hôtel) als Winkelbau mit zwei Flügeln in einer besonderen Aussichtslage (Abb. 210). Gleichzeitig vergrösserte er das Hôtel Bella Tola im Nachbardorf St-Luc (Abb. 203). Sein letztes bekanntes Hotelprojekt ist der Umbau des Hôtel Château Bellevue in Sierre im Jahr 1904. Kurz darauf baute er die anglikanische Kapelle in Caux, nachdem er wohl bereits 1887/88 diejenige von Glion errichtet hatte.

Maillards Hotelbauten orientierten sich mehrheitlich an barocken Vorbildern. Ein steiles Mansartdach sowie eine reiche Fassadengliederung mit Balkonen, Veranden und Vordächern gehören zu den charakteristischen Elementen seiner Architektur. Als seine Spezialität verwendete er den seitlich angebauten Speisesaal. In seinem Spätwerk finden sich zwei barocke Dreiflügelanlagen mit Ehrenhof: das Grand Hôtel Territet von 1888, wo die engen Platzverhältnisse eher einen längs gestreckten Grundriss erwarten liessen, und das Grand Hôtel in Caux von 1893, dessen Anlage in ihrer äusseren Erscheinung grosse Ähnlichkeit mit dem 1884 eröffneten Hotel Kursaal Maloja aufweist.

HUGUENIN, WYSSBROD 1988, 12 (Kurzbiografie) – BTSR 1923, 206 (Nekrolog) – MEYER 1911.

217

218

219

220

rung entstand in Gletsch durch Verdoppelung des Gebäudevolumens und Einschieben eines Mittelteils (Abb. 223).⁴⁴ In Zermatt erhielt das ebenfalls der Familie Seiler gehörende Hotel Monte Rosa zur gleichen Zeit einen Quergiebel im Dach und das Hotel Mont Cervin beim Umbau von 1875 einen neuen Mittelrisalit, der fortan die charakteristische dreiteilige Erscheinung dieses Gebäudes prägte (Abb. 217).⁴⁵ Dachgiebel und Mittelrisalite wurden in der Folge zum Markenzeichen einiger exklusiver alpiner Hotelbauten im Wallis wie beispielsweise beim Zermatterhof und beim Terminus in Zermatt oder beim Grand Hotel in Saas Fee. Etliche weitere Gebirgshotels erschienen aber auch bis nach der Krise der 1870er-Jahre als einfache «Häuser» mit Walm- oder Satteldach, wie beispielsweise 1894 das mächtige Hôtel Diablons in Zinal (Abb. 205).

In der letzten grossen Zeit des Hotelbaus nach 1880 vergrösserte sich die Vielfalt des architektonischen Ausdrucks. Damals entstanden die meisten dreiteiligen oder sogar fünfteiligen Gebäude mit betontem Mittel- oder Seitenrisalit. Das erste fünfteilige Walliser Gebirgshotel mit zwei seitlichen Risaliten wurde zwischen 1877 und 1884 auf der Riffelalp oberhalb von Zermatt errichtet (Abb. 208). Eine grosse Anzahl dreiteiliger Hotelbauten mit vortretenden Seitenrisaliten und Quergiebeln entstand in den 1890er-Jahren, beispielsweise 1891 das Grand Hôtel in Evolène oder kurz darauf das Cervin in St-Luc (Abb. 203) und das Diablons in Zinal (Abb. 205). Das Hôtel Bella Vista in Chandolin erhielt 1896 einen markanten Seitenturm (Abb. 210), das Hôtel des Alpes in Fionnay beim Umbau 1907 einen eleganten Erker an der Gebäudeecke (Abb. 209). Eine turmartig betonte Mittelachse etablierte sich in Zermatt als «Markenzeichen» repräsentativer Hotelbauten wie beim Hotel Terminus von 1891/92, beim Schweizerhof von 1898 oder beim Beau-Site von 1907 (Abb. 220). Aber auch bei der Verdoppelung von Gebäudevolumen erhielten Hotelbauten einen «Mittelturm» wie das Kurhaus in Arolla 1898 oder das Hôtel Les Mayens-de-Sion beim Umbau von 1904 (Abb. 215). Gegen Ende des Jahrhunderts wurde die betonte Mittelachse zum Erkennungszeichen zahlreicher alpiner Hotelbauten im ganzen Wallis.

Die Erscheinung der Walliser Gebirgshotels hat sich im Lauf des 19. Jahrhunderts grundlegend gewandelt: vom kleinen Steinhaus mit wenigen Zimmern zum grossen Hotelbau mit über 100 Betten. Die Tendenz zu stets grösseren Gebäuden ist, parallel zu den übrigen schweizerischen Fremdenorten, deutlich zu erkennen. Die Architekturgestalt der Walliser Hotels dagegen konnte mit der Entwicklung an den grossen Schweizer Seen oder in den ausländischen Stationen an der Meeresküste nicht Schritt halten. Die Walliser Gebirgshotels blieben, wie das Hotel Mont-Collon in Arolla mit zwei Erweiterungen exemplarisch aufzeigt (Abb. 204), in der Mehrzahl einfache, kaum mit Zierformen versehene Zweckbauten im Gebirge. U-förmige Baukörper mit Innenhof finden sich auch in der Belle Epoque keine, eine fünfteilige Hotelfassade besass nur das Hotel Riffelalp (Abb. 208).

Aus diesem einheitlichen und monotonen Bild stechen nur wenige Ausnahmen hervor, die mehrheitlich dem Werk bekannter Hotelarchitekten zugeordnet werden können. So war das in gestalterischer Hinsicht von den übrigen Zermatter Hotelbauten stark abweichende Hotel Riffelalp (Abb. 208) ein Entwurf des im Hotelbau besonders spezialisierten Architekten Robert Roller, der den Bau dieses Grosshotels in seiner eigenen Publikation über Hotelbauten im Jahr 1879 bereits erwähnte (Seite 52).⁴⁶ Die Erweiterung des Hôtel Bella Tola in St-Luc 1893 (Abb. 203) sowie der Neubau des eleganten Hôtel Bella Vista (später Grand Hôtel) in Chandolin (Abb. 210) sind als Werk des am Genfersee bekannten Architekten Louis Maillard aus Vevey identifiziert. 1910 schliesslich erstellte der Walliser Markus Burgener (1878–1953) das höchstgelegene Hotel im Wallis an der Endstation der Gornergratbahn auf 3140 Metern.⁴⁷ Wahrscheinlich hat der auch an anderen Orten im Oberwallis tätige Lausanner Architekt Louis Bezencenet nach dem Bau des neuen Wohnhauses für Alexander Seiler in Zermatt 1901 auch den Erweiterungsbau des kurz danach von diesem erworbenen Hotel Victoria erstellt (Abb. 218). Weitere Hotelbauten mit überdurchschnittlich reicher Fassadengestaltung, wie die Hotels Schweizerhof oder Beau-Site in Zermatt (Abb. 220), Cervin in St-Luc (Abb. 203) oder das Grand Hôtel in Evolène, konnten leider keinem Architekten zugeordnet werden.

218
Bereits fünf Jahre nach seiner Eröffnung 1901 erhielt das Hotel Victoria in Zermatt nach dem Kauf durch Alexander Seiler einen bedeutenden Erweiterungsbau. Dieser war wohl, wie zuvor das Wohnhaus von Seiler, durch den Lausanner Architekten Louis Bezencenet entworfen worden (Abbruch 1986). Fotografie um 1920.

219
Das 1883 eröffnete Grand Hotel Bellevue (Brand 1976, Neubau 1981) und das ein Jahrzehnt später erbaute Grand Hotel Saas-Fee (Abbruch und Neubau 1981) gehörten zu den fünf Grosshotels im erst 1951 mit einer Strasse erschlossenen Höhenort. Ansichtskarte um 1920.

220
Das 1907 vom Architekten Hans Winkler aus St. Moritz entworfene Hotel Beau-Site war lange Zeit das einzige grosse Gebäude auf der linken Talseite in Zermatt. Fotografie um 1920.

221
Antriebssystem und Wagen der 1907 von einem Initiativkomitee aus Meiringen geplanten Schlittenbahn über den Aletschgletscher zur Jungfrau.

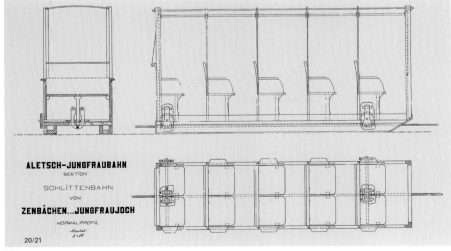

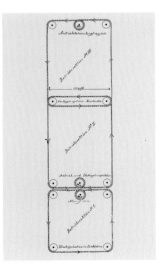

221

HOTELS AM RHONEGLETSCHER

Die Gegend am Fuss des Rhonegletschers, am Weg vom Wallis über den Furkapass ins Urnerland, fand seit mittelalterlicher Zeit Erwähnung in zahlreichen Schilderungen. Der wohl berühmteste Reisende in jener Gegend war Johann Wolfgang Goethe, der auf seiner zweiten Schweizer Reise 1779 am 12. November den bereits tief eingeschneiten Furkapass überquerte.[48] Gasthäuser fanden sich auf dieser Bergstrecke, wie überall im Schweizer Gebirge, bis ins zweite Viertel des 19. Jahrhunderts keine. Die erste Herberge am Rhonegletscher gehört zu den Pionierbetrieben im gesamten alpinen Raum. Kurz vor 1835 eröffnete Josef Anton Zeiter am Fuss des Rhonegletschers ein erstes Wirtshaus mit zwölf Betten.[49] Im August 1836 hielt sich der Walliser Maler Lorenz Ritz zwei Tage in Zeiters Gasthaus auf, um Gletscher und Herberge zu zeichnen. Eine im folgenden Jahr publizierte Werbschrift trägt die Aufschrift: «Vue du Glacier du Rhone et de l'auberge récemment batie dans les environs par Antoine Zeiter». Auch auf einer Zeichnung des Zürchers Heinrich Füssli wird die Herberge etwa gleichzeitig dargestellt.[50] Auf diesen Ansichten unterscheidet sich das bescheidene zweistöckige Steinhaus mit Satteldach in seiner Erscheinung nur unwesentlich von den Alphütten in der Umgebung. Im Baedeker von 1854 wird das alpine Gasthaus sogar arg getadelt: «Das Wirtshaus zum Gletsch genannt, genügt nur mässigen Ansprüchen und ist nicht wohlfeil.»[51]

1857 erwarb der Notar Franz Seiler, Bruder des späteren Zermatter Hotelkönigs Alexander Seiler, der sich kurz vorher mit dem Kauf des Hotel Monte Rosa in Zermatt niedergelassen hatte,[52] die ersten Alprechte am Rhonegletscher. Am 22. Juni 1858 genehmigte der Staatsrat des Kantons Wallis «le plan de construction de l'hôtel à Gletsch [...] par M. Mutter», den Plan also zum Neubau der alpinen Herberge durch die Alpgeteilschaft Gletsch.[53] Erbaut wurde das Gebäude, das den Brüdern Alexander und Franz Seiler zur Ausführung übertragen wurde, aber offensichtlich nicht sogleich: Eine auf den 1. April 1859 datierte Fotografie des königlichen Hoffotografen Martens zeigt noch das alte Gasthaus ohne Baustelle, und der Reisebericht des Genfer Zahnchirurgen Thioly erwähnt im Juli 1860 das neue Haus noch nicht.[54] In seiner Ausgabe von 1862 dagegen bemerkt der Baedeker: «neuer Gasthof 1861 an Stelle des früheren Wirthshauses im Gletsch. Gebr Seiler.»[55] Dieser Neubau war gemäss den bekannten Darstellungen ein einfacher kubischer Steinbau mit drei Stockwerken unter einem schwach geneigten Walmdach. Die rhythmisch in drei respektive fünf Fenster pro Stockwerk gegliederten Fassaden wiesen, wie damals im Walliser Gebirge üblich, keine Zierformen auf (Abb. 222).

Die Vollendung der Fahrstrasse bis Gletsch 1865 und über die Furka 1866 bildete die Voraussetzung für regelmässige Kutschenfahrten. Im Sommer 1867 verkehrte erstmals eine Postkutsche zwischen Brig und Hospental, ab 1871 fuhr sie bis Andermatt und weiter nach Chur. Diese Kurse vollzogen in Gletsch einen Pferdewechsel und verhalfen dem dortigen Hotelbetrieb zu neuen, bisher unbekannten Frequenzen.[56] 1866 trat Alexander Seiler nach dem Tod seines Bruders erstmals als Eigentümer in Gletsch in Erscheinung, und sogleich begann eine markante Bauphase: Das bestehende Hotelvolumen wurde durch einen zweiten Bau auf der Ostseite verdoppelt. Zwischen diesen gleichen Baukörpern entstand aus dem Volumen des ersten Gasthauses ein hoher und leicht vortretender Mitteltrakt mit einem kleinen Dachreiter. Dadurch war der symmetrische Hauptteil der Anlage, der noch heute in Gletsch erhalten ist, im Grundriss entstanden. Die Bauarbeiten erfolgten zwischen 1867 und 1869: Auf einer Zeichnung von August Beck aus dem Jahr 1867 ist noch der Zustand vor dem Umbau dargestellt; im illustrierten Führer durch die Schweiz von Hermann Berlepsch aus dem Jahr 1870 ist bereits der erweiterte Hotelbau mit dem markanten Mittelrisalit abgebildet.[57] Nach dem Umbau präsentierte sich das imposante Gebäude als dreiteilige Hotelfassade mit je fünf Fensterachsen in den Seitenflügeln und drei Achsen im erhöhten, mit einem Quergiebel abgeschlossenen Mittelteil (Abb. 222). 1869 ändert zudem der Baedeker seinen Text über Gletsch und erwähnt erstmals das «Hotel du Glacier du Rhône, steinernes Haus» sowie die «neue Poststrasse nach der Furka», wohl ein weiterer Hinweis auf diese baulichen Veränderungen.[58] Ob dieser Erweiterungsbau beim Besuch der englischen Königin Victoria im August 1868 bereits fertig gestellt war, ist aus ihrem Reisebericht nicht zu lesen.[59]

222
Die Hotelanlage in Gletsch nach der ersten Vergrösserung von 1867 bis 1869, links der Hotelbau von 1861. Holzschnitt aus GSELL-FELS 1880.

223
Gletsch nach dem Ausbau von 1890 bis 1892 mit dem erhöhten Hauptgebäude, dem neuen Ostflügel und der Gartenanlage.

224
Das 1882 von Josef Seiler, dem Besitzer des Hotel du Glacier du Rhône, eröffnete Hôtel Belvédère an der Furkapassstrasse. Werbeplakat kurz nach der Eröffnung.

Wegen der weiterhin zunehmenden Zahl von Reisenden in Gletsch entstand in den frühen 1870er-Jahren das erste kleine Dependancegebäude im Südosten der Anlage am Beginn der Steigung der Furkastrasse. 1875 wird der vierachsige, zweistöckige Steinbau mit Satteldach an Stelle alter Stallgebäude erstmals dargestellt.[60]

Im Jahr 1882 eröffnete Josef Seiler, der Sohn von Alexander dem Älteren, fünfhundert Höhenmeter über Gletsch, auf 2 270 Metern über Meer, in einer Kurve der Furkapassstrasse und ganz nahe am Rhonegletscher das neue Hôtel Belvédère. Der Baedeker von 1883 meldet dazu: «an der zweiten Kehre das neue Hotel Belvédère von Herrn Seiler neu erbaut.»[61] Damit wurde die stetig steigende Nachfrage nach mehr Hotelbetten befriedigt, und gleichzeitig konnte die Familie Seiler nun denjenigen Gästen eine Unterkunft anbieten, die an einer Panoramasicht und an der Nähe zum Gletscher interessiert waren (Abb. 224).

Nach dem Tod von Alexander Seiler dem Älteren 1891 übernahm Josef auch die Hotels in Gletsch, während sich dessen Bruder Alexander der Jüngere fortan auf den Besitz in Zermatt konzentrierte. 1895 wurde Gletsch mit der Vollendung der Grimselstrasse zu einem bedeutenden alpinen Strassenknotenpunkt.[62] Nun wartete man dort auf den Anschluss der Postkutschen aus Brig, Andermatt und Meiringen. Diese Standortgunst nutzte Josef Seiler aus: Bald einmal war er Betreiber einer bedeutenden Fuhrhalterei mit bis zu 150 Pferden und Stallungen in Andermatt, Airolo, Meiringen und Brig. Unter seiner initiativen Führung erlebte der Hotelbetrieb in Gletsch eine letzte bedeutende Erweiterung.[63] 1893 respektive 1894 stellen Johann Martin Steiger in einer Zeichnung und die «Lithographische Anstalt Hofer & Burger» in Zürich in einer Farblithografie den nochmals erweiterten Hotelbau dar: Das bestehende Gebäude wurde um ein Stockwerk erhöht und ostseitig um vier Fensterachsen vergrössert.[64] In diesem Erweiterungsbau entstand ein neuer grosser Saal auf der Ostseite. Zu dieser Zeit erschien auch die verlängerte Dependance (Blauhaus) erstmals auf einer Abbildung.[65] Gleichzeitig liess Seiler jenseits der Strasse einen neuen Hotelgarten nach englischem Vorbild mit Schatten spendenden Bäumen, Spazierwegen und Ruhebänken anlegen (Abb. 223).[66]

1907/08 schliesslich kam die anglikanische Kapelle hinzu, ein damals unabdingbares Attribut einer Hotelanlage dieser Bedeutung im Gebirge. Josef Seiler erbaute sie nach eigenen Plänen im Auftrag der Anglikanischen Kirche.[67]

Kurz nach der Jahrhundertwende entstanden die ersten Projekte zur Erschliessung der Gegend durch die Eisenbahn. 1904 richtete ein Initiativkomitee unter Federführung von Ingenieur Vogt aus Laufen und Elektrotechniker Vontobel aus Winterthur das Konzessionsgesuch für eine Grimselbahn an die Bundesbehörden. Das ambitiöse Projekt beinhaltete die Anlage einer Schmalspurlinie ohne Zahnrad mit einer Maximalsteigung von 60 Promille von Meiringen zum 2,3 Kilometer langen Scheiteltunnel unter dem Grimselpass, an dessen Südausgang die Endstation Gletsch projektiert war.[68] Das Projekt blieb, wie zahlreiche weitere im Alpenraum, unausgeführt. Kurz vor dem Ersten Weltkrieg erhielt Gletsch dennoch eine Eisenbahnverbindung. Nach einer langen Vorgeschichte begannen im Jahr 1911 die Arbeiten an der Brig–Furka–Disentis-Bahn. Im Juni 1914, kurz vor Kriegsbeginn, konnte die Strecke bis nach Gletsch eingeweiht werden. Im folgenden Sommer blieben die Touristen aber weitgehend aus, und die Betriebsdefizite wuchsen markant an. 1916 mussten die Bauarbeiten mangels neuer Kredite eingestellt werden, 1923 meldeten die Verantwortlichen den Konkurs der Gesellschaft an. Eine Auffanggesellschaft unter der Initiative der Visp–Zermatt-Bahn und der Federführung der Eidgenossenschaft konnte die Arbeiten schliesslich vollenden und den Betrieb im Juni 1926 auf der ganzen Länge über Furka und Oberalp aufnehmen.[69] Seit 1930 machte der Glacier-Express die Station Gletsch zu einem berühmten und vorzüglich erschlossenen Hotelstandort im Hochgebirge.

Bereits auf die Sommersaison 1921 war über Grimsel- und Furkapass ein alpiner Postautoverkehr in Betrieb genommen worden. Gletsch war damit auch zur wichtigen alpinen Postautostation im Schweizer Gebirge geworden. Innerhalb von zweieinhalb Monaten wurden im ersten Betriebsjahr über diese Pässe mehr als 10 000 Fahrgäste befördert. Diese Besucherfrequenzen wurden seither kaum noch in einer solch kurzen Zeitspanne erreicht (Abb. 225).[70]

Das Hotel in Gletsch entstand als charakteristisches Beispiel für einen frühen Hotelstandort an einem Passübergang.

224

Sein Name, der sich vom nahe gelegenen Gletscher herleitete, ist dafür typisches Zeichen. Ebenso charakteristisch sind Standort und Name des zweiten Hotelbetriebs der Familie Seiler in der Gegend: In der Belle Epoque des ausgehenden 19. Jahrhunderts baute man Hotels vorwiegend an schönster Aussichtslage, und man gab ihnen einen entsprechenden Namen: Belvédère hiess das 1882 neu eröffnete Aussichtshotel am Rhonegletscher.

Die Erscheinung der Gebirgshotels am Rhonegletscher widerspiegelt die Entwicklung der Walliser Gebirgshotellerie beispielhaft: Das kleine Steinhaus mit wenigen Zimmern entwickelte sich innerhalb von sechs Jahrzehnten zum grossen Hotelbau mit über hundert Betten. Die Architekturgestalt blieb aber auch beim mehrfach erweiterten Bau der 1890er-Jahre karg. Die einzigen Zierformen finden sich im Mitteltrakt: Eine Hausteinfassade, Balkone und Rundbogenfenster prägen den Mittelrisalit, das Hauptgebäude wird von schmalen Ecklisenen eingefasst (Abb. 223). Der reine Zweckbau im Gebirge ist auch im Grossformat nicht vergleichbar mit den reich geschmückten Historismusfassaden, die gleichzeitig in den Fremdenorten an den Schweizer Seen entstanden sind. Die Hotels am Rhonegletscher symbolisieren als «touristische Zweckbauten» im Gebirge den gestalterischen Gegensatz der Hotels in der Belle Epoque ganz prägnant: Am «Palmenstrand» der sonnigen Seeufer widerspiegelt sich der pompöse Märchenzauber der Hotelwelt nicht nur im Innern, sondern auch in der Gebäudefassade; am Gletscherrand im Gebirge dagegen findet sich dieser Märchenzauber nur beim Interieur: primär im Speisesaal und in den Gemeinschaftsräumen, manchmal auch noch in der Hotelhalle.

225
Das Hôtel Belvédère nach dem Ausbau zu Beginn des 20. Jahrhunderts. Fotografie um 1950.

Seiten 172/173:
Vergrösserung von Abb. 109
Das Hôtel Royal in Lausanne-Ouchy von 1909, ein Entwurf der Architektengemeinschaft Charles Mauerhofer mit Adrien van Dorsser und Charles-François Bonjour, bildet eine einzigartige Mischung aus traditioneller Historismusarchitektur, mittelalterlichem Schlossbau und Gestaltungselementen zwischen Neugotik und Jugendstil. Fotografie um 1910.

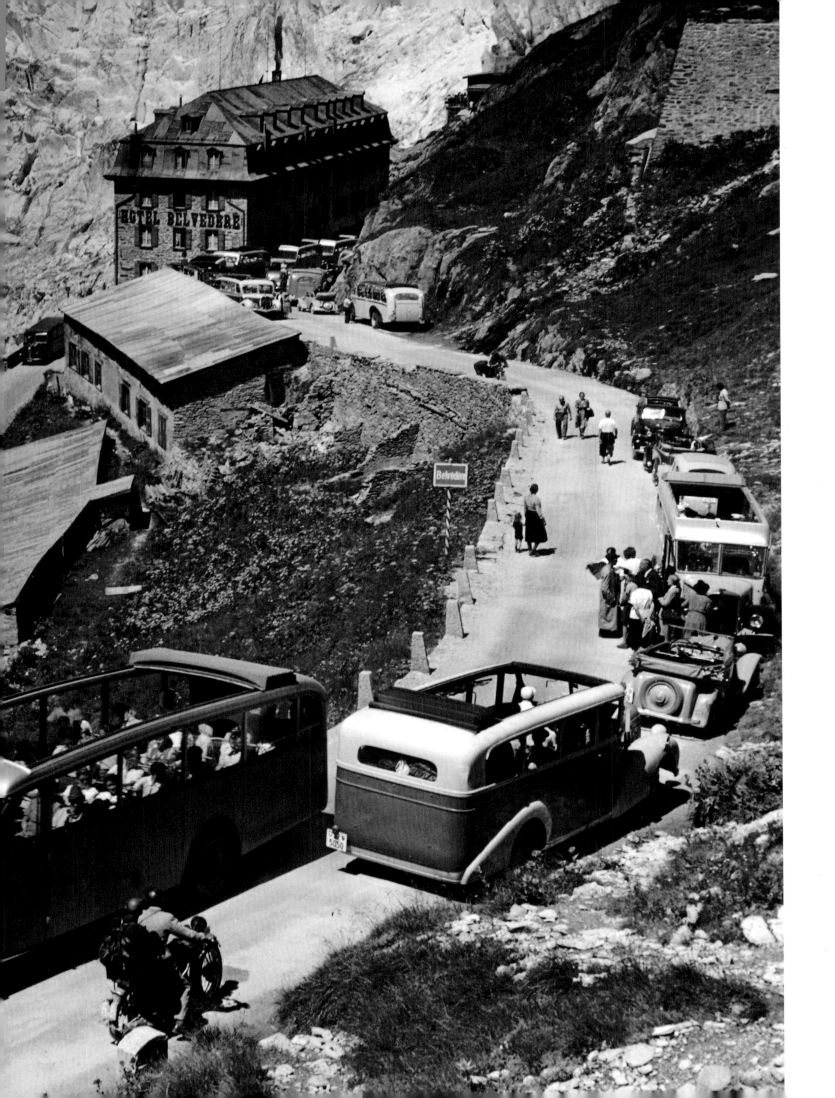

ANHANG

ANMERKUNGEN

Vorwort

1 FLÜCKIGER-SEILER 1997 (Tourismus).
2 FLÜCKIGER-SEILER 1996 (Einführung, Bauten und Anlagen).

Seiten 12 bis 41

«…ein grosser Kursaal, geöffnet von Juni bis September…»

1 COOLIDGE 1904, XXXff., listet die Daten der Erstbesteigungen aller Alpengipfel auf.
2 Neue Übersetzung: SCHWEIZER 1980, 44 – siehe: POCCIO-BRACCIOLINI 1780, 11f. – WALSER 1914, 62f.
3 MARGADANT, MAIER 1993, 138ff., 239.
4 Siehe dazu beispielsweise die Schilderung bei HAAS 1992, 11.
5 Joachim von Watt veröffentlichte diese Erdbeschreibung unter dem Pseudonym Pomponius Mela: MELA 1522, 34.
6 BRATSCHI 1992.
7 BELLWALD 1999.
8 ARNOLD 1979, 53.
9 STUMPF 1547.
10 ROTTERDAM 1518 (1947), 30ff.
11 BURNET 1690, 17.
12 SCHNYDER-SEIDEL 1980.
13 ENZENSBERGER 1962, 149.
14 SCHINZ 1773 (1952).
15 Haller veröffentlichte dieses Gedicht erstmals 1732 in seiner Sammlung «Versuch Schweizerischer Gedichte».
16 ROUSSEAU, JEAN-JACQUES: La Nouvelle Héloïse. 4. Teil, Kapitel 17.
17 Erste Beschreibungen des Besucherstromes bei DUFFOUG-FAVRE 1843, 33f., später bei RAMBERT 1877, 89ff. und BETTEX 1896, 9ff.
18 GRUNER 1760 und FÜSSLI 1770–1772, 1. Theil, 371ff., und 2. Theil, 333.
19 Beispielsweise: ZSCHOKKE 1842, 263.
20 DE SAUSSURE 1779–1796.
21 WAGNER 1684. Seit seiner Zweitausgabe von 1688 wird er als «Mercurius Helveticus» bezeichnet.
22 COXE 1789.
23 EBEL 1793 und 1804/05.
24 EBEL 1804 I, 10.
25 MURRAY 1836.
26 HARTMANN 1905, 9, 25 – HÄSLER 1986, 26ff. – GALLATI 1991, 273f.
27 BENER, SCHMID 1983, 68ff. – ROTH 1989.
28 HOFMANN 1989, 170.
29 VON TAVEL 1987, 46 – SCHALLER 1990.
30 BAUMER-MÜLLER 1991.
31 FLÜCKIGER-SEILER 1988, 9.
32 OETTERMANN 1980.
33 NYFFENEGGER, KATHARINA, in: Franz Niklaus König 1993, 51ff.
34 BUDDENMEIER 1970 – BENER, SCHMID 1983, 36ff.
35 BEL 1783 und BEL 1787.
36 REICHEN 1989, 119.
37 FLÜCKIGER-SEILER 1997 (Céard).
38 HEGLAND, SIMONETT 1989.
39 BAUMGARTNER 1834, 4ff.
40 BRETSCHER 1982, 15ff.
41 RÄBER 1963, 9, 72 – GIACOMAZZI et al. 1991, 25.
42 Chamonix… 1978, 178ff.
43 Siehe dazu beispielsweise die zeitgenössische Schilderung bei HEGNER 1828 über Interlaken.
44 COOLIDGE 1889, 251–322 – CICELY (1964), 24ff.
45 BAEDEKER 1844, XIVf.
46 WYSSBROD 1988, 37ff.
47 FOËX 1962, 49.
48 Zum Beispiel AGASSIZ 1847.
49 BRAHAM 1994.
50 JENNY 1938.
51 TRUFFER 1994, 157ff.
52 RUBI 1986, 95ff. – WEHRLI 2003 – FLÜCKIGER-SEILER 2004 (Faulhorn).
53 COOLIDGE 1913, 37 – COOLIDGE 1889, 150 – HÄSLER 1986.
54 Die Herberge wurde 1834–1836 vom Walliser Maler Lorenz Ritz gezeichnet («L'auberge récemment bâtie»), und Heinrich Füssli stellte sie 1837 in einer Zeichnung dar (GATTLEN 1987, Nr. 1135, 1302).
55 COOLIDGE 1889, 251–322 – CICELY (1964), 24ff.
56 ARENGO-JONES 1995, 92–97.
57 BEYER 1898, 23, 27ff.
58 WÄGLI et al. 1980.
59 ALBRECHT 1859.
60 Erinnerungen an Nationalrat Fritz Seiler in Interlaken, 26ff. (Manuskript im Nachlass Horace Edouard Davinet, Burgerbibliothek Bern).
61 WISMANN 1989, 49.
62 WÄGLI et al. 1980, 69ff.
63 STAFFELBACH 1972, 12 – STADELMANN 1994, 9.
64 STRUB 1902 – WÄGLI et al. 1980, 17.
65 Schweizerisches Bundesarchiv, E 53 (Bahnprojekte).
66 Zeitschrift Schweizer Heimatschutz 1907, 48, 64 und 1908, 16.
67 BOVET 1912.
68 FRÖLICH 1876.
69 Territet… 1889, 12 – Archives de Montreux ACP, A52 (27. 6. 1881).
70 DUBOCHET 1885, 267.
71 Fögl d'Engiadina, 19. 7. 1879.
72 Berner Post, 10. 7. 1882.
73 Feuille d'Avis de Montreux, 5. 8. 1882 – NEUENSCHWANDER 1990, 232.
74 Hotelarchiv – Luzerner Tagblatt, 15. 8. 1884 – Festschrift SIA 1903, Tabelle.
75 KELLER 1958 – GUGERLI 1997 – GUBLER 1977, 40 – GALLATI 1993, 158 – KOENIG, SCHWAB 1973, 208.
76 HADORN 1979.
77 KELLER 1996.
78 ZELGER 1978.
79 ROTZLER et al. 1990, 119 – STARK 1991, 21 – Emil Cardinaux 1985 – GIROUD 1998.
80 FENDL 1991, 69ff.
81 DUPONT, FREY 1989, 34b, fig. 2.
82 WYSSBROD 1988, 39ff.
83 BIERFREUND 1867 – CÉRÉSOLE 1895 und LULLIN 1892 für die Genferseegegend – FRÖLICH 1876, BUCHMÜLLER 1914 und HOFER 1989 für Beatenberg – Der Curort Seelisberg… 1870, TRUTTMANN (etwa 1876) und ZOLLINGER (etwa 1890) für Seelisberg.
84 Zitat aus: L'architecture privée sous Napoléon III. Paris 1864.
85 NORBERG-SCHULZ 1987, 7.
86 GUYER 1885, 21 – Zur Einnerung… 1915, 23, Tab. 10, 11.
87 Zur Erinnerung… 1915 – OTT 1990, 107.
88 SENN 1918, 140.
89 Hotelarchiv Beau-Rivage: 041: Rapport du Conseil d'administration, 2.4.1902.
90 Zum Werk von Vogt siehe: Kriens – Kairo 1998.
91 Brief in der Ausstellung «Kriens – Kairo» im Museum Bellpark Kriens 1998.
92 FERDMANN 1990, 150ff. – MARGADANT, MAIER 1993, 157f. (festgehalten in den Lebenserinnerungen des Enkels von Johannes Badrutt).
93 RUBI 1953 – RING 2000, 122.
94 Handels Courier 239, 9. 10. 1887. Foto in: RUBI 1986, 50.
95 Archives de Montreux: APCM G-16 – MOTTU 1969, 40.
96 Gemäss Angaben aus dem Dokumentationszentrum in St. Moritz.
97 MARGADANT, MAIER 1993, 169ff. – FERDMANN 1990, 150.
98 SENGER 1941, 45 – KASPER 1962.
99 SENGER 1941 – SSV 1979, 71 – FERDMANN 1990, 164.
100 KÜTTNER 1785 II, 136.
101 Zitate aus TREICHLER 1985, 228f.
102 TÖPFFER 1949 IV, 151 – KAENEL 1989.
103 HEGNER 1828, Bd. 4, III (Vorrede).
104 Übersetzung aus: TOLSTOI 1967.
105 Zitat nach DAUDET 1886, 117f. (Übersetzung des Autors).
106 SHAND 1903 (Zitat nach ENZENSBERGER 1962, 151).

Seiten 42 bis 63

«…als wäre der Märchenzauber König Laurins Wirklichkeit geworden…»

1 FALKE 1913, 78.
2 BÖCKLI 1998.
3 Inventar Hotel Eggishorn 1901. Kantonales Museum für Geschichte, Sitten. Siehe dazu auch: ANTONIETTI 2000, 128ff., 140.
4 Allgemeines bei SCHMITT 1982, 28ff. oder RUCKI 1989, 97 (am Beispiel des Grand Hotel Kronenhof in Pontresina).
5 TAVEL 1891, 3f.
6 Zitate nach TREICHLER 1985, 228f.
7 ANTONIETTI 2000, 140, 142.
8 Nach WYSS 1991.
9 Zur Geschichte der Hotelbauten in Leukerbad: FLÜCKIGER-SEILER 1996 (Luxusoasen), 126–133. – siehe auch: ANTONIETTI 2000, 58ff.
10 WHYMPER 1897, 128.
11 ANTONIETTI 2000, 52ff.
12 GAULIS, CREUX 1976, 209 – ANTHAMATTEN 1991.
13 ANTONIETTI 2000, 145.
14 ANDEREGG 1991, 87–120.
15 ANTONIETTI 2000, 130.
16 INÄBNIT 1995, 30–50.
17 BIERMANN 1907, 142f.
18 Zitat nach ANDEREGGEN o. J., 19.
19 ANTONIETTI 2000, 56f., 132ff., 152 mit Anm. 45.
20 GUYER 1874, zweite Auflage 1885, französische Übersetzung 1877, übersetzt durch den Genfer Architekten Henri Bourrit (1841–1890).
21 GUYER 1895 – Biografie: HBLS 4, 13 mit weiterer Literatur.
22 Abb. 5–7 der ersten, 6–8 der zweiten Ausgabe.
23 Abb. 25–28 der ersten, 24–27 der zweiten Ausgabe.
24 Abb. 11–13 der ersten, 12–14 der zweiten Ausgabe.
25 Text Seite 97, Abb. 41, bzw. Seite 138, Abb. 42.

26 In der ersten Ausgabe Abb. 39 (Grundriss Altbau), in der zweiten Ausgabe Abb. 3 und 4 (Ansichten 1860 bzw. 1880) sowie 40 (Grundriss nach Umbau).
27 ROLLER 1879. Diese Veröffentlichung ist in keiner schweizerischen Bibliothek mehr vorhanden. Das einzige bekannte Exemplar konnte in Berlin gefunden werden.
28 ROLLER 1879, Einleitung.
29 GUYER 1874 und 1885.
30 Werkliste Roller, Nr. 171, Devissumme 250 000 Fr. Siehe auch: GATTLEN, ALIPRANDI 1979, 166, 171, 177 und 198 – INÄBNIT 1995, 31ff.
31 ROLLER 1879, 5f., 9.
32 Roller erwähnt ganz am Anfang seiner Ausführungen, dass er nur selbstausgeführte Hotels darstellen werde. Eigenartigerweise figuriert aber das Faulenseebad nicht auf seiner von ihm selbst erstellten Werkliste.
33 KLASEN 1884, 135, und VON DER HUDE 1885, 177, Anm. 153.
34 KLASEN 1884 und VON DER HUDE 1885.
35 KLASEN 1884, 135.
36 Der Kaiserhof ist beschrieben in: KLASEN 1884, 144 und Abb. Blatt 37 sowie VON DER HUDE 1885, 207 und Fig. 194–196.
37 VON DER HUDE 1885.
38 VON DER HUDE 1885, 177, Anm. 153.
39 VON DER HUDE 1885, 213–215, Fig. 197–199.
40 GUYER 1874, 81.
41 VON DER HUDE 1885, 178.
42 ROLLER 1879, 5.
43 GUYER 1874, 74.
44 Eine interessante Untersuchung zum Thema der Geschichte von Raumfogen in der Architektur publizierte EVANS 1982, XXIII–XLI.
45 GUYER 1874, 84ff.
46 GUYER 1874, 48.
47 Beschreibung in: BTSR 1903, 243–245, Pl. 8/9.
48 Inventarbuch für die Hotels Jungfrau und Riederalp 1917 (Kantonales Museum für Geschichte, Sitten).
49 GUYER 1874, 55.
50 VON DER HUDE 1885, 185.
51 GUYER 1874, 55 – ROLLER 1879, 5f. – KLASEN 1884, 134 – VON DER HUDE 1885, 186
52 GUYER 1874, 91ff. – ROLLER 1879, 5. – VON DER HUDE 1885, 186f.
53 Anbau erstmals nachgewiesen im Vermessungsplan von Interlaken um 1860 (Gemeindearchiv Interlaken, Historische Pläne 20).
54 Pläne im Hotelarchiv.
55 GUYER 1874, 97f. und Plan No. 41 – KLASEN 1884, 154 und Fig. 133 – GUYER 1885, 138, Plan Nr. 42 – VON DER HUDE 1885, 213f. und Fig. 197.
56 GUYER 1874, 54 und 52 – KLASEN 1884, 153, Blatt 38, Fig. 7.
57 ROLLER 1879, Tafel 6.
58 Architekt Jean Franel des Grand Hôtel in Vevey war Jurymitglied beim Wettbewerb des Thunerhofs. Grundrisse publiziert bei: GUYER 1874, 73–75, und 1885, 102–105, Plan Nr. 24–27.
59 Journal et Liste des Etrangers de Montreux, 25.2.1905. Architekt unbekannt, eventuell Ernest Moachon, der bereits 1894/95 das Hauptgebäude erstellt hatte.
60 Zur allgemeinen Geschichte des (deutschen) Treppenbaus siehe MIELKE 1966.

61 GUYER 1874, 68.
62 Archives de la Ville de Lausanne, Demandes de constructions, bobine 104/No 1280 (1904).
63 GUYER 1874, 52, Plan 8.
64 KAFKA 1983, 7 und 289f.
65 GUYER 1874, 94f., Plan Nr. 41 (Schweizerhof in Luzern).
66 ROLLER 1879, 5.
67 VON DER HUDE 1884, 190.
68 Grand Hotel in Interlaken. Interlaken 1868, 6 (Prospekt in der SLB).
69 GUYER 1885, 134.
70 MICHEL 1956, 8. Der Küchenanbau ist bereits im Katasterplan der Gemeinde Interlaken von 1860 enthalten (Interlaken, Bauarchiv, hist. Pläne Nr. 20).
71 1858: Küchenanbau Hotel Belvédère Interlaken, 5 000 Fr. (Nachlass Roller, Werkliste Nr. 12). Auch dieser Küchenanbau, wie derjenige beim Schweizerhof, bereits im Katasterplan der Gemeinde Interlaken von 1860 enthalten (Interlaken, Bauarchiv, hist. Pläne Nr. 20).
72 Stadtarchiv Luzern, B3.31/A, 1.1.1900.
73 Die Geschichte der Aufzugsanlagen wird umfassend beschrieben in SIMMEN, DREPPER 1984, etwas prosaischer in LAMPUGNANI et al. 1992, mit vielen Illustrationen in GAVOIS 1984.
74 SIMMEN, DREPPER 1984, 19f., 58.
75 PEVSNER 1976, 187 – GAVOIS 1984, 89.
76 Detaillierte Beschreibung damals gebräuchlicher hydraulischer Systeme in: Handbuch der Architektur, 3. Theil, 3. Bd.: Anlagen zur Vermittelung des Verkehres in den Gebäuden. Darmstadt 1892, 174ff.
77 Allgemeine Bauzeitung 1860, 145, 147.
78 SIMMEN, DREPPER 1984, 60f.
79 KLASEN 1884, 142ff.
80 Zeitschrift des Vereins Deutscher Ingenieure 1879, 422.
81 Die Eisenbahn 1878/VIII, 115f. – SIMMEN, DREPPER 1984, 99ff.
82 SIMMEN, DREPPER 1984, 36f.
83 GAVOIS 1984, 111.
84 GAVOIS 1984, 103ff., 172.
85 SIMMEN, DREPPER 1984, 44, 63.
86 Rapport d'Achille de la Harpe et Jean-Baptiste Bertolini à la Société immobilière d'Ouchy, 19.10.1857 (Hotelarchiv No 100).
87 NEUENSCHWANDER FEIHL 1997, 19.
88 Dieses Hotel erhielt auch als erstes in der Schweiz ein Mansartdach sowie einen Speisesaal, der schon im ursprünglichen Gebäude als Anbau erstellt wurde.
89 BIERFREUND 1867, 50.
90 GUYER 1874, 52, Plan Nr. 8, Legenden 18 und 19.
91 GUYER 1874, 105.
92 Journal de Genève, 3.9.1873.
93 BROILLET et al. 1997, 325.
94 Berner Tagespost, 23.3.1875.
95 Stadtarchiv Thun: 1/9 S 269 AM 11.
96 Deutsche Bauzeitung 1877, 421.
97 KLASEN 1884, 134.
98 Undatierter Hotelprospekt (SLB).
99 Territet... 1889, 14.
100 Die Rechnungen für diese Anlage sind im Hotelarchiv noch vorhanden: Hotelarchiv Beau-Rivage No 012.
101 Stadtarchiv Luzern: E2a.329.

102 Spesa generale compera e ingrandimento dell'Hotel Splendide in Lugano (Hotelarchiv) – Die im Liftbau sehr seltene Antriebsart wird zeitgenössisch beschrieben im Handbuch der Architektur, 3. Theil, 3. Bd.: Anlagen zur Vermittelung des Verkehres in den Gebäuden. Darmstadt 1892, 190f.
103 Beispielsweise im Vitznauerhof (1901), im Hotel International Lugano (1906) oder im Trois Couronnes Vevey (1913).
104 Hotelprospekt in SLB.
105 SBZ 1905/XLVI, 186–188 – ODERMATT, FREY-FÜRST (1948), 79ff.

Seiten 64 bis 85
«Betreff dem Architekt Meili will ich denselben nicht für hier, sonst habe ich mit 3 Architekten zu kämpfen»

1 ACV, P De la Rottaz, Carton III, No 14 (Hinweis von Paul Bissegger, Lausanne).
2 GRANDJEAN 1979, 354.
3 AMMANN GK 19, 23 – BETTLER 1989.
4 AMMANN GK 3, 8.
5 AMMANN GK 13, 9ff.
6 EL-WAKIL 1978 – BROILLET et al. 1997, 296ff.
7 BAEDEKER 1859, 169. – DE SENARCLENS 1993, 47.
8 NEUENSCHWANDER 1983, 59ff.
9 Exposé d'un projet de construction d'un hôtel d'étrangers à Vevey. Genève 1865 (SLB).
10 WYSSBROD 1988, 47.
11 Siehe KELLER 1978.
12 Genf kam erst 1815 als 22. Kanton zur Schweiz.
13 CHAPUISAT 1934 – Dejean wird erstaunlicherweise bei GAULIS, CREUX 1976 nicht erwähnt und deshalb in allen dort dokumentierten Folgeartikeln zu Pionieren der Schweizer Hotellerie schlichtweg vergessen.
14 DE SENARCLENS 1993, 38f.
15 CHAPUISAT 1934, 171.
16 GRANDJEAN 1979, 354.
17 Bissegger, Paul: Vevey, Hôtel des Trois Couronnes. Manuskript (von Paul Bissegger zur Verfügung gestellt).
18 Territet... 1889, 10 – LÜTHI 1996, 2f. – Journal des Etrangers de Montreux, 27.8.1904.
19 ACV, P De la Rottaz, Carton III, No 14.
20 Wichtige Informationen zu diesem Abschnitt vermittelte Evelyne Lüthi-Graf, Montreux.
21 Biografie von Chessex zur Verfügung gestellt von Evelyne Lüthi-Graf, Nekrolog im Feuille d'Avis de Montreux, 25.4.1917. Siehe auch: GAULIS, CREUX 1976, 201 – METTLER 1979, 92 – AMMANN GK 27 1987, 3 – HUGUENIN, WYSSBROD 1988, 11 – DUPONT, FREY 1989, 27f.
22 LÜTHI 1996.
23 Mit dem Umbau (Rückbau) der Dépendance von 1855. (Archives de Montreux, APCM: C1–15b).
24 Hotelprospekt mit Werbeschreiben 1884 (SLB).
25 Sanatorium Leysin 1893 – BIAUDET 1941, 16ff. – DUPONT, FREY 1989, 54.
26 Mitteilung von Evelyne Lüthi-Graf, Montreux.
27 Gründungsurkunde, 11.2.1899 (SLB).
28 Biografie von Emery zur Verfügung gestellt von Evelyne Lüthi-Graf, Nekrolog im Messager de Montreux, 17.2.1931. Siehe auch: GAULIS, CREUX 1976, 202 – METTLER 1979, 93 – AMMANN GK 27 1987, 4f. – DUPONT, FREY 1989, 27f.
29 DUPONT, FREY 1989, 29.

30 Feuille d'Avis de Montreux, 29. 5. 1895, 4.
31 Archives de Montreux, APCM, C1–12b.
32 Mitteilung von Evelyne Lüthi-Graf, Montreux.
33 Archives de Montreux, APCM, D1–9a.
34 Die Familie Knechtenhofer ist, ursprünglich aus heute österreichischem Gebiet stammend, seit 1604 in Thun eingebürgert (HARTMANN 1914, 561f., 736f. – SCHWARZ 1965).
35 SCHWARZ 1965, 5, 12ff., 28, 38, 56.
36 HARTMANN 1914, 562.
37 SCHWARZ 1965, 3f.
38 Burgerarchiv Thun: Carl Friedrich Ludwig Lohner (1786–1863), Chronik der Stadt Thun. Bd. 2. Manuskript. Nennung des Architekten bei SCHWARZ 1965, 4 (Mitteilung von Peter Küffer, Burgerarchivar).
39 Übersicht zu den englischen Kirchen in der Schweiz von MEYER 1972. Obwohl um diese Zeit auch andernorts in der Schweiz zur Betreuung englischer Touristen bereits anglikanische Gottesdienste durchgeführt wurden, entstanden weitere englische Kirchen in der Schweiz erst etliche Jahre später, so zum Beispiel 1853 in Genf (Holy Trinity Church), 1868 in Meiringen, 1870 in Zermatt, 1877 in Montreux oder erst 1899 in Luzern. Zu den frühen neogotischen Kirchenbauten in der Schweiz siehe REBSAMEN 1972 und BISSEGGER 1985, insbes. 87ff., 147ff. Einige Jahre zuvor war in Interlaken die Pension von Notar Karl von Greyerz als eine der ersten neogotischen Bauten in der Schweiz eröffnet worden. Die älteste bekannte Darstellung der Kapelle ist eine Daguerreotypie aus dem Jahr 1844 (REBSAMEN 1989, Abb. 15).
40 Zuordnung zum Werk Rollers durch Alfred Roth, Burgdorf (Burgdorfer Tagblatt, 5. 12. 1983). Siehe auch: REBSAMEN 1989, 9ff.
41 REBSAMEN 1989, 9f.
42 SCHWEIZER 1987, 46 – Nachlass Roller, Werkliste Nr. 57.
43 «Thun besitzt [...] ausser seiner reizenden Lage an der Aare [...] nichts, was den Reisenden zu einem Aufenthalte hier veranlassen könnte» (BAEDEKER 1844, 144). Siehe auch das Zitat «Die Schweiz hat unstreitig die besten Gasthöfe der Welt» aus BAEDEKER 1844, XIVf., auf Seite 24.
44 Eine zuverlässige Biografie über Peter Ober hat BETTLER 1989 erstellt.
45 BETTLER 1989, 32ff.
46 OBER 1841, 1849, 1854 und 1858 – siehe dazu BETTLER 1989, 72ff.
47 BETTLER 1989, 77.
48 HARTMANN 1914, 589ff. – AMMANN GK 3, 8.
49 Statthalteramt Interlaken, B 502, 378 – Statuten der Anstalt in der SLB.
50 HÄSLER 1986, 228f. – KREBSER 1990, 211ff.
51 DAVINET, HORACE EDOUARD: Erinnerungen an Nationalrat Fritz Seiler, Manuskript (Burgerbibliothek Bern, Nachlass Davinet) – Nekrolog im Oberländer Volksblatt 1883, Nr. 8 – HARTMANN 1914, 598f. – HBLS 4, 332 – GAULIS, CREUX 1976, 210.
52 HORISBERGER 1999.
53 Baubewilligung vom 19.6.1863 (Statthalteramt Interlaken, B 503, 37).
54 Grand Hotel in Interlaken. Interlaken 1868 (SLB).
55 DAVINET, HORACE EDOUARD: Erinnerungen an Nationalrat Fritz Seiler, Manuskript (Burgerbibliothek Bern, Nachlass Davinet), 26.
56 HARTMANN 1914, 596ff. – AMMANN GK 10, 18ff. – GAULIS, CREUX 1976, 208 – HÄSLER 1986, 232.
57 Im Hotelprospekt von 1865 (SLB) wird Friedrich Studer als alleiniger Architekt dieses Hotelbaus genannt. HARTMANN (1914, 598), ein zuverlässiger Chronist, nennt die Geschichte des vom Jungfraublick auf das Victoria transferierten Projekts erstmals. Diese Darstellung wird übernommen bei AMMANN GK 10, 18ff., und KREBSER 1990, 67. Davinet nennt sie in seinen Memoiren nicht, datiert das Projekt für das Jungfraublick allerdings in die Zeit seiner Lehre 1857–1862 bei Studer (DAVINET, HORACE EDOUARD: Les Souvenirs de Mons. Ed. Davinet, Manuskript, Burgerbibliothek Bern, Nachlass Davinet).
58 Statthalteramt Interlaken, B 503, 62f.
59 Berner Tagespost, 23.3.1875 – Berner Post, 10.7.1882 – Schweizer Handels-Courier, 12. 7. 1882.
60 AMMANN GK 10, 18ff.
61 OTTIGER 1976, 9ff.
62 OTTIGER 1976, 66ff. – Stadtarchiv Luzern, B2b.
63 OTTIGER 1976, 107ff. – Luzerner Zeitung, 11. 3. 1844.
64 FRIES 1966, 36f. – AMMANN GK 6, 3ff.
65 WEBER 1991, 114 – GAULIS, CREUX 1976, 200.
66 WEBER 1991, 108ff.
67 WEBER 1991, 137.
68 Nekrolog im Bote der Urschweiz, 6.3.1897 (Mitteilung von Peter Inderbitzin, Staatsarchiv Schwyz) – AMMANN GK 21, 36.
69 DIETHELM 1840 – LEUTHY 1840, 210f. – WEBER 1991, 68ff.
70 Unter anderen MÜLLER 1867.
71 Staatsarchiv Schwyz, Beiträge zur inneren Geschichte der Gemeinde Gersau, Manuskript von Josef Martin Camenzind, Landschreiber, Regierungsrat, Gersau (1863–1927), 27ff. und 169ff. (Mitteilung durch Peter Inderbitzin, Staatsarchiv Schwyz).
72 Nekrolog im Bote der Urschweiz, 6. 3. 1897.
73 GAULIS, CREUX 1976, 90, 199 – AMMANN GK 7, 3f.
74 WEBER 1991, 65.
75 WÖHLER 1911, 60–65.
76 Archiv Hürbin, Morschach (ehem. Hotelarchiv Axenstein) – AMMANN GK 19, 26 – GAULIS, CREUX 1976, 201.
77 ARENGO-JONES 1995, 129, 150.
78 OSENBRÜGGEN (1870), 1876 und 1884 – Zu Eduard Osenbrüggen (1809–1879, seit 1851 Rechtsprofessor an der Universität Zürich) siehe WEBER 1986.
79 Autobiografie im Hotelarchiv Waldstätterhof – WIGET 1975, 23ff.
80 BEYER 1898, 23.
81 AMMANN GK 9, 3ff.
82 Zusammenstellung der Stammbäume Fassbind in: AMMANN GK 9, 2ff. – Auskunft zur Familiengeschichte durch Edgar Fassbind sen., Lugano.
83 HBLS 1, 389f. – ODERMATT, FREY-FÜRST (1948) – DILLIER 1953 – AMMANN GK 17, 6 – OTT 1990, 24 – EGGER-VON MOOS, SCHMID 1956, 65ff. – CUONZ, NIEDERBERGER 1998 – Auskunft zur Familiengeschichte durch Margareta Bucher, Locarno.
84 Angaben zu Josef Durrer durch dessen Enkel Otto Durrer, Sarnen, und aus dem Tagebuch von Berta Stockmann-Durrer (von Bruno Durrer, Alpnach Dorf, in einer Abschrift zur Verfügung gestellt).
85 ODERMATT, FREY-FÜRST (1948), 49ff.
86 Tagebuch der Berta Stockmann-Durrer (Archiv Parquet Durrer, freundliche Mitteilung von Bruno Durrer) – siehe auch Archives de Montreux: ACP A 53, 5. 3. 1883 (Hinweis von Joëlle Neuenschwander Feihl).
87 ODERMATT, FREY-FÜRST (1948), 59.
88 Umbau des Hotels du Parc als (bisher unbekannter) Entwurf von Emil Vogt nachgewiesen in der Zeitung La Libertà, 27./28. 4. 1900. Siehe dazu auch: Die Hotels der Schweiz 1903, 106.
89 Emissionsprospekt für 4¼% Hypothekaranleihen (SLB).
90 Emissionsprospekt von 1905 für 5% Hypothekaranleihen (SLB).
91 Archiv Durrer (Auskunft durch Bruno Durrer, Alpnach Dorf).
92 ODERMATT, FREY-FÜRST (1948), 50 – Auskunft von Romano Cuonz, Sarnen.
93 Emissionsprospekte für Hypothekaranleihen der Hotels in Rom und Neapel (SLB).
94 Brief von Bucher-Durrer an seinen Schwiegersohn Gottlob Heinrich Wirth (Privatbesitz Wirth, Basel), zitiert nach CUONZ, NIEDERBERGER 1998, 93.
95 AMMANN GK 13, 9ff.
96 BÉHA 1866 und 1881.
97 BETTLER 1989, 77.
98 GRASSI 1883, 28f.
99 Gemäss Auskunft von Flavia Piazza, der Grossenkelin von Béha, gehörte das Du Parc bis zum Verkauf an Bucher-Durrer stets den Gebrüdern Ciani und deren Erben (Brief vom 24. 1. 1997). Dieser Eigentumsfolge widersprechen zahlreiche publizierte Werke: In seinem Buch von 1881 (BÉHA 1881, 42) bezeichnet Béha den Gründer Giacomo Ciani noch als Inhaber des Hotel du Parc. Zwei Jahre später ist Béha aber offensichtlich Eigentümer geworden: «Mons. A. Béha en est le propriétaire» (GRASSI 1883, 28). Im BAEDEKER wird A. Béha seit 1883 (408) als Besitzer bezeichnet, ebenso im Hotelführer von 1896 (Die Hotels der Schweiz 1896, 82).
100 GAULIS, CREUX 1976, 95–104, 209 – ANTHAMATTEN 1982, 19–22 – ANTHAMATTEN 1991 – AMMANN GK 14.
101 BAEDEKER 1862, 161.
102 ROLLER 1879, 6 – BAEDEKER 1883, 316.
103 ANTHAMATTEN 1991, 53.
104 ANTHAMATTEN 1982, 21f.
105 COOLIDGE 1889, 251–322 – GAULIS, CREUX 1976, 104–110, 209 – ANTHAMATTEN 1982, 22f. – AMMANN GK 14.
106 1901 eröffnet, 1968 abgebrochen.
107 1907 erbaut durch den Bieler Hotelier Auguste Gindroz.
108 ERNE 1953, 165f.
109 COOLIDGE 1915, 94.
110 AMMANN GK 27.
111 GAULIS, CREUX 1976, 63–66, 211.
112 GAULIS, CREUX 1976, 197.
113 COOLIDGE 1889, 153 – ERNE 1953, 115.
114 GAULIS, CREUX 1976, 197 – GATTLEN 1992, Nr. 4574, 4650 und 4665.
115 HARTMANN 1914, 607 – BUCHMÜLLER 1914, 561 – BROILLET et al. 1997, 322 – COURTIAU 1997, 18.
116 Werbekarte undatiert (Archiv Bibelschule Beatenberg).
117 Menukarte vom 11. 9. 1895 (Archiv Bibelschule Beatenberg) – Journal et Liste des Etrangers de Montreux mit verschiedenen Inseraten zwischen 1897 und 1904.
118 Archives de Montreux, Archives SRE.
119 Alexander Emanuel Rüfenacht senior (1793–1851)

war als Direktor des Hotel Freienhof in Thun zum ersten Direktor des Hôtel des Bergues in Genf berufen worden. Nach dessen Tod übernahm sein Sohn mit gleichem Namen (1817–1880) die Nachfolge in Genf. Von dort kam dieser als erster Direktor in das 1861 eröffnete Beau-Rivage nach Lausanne-Ouchy, nachdem er dort bereits als Jurymitglied am Wettbewerb mitgewirkt hatte (BROILLET et al. 1997, 322, Anm. 4 – Auskunft von Peter Küffer, Burgerarchiv Thun). Die Darstellung bei AMMANN GK 15, 20f., ist falsch.

[120] Hotelarchiv, Verwaltungsratsprotokolle (Auskunft von Irmgard Müller, Directrice).
[121] Archiv Beat Wirth, Interlaken (Auskünfte zur Familien- und Hotelgeschichte durch Beat Wirth) und Staatsarchiv Schwyz, Steuerregister der Gemeinde Morschach (Auskunft von Peter Inderbitzin).
[122] GAULIS, CREUX 1976, 201.
[123] Anbau Terrasse und Verbindungshalle (Gemeindearchiv Interlaken, Baubewilligungsakten 1899/23).
[124] Siehe dazu die Zusammenstellung in SAUDAN et al. 1985.
[125] KREBSER 1990, 74.
[126] KREBSER 1990, 74. – Die Hotels des Berner Oberlandes. Interlaken 1911, 57.
[127] Eine eher zufällige Auswahl aus dem Journal et Liste des Etrangers de Montreux vom November 1898.
[128] Journal et Liste des Etrangers de Montreux, 4. 7. 1903.
[129] Journal et Liste des Etrangers de Montreux, mehrere Annoncen im Sommer 1903.

Seiten 86 bis 107
Der Hotelbau am schweizerischen Ufer des Genfersees
[1] GRANDJEAN 1979, 103, 313ff. und Fig. 275/276.
[2] BLONDEL 1946, 134f. – DE SENARCLENS 1993, 29f., 135.
[3] BROILLET et al. 1997, 294ff.
[4] DE SENARCLENS 1993, 35.
[5] ROUSSEAU, JEAN-JACQUES: La Nouvelle Héloïse. 4. Teil, Kapitel 17.
[6] Erste Beschreibungen des Besucherstromes bei DUFFOUG-FAVRE 1843, 33f., später bei RAMBERT 1877, 89ff. und BETTEX 1896, 9ff.
[7] George Gordon Noel Lord Byron (1788–1824). Siehe dazu: CLUBBE, GIDDEY 1982.
[8] Die Geschichte ist aufgearbeitet bei EL-WAKIL 1978.
[9] LEUTHY 1840/41, 482.
[10] EBEL 1805 III, 202, und 1804 I, 109–111.
[11] WYSSBROD 1988, 35, Annexe II.
[12] Archives de Montreux, A Châtelard, A 50, 24.6.1833, 266.
[13] WYSSBROD 1988, 33ff., und Catalogue, No 31 und 78.
[14] BAEDEKER 1844, 326; 1848, 282 und 1853, 198.
[15] WYSSBROD 1988, 35, Annexe II.
[16] MURRAY 1844, 249.
[17] GRANDJEAN 1979, 331.
[18] BROILLET et al. 1997, 294ff.
[19] COUTAZ 1991.
[20] Archives Beau-Rivage No 022.
[21] BISSEGGER 1978.
[22] Archives Beau-Rivage No 100 – NEUENSCHWANDER FEIHL 1997, 19ff.
[23] Zu Alexander Rüfenacht senior siehe die Anm. 119 auf dieser Doppelseite.
[24] Angaben zur Baugeschichte in: WYSSBROD 1992 und NEUENSCHWANDER FEIHL 1997.
[25] Ein erstes, dem später ausgeführten Bau bereits entsprechendes Projekt ist im Katasterplan von 1850 eingezeichnet (Archives de Vevey: Ga bleu 280, fol. 36), die älteste bekannte Erwähnung der Pension Chemenin datiert aber erst aus dem Jahr 1867 (BIERFREUND 1867, 49). 1868 erhält Moser sein erstes Patent von der Gemeinde (Archives de Vevey, Registre de la Municipalité A a 105, fol. 455), nachdem er dort seit 1856 niedergelassen und als Leiter eines Betriebs in der Altstadt tätig war.
[26] BETTEX 1913, 302f. und Anhang – RAMBERT 1877, 116, 120.
[27] WEBER 1991, 109ff. – FLÜCKIGER-SEILER 1998 (Vogt), 24ff.
[28] Die Geschichte der touristischen Erschliessung von Villars ist nur sehr lückenhaft aufgearbeitet in: Villars 1866–1966.
[29] Tagebuch der Berta Stockmann-Durrer (Archiv Parquet Durrer, Mitteilung von Bruno Durrer) – siehe auch Archives de Montreux: ACP A 53, 5.3.1883 (Hinweis von Joëlle Neuenschwander Feihl).
[30] HADORN 1979.
[31] BTSR 1908, 245–249 – Festschrift SIA 1913, 27–31.
[32] COUTAZ 1991.
[33] OSSENT 1910.
[34] WYSSBROD 1988, Annexe VII.
[35] METTLER 1979, 30.
[36] DUPONT, FREY 1989, 34ff.
[37] Société des Hôteliers de Montreux ..., 14, 54. – BETTEX 1913, 302f. und Anhang.
[38] CÉRÉSOLE 1903.
[39] WÄGLI et al. 1980.
[40] Sanatorium Leysin. Paris 1893 – BIAUDET 1941, 16ff. – DESPONDS 1993.
[41] 1921 abgebrannt.
[42] Brand 1925, Wiederaufbau 1932.
[43] Zur Geschichte des Villars-Palace siehe: NEUENSCHWANDER FEIHL 1995.
[44] Beschreibung: BTSR 1903, 243–245. Siehe auch: MOTTU 1969, 31ff. – WYSSBROD 1988, Catalogue No 12.
[45] FLÜCKIGER-SEILER 1996 (Einführung), 7.
[46] Archives de Montreux, APCM D1–9b.
[47] WYSSBROD 1988, 49, Anm. 84.
[48] Journal et Liste des Etrangers, 16. 10. 1909, 3.
[49] GROTE 1991, 134.
[50] Zitat nach GROTE 1991, 134.
[51] Mitteilung von André Bertholet, Villeneuve.
[52] ACV, P De la Rottaz, Carton III, No 14 (Hinweis von Paul Bissegger, Lausanne).
[53] ACV, P De la Rottaz, Carton III, No 14.
[54] Erschienen ohne Autorenangabe in Vevey 1840 (SLB).
[55] LEUTHY 1840 – Archives de Villeneuve, II b no 21, 196 und no 22, 152 – BAEDEKER 1844, 329.
[56] ACV, K III 10, 1846, no 140, 540 (Mitteilung Michèle Grote) – BAEDEKER 1848, 285.
[57] BAEDEKER 1853, 198. – BARON 1853, zitiert in: GROTE 1991, 134.
[58] Archives de Villeneuve, II b, no 27.
[59] Société électrique Vevey-Montreux, Rapport du Conseil d'Administration 1889, 5.
[60] GRANDGUILLAUME et al. 1979, 112ff.
[61] Hotelprospekt 1912 (SLB).

Seiten 108 bis 131
Hotelbauten am Thunersee
[1] WÄBER 1904, 235.
[2] EBEL 1805 IV, 156 und 134, sowie 1805 III, 19.
[3] Hôtel du Freyenhof à Thoune. Chez A. E. Rüfenacht, Maître de l'hôtel. Berne 1828 (SLB).
[4] WÄBER 1904, 221f. – JEANMAIRE 1969.
[5] WÄBER 1904, 221ff.
[6] EBEL 1804/05 IV, 156.
[7] WIDMER 1973 – HARTMANN 1914, 420ff.
[8] KÖNIG 1815, 3. – Seit 1961 ist das Wocherpanorama wieder in Thun, im Schadaupark, ausgestellt.
[9] Auskunft von Peter Küffer, Burgerarchiv Thun.
[10] BURGENER 1840, 37.
[11] BAEDEKER 1844, 144 und 1948, 127.
[12] HARTMANN 1914 – KELLER 1978, 428.
[13] SCHWARZ 1965.
[14] Die Geschichte des Thunerhofs ist zusammengefasst bei KELLER 1978.
[15] Umfangreiche Akten im Stadtarchiv Thun, 1/9 S 269 AM 1 – siehe auch ZYRO 1878, 9ff.
[16] Archiv Bauamt Thun, Baugesuchsakten 1904.
[17] WYSS 1816/17 I, 321 – GLUTZ-BLOTZHEIM 1823, 255 und 1830, 290 – WYSS 1816, 24.
[18] HERZOG 1840, 115 – LEUTHY 1840, 125, 151.
[19] ROLLER 1879, 8–11 und Tafeln 1–8.
[20] Die Kurstation Faulensee. Bern 1896 – Diverse Hotelprospekte in der SLB – GSELL-FELS 1880, 254.
[21] Der Situationsplan wurde 1994 im Archiv des Oberingenieurkreises 1 in Thun aufgefunden. Beschriftung: «Hotel Bluemlisalp in Aeschi, Fr. Studer & Ed. Davinet, Interlaken d. 18. März 1868.»
[22] BAEDEKER 1899, 162 – Zum Hotel Bären: Firmenarchiv Frutiger, Thun: Alte Hotels, Mappe 1.
[23] Quellenlage und Forschungsstand sind in Spiez im Vergleich mit anderen Tourismusorten ähnlicher Grösse schlecht. Das Gemeindearchiv enthält keine Baugesuchsakten oder Pläne aus der Zeit vor 1920 (Brief des Gemeinderats, 2. 2. 1997). Zudem ist die Tourismusgeschichte von Spiez nur lückenhaft erforscht. Als Lokalliteratur fanden MAURER 1971, MAURER 1995 oder KREBSER 1996, leider ohne Quellenangaben, Verwendung. Detailliertere Untersuchungen finden sich bei STETTLER 1995 und über den Spiezerhof bei STETTLER 1975. Zahlreiche Hinweise verdankt der Autor dem Lokalhistoriker Alfred Stettler.
[24] HEUBACH 1939, 65f.
[25] MAURER 1971, 2 – KREBSER 1996, 19 – «Wirtschaft zur Schonegg» gemäss STETTLER 1995, 9.
[26] Inserat in: Der Bund, 29. 8. 1873.
[27] Pension Itten seit 1908 Hotel Krone – STETTLER 1981, 2 – STETTLER 1994, 32.
[28] INÄBNIT 1996, 17.
[29] Prospektus über Gründung der Aktiengesellschaft Palace-Hotel in Spiez (SLB).
[30] Hinweis von Alfred Stettler, Spiez.
[31] Die Hotels des Berner Oberlandes 1911, 102ff.
[32] MAURER 1995, 8.
[33] MEILI 1945.
[34] BUCHMÜLLER 1914, 542 – HÄSLER 1986, 69ff.
[35] FRUTIGER 1963 – JEANMAIRE 1969 – SIGRIST 1997.
[36] Baubewilligung vom 19. 3. 1903 (Statthalteramt Thun, B 87, Nr. 22/1903), Architekt unbekannt.
[37] Baubewilligung vom 13. 10. 1904 (Statthalteramt Thun,

37 B 87, Nr. 158/1904), Architekt Johann Frutiger (Pläne im Firmenarchiv Frutiger: Alte Hotels, Mappe 1a).
38 Baubewilligung vom 29. 10. 1908 (Statthalteramt Thun, B 87, Nr. 56/1908), Plan im Hotelarchiv Parkhotel Gunten.
39 Der Berner Architekt Albert Gerster (1864–1935) erstellte unter anderem das Kurhaus Grimmialp (1899), das Hotel auf dem Gurten-Kulm bei Bern (1901) und den Wiederaufbau des Grand Hotel Gurnigelbad nach dem Grossbrand von 1902 (ALS, 211f.).
40 Erste Neuschatzung des Gebäudes im Februar 1918, erstes Gesuch zur Ausdehnung des Patentes auf den Neubau an den Gemeinderat am 5. 5. 1919 (Mitteilung durch Herbert Ammon, Hilterfingen).
41 BAEDEKER 1873, 106 und 1883, 155.
42 Pläne im Firmenarchiv Frutiger: Alte Hotels, Mappe 1a.
43 Baubewilligung vom 14. 12. 1905 (Statthalteramt Thun, B 87, Nr. 171/1905), Pläne im Firmenarchiv Frutiger: Alte Hotels, Mappe 1a.
44 Baubewilligung vom 19. 11. 1908 (Statthalteramt Thun, B 88, Nr. 155/1908).
45 Baubewilligung vom 10. 8. 1912 (Statthalteramt Thun, B 88, Nr. 144/1912), Originalpläne (nachgezeichnet?) im Archiv der Heilsarmee, Bern, ohne Architektenangaben, jedoch direkt vergleichbar mit den bekannten Originalplänen des Parkhotel in Gunten.
46 HARTMANN 1914, 562.
47 Schweizer Handels-Courier, 15. 5. 1866 – BAEDEKER 1869, 104.
48 1863: Datierung nach KREBSER 1984, 106 – 1909: Baubewilligung vom 21.10.1908 (Statthalteramt Thun, B 88, Nr. 143/1908), Pläne im Firmenarchiv Frutiger: Alte Hotels, Mappe 1.
49 SBK 1909/Heft II, 24, Tf. 2; 1910/Heft XII, 170; 1911/Heft XX, 277ff.
50 BAEDEKER 1854, 91.
51 Baubewilligung vom 1. 2. 1904 für Carl Alphons Seegers (Statthalteramt Thun, B 87, Nr. 4/1904), Pläne im Firmenarchiv Frutiger: Alte Hotels, Mappe 1. Siehe auch KREBSER 1984, 78.
52 Pläne im Firmenarchiv Frutiger: Alte Hotels, Mappe 1.
53 BUCHMÜLLER 1914, 555, 560f.
54 FRÖLICH 1876.
55 BUCHMÜLLER 1914, 557, 545.
56 FRÖLICH 1876. – JEANMAIRE 1971, Abb. 223 mit Text.
57 BUCHMÜLLER 1914, 561, nennt das Baujahr 1877, HARTMANN 1914, 607, dagegen «um 1874».
58 BUCHMÜLLER 1914, 562. – Die Hotels des Berner Oberlandes 1914, 18–23.
59 GLUTZ-BLOTZHEIM 1823, 255.
60 WYSS 1816, 321 – KREBSER 1990, 14.
61 HARTMANN 1905, 9 und 25 – HÄSLER 1986, 26ff. – GALLATI 1991, 273f.
62 GALLATI 1991, 63.
63 WYSS 1816/17 I, 321f.
64 GALLATI 1991, 33ff. und 74ff.
65 OBER 1841, 33ff. – Zur Biografie von Peter Ober siehe: BETTLER 1989.
66 WÄBER 1904, 223.
67 RICHARD 1834, 459.
68 LEUTHY 1840, 125.
69 Nennung von Sillery in: Notice sur la Pension Ober et ses alentours à Interlaken. Thoune 1849, 7 – siehe auch: BETTLER 1989, 38.
70 HERZOG 1840, 115.
71 KREBSER 1990, 39, 52 und 112.
72 OBER 1858, 41 – siehe dazu auch: BETTLER 1989, 55.
73 Nachlass Roller, Werkliste Nr. 20.
74 BÖSCHENSTEIN 1959, 43 – GALLATI 1991, 51ff.
75 Wegen fehlender Statistiken ist nur eine Rückrechnung aus den ältesten vorhandenen Zahlen der Hotelliste von 1896 (Die Hotels der Schweiz 1896) auf der Grundlage der einzelnen Hotelgeschichten möglich.
76 Gemeindearchiv Interlaken, Hist. Pläne, Nr. 12/19: «Parzellarplan über die Gemeinde Aarmühle, aufgenommen im Juli 1860 von C. Blatter, Geometer d. Kadasters»; Strassenachsen mit Bleistift eingezeichnet und Plan datiert: «Bern, Mai 1866, F. Salvisberg, Architect».
77 Baubewilligung vom 28.10.1859 (Statthalteramt Interlaken, B 502, 378) – Dez. 1859: «Programm betreffend die Gründung einer Molken-, Brunnen- und Badecur-Anstalt auf dem Jungfraublick bei Interlaken» (SLB) – 20. 2. 1860: Emission Aktienkapital von 0,8 Millionen Franken (Chronik Berner Taschenbuch 1865, 208) – Bericht über das erste Bauprojekt im Schweizer Handels-Courier 1860, Nr. 8, 13, 67 – 1862: «Das grosse Kurhaus ‹Jungfraublick› wurde letzthin theilweise wieder abgetragen und der leitende Baumeister, Architekt Maring, seines Dienstes entlassen» (Schweizer Handels-Courier, 9. 12. 1862).
78 Nachlass Roller, Werkliste Nr. 60, Projekt vom Juli 1863. Roller bezeichnet sich in seiner Publikation 1879 selbst als Architekten des Hotel Jungfraublick (ROLLER 1879, 8). Der Entwurf stammte mit Sicherheit nicht, wie immer wieder behauptet wurde (erstmals von HARTMANN 1914, 595, wiederholt im Nekrolog von Davinet im Oberländischen Volksblatt von 1922) von dem mit Friedrich Studer verschwägerten Architekten Horace Edouard Davinet, der zur Zeit dieses Entwurfs noch in Stuttgart weilte (Les souvenirs de Mons. Ed. Davinet, Nachlass Davinet in der Burgerbibliothek Bern).
79 Nachlass Roller, Werkliste Nr. 66, Projekt vom Juni 1864.
80 Nachlass Roller, Werkliste Nr. 65, Projekt vom Juni 1864.
81 Im Hotelprospekt von 1865 (SLB) wird Friedrich Studer als alleiniger Architekt dieses Hotelbaus genannt. HARTMANN (1914, 598), ein zuverlässiger Chronist, nennt die Geschichte des vom Jungfraublick auf das Victoria transferierten Projekts erstmals; die Geschichte wird übernommen bei AMMANN GK 10, 18ff., und KREBSER 1990, 67. Davinet nennt diese Geschichte in seinen Memoiren nicht, datiert das Projekt für das Jungfraublick allerdings in die Zeit seiner Lehre 1857–1862 bei Studer (Les souvenirs de Mons. Ed. Davinet, Nachlass Davinet in der Burgerbibliothek Bern).
82 Grand Hotel in Interlaken. Interlaken 1868 (SLB).
83 Eine vorzügliche Zusammenfassung über diese Pioniertat verfasste URFER 1964.
84 BAEDEKER 1869, 106.
85 50 Jahre Industrielle Betriebe Interlaken 1904–1954. Interlaken 1954. 7.
86 GALLATI 1991, 152ff.
87 GALLATI 1991, 156f.
88 BAEDEKER 1875, 112; 1877, 109; 1879, 135 und 1881, 165.
89 BERLEPSCH o.J., 2, 5. – Burgerbibliothek Bern, Nachlass Davinet: Originalfassadenplan (Aquarell) von Davinet.
90 100 Jahre Hotel du Sauvage «Zum Wilden Mann» Meiringen 1880–1980.
91 Schweizer Handels-Courier, 13. 1. 1876, 11. 4. 1878, 24. 4. 1878, 15. 8. 1878 und 11. 2. 1879.
92 Berner Post, 10. 7. 1882 – GALLATI 1991, 158f.
93 KREBSER 1990, 75, 163.
94 Baubewilligung vom 28. 6. 1894 (Statthalteramt Interlaken, B 503, 493). Der Saal wird erst 1897 fertig gestellt (Datierung anhand der bei der Restaurierung vorgefundenen Zeitungen aus dem Jahr 1897: Mitteilung von Jürg Schweizer, Bern).
95 Baugesuch Victoria-Turm: Gemeindearchiv Interlaken, Baubewilligungsakten 1899/7.
96 Baubewilligung vom 1.11.1896 (Statthalteramt Interlaken, B 504, 132) – SKL 1, 281.
97 Baubewilligung vom 15. 11. 1897 (Statthalteramt Interlaken, B 504, 181).
98 Perspektivische Ansicht von Architekt A. Hodler, Bern, datiert 1900, bei der Kant. Denkmalpflege Bern.
99 Bundesbeschluss vom 19.6.1903 – GALLATI 1977, 91ff.
100 RUBI 1986, 37.
101 RUBI 1986, 39–43.
102 AMMANN GK 22, 8.
103 RUBI 1986, 45.
104 LEUTHY 1840, 122–124.
105 RUBI 1986, 46.
106 AMMANN GK 22, 8ff.
107 Der Verfasser dankt Peter Bernet, Interlaken, für die Unterstützung bei der Suche nach der Baugeschichte aus dieser Zeit.
108 Die Zuschreibung des «Neubaus von 1866» an Architekt Davinet (Neues Berner Taschenbuch 29/1923, 86) ist kaum wahrscheinlich: Die Architektur (Walmdach, Vierecktürme) entspricht nicht dem übrigen Werk von Davinet, zudem war dieser zur Zeit des Kaufs durch Johannes Boss 1867 erst kurze Zeit in Interlaken tätig.
109 AMMANN 1971, 220.
110 Handels-Courier 239, 9. 10. 1887 – RING 2000, 122.
111 RUBI 1953 – RUBI 1987, 93ff.
112 Gemäss Angaben aus dem Dokumentationszentrum in St. Moritz.
113 HÄSLER 1990, 9 und 11–12.
114 MEYER 1972, 70, 79 – RUBI 1993, 136.
115 Der Bund, 20.7.1890.
116 RUBI 1986, 57–62.
117 Echo von Grindelwald, 17.1.1941.
118 Bericht (Typoskript) im Archiv von Daniel Früh, Untersee: «Um den Wiederaufbau des durch Brand zerstörten Grand Hotels Baer in Grindelwald».
119 RUBI 1986, 51.
120 Bericht (Typoskript) im Archiv von Daniel Früh, Untersee: «Um den Wiederaufbau des durch Brand zerstörten Grand Hotels Baer in Grindelwald».
121 Der Bund, 16. 1. 1941 – Oberländisches Volksblatt, 16.1.1941 – Echo von Grindelwald, 17. 1. 1941 – Berner Woche 1941, 78.
122 Das wertvollste Material über diesen Hotelbau fand der Autor im Archiv der Versicherung «Die Mobiliar», zu dem Gaspare Nadig freundlicherweise die Türen öffnete.

Seiten 132 bis 151
Hotelbauten rund um den Vierwaldstättersee
1. WEBER 1991, 77ff. und 57f.
2. EBEL 1804 I, 23.
3. Originalzitat von Pfarrer Thomas Fassbind in: Staatsarchiv Schwyz, PA 9, Slg. Fassbind, lib. 9, 225. Publikation einer leicht redigierten, hier wiederholten Fassung: Bannwart P. Maria zum Schnee auf dem Rigiberg. In: Der Geschichtsfreund 15 (1859), 134 (Hinweis auf die Quellen durch Peter Inderbitzin, Staatsarchiv Schwyz).
4. GLUTZ-BLOTZHEIM 1823, 374.
5. HEGNER 1818, 56 – BUSINGER 1833, 105.
6. LEUTHY 1840, 223.
7. BAEDEKER 1844, 104f.
8. KÄLIN 1988, 342.
9. WEBER 1991, 73ff.
10. WEBER 1991, 79.
11. WEBER 1991, 60.
12. FRIES 1966, 30ff. – WYSS 1991, 379ff.
13. OTTIGER 1976, 3.
14. OTTIGER 1976, 9, 18, 23.
15. RÄBER 1963, 13.
16. Stadtarchiv Luzern: PS E. 13. 15 – OTTIGER 1976, 66ff.
17. OTTIGER 1976, 107ff. – HUBER 1986, 167ff.
18. WYSS 1991, 380, 490.
19. Die bekannten vier Rigiwege von Goldau, Arth am See, Küssnacht und Weggis beschreibt EBEL 1805 IV, 31f., erstmals ausführlich.
20. BAEDEKER 1844, 102.
21. Die Daten der Gasthäuser und Hotels von Weggis sind 1918 im Jubiläumsbericht zum 25-jährigen Bestehen des Kurvereins zusammengestellt: ZIMMERMANN 1918 – zum Hotel du Lac: VON MOOS 1946, 538, 540.
22. DIETHELM 1840 – LEUTHY 1840, 210f. – MÜLLER 1867.
23. WEBER 1991, 129.
24. WEBER 1991, 60, 70.
25. BAEDEKER 1859, 56 – WEBER 1991, 137f.
26. OTTIGER 1976, 128.
27. OTTIGER 1976, 154ff.
28. OTTIGER 1976, 136ff., 144.
29. WYSS 1991, 380.
30. GASSER 1986, 59 (Abb.) und 60.
31. WIGET 1975, 20ff.
32. ARENGO-JONES 1995.
33. BAEDEKER 1862, 87.
34. Zur Biografie von Fassbind sowie seiner Gattin Nanette Steinauer (1827–1917) siehe WIGET 1975, 23ff.
35. Eröffnung am 1.8.1857 – WEBER 1991, 137ff.
36. EBERLE 1875.
37. Zum Beispiel MÜLLER 1867, 5.
38. Zitat nach: DIETRICH-SCHENK 1876 – BUCHER 1913.
39. Die Zuschreibung des Hotel Müller in Gersau an Architekt Johann Meyer durch WIGET 1975, 26ff., wird durch die bekannten Quellen im Staatsarchiv Schwyz nicht bestätigt (Auskunft durch Peter Inderbitzin); zudem unterscheidet sich der architektonische Ausdruck dieses Hotels stark von den übrigen Bauten Meyers.
40. MÜLLER 1867 und Hotelprospekte in der SLB.
41. STAFFELBACH 1984, 24ff.
42. Jahresberichte der Vitznau-Rigi-Bahn 1871–1914 – Geographisch-statistischer Verkehrsatlas der Schweiz 1916, 61.
43. STAFFELBACH 1984, 75ff.
44. WEBER 1991, 54f.
45. ZIMMERMANN 1918, 32 – Archiv Fassbind Lugano.
46. WEBER 1991, 73ff.
47. WEBER 1991, 108ff.
48. Während WEBER 1991, 65, als Architekten Placidus Segesser nennt, bezeichnet die Festschrift SIA von 1893, 95, den jüngeren Paul als Architekten. Paul Segesser ist u. a. der Architekt des Erweiterungsbaus von 1897 beim Luzerner Hotel National.
49. WEBER 1991, 67f.
50. WEBER 1991, 140ff.
51. WEBER 1991, 73, 64.
52. Bäder und Kurorte der Schweiz. Aarau 1910, 183ff.
53. BAEDEKER 1862, 86.
54. Vitznau am Vierwaldstättersee und seine Umgebungen. Luzern 1896.
55. Siehe die gute Übersicht bei GASSER 1986, 434ff.
56. TRUTTMANN (1876), 4ff. – GASSER 1986, 436.
57. Architekten genannt in TRUTTMANN (1876), 6.
58. ODERMATT, FREY-FÜRST (1948).
59. SBZ 1905 XLVI, 7.10.1905.
60. AMMANN GK 21, 12 – SBZ 1890 XVI, 26.
61. Zu Bucher-Durrer siehe DILLIER 1953.
62. Hotels der Schweiz. Basel 1901, 23.
63. Der erste Innerschweizer Betonbau entstand 1899/1900, von Architekt Emil Vogt geplant, als Erweiterungsbau für das Hotel National (OMACHEN 1998, 39f.). Mit Stolz verweist die Firmengeschichte des Baugeschäftes J. Vallaster auf die pionierhafte Eisenbetonkonstruktion des Palace-Hotels: 50 Jahre J. Vallaster & Co. Luzern 1946.
64. WYSS 1991, 382f.
65. HENNIG 1998.
66. WYSS 1991, 410.
67. Alle Angaben nach ZIMMERMANN 1918, 38ff.
68. Die Hotels der Schweiz 1901, 125.
69. ZIMMERMANN 1918, 79.
70. Prospekt über den Bau eines Kursaales in Weggis durch den Kurverein (SLB).
71. Jahresbericht des Kurverein Weggis für das Jahr 1906, 3; 1907, 5; 1908, 7; 1909, 5 und 1912, 4.
72. Publiziert in der Architektonischen Rundschau 1914, Nr. 3.
73. SKL 4, 567f.
74. Angaben zur Baugeschichte aus dem Hotelprospekt von 1902 (Sammlung SLB).
75. WÖHLER 1911, 60–65.
76. Am bekanntesten sind die von Eugène Jost entworfenen Projekte für das Hôtel Château Belmont in Montreux (1901, nicht ausgeführt) und das Caux-Palace (1902 eröffnet) oder das von den Architekten Van Dorsser & Bonjour entworfene Hôtel Royal in Lausanne-Ouchy (1909 eröffnet).
77. WIGET 1975, 14.
78. SKL 3, 397 – Privatarchiv Hürbin, Morschach.
79. WIGET 1980, 47, 48, 50.
80. Während in der Lokalliteratur Benziger selbst als Planverfasser bezeichnet wird (WIGET 1980, 64, sowie VOHMANN 1991, 66, wörtlich zitiert ohne Quellenangaben aus BAUMGART 1922, 48f.), bezeichnet sich bereits Vogt selbst im SKL 3, 397, als Planverfasser. Diese Aussage wird gestützt durch die Lebenserinnerungen der Witwe von Benziger (BENZIGER 1958, 288). Zudem konnten im Rahmen der Forschungen zum Leben von Emil Vogt (Kriens–Kairo 1998) die originalen, von Vogt unterschriebenen Fassadenpläne aufgefunden werden.
81. GASSER 1986, 125, 128, 135.
82. Nach BRÜSTLEIN 1903, ergänzt mit Angaben aus dem Fremdenblatt Luzern.
83. ARENGO-JONES 1995, 129, 150.
84. EBERLE 1875, OSENBRÜGGEN (1870), OSENBRÜGGEN 1876 oder OSENBRÜGGEN 1884.
85. Privatarchiv Hürbin, Axenstein: Familien-Chronik 1873–1901, 38 – EBERLE 1875, 5.
86. «Axenstein am Vierwaldstättersee...», 10f. (Werbeschrift etwa 1870 in der SLB).
87. INGLIN, MEINRAD: Grand Hotel Excelsior. Erstausgabe 1928.
88. Die Hotels der Schweiz 1904, 42.
89. Privatarchiv Hürbin, Axenstein: Bildband zum Wiederaufbau 1901/02 – SKL 3, 397.
90. Privatarchiv Hürbin, Axenstein.
91. Bote der Urschweiz, 28. 6. 1874.
92. Die Hotels der Schweiz 1896, 23 – Hotelprospekt in der SLB.
93. Schwyzer Zeitung, 23. 7. 1879. Die Bernische Boden-Credit-Anstalt war 1869 als gemischte staatlich-private Bank gegründet worden. Nach einem guten Start geriet sie in den 1880er-Jahren durch den krisenbedingten Rückkauf vieler Immobilien in finanzielle Schwierigkeiten. Mit dem Konkurs der Allgemeinen Kreditbank in Basel, mit der sie finanziell verflochten war, geriet auch die Bernische Boden-Credit-Anstalt in den Konkursstrudel und musste 1891 liquidiert werden (SCHAUFELBERGER 1948, 40f.).
94. Staatsarchiv Schwyz, Steuerregister der Gemeinde Morschach. OSENBRÜGGEN 1884, 20.
95. Datierung des Umbaus durch eine Annonce im Fremdenblatt für Luzern, Vierwaldstättersee und Umgebung, 31.5.1904. Staatsarchiv Schwyz, Pläne «Hotel Axenfels bei Brunnen» (einzelne Detailpläne aus dem Umbau 1903/04) mit den Initialen AC, die im Vergleich mit anderen Zeichnungen dem Büro von Arnold Cattani zugeordnet werden können.
96. BRÜSTLEIN 1896, 4ff. – SIGRIST 1996, 17ff.
97. SIGRIST 1996, 81ff. – WALDBURGER 1996.

Seiten 152 bis 171
Die alpine Hotellerie im Wallis
1. Zusammenstellung der Besucherzahlen in: PERRIARD-VOLORIO 1996, 108, Anm. 5 – siehe auch COOLIDGE 1889, 202 (Anm. 95).
2. BAEDEKER 1844, 343.
3. Siehe dazu COOLIDGE 1889, 150 und Anm. 95.
4. BAEDEKER 1844, 343.
5. Reglement vom 8.3.1862 (BAEDEKER 1868, 221ff.)
6. BAEDEKER 1899, 279, und 1909, 333.
7. Chamonix... 1978, 175 – BAEDEKER 1868, 224f., und 1881, 258.
8. KAUFMANN 1965, 28.
9. COOLIDGE 1889, 251–322 – CICELY (1864), 24ff.
10. RUDEN 1869, 149.
11. COLE 1859, zitiert in COOLIDGE 1889, 298.
12. ANTONIETTI 2000, 50ff.
13. COOLIDGE 1913, 500ff.
14. Gemäss FURRER 1850–1852, Bd. 2, wurde die Herberge 1830 eröffnet. Siehe COOLIDGE 1889, 151 – KREUZER 1982, 95 – GATTLEN 1987, Nr. 1135, 1302.
15. Zur Erstbesteigung siehe: COOLIDGE 1889, 151, und 1915, 90ff. – Veröffentlichung des Panoramas in:

STUDER 1843. Atlas, 1. Sammlung, V, Blatt 1–3 – BAEDEKER 1868, Faltkarte bei 144.

[16] Siehe dazu etwa die Bemerkung im BAEDEKER 1853, 123.
[17] ARNOLD 1974, 11 – RUPPEN 1979, 350ff.
[18] Das «Hotel du Glacier de Viesch mit 12 Matrazen-betten» tritt im Baedeker 1859 erstmals auf (BAEDEKER 1859, 133). RUPPEN 1979, 350f., datiert (nach BRIW 1961) das Glacier zu spät (1871).
[19] BAEDEKER 1859, 133, und 1862, 166 – COOLIDGE 1913, 93f.
[20] COOLIDGE nennt als Eröffnungsdaten sowohl 1856 (COOLIDGE 1915, 67) als auch 1860 (COOLIDGE 1889, 152). 1862 erscheint der «Gasthof Belle-Alpe» erstmals im BAEDEKER, 294. Siehe auch BAUD-BOVY 1899, 35.
[21] BAEDEKER 1869, 142. – RUPPEN 1979, 382f., datiert (nach BRIW 1961) das Hotel des Alpes zu früh (um 1860).
[22] EMONET 1907, 7 – SUPERSAXO 1991, 86 – CICELY (1964), 30ff.
[23] CICELY (1964), 31ff. – GATTLEN 1979.
[24] RUPPEN 1979, 128f.
[25] BAEDEKER 1862, 283.
[26] COOLIDGE 1889, 152 – BAEDEKER 1859, 224 (Evolène), und 1862, 285 (St-Luc), 290 (Turtmanntal).
[27] BAEDEKER 1848, 353, und 1869, 270.
[28] Zum Hotel Durand in Zinal: DE LA HARPE 1899, 6; erste Erwähnung im BAEDEKER 1869, 249.
[29] ARENGO-JONES 1995, 95.
[30] Zur Erinnerung… 1915, Tabellen No. 10, 11 – EMONET 1907, 5.
[31] Siehe dazu ARNOLD 1974, 15ff.
[32] Privatarchiv Schmid, Ernen.
[33] ROLLER 1879, 6 – BAEDEKER 1883, 316 – GATTLEN, ALIPRANDI 1979, 166.
[34] Zur Geschichte der Hotelbauten in Leukerbad siehe: FLÜCKIGER-SEILER 1996 (Lawinenartig).
[35] BAEDEKER 1899, 309.
[36] BAEDEKER 1885, 294; 1891, 309, und 1893, 305f.
[37] EMONET 1903, 64ff.
[38] EMONET 1907, 16 – BAEDEKER 1899, 258.
[39] PERRIARD-VOLORIO 1996.
[40] Die englische Kirche beim Hotel Jungfrau am Eggishorn wird seit 1883 genannt (BAEDEKER 1883), die Kirche in Gletsch entstand 1907/08. – Zu den englischen Kirchen im Allgemeinen siehe: MEYER 1972.
[41] SBZ 1906 XLVIII, 63; 1908 LI, 223; 1910 LV, 271 – La Revue polytechnique et le moniteur de l'industrie 1908, 124f.
[42] SBZ 1910 LVI, 24 – Arnold 1974, 24 – La Revue polytechnique et le moniteur de l'industrie 1906, 184, 348.
[43] La Revue polytechnique et le moniteur de l'industrie 1907, 285 – Walliser Bote, 21.12.1995, 21.
[44] Darstellung des Hotels im alten Zustand auf einer 1867 datierten Zeichnung (nach RUPPEN 1976, 151, Anm. 2). Das neue, erweiterte Hotel ist in der Ausgabe von Hermann Berlepsch von 1870 erstmals dargestellt (nach GATTLEN 1992, Nr. 3138).
[45] GATTLEN 1992, Nr. 3489.
[46] ROLLER 1879, 6.
[47] ALS, 106f. – Nekrolog in: BTSR 1954/80, 27.
[48] Zusammenstellung bei KREUZER 1982, 113ff.
[49] Gemäss FURRER 1850–1852, Bd. 2, soll die Herberge 1830 eröffnet worden sein. Dieser Darstellung widersprechen die 1833 erschienene Erstausgabe von Heinrich Füssli (nach GATTLEN 1987, Nr. 1043) sowie der «Travellers Guide» von 1835 (nach COOLIDGE 1889, 151), die die Herberge nicht erwähnen. Siehe dazu auch: KREUZER 1982, 95, und RUPPEN 1976, 151, Anm. 1.
[50] GATTLEN 1987, Nr. 1302, 1135.
[51] BAEDEKER 1854, 120.
[52] ANTHAMATTEN 1991.
[53] Staatsarchiv Sitten, II.1. 50ème tome, 41, 100.
[54] GATTLEN 1992, Nr. 2552 (CICERI 1859–1865) und THIOLY 1860.
[55] BAEDEKER 1862, 161.
[56] KREUZER 1975, 8.
[57] RUPPEN 1976, 151, Anm. 2, und GATTLEN 1992, Nr. 3138 (BERLEPSCH 1870).
[58] BAEDEKER 1869, 139.
[59] ARENGO-JONES 1995, 92–97.
[60] GATTLEN 1992, Nr. 3318, 3389.
[61] BAEDEKER 1883, 139f.
[62] PTT-Zeitschrift 4/1971, 4.
[63] Die Datierung dieser Erweiterungsphase in die Zeit 1906–1908 durch RUPPEN 1976, 151, ist eindeutig zu spät.
[64] GATTLEN 1992, Nr. 4013, 4265, 4306.
[65] GATTLEN 1992, Nr. 4306.
[66] GATTLEN 1992, Nr. 4721–4724.
[67] RUPPEN 1976, 156.
[68] Schweizerisches Bundesarchiv, E 53 (Bahnprojekte) – SEIDEL 1982, 53ff.
[69] SEIDEL 1982, 61ff.
[70] BRETSCHER 1982, 24.

LITERATURVERZEICHNIS
Zeitschriften
Allgemeine Bauzeitung mit Abbildungen. Österreichische Vierteljahrschrift für den öffentlichen Baudienst, herausgegeben und redigirt von Christian Friedrich Ludwig Förster, k. k. Architekt. Wien 1836–1918.

Bulletin technique de la Suisse Romande. Lausanne 1900ff. *(Nachfolger von: Bulletin de la Société Vaudoise des Ingénieurs)* (BTSR)

Die Eisenbahn. Schweizerische Wochenschrift für die Interessen des Eisenbahnwesens. Zürich 1874–1882. *(Vorgänger von: Schweizerische Bauzeitung)*

Journal et Liste des Etrangers de Montreux. Montreux 1878–1914.

Die Schweizerische Baukunst. Zeitschrift für Architektur, Baugewerbe, bildende Kunst und Kunsthandwerk. Offizielles Organ des BSA. Bern 1909–1920/21 *(Parallelpublikation zu: L'Architecture Suisse)* (SBK)

Revue Polytechnique. Organe officiel de la Fédération des sociétés d'anciens élèves des écoles techniques de la Suisse occidentale. Genève 1906–1930. *(Nachfolger von: La Machine)*

Schweizerische Bauzeitung. Wochenschrift für Bau-, Verkehrs- und Maschinentechnik. Zürich 1883ff. *(Nachfolger von: Die Eisenbahn)* (SBZ)

Unsere Kunstdenkmäler. Mitteilungsblatt für die Mitglieder der Gesellschaft für Schweizerische Kunstgeschichte. Bern 1950–1993 *(Vorgänger von: Kunst + Architektur in der Schweiz)* (UKdm)

Zeitschrift für Schweizerische Archäologie und Kunstgeschichte. Zürich 1939ff. (ZSAK)

Lexika
Allgemeines Lexikon der bildenden Künste von der Antike bis zur Gegenwart, bearbeitet von Ulrich Thieme und Felix Becker. 37 Bde., Leipzig 1907–1950. (THIEME, BECKER)

Architektenlexikon der Schweiz 19./20. Jahrhundert, hg. von Isabelle Rucki und Dorothee Huber. Basel, Boston, Berlin 1998. (ALS)

Biographisches Lexikon verstorbener Schweizer, Bd. 3. Zürich 1950. (BLVS)

Historisch-biographisches Lexikon der Schweiz. 7 Bde. & Suppl. Neuenburg 1921–1934. (HBLS)

Schweizerisches Künstler-Lexikon, hg. von Carl Brun. 4 Bde. Frauenfeld 1905–1917. (SKL)

Gedruckte Quellen und Literatur
AGASSIZ, LOUIS: Nouvelles études et expériences sur les glaciers actuels, leur structure, leur progression et leur action physique. Paris, Leipzig 1847.

ALBRECHT, FRIEDRICH: Die Luftbahn auf den Rigi. System einer Communication mit Höhen, mit Anwendung der Luftballone als Lokomotive. Winterthur 1859.

AMMANN, FRED: Bernische Gasthäuser, Heimatkunde der geschichtsreichen Gaststätten, Typoskript in der Stadtbibliothek Bern, abgeschlossen 1971.

AMMANN, FRED: Genealogische Kartei traditionsreicher Hoteliers- und Gastwirtefamilien (GK 1–29). Biel 1976ff.

ANDEREGG, KLAUS: Ursachen und Anlässe der Walliser Auswanderung im 19. Jahrhundert. In: Valais d'émigration – Auswanderungsland Wallis. Sitten 1991.

ANDEREGGEN, STEPHAN: Leukerbad. Thermen, Themen und Tourismus. Visp o. J. (1990).

ANTHAMATTEN, GUSTAV: Zermatt. Dorf und Kurort im Spiegel einer Familie. Zermatt 1982.

ANTHAMATTEN, GUSTAV: Alexander Seiler 1819–1891. Gedenkschrift zum 100. Todestag. Zermatt 1991.

ANTONIETTI, THOMAS: Bauern – Bergführer – Hoteliers. Fremdenverkehr und Bauernkultur, Zermatt und Aletsch 1850–1950. Baden 2000.

ARENGO-JONES, PETER: Queen Victoria in Switzerland. London 1995.

ARNOLD, PETER: Riederalp. Mörel 1974.

ARNOLD, PETER: 2000 Jahre Pass- und Fremdenverkehr im Wallis. Brig 1979.

Bäder und Kurorte der Schweiz. Aarau 1910.

BAEDEKER, CARL: Die Schweiz. Koblenz 1844ff.

BAENI, E.: Beau-Rivage Palace. Mémoire en histoire de l'architecture. Lausanne 1983.

BARON, PIERRE-ANTOINE: Le Bouquet Vaudois. Lausanne 1853.

BAUD-BOVY, DANIEL: A travers les Alpes: Beigue-Naters-Bel-Belalp-L'Oberaletsch. Louèche-les-Bains. Neuchâtel 1899.

BAUMGART, RICHARD: August Benziger, sein Leben und sein Werk. München 1922.

BAUMER-MÜLLER, VERENA: Schweizer Landschaftstapeten des frühen 19. Jahrhunderts. Bern 1991.

BAUMGARTNER, JOSEPH: Die neuesten und vorzüglichsten Kunst-Strassen über die Alpen. Wien 1834.

BÉHA, ALEXANDRE: Lugano et ses environs. St. Gallen 1866.

BÉHA, ALEXANDRE: Lugano und seine Umgebungen. St. Gallen 1881.

BEL, PIERRE: Carte Topographique de la Grande Route de Berne à Genève … Berne 1783.

BEL, PIERRE: Carte Topographique de la Grande Route de Berne à Zurich & Zurzach … Berne 1787.

BELLWALD, WERNER: «… so vill ich han mögen in der lengen zyt ingedenk sin …» Zu Thomas Platter und seinem 500. Geburtstag 1999. In: Blätter aus der Walliser Geschichte 31 (1999), 169–194.

BENER, PETER CHRISTIAN; SCHMID, DANIEL: Die Erfindung vom Paradies. Glattbrugg 1983.

BENZIGER, MARIELI; BENZIGER, RITA: August Benziger. California 1958.

BERLEPSCH, HERMANN A.: Schweiz. Sechste Auflage. Illustrierte Ausgabe. Hildburghausen 1870.

BERLEPSCH, HERMANN A.: Grand Hotel Ritschard in Interlaken und seine Umgebungen. Interlaken o. J. (etwa 1875).

BETTEX, GUSTAVE: Montreux et ses environs. Montreux 1896.

BETTEX, GUSTAVE: Montreux et ses environs. Montreux 1913.

BETTLER, WALTER: Peter Ober, Interlakens guter Geist. Interlaken 1989.

BEYER, KONRAD: Ludwig II. König von Bayern. Ein Charakterbild nach Mitteilungen hochstehender und bekannter Persönlichkeiten und nach anderen authentischen Quellen. Leipzig o. J. (1898).

BEZENCENET, DR.: Les grands bains d'Aigle. Lausanne 1873.

BIAUDET, JEAN-CHARLES: Leysin. Neuchâtel 1941.

BIERFREUND, J. G.: Montreux am Genfersee. Basel 1867.

BIERMANN, CHARLES: La Vallée de Conches en Valais. Essai sur la vie dans une haute vallée fermée des Alpes suisses. Thèse de doctorat. Lausanne 1907.

BISSEGGER, PAUL: François Gindroz, constructeur d'hôtels? – un projet à Morges 1868. In: UKdm 1978, Heft 4, 380–390.

BISSEGGER, PAUL: Le Moyen Âge romantique au pays de Vaud 1825–1850. In: Bibliothèque historique Vaudoise, No 79. Lausanne 1985.

BISSEGGER, PAUL: Ernest Burnat et ses concours d'architecture à l'Ecole des Beaux-Arts de Paris (1855–1860). In: ZSAK 46 (1989), 229–250.

BLONDEL, LOUIS: Le développement urbain de Genève à travers les siècles. In: Cahiers de Préhistoire et d'Archéologie, tome III. Genève 1946.

BÖCKLI, PETER: Bis zum Tod der Gräfin. Das Drama um den Hotelpalast des Grafen de Renesse in Maloja. Zürich 1998.

BÖSCHENSTEIN, HEINRICH: 100 Jahre Kursaal Interlaken. Interlaken 1959.

BOVET, ERNEST: Heimatschutz und Bergbahnen. Beilage zu «Heimatschutz». Bern 1912.

BRAHAM, TREVOR: Aus der Geschichte des Alpinismus von den Anfängen bis um 1880. In: Die Alpen, 4. Quartal 1994. Bern 1994, 182–197.

BRATSCHI, MAX A. (Hg.): Niesen und Stockhorn, Bergbesteigungen im 16. Jahrhundert. Thun 1992.

BRETSCHER, ULRICH: Von der Postkutsche zum Postauto. Bern 1982.

BRIW, ADOLF: Aus Geschichte und Brauchtum der Pfarrgemeinde Fiesch. Fiesch 1961.

BROILLET, PHILIPPE et al.: Constructions hôtelières. In: Les Monuments d'Art et d'Histoire du Canton de Genève, tome 1: La Genève sur l'Eau. Bâle 1997, 294–324 (Les Monuments d'Art et d'Histoire de la Suisse, tome 89).

BRULHART, ARMAND; DEUBER-PAULI, ERICA: Ville et Canton de Genève. Berne/Genève 1985.

BRÜSTLEIN, JOHN EDUARD: Aktenmässige Darstellung der elektrischen Bahnprojekte Brunnen–Axenstein–Morschach (Projekt Hürlimann) und Brunnen–Morschach–Axenstein (Projekt Marti). Schwyz 1896.

BUCHER, ANTON: Weggis, das Nizza des Vierwaldstättersees. Vitznau 1913.

BUCHMÜLLER, GOTTFRIED: St. Beatenberg. Geschichte einer Berggemeinde. Bern 1914.

BUDDENMEIER, HEINZ: Panorama, Diorama, Photographie – Entstehung und Wirkung neuer Medien im 19. Jahrhundert. München 1970.

BURGENER, CHRISTIAN: Thun und seine Umgebungen. Thun und Aarau 1840.

BURNET, GILBERT: Voyage de Suisse, d'Italie, et de quelques endroits d'Allemagne & de France, fait és années 1685 & 1686. Rotterdam 1687. Zweite Ausgabe 1690.

BUSINGER, JOSEPH: Luzern und seine Umgebung. Luzern 1833.

CARL, BRUNO: Klassizismus 1770–1860. Zürich 1963.

CÉRÉSOLE, ALFRED: Les Avants sur Montreux. Zürich 1895, seconde édition Zürich 1903.

Chamonix, une vallée, des hommes. Chamonix 1978.

CHAPUISAT, EDOUARD: L'Auberge de Sécheron au temps des princesses et des Berlines. Genève 1934.

CICELY, WILLIAMS: Zermatt. Geschichte und Geschichten. Mit einem Vorspruch von Sir Arnold Lunn. Brig o. J. (Erstausgabe englisch 1964).

CICERI, EUGÈNE: La Suisse et la Savoie par Eugène Ciceri d'après les vues photographiées par Martens, photographe de S. M. l'Empereur. Paris, London, Berlin, Goupil; New York (1859–1865).

CLUBBE, JOHN; GIDDEY, ERNEST: Byron et la Suisse, deux études. Genève 1982.

COLE, H. W.: Lady's Tour round Monte Rosa. London 1859.
COOLIDGE, WILLIAM AUGUSTUS: Swiss travel and Swiss guide-books. London 1889.
COOLIDGE, WILLIAM AUGUSTUS: Josias Simler et les Origines de l'Alpinisme jusqu'en 1600. Grenoble 1904.
COOLIDGE, WILLIAM AUGUSTUS: Les Alpes dans la nature et dans l'histoire. Paris 1913.
COOLIDGE, WILLIAM A.: Zur topografischen Geschichte des Belalp- und des Aletschgebietes, der Eggishornkette und des Märjelensees. In: Blätter aus der Walliser Geschichte, Bd. V (1914). Brig 1915.
COURTIAU, CATHERINE: L'avènement du réseau ferroviaire à Genève et les liens de Cornavin avec le Midi de la France. In: Kunst + Architektur in der Schweiz 1997, Heft 1, 13–20.
COUTAZ, GILBERT: Lausanne-Palace – Histoire et chroniques. Lausanne 1991.
COXE, WILLIAM: Travels in Switzerland. 3 Bde. London 1789.
CUONZ, ROMANO; NIEDERBERGER, HANSPETER: Hotelkönig, Fabrikant Franz Josef Bucher; Bergbahnbauer, Erfinder Josef Durrer; Kunstmaler Phantast Beda Durrer. Kriens 1998.
DAUDET, ALPHONSE: Tartarin sur les Alpes. Paris 1886.
DESPONDS, LILIANE: Leysin. Histoire et reconversion d'une ville à la montagne. Yens-sur-Morges 1993.
DESPONDS, LILIANE: Leysin à la Belle Epoque. Genève 1993.
DELAIRE, E.: Les Architectes élèves de l'Ecole des Beaux-Arts 1793–1907. Par David de Penanrun, Roux et Delaire. Deuxième édition par E. Delaire. Paris 1907.
DIERAUER, JOHANNES: Bernhard Simon, Architekt, 1816–1900. Ein Lebensbild. In: St. Galler Neujahrsblatt 1918. St. Gallen 1918.
DIETHELM, A.: Die neue Heilanstalt Scheideck-Rigi. Zürich 1840.
DIETRICH-SCHENK, H.: Klimatischer Luftkurort Weggis am Vierwaldstättersee. Weggis o. J. (1876).
DILLIER, JULIAN: Franz Josef Bucher-Durrer. In: Obwaldner Heimatbuch. Basel/Engelberg 1953, 300–302.
DUBOCHET, JEAN: Notice sur Montreux. Montreux 1885.
DUFFOUG-FAVRE, EUGÈNE: Guide de l'Etranger à Vevey et dans ses environs. Vevey 1843.
DUPONT, PATRICIA; FREY, SABINE: «Un paradis encadré», la fonction du tourisme à Vevey et Montreux 1880–1914. Mémoire de licence en histoire contemporaine, Université de Lausanne 1989.
EBEL, JOHANN GOTTFRIED: Anleitung auf die nützlichste und genussvollste Art in der Schweiz zu reisen. Zürich 1793.
EBEL, JOHANN GOTTFRIED: Anleitung auf die nützlichste und genussvollste Art die Schweiz zu bereisen. 4 Theile. 2. Auflage, Zürich 1804/05.
EBERLE, AMBROS: Axenstein am Vierwaldstättersee, klimatischer Kurort. Brunnen 1875.
EGGER-VON MOOS, HEDWIG; SCHMID, HANS RUDOLF: Franz Josef Bucher-Durrer. In: Schweizer Pioniere der Wirtschaft und Technik, Bd. 6. Wetzikon 1956, 65–85.
EL-WAKIL, LEÏLA: L'hôtel des Bergues à Genève. In: UKdm 1978, Heft 4, 373–380.
Emil Cardinaux 1877–1936. [Reihe Schweizer Plakatgestalter 2]. Museum für Gestaltung Zürich 1985.
EMONET, JULES: Martigny, Champex et ses environs. Genève 1903.
EMONET, JULES: L'industrie hôtelière dans le Canton du Valais. SA aus: Journal statistique Suisse. Berne 1907.
ENZENSBERGER, HANS MAGNUS: Eine Theorie des Tourismus. In: ENZENSBERGER, HANS MAGNUS: Einzelheiten. München 1962, 146–168.
(Zur) Erinnerung an die schweizerische Landesausstellung in Bern 1914. Basel 1915.
ERNE, FRITZ: Entwicklung und Organisation des Walliser Fremdenverkehrs. Diss. iur. Bern. Visp 1953.
EVANS, ROBERT: Figures, Portes et Passages. In: Vrbi, Heft V, 1982, XXIII–XLI.
FALKE, KONRAD: Wengen. Zürich 1913.
FENDL, ELISABETH: «Ausflüge werden nur dorthin gemacht, wo illustrierte Postkarten vorhanden sind.» Von der Correspondenz- zur Ansichtskarte. In: Sommerfrische – Die touristische Entdeckung der Bodenseelandschaft. Rorschach 1991, 69–72.
FERDMANN, JULES: Der Aufstieg von Davos. Davos 1990.
Festschrift SIA/Album de fête SIA = Festschriften mit verschiedenen Titeln, die zwischen 1889 und 1913 jeweils am Ort einer Generalversammlung des SIA herausgegeben wurden: 1889 St. Gallen, 1893 Luzern, 1899 Winterthur, 1901 Fribourg, 1903 Chur, 1907 Genève, 1909 Locarno, 1913 Lausanne.
Festschrift SIA 1893 = Festschrift anlässlich der Hauptversammlung des Schweizerischen Ingenieur- & Architekten-Verein im September 1893 in Luzern. Luzern 1893.
Festschrift SIA 1903 = Festschrift zur 40. Generalversammlung des Schweizerischen Ingenieur- und Architektenvereins. Chur, 6. und 7. September 1903. Chur 1903.
FLÜCKIGER-SEILER, ROLAND: Berner Bauernhäuser. Bern 1988 (Berner Heimatbücher, Bd. 137).
FLÜCKIGER-SEILER, ROLAND: Bauten und Anlagen für die Touristen in der Belle Epoque. In: Historische Hotels erhalten und betreiben, Akten der Fachtagung Luzern 14.–16. September 1995. Luzern 1996, 39–48.
FLÜCKIGER-SEILER, ROLAND: Einführung ins Tagungsthema. In: Historische Hotels erhalten und betreiben, Akten der Fachtagung Luzern 14.–16. September 1995. Luzern 1996, 7–10.
FLÜCKIGER-SEILER, ROLAND: Luxusoasen. Das Leben der mondänen Hotelgesellschaft inmitten einer mausarmen Bergbevölkerung. In: L – Leukerbad, 100 Jahre Hotel- und Bädergesellschaft. Leukerbad 1996, 126–133.
FLÜCKIGER-SEILER, ROLAND: Lawinenartig… Die Geschichte der Hotelbauten von Leukerbad im 19. Jahrhundert. In: L – Leukerbad, 100 Jahre Hotel- und Bädergesellschaft. Leukerbad 1996, 12–21.
FLÜCKIGER-SEILER, ROLAND: Zur Geschichte des Tourismus in der Schweiz. In: Denkmalpflege und Tourismus. Interdisziplinäre Tagung in Davos 16.–18. IX. 1992. Bozen 1997, 73–142 (Schriftenreihe der Arbeitsgemeinschaft Alpenländer, hg. von der Kommission III).
FLÜCKIGER-SEILER, ROLAND: Nicolas Céard. Die Entstehung der ersten Kunststrasse über die Hochalpen: In: Blätter aus der Walliser Geschichte 29 (1997), 53–90.
FLÜCKIGER-SEILER, ROLAND: «Mémoire et reconnaissance sur le passage du Simplon…» Ein Beitrag zur Rehabilitierung von Henri Guignard. In: Moulin, Alexandra; Antonietti, Thomas (Hg.): 1798: Revolution im Wallis. Begleitpublikation zur Ausstellung «Die da oben! Die da unten! 1798: Revolution im Wallis» 1998 im Hexenturm in Sitten. Sitten 1998, 125–136.
FLÜCKIGER-SEILER, ROLAND: Streiflichter zur Tourismusentwicklung am Vierwaldstättersee. In: Kriens–Kairo. Emil Vogt. Luzerner Architekt um 1900. Ausstellungskatalog Museum im Bellpark Kriens. Kriens 1998, 22–31.
FLÜCKIGER-SEILER, ROLAND: Vom Basislager für Erstbesteigungen zum Aussichtshotel im Gebirge. Walliser Hotelbauten auf 1500 bis 2500 Meter über Meer. In: Kunst + Architektur in der Schweiz 1999, Heft 3, 13–24.
FLÜCKIGER-SEILER ROLAND: Le développement de la construction hôtelière sur l'arc lémanique. In: Revue historique du Mandement de Bex, No XXXIII/2000. Bex 2000, 3–14.
FLÜCKIGER-SEILER ROLAND: Die Bauten der Fremdenindustrie. In: Riviera am Thunersee im 19. Jahrhundert. Herausgegeben von Georg Germann und der Gesellschaft für Schweizerische Kunstgeschichte. Bern 2002, 177–192.
FLÜCKIGER-SEILER ROLAND: Hotelpaläste zwischen Traum und Wirklichkeit. Schweizer Tourismus und Hotelbau 1830–1920. Baden 2003.
'FLÜCKIGER-SEILER ROLAND: Ein Jahrhundert Kampf gegen und für historische Hotels. In: Aargauer Heimatschutzpreis 2003 zum Thema «Gastkultur im Kanton Aargau». Baden 2003.
FLÜCKIGER-SEILER ROLAND: Hotels am Rhonegletscher – Hotelträume und Hotelpaläste der Belle Époque. In: Die Alpen, Zeitschrift des Schweizer Alpen-Clubs, 12/2003. Bern 2003, 48–51.
FLÜCKIGER-SEILER ROLAND: Die Hotelbauten von Caux – Wintersport über dem Genfersee. In: Die Alpen, Zeitschrift des Schweizer Alpen-Clubs, 2/2004. Bern 2004, 30–33.
FLÜCKIGER-SEILER ROLAND: Das Hotel auf dem Faulhorn – Anfänge der alpinen Hotellerie. In: Die Alpen, Zeitschrift des Schweizer Alpen-Clubs, 6/2004. Bern 2004, 48–50.
FLÜCKIGER-SEILER ROLAND: Horace Edouard Davinet. In: Berner Heimatschutz, Regionalgruppe Bern, Mitteilungsblatt 2004, Bern 2004, 3–13.
FLÜCKIGER-SEILER ROLAND: Hotels und die Engadiner Gebirgswelt – Die späte touristische Erschliessung des Bündnerlandes. In: Die Alpen, Zeitschrift des Schweizer Alpen-Clubs, 10/2004. Bern 2004, 26–28.
FLÜCKIGER-SEILER ROLAND: Wengernalp, Kleine Scheidegg und Rosenlaui. Hotels an der Grossen Oberlandtour. In: Die Alpen, Zeitschrift des Schweizer Alpen-Clubs, 1/2005. Bern 2005, 20–23.
FLÜCKIGER-SEILER ROLAND: Architektur nach dem Sündenfall. Der Umgang mit Hotelbauten aus der Belle Époque. In: Erhalten und Gestalten. 100 Jahre Schweizer Heimatschutz, hg. von Madlaina Bundi. Baden 2005, 80–89.
FOËX, GEORGES (Hg.): Deux cahiers des «Souvenirs» du Dr Antoine Kaempfen (1784–1856), de Brigue, chirurgien-major au service de France. In: Vallesia XVII (1962), 1–120.
Franz Niklaus König 1765–1832. Ausstellungskatalog. Langenthal 1993.
FRIES, OTHMAR: Geschichte der Luzerner Hotellerie. Luzern 1966.

FRÖHLICH, MARTIN: Gottfried Semper. Zürich, München 1991.
FRÖLICH, HANS: Der Höhencurort St. Beatenberg bei Interlaken. Interlaken 1876.
FRUTIGER, E.: 50 Jahre Elektrische Bahn Steffisburg–Thun–Interlaken 1913–1963. Thun 1963.
FURRER, P. SIGISMUND: Geschichte, Statistik und Urkunden-Sammlung über Wallis. 3 Bde. Sitten 1850–1852.
FÜSSLI, JOHANN KONRAD: Staats- und Erdbeschreibung der schweizerischen Eidgenossenschaft. 4 Theile. Schaffhausen 1770–1772.
GALLATI, RUDOLF: Interlaken – Vom Klosterdorf zum Fremdenkurort. Interlaken 1977.
GALLATI, RUDOLF: Aarmühle Interlaken 1838–1988. Eine Ortsgeschichte. Interlaken 1991.
GALLATI, RUDOLF: Eine Show des Urchigen. In: Turicum Feb./März 1993. Stäfa 1993, 48–57.
GASSER, HELMI: Die Kunstdenkmäler des Kantons Uri, Bd. II: Die Seegemeinden. Basel 1986 (Die Kunstdenkmäler der Schweiz, Bd. 78).
GATTLEN, ANTON: Druckgrafische Ortsansichten des Wallis 1548–1850. Brig 1987.
GATTLEN, ANTON: Druckgrafische Ortsansichten des Wallis 1850–1899. Brig 1992.
GATTLEN, ANTON; ALIPRANDI LAURA UND GIORGIO: Das Matterhorn im Bild. Brig 1979.
GAULIS, LOUIS; CREUX, RENÉ: Schweizer Pioniere der Hotellerie. Paudex 1976.
GAVOIS, JEAN: Pour monter – pour descendre. Histoire abrégée du Transport Vertical, des Pyramides à nos jours. o. O. 1984.
Geographisch-statistischer Verkehrsatlas der Schweiz. Hg. vom Schweiz. Post- und Eisenbahndepartement. 2. Auflage. Bern 1916.
GIACOMAZZI, FABIO et al.: Locarno. In: Inventar der neueren Schweizer Architektur, Bd. 6. Bern 1991, 23–119.
GIROUD, JEAN-CHARLES: Les affiches du Léman. Chêne-Bourg/Genève 1998.
GLUTZ-BLOTZHEIM, ROBERT: Handbuch für Reisende in der Schweiz. 5., verbesserte Auflage. Zürich 1823.
GRANDJEAN, MARCEL: Les Monuments d'art et d'histoire de canton de Vaud, tome III: La ville de Lausanne (II). Bâle 1979 (Les Monuments d'art et d'histoire de la Suisse, tome 69).
GRASSI, JOSEPH: Lugano et ses environs. Lugano 1883.
GROS, JACQUES: Skizzen für Wohn- und Landhäuser, Villen..., Ravensburg 1897.
GROS, JACQUES: Holzbauten, Chalets und verschiedene Schweizer Architekturen, Stuttgart 1902–1904.
GROTE, MICHÈLE: Aspects de l'histoire urbaine et de l'architecture. In: Villeneuve, Promenade dans son histoire. Villeneuve 1991, 128–163.
GRUNER, GOTTLIEB SIGMUND: Die Eisgebirge des Schweizerlandes. Bern 1760.
GSELL-FELS, THEODOR: Die Bäder und klimatischen Kurorte der Schweiz. Zürich 1880.
GUBLER, JACQUES: Les identités d'une région. In: Werk-archithese, Juni 1977, 3–8.
GUGERLI, DAVID: Redeströme. Zur Elektrifizierung der Schweiz 1880–1914. Zürich 1996.
GUYER, EDUARD: Das Hotelwesen der Gegenwart. Zürich 1874 und 2/1885.
GUYER, EDUARD: Beiträge zu einer Statistik des Fremdenverkehrs in der Schweiz. Zürich 1895.
GUYER, SAMUEL: Das Suvrettahaus bei St. Moritz. Ein Beitrag zum Hotelbau-Problem der Gegenwart. In: SBZ 69 (1917), 71ff.
HAAS, WALTER: Hans von Waltheyms Pilgerreise und sein Besuch in Freiburg (1474). In: Freiburger Geschichtsblätter 69 (1992), 7–39.
HADORN, GERALD: Vevey–Montreux–Chillon–Villeneuve. In: GRANDGUILLAUME, MICHEL et al. Les Tramways Vaudois. Lausanne 1979, 97–152.
HARPE, CHARLES DE LA: Zinal et ses environs. Genève 1899.
HARTMANN, HERMANN: Fest-Schrift zur Hundertjahrfeier des Äplerfestes von 1805. Interlaken 1905.
HARTMANN, HERMANN: Berner Oberland in Sage und Geschichte. Bd. II: Das grosse Landbuch. Interlaken, Bern-Bümpliz 1914.
HÄSLER, ALFRED A.: Berner Oberland – Geschichte und Geschichten. Bern 1986.
HÄSLER, HANS: Die Berner-Oberland-Bahnen – Hundert Jahre Bahn nach Lauterbrunnen und Grindelwald. Luzern 1990.
HAUSER, ANDREAS: Ferdinand Stadler. Ein Beitrag zur Geschichte des Historismus in der Schweiz. Zürich 1976.
HAUSER, ANDREAS: Lugano. In: Inventar der neueren Schweizer Architektur, Bd. 6. Bern 1991, 205–355.
HEGLAND, ARNE; SIMONETT, JÜRG: Strassen als Baudenkmäler – Kommerzialstrassen des 19. Jahrhunderts in Graubünden. Hg. vom Inventar historischer Verkehrswege der Schweiz. Bern 1989.
HEGNER, ULRICH: Berg-, Land- und Seereise. Zürich 1818.
HEGNER, ULRICH: Ulrich Hegners gesammelte Schriften. 5 Bde. Berlin 1828–1830.
HENNIG, BARBARA: Das Hotel Montana (1910) von Alfred Möri und Karl Friedrich Krebs – das «modernste Palasthotel» in Luzern. Lizentiatsarbeit Universität Zürich. Luzern 1998.
HERZOG, J. J.: Wegweiser von Bern um den Thuner- und Brienzersee und den Umgebungen. Bern 1840.
HEUBACH, ALFRED: Berühmte Gäste in Spiez. In: BZGH 1919/1. Bern 1939, 63–67.
HOFER, JÜRGEN: Wo Gott eine Kirche baut, da stellt der Teufel ein Wirtshaus daneben. Die Entwicklung des Fremdenverkehrs in Beatenberg von seinen Anfängen bis heute. Projektgruppe Beatenberg, Grundlagenbericht Nr. 1. Geografisches Institut der Universität Bern. Bern 1989.
HOFMANN, CHRISTINE: Die Entwicklung der Berner Oberländer Holzschnitzerei: «Glückliche Wilde» schnitzten um ihr Leben. In: UKdm 1989, Heft 2, 170–177.
HORISBERGER, CHRISTINA: Das Schweizer Chalet und seine Rezeption im 19. Jahrhundert. Ein eidgenössischer Beitrag zur Weltarchitektur? Lizentiatsarbeit Universität Zürich. Zürich 1999.
(Die) Hotels der Schweiz. Hg. vom Schweizer Hotelier-Verein. Basel 1896ff.
(Die) Hotels des Berner Oberlandes. Interlaken 1911 und 1914.
HUBER, PAUL: Luzern wird Fremdenstadt. Luzern 1986 (Beiträge zur Luzerner Stadtgeschichte, Bd. 8).
HUDE, HERMANN VON DER: Hotels. In: DURM, JOSEF; ENDE, HERMANN; SCHMITT, EDUARD; WAGNER, HEINRICH (Hg.): Handbuch der Architektur, Vierter Theil, 4. Halb-Band: Gebäude für Erholungs-, Beherbergungs- und Vereinszwecke, 3. Abschnitt: Gebäude für Beherbergungszwecke, 1. Kapitel: Hotels. Darmstadt 1885, 174–239.
HUGUENIN, CLAIRE; WYSSBROD, ANNE: Le Grand Hôtel et Hôtel des Alpes Territet, Analyse historique. Lausanne, Genève 1988 [Manuskript].
INÄBNIT, FLORIAN: Die Hochgebirgstrams der Schweiz. Wengen 1995.
INÄBNIT, FLORIAN: Spiezer Verbindungsbahn. Leissigen 1996. 50 Jahre Industrielle Betriebe Interlaken 1904–1954. Interlaken 1954.
JEANMAIRE, CLAUDE: Erinnerungen an die Rechtsufrige Thunersee-Bahn. SA aus: Strassen- und Überlandbahnen von Bern und Thun. Basel 1969.
JEANMAIRE, CLAUDE: Mit Kohle, Dampf und Schaufelrädern. Basel 1971.
JENNY, ERNST: Zur Geschichte des Schweizer Alpenclub 1863–1938. In: Die Alpen, Monatsschrift des Schweizer Alpenclub XIV (1938), 373–385.
KAFKA, FRANZ: Der Verschollene. Hg. von J. Schillemeit. Frankfurt am Main 1983.
KAENEL, PHILIPPE: Rodolphe Töpffer et le tourisme dans l'Oberland bernois. In: UKdm 1989, Heft 2, 132–143.
KÄLIN, ADI: Untersuchungen zur Pionierphase des Rigitourismus 1800 bis 1871. In: Mitteilungen der Naturforschenden Gesellschaft Luzern 30 (1988), 339–348.
KASPER, PETER: Die Anfänge des Skifahrens in Graubünden. In: Bündner Jahrbuch 1962, 96–100.
KAUFMANN, BEAT: Die Entwicklung des Wallis vom Agrar- zum Industriekanton. Diss. rer. pol. Basel. Zürich 1965.
KELLER, KARL: Der «Thunerhof». In: UKdm 1978, Heft 4, 426–434.
KELLER, MARKUS: Elektrische Strassenbahn St. Moritz. Leissigen 1996.
KELLER, ULRICH: Das Elektrizitätswerk St. Moritz. In: Bündner Jahrbuch 1959, 86–91.
KLASEN, LUDWIG (Hg.): Grundriss-Vorbilder von Gebäuden aller Art, Abteilung 2: Grundriss-Vorbilder von Gasthäusern, Hotels und Restaurants. Leipzig 1884, 129–160.
KOENIG, RENÉ; SCHWAB-COURVOISIER, ALBERT: Vevey-Montreux photographiés par nos aïeux. Lausanne 1973.
KÖNIG, FRANZ NIKLAUS: Beschreibung von Thun und dessen Umgegend. Basel 1815.
KREBSER, MARKUS: Mein Thunersee – Rechtes Ufer. Thun 1984.
KREBSER, MARKUS: Interlaken – Eine Reise in die Vergangenheit. Thun 1990.
KREBSER, MARKUS: Thunersee linke Seite. Thun 1996.
KREUZER, FERDINAND: Land an der jungen Rhone. Visp 1975.
KREUZER, FERDINAND: Geschichte des Landes um die Furka. Kleve 1982.
Kriens–Kairo. Emil Vogt. Luzerner Architekt um 1900. Ausstellungskatalog Museum im Bellpark Kriens. Kriens 1998.
KÜTTNER, KARL GOTTLOB: Briefe eines Sachsen aus der Schweiz an seinen Freund in Leipzig. 3 Theile. Leipzig 1785–1786.
LAMPUGNANI, VITTORIO et al.: Vertikal. Eine Kulturgeschichte vom Vertikaltransport. Berlin 1992.
LEUTHY, JOHANN JAKOB: Der Begleiter auf der Reise durch die Schweiz. Zürich 1840/41 (Faksimile 1985).
Lugano Hotels. Alberghi – Storia, Architettura. Lugano, Museo storico Villa Saroli 1998. [Pagine storiche Luganesi]. Lugano 1998.
LULLIN, EDOUARD: Le Chemin de fer de Glion à Naye. Lausanne 1892.

LÜTHI, DAVE: Le Grand Hôtel et Hôtel des Alpes à Territet, rapport historique et architectural. Montreux 1996. Typoskript.

LÜTHI, DAVE: Eugène Jost (1865–1946) architecte. Mémoire de licence, Université de Lausanne. Vol. I–III. Lausanne 1999.

MARGADANT, SILVIO; MAIER, MARCELLA: St. Moritz – Streiflichter auf eine aussergewöhnliche Entwicklung. St. Moritz 1993.

MAURER, FRED: 75 Jahre Verkehrsverein Spiez 1896–1971. Spiez o. J. (1971).

MAURER, ERNST: Spiezer Impressionen – Ein Spaziergang durch die Zeit. SA aus dem Oberländer Sonntagsblatt, Wochenbeilage des Berner Oberländer. Spiez 1995.

MEILI, ARMIN: Bauliche Sanierung von Hotels und Kurorten. Gestaltungsprogramme für 10 Orte der 1. Etappe: St. Moritz, Pontresina, Luzern u. a. Basel 1945.

MELA, POMPONIUS: De orbis situ libri tres. Basel 1522.

METTLER, JEAN-LOUIS: Montreux – 100 ans d'hôtellerie. Montreux 1979.

MEYER, ANDRÉ: Englische Kirchen in der Schweiz. In: ZSAK 29 (1972), Heft 2/3, 70–81.

MEYER, LEO: St-Luc. Sierre 1911.

MICHEL, HANS: 100 Jahre Hotel Schweizerhof am Höheweg in Interlaken 1856–1956. Interlaken 1956.

MIELKE, FRIEDRICH: Die Geschichte der deutschen Treppen. Berlin 1966.

MOOS, XAVER VON: Die Kunstdenkmäler des Kantons Luzern. Bd. I, alte Reihe: Die Ämter Entlebuch und Luzern-Land. Basel 1946 (Die Kunstdenkmäler der Schweiz, Bd. 18).

MOTTU, PHILIPPE: Caux de la Belle Epoque au Réarmement moral. Neuchâtel 1969.

MÜLLER, JOSEPH: Die klimatischen Kurorte Gersau und Rigi-Scheideck. Einsiedeln 1867.

MURRAY, JOHN: Handbook for Travellers on the continent. London 1836.

MURRAY, JOHN: Manuel du voyageur en Suisse. Paris 1844.

NEUENSCHWANDER, JOËLLE: Ouchy 1850–1914 – Du hameau à la ville, urbanisme et architecture. Mémoire de licence. Lausanne 1983.

NEUENSCHWANDER FEIHL, JOËLLE et al.: Lausanne. In: Inventar der neueren Schweizer Architektur, Bd. 5. Bern 1990, 225–383.

NEUENSCHWANDER FEIHL, JOËLLE: Le Villars-Palace. Rapport historique. Epalinges 1995. Typoskript.

NEUENSCHWANDER FEIHL, JOËLLE: En 1861, s'ouvre à Lausanne l'Hôtel Beau-Rivage. Etude historique menée avec la collaboration de Catherine Schmutz. Lausanne 1997.

NIEVERGELT, DIETER: Zeugnis des Gründer- und Pioniergeistes. In: UKdm 1978, Heft 4, 444–450.

NIEVERGELT, DIETER: Kantonale Gewerbeausstellung Zürich 1894. In: UKdm 1979, Heft 4, 411–421.

NORBERG-SCHULZ, CHRISTIAN: Der «Schweizer Stil». In: BLASER, WERNER: Fantasie in Holz. Elemente des Baustils um 1900. Basel 1987, 7–19.

OBER, PETER: Interlacken et ses environs. Berthoud 1841.

OBER, PETER: Notice sur la pension Ober et ses alentours à Interlaken. Thoune 1849.

OBER, PETER: L'Oberland Bernois sous les Rapports Historiques, Scientifiques et Topographiques, Journal d'un Voyageur. 2 Bde. Berne 1854.

OBER, PETER: Interlaken und seine Umgebungen. Bern 1858.

ODERMATT, FRANZ; FREY-FÜRST, FRIEDRICH: Bürgenstock. Gedenkbuch zum 75jährigen Bestehen des Kurortes Bürgenstock. Luzern o. J. (1948).

OETTERMANN, STEPHAN: Das Panorama. Die Geschichte eines Massenmediums. Frankfurt am Main 1980.

OMACHEN, PETER: Hotelarchitektur: Bauen für die Welt. In: Kriens – Kairo. Emil Vogt. Luzerner Architekt um 1900. Ausstellungskatalog Museum im Bellpark Kriens. Kriens 1998, 32–55.

OSENBRÜGGEN, EDUARD: Die Urschweiz. Basel o. J. (1870).

OSENBRÜGGEN, EDUARD: Axenstein. Zürich 1876.

OSENBRÜGGEN, EDUARD: Poesien und Bilder von Axenstein am Vierwaldstättersee. Zürich 1884.

OSSENT, EDOUARD: Hôtels de voyageurs au XXème siècle. Paris o. J. (1910).

OTT, THIERRY: Palaces. Die schweizerische Luxushotellerie. Yens-sur-Morges 1990.

OTTIGER, ROMAN: Luzerner Hotelbauten von 1833–1871. Entwicklung einer Fremdenverkehrsstadt. Diss. Zürich 1976.

PERRIARD-VOLORIO, MYRIAM: Histoire du tourisme dans la vallée du Trient (1860–1945). In: Annales Valaisannes 1996, 105–152.

PEVSNER, NIKOLAUS: A history of building types. London 1976.

POGGIO-BRACCIOLINI, GIAN-FRANCESCO: Die Bäder zu Baden in der Schweiz. Eine Beschreibung derselben aus dem fünfzehenten Jahrhundert. Mit neuen Anmerkungen. Florenz (Zürich oder Baden) 1780.

RÄBER, ANTON: Schiffahrt auf den Schweizer Seen. Zürich 1963.

RAMBERT, EUGÈNE: Montreux. Montreux 1877.

REBSAMEN, HANSPETER: Englisches in der Zürcher Neumünsterkirche und weiteren Bauten Leonhard Zeugheers. In: ZSAK 29 (1972), Heft 2/3, 82–105.

REBSAMEN, HANSPETER: Das Bellevue-Areal in Thun. Gutachten zu Handen des Hochbauamtes Thun. Zürich 1989. Typoskript in der Stadtbibliothek Thun.

REICHEN, QUIRINUS: «… wohin alle Anbeter der Natur pilgern». Zu den Anfängen des Fremdenverkehrs im Berner Oberland. In: UKdm 1989, Heft 2, 115–122.

RICHARD: Manuel du voyageur en Suisse. Paris 1834.

RING, JIM: How the English Made the Alps. London 2000.

ROLLER, ROBERT: Über Hôtelbauten speciell Anlagen von Kur-, Saison- und Berg-Hôtels mit erläuternden Beispielen bewährter schweizerischer Etablissements. Erweiterter Separat-Abdruck aus «Romberg's Zeitschrift für praktische Baukunst». Berlin 1879.

ROTH, ALFRED G.: Zwei Tage mit Byron und Hobhouse im Berner Oberland. In: UKdm 1989, Heft 2, 123–131.

ROTTERDAM, ERASMUS VON: Vertraute Gespräche (colloquia familiaria). Erstausgabe Basel 1518.

ROTZLER, WILLY; SCHÄRER, FRITZ; WOBMANN, KARL: Das Plakat in der Schweiz. Schaffhausen 1990.

RUBI, FRED: Der Wintertourismus in der Schweiz. Entwicklung, Struktur und volkswirtschaftliche Bedeutung. Diss. rer. pol. Bern. Basel 1953.

RUBI, RUDOLF: Vom Bergbauerndorf zum Fremdenort. Gastgewerbe, Alpinismus. Grindelwald 1986 (Im Tal von Grindelwald. Bilder aus seiner Geschichte, Bd. II).

RUBI, RUDOLF: Der Sommer- und Winterkurort. Grindelwald 1987 (Im Tal von Grindelwald. Bilder aus seiner Geschichte, Bd. III).

RUBI, RUDOLF: Das Gletscherdorf. Grindelwald 1993 (Im Tal von Grindelwald. Bilder aus seiner Geschichte, Bd. V).

RUCKI, ISABELLE: Das Hotel in den Alpen. Die Geschichte der Oberengadiner Hotelarchitektur von 1860 bis 1914. Zürich 1989.

RUDEN, JOSEPH: Familien-Statistik der löblichen Pfarrei von Zermatt. Ingenbohl 1869.

RUPPEN, PETER JOSEPH; IMSENG, GUSTAV; IMSENG, WERNER: Saaser Chronik 1200–1979. Saas-Fee 1979.

RUPPEN, WALTER: Die Kunstdenkmäler des Kantons Wallis, Bd. I: Das Obergoms. Basel 1976 (Die Kunstdenkmäler der Schweiz, Bd. 64).

RUPPEN, WALTER: Die Kunstdenkmäler des Kantons Wallis, Bd. II: Das Untergoms. Basel 1979 (Die Kunstdenkmäler der Schweiz, Bd. 67).

Sanatorium Leysin. Paris 1893.

SAUDAN, MICHEL; BLANC, YOLANDE; SAUDAN-SKIRA, SYLVIA: De l'Hôtel-Palais en Riviera. Genève 1985.

SAUSSURE, HORACE-BENEDICT DE: Voyages dans les alpes, précédés d'un essai sur l'histoire naturelle des environs de Genève. Tome I–IV. Neuchâtel, Genève 1779–1796 (Faksimile Bologna 1970).

SCHALLER, MARIE LOUISE: Annäherung an die Natur. Schweizer Kleinmeister in Bern 1750–1800. Bern 1990.

SCHAUFELBERGER, ALBERT: Die Geschichte des bernischen Bankwesens. Diss. iur. Zürich. Thun 1948.

SCHINZ, JOHANN RUDOLF: Die vergnügte Schweizerreise anno 1773, hg. von James Schwarzenbach. Zürich 1952.

SCHMITT, MICHAEL: Palast-Hotels. Architektur und Anspruch eines Bautyps 1870–1920. Berlin 1982.

SCHMUTZ, CATHERINE: Louis Bezencenet, Architecte à Lausanne. Mémoire de licence. Lausanne 1996.

SCHNYDER-SEIDEL, BARBARA: Goethes letzte Schweizer Reise. Frankfurt am Main 1980.

SCHWARZ, FRITZ: Das Thun-Burger Geschlecht Knechtenhofer. Thun 1965. Manuskript im Stadtarchiv Thun.

SCHWEIZER, HANS JÖRG: Baden im Spiegel seiner Gäste: Poggio. In: Badener Neujahrsblätter 55 (1980), 41–50.

SCHWEIZER, JÜRG: Kunstführer Berner Oberland. Bern 1987.

(Der Curort) Seelisberg im Canton Uri. Lucern 1870.

SEIDEL, KURT: Das grosse Buch der Furka – Oberalp Bahn. Mainz 1982.

SENARCLENS, JEAN DE; VAN BERCHEM, NATHALIE; MARQUIS, JEAN M.: L'hôtellerie genevoise. Genève 1993.

SENGER, MAX: Wie die Schweiz zum Skiland wurde. Zürich 1941.

SENN, HENRI-GEORGES: La Suisse et le tourisme. Thèse de doctorat, Université de Neuchâtel. Lausanne 1918.

SHAND, A. I.: Old-Time Travel. Personal Reminiscences of the Continent Forty Years Ago compared with Experiences of the Present Day. London 1903.

SIGRIST, MARKUS: Von der Klostertaverne über den Landgasthof zum Palasthotel und Punkthochhaus. Entwicklungen in der Hotelarchitektur am Beispiel Höheweg Interlaken. In: UKdm 1989, Heft 2, 144–153.

SIGRIST, SANDRO: Elektrische Zahnradbahn Brunnen – Morschach – Axenstein. Leissigen 1996.

SIMMEN, JEANNOT; DREPPER, UWE: Der Fahrstuhl. Die Geschichte der vertikalen Eroberung. München 1984.

Société des Hôteliers de Montreux et environs 1879–1929. Notice Historique publiée à l'occasion du cinquantième anniversaire de sa fondation. Montreux 1929.

SSV. 75 Jahre Schweizerischer Ski-Verband. Jubiläums-Jahrbuch. Bern 1979.

STADELMANN, WERNER: Schweizer Bergbahn-Pioniere. Chur 1994.
STAFFELBACH, HANS: Vitznau–Rigi. Erste Bergbahn Europas. 2. Auflage. Zürich 1984.
STARK, GABI: Fremdenverkehrsplakate für den Bodensee vor 1914. In: Sommerfrische. Die touristische Entdeckung der Bodenseelandschaft. Rorschach 1991, 21–30.
STETTLER, ALFRED: Grand Hôtel Spiezerhof 1873–1975. Spiez 1975.
STETTLER, ALFRED: Hotel Krone Spiez. Spiez 1981. Typoskript.
STETTLER, ALFRED: Spiez in alten Ansichten. Zaltbommel/Niederlande 1995.
STRUB, EMIL: Bergbahnen der Schweiz bis 1900. Wiesbaden 1902.
STUDER, GOTTLIEB: Topographische Mitteilungen aus dem Alpengebirge. Bern und St. Gallen 1843. Textband und Atlas (Panoramabeilagen).
STUMPF, JOHANNES: Gemeiner loblicher Eydgnoschafft Stetten, Landen und Voelckeren chronickwirdiger thaaten beschreybung. Zürich 1547 (Reprint Winterthur 1975).
SUPERSAXO, OTTO; IMSENG, RAOUL: Saas-Fee – Zwiegespräch mit Dorf und Bergwelt. Visp 1991.
TAVEL, HANS CHRISTOPH VON: Bern und die bildende Kunst. In: Illustrierte Berner Enzyklopädie, Bd. IV: Kunst und Kultur. Bern 1987, 8–81.
TAVEL, RUDOLF VON: Die wichtigsten Änderungen in der Lebenshaltung der schweizerischen Hochgebirgsbewohner im Laufe des XIX. Jahrhunderts. Diss. Heidelberg. Bern 1891.
Territet par deux Alpinistes Suisses. In: Europe illustré, no 122. Zürich o. J. (1889).
THIOLY, F.: Voyage en Suisse et ascension du Mont-Rose. Genf 1860.
TOLSTOI, LEO: Aus den Aufzeichnungen des Fürsten D. Nechljudov, Luzern. In: Das erzählerische Gesamtwerk in zwölf Bänden. Bd. III. Lausanne 1967.
TÖPFFER, RODOLPHE: Œuvres complètes. Edition du centenaire. Voyages en Zigzag, vol. 1–4. Genève 1949.
TREICHLER, HANS PETER: Die magnetische Zeit. Alltag und Lebensgefühl im frühen 19. Jahrhundert. Zürich 1988.
TRUFFER, BERNARD: Bergführerwesen und staatliche Gesetzgebung im Wallis. In: ANTONIETTI, THOMAS et al.: In Fels und Firn. Bergführer und Bergsteiger in Geschichte und Gegenwart. Lötschentaler Museum Kippel 1994, 151–168.
TRUTTMANN, MICHAEL: Sonnenberg auf Seelisberg, Canton Uri in der Schweiz. Seelisberg o. J. (etwa 1876).
URFER, HANS: Die Höhematte in Interlaken. 100 Jahre Bau- und Zerstückelungsverbot und Baumschutz – 1864/1964. Interlaken 1964.
VARINI, ALFONSITO; AMSTUTZ, ALBERTO: Vicende del turismo locarnese. Locarno 1985.
Villars 1866–1966. o. O., o. J. (Villars 1966).
Vitznau am Vierwaldstättersee und seine Umgebungen. Luzern 1896.
VOGT, EMIL: Ausgeführte Bauten und Projekte. Zürich 1927.
VOHMANN-FALK, GEORGES: Brunnen-Ingenbohl. Üses Dorf, üsi Gmeind, üsi Lüüt. Brunnen 1991.
WÄBER, ADOLF: Zur Geschichte des Fremdenverkehrs im engeren Berner Oberlande 1763–1835. In: Jahrbuch des Schweizer Alpenclub 39 (1903/04), 212–261.

WÄGLI, HANS GEORG et al.: Schienennetz Schweiz. Bern 1980.
WAGNER, JOHANN JAKOB: Index Memorabilium Helvetiae. Zürich 1684.
WAGNER, JOHANN JAKOB: Mercurius Helveticus. Zürich 1688.
WALDBURGER, HANS: Die Brunnen–Morschach–Axenstein-Bahn. In: Schweizer Eisenbahn-Revue 1–2/1996, 35–41.
WALDER, BRUNO: Karl Koller, Palastarchitektur und Jugendstil. In: Bündner Zeitung, 5. 2. 1983.
WALSER, ERNST: Poggius Florentinus, Leben und Werke. In: Beiträge zur Kulturgeschichte des Mittelalters und der Renaissance, Heft 14. Leipzig, Berlin 1914.
WEBER, FELIX: 175 Jahre Rigi Kulm-Hotel. Rigi Kulm 1991.
WEBER, WERNER: Eduard Osenbrüggen (1809–1879). Ein Fremder findet die Schweiz. In: 149. Neujahrsblatt zum Besten des Waisenhauses. Zürich 1986.
WEHRLI, MARTIN: Faulhorn – Die Geschichte des Berggasthauses. Unterseen 2003.
WETTSTEIN, STEFANIE: Ornament und Farbe. Zur Geschichte der Dekorationsmalerei in Sakralräumen der Schweiz um 1890. o. O. 1996.
WHYMPER, EDWARD: A Guide to Zermatt and the Matterhorn. London 1897.
WIDMER, OTTO: Vom «Fryenhoff» zum «Schlosshotel Freienhof». In: Der Freienhof, Festschrift 25 Jahre Genossenschaft Hotel Freienhof Thun. Thun o. J. (1973), 73–94.
WIGET, THEOPHIL: Der «Waldstätterhof» in Brunnen. Schwyz 1975.
WIGET, THEOPHIL: Brunnen-Ingenbohl 1870–1940. Ein Bilderbuch. Brunnen 1980.
WISMANN, HANS: Stationen der schweizerischen Luftseilbahnentwicklung. In: Verkehrstechnik in der Schweiz, Nr. 23. Bern 1989.
WÖHLER, MAX: Gasthäuser und Hotels. Leipzig 1911 und ²129 (Sammlung Göschen, Bibliothek zu den Ingenieurwissenschaften, Bd. I/II).
WYSS, BEAT: Luzern. In: Inventar der neueren Schweizer Architektur 1850–1920, Bd. 6. Bern 1991, 357–512.
WYSS, JOHANN RUDOLF: Handatlas für Reisende in das Berner Oberland. Bern 1816.
WYSS, JOHANN RUDOLF: Reise in das Berner Oberland. 2 Bde. Bern 1816/17.
WYSSBROD, ANNE: Typologie des hôtels montreusiens 1830–1914. Mémoire de licence. Lausanne 1988.
ZELGER, FRANZ: Jakob Josef Zelger. In: Robert Zünd in seiner Zeit. Katalog zur Ausstellung im Kunstmuseum Luzern. Luzern 1978, 277–279.
ZIMMERMANN, ANDREAS: Weggis als Kurort. In: Gedenk-Schrift zum 25jährigen Bestand des Kurvereins Weggis 1893–1918. Luzern 1918, 27–40.
ZOLLINGER, HEINRICH: Album pittoresque Hotel & Pension Sonnenberg Seelisberg. o. O., o. J. (etwa 1890).
ZSCHOKKE, HEINRICH: Die klassischen Stellen der Schweiz und deren Hauptorte. Karlsruhe und Leipzig 1842 (Reprint in: Die bibliophilen Taschenbücher. Dortmund 1978).
ZYRO, CARL: Die Baugesellschaft Thun. Thun 1878.

ABKÜRZUNGEN

ACV	Archives Cantonales Vaudoises
ALS	Architektenlexikon der Schweiz 19./20. Jh.
BLVS	Biographisches Lexikon verstorbener Schweizer
BTSR	Bulletin technique de la Suisse Romande
BZGH	Berner Zeitschrift für Geschichte und Heimatkunde
HBLS	Historisch-biographisches Lexikon der Schweiz
SBK	Die Schweizerische Baukunst, Zeitschrift für Architektur…
SBZ	Schweizerische Bauzeitung
SKL	Schweizerisches Künstler-Lexikon
SLB	Schweizerische Landesbibliothek Bern
THIEME, BECKER	Allgemeines Lexikon der bildenden Künste…
UKdm	Unsere Kunstdenkmäler
ZSAK	Zeitschrift für Schweizerische Archäologie und Kunstgeschichte

ABBILDUNGSNACHWEISE

Fotosammlung der ehemaligen Kunstanstalt Brügger AG, archiviert durch die Kulturstiftung der BBO Bank Brienz Oberhasli in Meiringen: Umschlagbilder, 9, 13, 20, 24, 35, 39, 49, 57, 59, 61, 94, 100, 107, 108, 110, 112–114, 116, 117, 119, 120, 124–126, 128, 129, 133, 140, 142, 153, 155, 174, 177, 178, 194, 197, 202, 207, 211, 213, 218, 220, 225
Sammlung Club Grand Hôtel & Palace (Hans-Ueli Gubser), Basel: 30, 32, 38, 40, 77, 110, 154, 180, 189, 192, 210, 223
Museum für Kommunikation, Bern: 4, 75, 83, 111, 123, 145, 149, 157, 159, 160, 198
Eidg. Archiv für Denkmalpflege: 17, 41, 42, 43, 44, 84, 137, 208
Schweizerische Landesbibliothek: 37, 82, 85, 87, 104, 106, 130, 134, 173, 175, 179
Schweiz. Gesellschaft für Hotelkredit, Zürich: 67, 181, 182, 184, 188, 191
Archives des Monuments d'art et d'histoire du Canton de Vaud: 127
Kant. Denkmalpflege Bern: 16, 33, 47, 68, 152, 156
Kant. Denkmalpflege Luzern: 172, 183
Zentralbibliothek Luzern, Bildarchiv: 86, 167, 169, 170
Staatsarchiv Wallis: 203–205, 209, 214, 215
Centre d'iconographie Genevoise: 66, 95, 96, 101
Musée historique de Lausanne: 72, 97
Musée historique du Vieux-Vevey: 73
Archives de Montreux: 26, 78, 79, 103, 105, 118, 122
Stadtarchiv Luzern: 54
Hotelarchive: 34, 46, 56, 58, 62, 69, 70, 92
Sammlung Bibelheim Beatenberg: 93
Firmenarchiv Frutiger, Thun: 135
Archiv «Die Mobiliar», Bern: 161–164
Sammlung Herbert Ammon, Hilterfingen: 139, 141, 143
Sammlung Peter Boss, Grindelwald: 158
Sammlung Jacques Bujard, Neuchâtel: 98
Sammlung Marcelle Geiger-Vifian, Bern/Flims: 36, 136, 147
Sammlung Martin Inderbitzin, Morschach: 186, 187
Sammlung Markus Krebser, Thun: 25, 132, 151
Sammlung Hildegard Loretan Mooser, Brig: 199–201, 217
Sammlung Chiara Muntwyler-Camenzind, Meilen: 51
Sammlung Kurt Schmocker, Beatenberg: 144
Sammlung Felix Weber, Bern: 60, 165
Sammlung Beat Wirth, Interlaken: 45, 65, 148, 150, 190
Sammlung Roland Flückiger-Seiler, Bern: 19, 21, 22, 23, 27, 28, 29, 48, 50, 55, 71, 76, 89, 99, 102, 115, 138, 168, 176, 185, 193, 195, 196, 206, 212, 216, 219, 221, 224

PERSONENREGISTER

fette Seitenzahlen zeigen wichtige Textstellen an, *kursive Ziffern* bezeichnen Abbildungsnummern

Aberli, Johann Ludwig 21
Aebersold, Christian (Hotelier) 73, 76, 117, 124
Agassiz, Louis 25
Aichner-Burckhardt, Rudolf (Architekt) 81
Albrecht, Friedrich (Architekt) 28; *18*
Anneler, Emanuel Friedrich (Architekt) 111
Antille, Louis (Hotelier) 83
Anzévui, Jean (Hotelier) 84; *204*
Austermayer, Joseph (Architekt) *108*

Bachoffner, Jean (Hotelier) 66, 68
Badrutt, Johannes (Hotelier) 38
Baedeker, Carl 19, 24, 45, 73, 90, 107, 114, 115, 116, 135, 136, 138, 143, 154, 155, 159, 168, 169; *209, 210, 211*
Balmat, Jacques 18
Baumberger, Otto 34
Bäumer, Wilhelm (Architekt) 122
Baumgart, Ernst (Architekt) 71
von Bayern, König Ludwig II. 28, 79, 138
Beck, August 168
Béha, Alexander (Hotelier) 66, **81 – 82**
Béha, Berta 73
Béha, Gottfried Emil 73
Béha-Castagnola, Alessandro (Hotelier) 82
Benziger, August 148
Berlepsch, Hermann 168
Berri, Melchior (Architekt) 76, **134**, 136
Bertolini, Jean-Baptiste (Architekt) 94; *72*
Beugger, Elisabeth (Hotelière) 73
Bezencenet, Louis (Architekt) 71, **94**, 95, 159, 167; *207, 218*
Biermann, Charles 47
Biner, Jgnaz (Hotelier) 82
Birmann, Samuel 11
Blättler-von Büren, Caspar (Hotelier) 145
Bleuler, Johann Ludwig *7*
Bluntschli, Friedrich (Architekt) 81, 147
Bock, Hans der Ältere *1*
Bodmer, Johann Jakob 17
Bohren, Christian (Hotelier) 128
Bon-Nigg, Anton (Hotelier) **78**, 140, 148; *184*
Bonjour, Charles-François (Architekt) *109*
Boss, Johannes (Hotelier) 38, **128 – 131**; *157–164*
Bovet, Ernest 29
von Brandenburg, Markgraf Friedrich Albert 15
Bringolf, Arnold (Architekt) 63
Bucher-Durrer, Franz-Josef (Hotelier) 33, 63, 67, **79 – 81**, 85, 96, 143, 145; *88, 89, 90, 106, 180*
Bühler, Karl (Baumeister) 131
Bürcher, Leopold (Hotelier) 155; *199*
Burgener, Christian (Hotelier) 128
Burgener, Markus (Architekt) 167
Bürgi-Ulrich, Joseph Martin (Hotelier) 77, 134, 136, 137
Burnat, Ernest (Architekt) 55, **94**, 95, 104; *103, 104*
Burnet, Gilbert 15
Byron, Lord George Gordon Noel 20, 68, 89

Cardinaux, Emil 34
Cassel, Sir Ernest 94, 159; *207*
Cathrein, Emil (Hotelier) **83**, 155, 159, 164; *198, 207*
Cattani, Arnold (Architekt) 85, 128, 131, **147**, 151; *65, 181, 192*

Chateaubriand, François René 68
Chaudet, Henri & Charles (Architekten) 96
Chessex, Jean François (Hotelier) 63, 68, **69 – 71**
Chessex-Emery, Ami (Hotelier) 32, 63, 67, **69 – 71**, 90, 104, 165; *74, 117, 118*
Chiodera, Alfred (Architekt) 78
Churchill, Sir Winston 159
Ciani, Giacomo 66; *91*
Clausen, Felix (Hotelier) 83
Clemenz, Josef Anton (Hotelier) 82, 159; *200*
Clerichetti, Luigi (Architekt) *91*
Cook, Thomas 28
Coxe, William 19
Cretex, Emil (Hotelier) *212*

Daguerre, Jacques 21
Dähler, Johann Carl (Architekt) 122, 123
Daudet, Alphonse 39
Daulte, Alfred (Architekt) *108*
Davinet, Horace Edouard (Architekt) 60, 74, 76, 96, 114, 120, 121, **122**, 123, 124, 125, 128, 130, 139, 140, 143; *33, 47, 84, 85, 136, 150, 153, 154, 179*
Degiacomi, J. (Hotelier) 85
Dejean, Antoine-Jérémie (Hotelier) 66, 67, 88, 89; *95*
Desor, Eduard 25
Doepfner, Josef (Hotelier) 85
van Dorsser, Adrien (Architekt) *109*
Durrer-Gasser, Josef **79 – 81**, 96; *88, 89, 90, 106*

Ebel, Johann Gottfried 19, 90, 110, 111, 134
Eberle, Ambros (Hotelier) 66, **78 – 79**, 148, 149, 150
Edoux, Léon 61, 63; *70*
Eisenlohr, Friedrich (Architekt) 136
Emery, Alexandre (Hotelier) 67, 69, **71 – 72**, 83, 90, 97, 104; *80*
von England, Königin Victoria II. 21, 28, 33, 78, 79, 138, 149, 159, 168; *186, 216*
von Erlach, Fred. (Hotelier) 114
Escher, Hans Caspar (Architekt) 134
Escher von der Linth, Hans Conrad (Ingenieur) 134

Falke, Konrad 44
Fallegger-Wyrsch (Hotelierfamilie) 85
Fassbind, Gottfried (Hotelier) 79
Fassbind-Schindler, Josef und Elisabeth (Hotelierfamilie) 79
Fassbind-Steinauer, Fridolin (Hotelier) 66, 78, **79**, 138; *56*
Faucherre, Philippe (Hotelier) 165
Fazy, James 67
Feller (Hotelierfamilie) 85
Fraisse, Henri (Architekt) 56, 68
Franel, Jean (Architekt) 55, 61, **96**; *64*
Franel, Philippe (Architekt) 95, **96**, 123; *98*
Freudenberger, Sigmund 21
Freudweiler, J. (Hotelier) 85
Frutiger, Johann (Baumeister, Architekt) 114, 115, **116**; *133, 135, 140, 143*
Füssli, Heinrich 168
Füssli, Johann Konrad 18

Gerster, Albert (Architekt) 115
Gessner, Conrad 15
Gessner, Salomon 17
Gindroz, François (Architekt) 61, 90; *72*
Girardet, Alexandre (Architekt) 71

Gladbach, Ernst Georg (Architekt) 136
von Goethe, Johann Wolfgang 17, 68, 168
von Greyerz, Karl (Hotelier) 73; *83*
Grob, Xaver (Hotelier) 76
Gros, Jacques (Architekt) 80, **81**; *30*
Gruner, Gottlieb Sigmund 18
Gull, Gustav (Architekt) 147
Guyer, Eduard **50**, 52, 53, 54, 55, 56, 60, 61

Haberer, Otto 122, 125
von Haller, Albrecht 17, 18
Hanning, James 63
de la Harpe, Achille (Architekt) 90, 94; *72*
Hartmann, Nikolaus (Architekt) 81; *59*
Hauser (Hotelierfamilie) 77, 140; *47*
Hegner, Ulrich 39
Herzog, Johann Jakob 114
Hess, Franz (Hotelier) 145
Hobhouse John Cam, Baron Broughton de Gyfford 89
Hochereau, Emile (Architekt) 165
Hopf, Eduard (Baumeister) 111
Hübsch, Heinrich (Architekt) 136
von der Hude, Hermann 51, 52, 54, 60
Hürlimann, Karl Christoph (Architekt, Baumeister) 143

Imhof, Michael (Hotelier) 151
Imseng, Johann Josef (Hotelier) 159
Inglin, Meinrad 150

Jakober, Melchior 38
Jost, Eugène (Architekt) 53, 55, 69, **71**, 72, 94, 96, 104; *35, 55, 78, 79, 103*
Junod, Jean Louis (Architekt) **105**
Junod, Marc Louis «John» (Architekt) **105**

Kafka, Franz 58
Kainz, Josef 28
Keller, Heinrich 21, 24, 77, 134; *12, 16*
Klasen, Ludwig (Architekt) 51, 54, 55, 63
von Kleist, Heinrich 17
Klingele (Hotelierfamilie) 164
Klopstock, Friedrich Gottlieb 17
Knechtenhofer, Jakob Wilhelm (Hotelier) 72, 110, 111, 121, 164; *131*
Knechtenhofer, Johann Friedrich (Hotelier) 72, 110, 111, 121, 164
Knechtenhofer, Johann Jakob (Hotelier) 72, 110, 111, 121, 164
Knechtenhofer, Johannes (Hotelier) 72, 110, 111, 121, 164
Koenig, Franz Niklaus 21; *8*
Koller, Karl (Architekt) 36, **78**, 148; *21, 184*
Krebs, Karl-Friedrich (Architekt) 145, 148; *180*
Kubly, Felix Wilhelm (Architekt) 68
Kühn, F. (Architekt) 148; *183*
Küttner, Karl Gottlob 39

La Nicca, Richard 22
Lanzrein, Alfred (Architekt) 116; *142*
Lauber, Josef (Hotelier) 27, 82, 155, 159; *200*
Lavanchy, Hermann (Architekt) *122*
Lavater, Johann Kaspar 17
Leuthy, Johann Jakob 105, 114, 120, 128, 135
Locher, Eduard Heinrich (Ingenieur) 50
Lory, Gabriel Ludwig und Mathias Gabriel 21; *3*
Lunn, Sir Henry 38

Maillard, Louis (Architekt) 69, 104, 162, **165**, 167; *77, 121, 210, 211*
Malkin, A. T. 155
Mangold, Burkhard 34
Maraini, Otto (Architekt) 147
Margairaz, David (Zimmermann) 105
Masson-Vallon, Vincent (Hotelier) 66, 68, 105
Mauerhofer, Charles (Architekt) *109*
Meili, Armin (Architekt) 115
Meili-Wapf, Heinrich (Architekt) 80, **81**, 145; *180*
Mendelssohn, Felix 17, 114
Merian, Amadeus (Architekt) 123
Meyer, Johann (Architekt) 136, 138, **139**, 149, 155
Meyerhofer, Arthur (Architekt) 116; *142*
Miciol, Augustin (Architekt) 24, 56, 89
Mirabeau, Jacques (Hotelier) 95, 96; *105*
Moachon, Ernest (Architekt) 97; *61, 107*
Moller, Georg (Architekt) 136
Monnet, Albert Théophile (Hotelier) 68
Monnet, Louis Gabriel (Hotelier) 68; *73*
Moos, Carl 34; *28*
Möri, Alfred (Architekt) 145, 148; *180*
Mosoni, Gebrüder (Hotelier) 162
Müller, Johannes («Rhellicanus») 15
Müller, Joseph (Hotelier) 66, **78**, 138, 140; *87*
Münster, Sebastian 15
Murray, John 19, 90
van Muyden, Theodor (Architekt) 36; *34*

Naeff, Adolf (Ingenieur) 138
Nicati, Charles (Architekt) 55, **94**, 95; *103, 104*

Ober, Peter (Hotelier) 66, **73**, 117, 120, 123
Osenbrüggen, Eduard 149; *171*
Otis, Elisha Graves (Ingenieur) 61

Paccard, Michel Gabriel 18
Paracelsus, Theophrastus 14
Pfyffer von Altishofen (Hotelierfamilie) 81
Platter, Thomas 15
Poggio di Guccio Bracciolini, Gian Francesco 14
Pont, Pierre (Hotelier) 162
von Preussen, Kronprinz Friedrich Wilhelm (König Friedrich III.) 32, 116, 117

von Rappard, Conrad (Hotelier) 66, **73**, 121, 124
Rau, Jules (Architekt) *44*
Reichlin, Karl (Ingenieur) 79, 138
Rieter (Firma) 61
Riggenbach, Niklaus (Ingenieur) 29, 138
Ritschard, Johann (Hotelier) 73
Ritter-Grossmann, Elisabeth («la belle batelière de Brienz») 128; *14*
Ritz, Lorenz 155, 168
Roller, Robert junior (Architekt) 50, **51**, 52, 54, 60, 72, 74, 83, 96, 114, 120, **121**, 122, 124, 125, 159, 162, 167; *53, 147, 149, 154, 208*
Roller, Robert senior (Architekt) 72, 120, **121**; *147*
de la Rottaz, Jean Jacques 105
von Rotterdam, Erasmus 15
Rousseau, Jean-Jacques 18, 20, 89, 90
Ruchti, Eduard (Hotelier) 33, 67, 73, 74, **76**, 121, 124, 125
Ruchti, Karl Friedrich (Hotelier) 76
Ruden, Josef 155
Rüfenacht, Alexander (Emanuel) senior (1793–1851) (Hotelier) 85 (Anm.), 94 (Anm.), 110; *130*
Rufenacht, Alexandre junior (1817–1880) (Hotelier) 61, 85, 94
von Rütte, Ludwig Friedrich (Architekt) 110

Salucci, Giovanni (Architekt) 121
Salvisberg, Friedrich (Architekt) 56, 111, 120
de Saussure, Horace Bénédict 18, 23, 155
Scheuchzer, Johann Jakob 17
Schiller, Friedrich 20, 28
Schintz, Johann Rudolf 17
Schmid, Josef (Hotelier) 159; *206*
Schnack, Paul (Hotelier) 151
Schnell, Maurice (Architekt) 71
Schnyder, Othmar (Architekt) 147
Schreiber, Joseph Blasius (Hotelier) 135, 140
Segesser, Eduard (Hotelier) 77
Segesser, Heinrich (Hotelier) 77
Segesser, Joseph Plazidus (Architekt) 77, 139
Segesser, Paul (Architekt) **139**, 140, 145, 147; *177*
Segesser, Xaver (Hotelier) 77
Seiler, Alexander der Ältere (Hotelier) 47, 51, 72, **82–83**, 84, 94, 159, 165, 167, 168, 169; *92, 200, 208, 218*
Seiler, Alexander der Jüngere (Hotelier) 83, 169
Seiler, Christian (Hotelier) 82
Seiler, Franz (Hotelier) 82, 168
Seiler, Johann Gottlieb (Hotelier) 73, 117
Seiler, Josef (Hotelier) 169; *224*
Seiler, Peter (Hotelier) 73
Seiler-Brunner, Johann (Hotelier) 74, 125
Seiler-Cathrein, Katharina (Hotelière) 83
Seiler-Hopf, Friedrich (Hotelier) 124
Seiler-Schneider, Friedrich, genannt Fritz (Hotelier) 28, 67, 73, **74–76**, 121, 125
Seiler-Sterchi, Johann Gottlieb (Hotelier) 76, 125
Semper, Gottfried (Architekt) 35, 110, 136, 147
de Sepibus, Eugen (Hotelier) 155
Shelley, Percy Bysshe 89
Sillery, A. 120
Simmler, Johannes 15
Simon, Bernhard (Architekt) **68**
Simon, Fridolin (Architekt) 68
Stadler, Ferdinand (Architekt) 53, 55, 79, **136**, 137, 138, 143; *56, 170, 179*
de Staël, Germaine 17, 20, 68
Stähli, Johannes (Hotelier) 124
Steiger, Johann Martin 169
Stierlin (Hotelierfamilie) 140
Stigler (Firma) 61, 63; *71*
Studer, Frédéric (Architekt) 122, 123
Studer, Friedrich (Architekt) 56, 76, 96, 120, 121, 122, **123**, 124, 136, 151; *68, 84, 150*
Studer, Gottlieb 155
Stumpf, Johannes 15; *2*

Tasso, Jean & Dominique (Baumeister) 105
von Tavel, Rudolf 45
Taylor, Isidore-Justin-Séverin, Baron 21
Tièche, Paul-Adolphe (Architekt) 50, 55, **110**, 111
Toepffer, Rodolphe 39
Tolstoi, Leo 39
Truttmann-Borsinger, Michael (Hotelier) 143
Tschudi, Aegidius 15
Tschudy, Theophil (Architekt) 78
Turner, William 19
Twain, Mark *20*

Unger-Donaldson, Thomas (Hotelier) 84

Vautier, Edouard (Hotelier) *98*
Verrey, Henry (Architekt) 101
Victoria II., Königin von England (s. England,...)
Vifian, Alfred (Architekt) *40*
Villard, Louis (Architekt) 36, **96**, 97
Vogt, Emil (Architekt) 36, 60, 80, 81, 145, **147**, 148, 150; *36, 189*
Volkart, Charles (Architekt) *38*
Voltaire, François Marie Arouet 17, 20

Wagner, Johann Jakob 18
von Watt, Joachim (Vadianus) 15
von Weber, Carl Maria 17
Weber, Frédéric, Friedrich (Hotelier) 84; *93*
Weinbrenner, Friedrich (Architekt) 96, 134
Wellig, Franz und Alexander (Hoteliers) 155
Wettach, Johann Jakob (Hotelier) 128
Whymper, Eduard 25, 47, 155; *197*
Wieland, Christoph Martin 17
Wirth-Strübin, Theodor und Magdalena (Hotelierfamilie) 85, 151
Wocher, Marquard 111
Wolf, Kaspar 21
von Württemberg, Herzog Ulrich 15
von Württemberg, König Wilhelm I. 21, 122
Wyder (Hotelierfamilie) 85
Wyss, Johann Rudolf 114, 117

Zeiter, Josef Anton (Hotelier) 27, 155, 168
Zelger, Jakob Josef 33
Zeugheer, Leonhard (Architekt) 50, 55, 60, **136**, 137; *52*
Zschokke, Olivier (Ingenieur) 138
Zuffrey, Michel (Hotelier) 83
Zwingli, Huldrich 15

ORTSREGISTER
Ortschaften und deren Hotels
fette Seitenzahlen zeigen wichtige Textstellen an,
kursive Ziffern bezeichnen Abbildungsnummern
* = Abbildungen als Kapitelvorspann

Adelboden 130
Aeschi **114**
    Bären 114; *135*
    Blümlisalp 114, 122; *33*
Aigle 18, 69, 72
    Grand Hôtel des Bains 69, 94, 95
Airolo 169
Aix-les-Bains [Frankreich] 72
Albulapass 22
Aletschgebiet (siehe auch Riederalp, Riederfurka, Fiesch)
    29, 83, 155, 164; *221*
Alpnach 29
Alpnachstad 145
Andermatt 168, 169
Anniviers, Val d' 29, 159, 162
Arolla 84, 162
    Kurhaus 167
    Mont-Collon 84, 159, 164, 167; *204*
Arosa 38
Les Avants (Montreux) 34, 35, 38, 97, 101
    Grand Hôtel 96, 101; *114, 116**
    Grand Hôtel du Jaman 96; *116**
Axenfels (siehe Morschach)
Axenstein (siehe Morschach)
Axenstrasse 22, 115, 138

Bad Homburg [Deutschland] (siehe Homburg, Bad)
Bad Ragaz (siehe Ragaz, Bad)
Bad Schirmberg (siehe Schirmberg, Bad)
Baden 14, 20
    Grand Hotel (Curhotel) 50, 51, 62, 110
Baden-Baden [Deutschland] 107
Bagnes, Val de 162; *209*
Basel 15, 22, 28, 32, 85, 96, 111, 134, 136
    Drei Könige 24, 73
    Euler 80
Beatenberg 32, 35, 85, 110, 115, **116 – 117**
    (Pension) Alpenrose 116
    (Pension) des Alpes 116
    (Pension) Bellevue 116
    Kurhaus 116, 117; *144*
    Regina 117
    Victoria 84, 117; *93, 145*
Beatenbucht 115, 116
Beatusstrasse 115, 116
Beckenried 143
Belalp 164
    englische Kirche 164; *199*
    Belalp 155, 164; *199*
Bergell 22
Berlin [Deutschland] 61, 139
    Kaiserhof 51
Bern 17, 22, 38, 111, 134, 136
    Bernerhof 36, 56, 60, 121, 122, 123; *36*
    Distelzwang 66, 82
    Falken 24, 73
Berner Oberland 17, 20, 23, 25, 27, 29, 38, 61, 67, **72 – 76**,
    80, **110 – 131**, 159
Berninapass 22, 29
Bex 94, 95
    des Bains 94, 95
    Grand Hôtel des Salines 94, 95; *104*
    de l'Union 95
Binn 159
    Ofenhorn 159; *206*
Bodensee 20, 23
Bœuf, Pas du 159
Braunwald
    Grand Hotel 80, 81
Brent (bei Montreux) 90
Brienz 20, 29, 33; *9, 14*
    Giessbach (siehe Giessbach)
Brienzer Rothorn 23, 29, 116
    Gasthaus 27
Brienzersee 17, 20, 23, 28, 66, 76
Brig 22, 94, 115, 159, 164, 168, 169
Brissago
    Grande Albergo 60
Brünigpass 22, 29
    Kurhaus 80
Brunnen 22, 66, 78, 128, 135, **138**, 143, **148**, 149, 151
    Goldener Adler 148
    Hinterer Adler 148
    Bellevue 148
    Drossel 148
    Eden 148
    Grand Hotel 36, 57, 60, 147, 148, 151; *185, 193*
    Hirschen 148
    Parkhotel 148
    (Gashaus) Rössli 79, 138
    Waldstätterhof 53, 55, 62, 79, 136, 138, 139, 147; *56, 173*
Bukarest [Rumänien] 80
Burgdorf 50, 121
Bürgenstock 35, 63, 79, 85, 135, 143; *88, 90*
    Grand Hotel 79, 80, 143; *30, 88*
    Palace 80, 81, 143; *30*
    Park-Hotel 32, 80, 81, 143; *30, 88*

Calais [Belgien] 68
Cannes [Frankreich]
    Alsace-Lorraine 85
Caux (Montreux) 38, 69, 85, 97, 101, 104
    englische Kapelle 165
    Grand Hôtel 56, 60, 62, 71, 104, 165; *27, 118, 121*
    Palace 38, 53, 55, 71, 104; *55, 118*
Chablais Vaudois 90
Chailly 90
Chamby 101
    Grand Hôtel des Narcisses *38*
Chamonix [Frankreich] 18, 23, 83, **154**, 155, 162; *195*
    Couronne 154
    de Londres et d'Angleterre 154
    du Montanvers 154; *196*
    Union 154
Champex 162
    des Alpes *Umschlag, 213*
    Emil Cretex/Grand Hôtel Cretex 162; *212*
Chandolin 162
    Bella Vista/Grand Hôtel 162, 164, 165, 167; *210*
Chernex 90
Chesières (siehe auch Villars-sur-Ollon)
    du Chamossaire 96
Chillon 24, 32, 33, 97, 104
Choulex 105
Chur 22, 168

Clarens (Montreux) 18, 24, 68, 89, 90, 95, 97, 122
    du Châtelard 94
    des Crêtes 94
    Roth 165
Compesières 105

Därligen 123
Darmstadt [Deutschland] 136
Davos 29, 38, 116, 117, 130; *41, 42, 144, 158*
    Flüela 32
    Mühlehof 32
    Rätia 32
Disentis 22
Dresden [Deutschland] 147
Dufourspitze 155

Eggishorn (siehe auch Fiesch) 155
Emmetten 143
Engadin 22
Engelberg 18, 38
    Europäischer Hof 147
    Grand Hotel 147
    Kurhaus Titlis 32, 62, 147
    Sonnenberg 79, 80
    Terrace 79, 147
Evolène 84
    de la Dent-Blanche 159, 162, 164; *202*
    Grand Hôtel 84, 167

Faulensee
    Faulenseebad/Wald-Hotel Victoria 51, 55, **114**; *53, 134*
Faulhorn 23
    Gasthaus 27; *17*
Ferpècle 162
    du Col d'Hérens 162
Ferret, Val 162
Fiesch 155
    des Alpes 85, 155; *94*
    du Glacier 155
    Jungfrau am Eggishorn 44, 45, 54, 83, 155, 162, 164; *198*
Finsteraarhorn 25
Fionnay 162
    des Alpes 162, 167; *209*
    Carron 162
    Grand Combin 162, 164
Flüelen 22, 34, 135, 138
    du Lac 148
    Urnerhof 148
Flüeli-Ranft 143
    Kurhaus Nünalphorn 145
La Fouly 162
Fronalp 151
Furkapass 22, 159, 168, 169
    Belvédère (siehe Gletsch)
    Furka *216*

Gemmipass 18
Generoso, Monte 29
Genève/Genf 18, 24, 28, 32, 39, 45, 66, 67, 74, 88, 96, 105,
    110, 121; *29*
    d'Angleterre 18, 68, 88, 89, 90; *95*
    Balance 88
    Beau-Rivage 61, 62; *69, 99*
    des Bergues 24, 56, 67, 73, 89, 94, 105; *66, 96*

(Auberge) du Coq d'Inde 68, 88
Couronne 88, 105
de l'Ecu de Genève 24, 56, 67, 73, 88; *67*
(Auberge) du Logis-Neuf 68
Métropole 56, 67, 90
National 54, 61, 62, 84, 85, 90; *63, 101*
de la Paix 56, 62, 84; *93*
Suisse 56
Trois Maures 88
Trois Rois 68, 88
Genfersee 15, 17, 18, 19, 20, 22, 23, 24, 29, 33, 35, 45, 53, **67–72**, 80, **88–107**, 120, 121, 122, 159, 162; *15*
Genova/Genua [Italien] (siehe auch Pegli) 80
Gersau 34, 66, 78, 85, **138**
(Gasthof) zu den drei Kronen 78, 136, 138
Müller 138; *87*
Giessbach 20, 23, 28, 111; *19*
Giessbach 32, 33, 66, 73, 122; *47*
Glarus 38, 68; *43*
Gletsch 155, 159
Belvédère 159, 164, **168–171**; *224, 225*
du Glacier du Rhône 27, 82, 83, 159, 164, 165, **168–170**; *222, 223*
Glion (Montreux) 34, 35, 69, 71, 85, **95**, 97, 101; *76*
englische Kirche 165
(Auberge) du Chasseur de Chamois 90
du Parc 53
du Righi Vaudois 62, 95, 96, 165; *105*
Victoria 165
Gornergrat 29
Gotthardpass 22, 29
Grächen 15
Grimentz 162
Grimselpass, -strasse 169
Grindelwald 15, 17, 23, 27, 29, 38, 39
Adler 50, 128; *4*
Bär, Baer 38, 53, **128–131**; *157, 158*, 159, 160, 161, 162*, 163, 164*
Steinbock 128
Gruben 159, 162
Gstaad 116
Parkhotel 116
Gunten 34, 115, **116**
Hirschen *141*
(Pension) du Lac 116
Parkhotel 116; *142*
(Pension) Weisses Kreuz 116
Gurnigel
Gurnigelbad 50, 51; *28*

Harder 116
Heiden
Kursaal 122
Héréns, Val d' 159, 162
Heustrich
Bad Heustrich 50
Hilterfingen **115**
(Gasthof) des Alpes 115
Bellevue 115
Hilterfingen 115; *139*
Wildbolz/Seehof 115
Homburg, Bad [Deutschland] 84; *93*
Hospental 168
Hyères [Frankreich] 72

Immensee 28
Interlaken 20, 24, 32, 39, 66, 67, 71, **73–76**, 81, 85, 111, 114, 115, 116, **117–128**, 130, 147; *16, 146, 151*
(Pension) Aebersold 117
des Alpes 51, 120; *156*
Grand Hôtel des Alpes & Palace Hôtel 81
Bavaria 128
Beau-Rivage 85, 122, 123, 147; *153*
Beau-Site 120, 123
Belvédère 60, 120; *156*
Berger/Bernerhof 123
«Casino» 120; *156*
de la Gare 123
(Pension) von Greyerz/Ober 120; *83, 156*
Interlaken *156*
Jungfrau 74, 76, 120, 121, 122, 123, **125**; *45, 154, 156*
Jungfraublick 56, 66, 73, 76, 120, 121, **124**; *149, 156*
Kursaal *147*
National 85
Oberländerhof 123
Ritschard 56, 62, 120, 122, 123; *148, 156*
Royal Hotel St. Georges 128; *40*
(Pension) Ruchti 120
Savoy 128
Schweizerhof 50, 54, 60, 85, 120, 121, 128, 147, 151; *45, 65, 155, 156*
(Pension) Seiler 117, 120
Victoria 32, 33, 56, 60, 61, 62, 74, 76, 120, 121, 122, 123, **124**, 125, 128, 151; *25, 45, 68, 84, 150, 156*
Wyder/National 122

Jerusalem
King David 147
Julierpass 22, 23
Jungfrau 25, 28, 29, 155; *23, 221*
Jungfraujoch 29, 165

Kägiswil 79, 80
Kairo [Aegypten] 80, 81, 85
Continental 80
Semiramis 80, 81
Karlsruhe [Deutschland] 134, 136, 147, 165
Kerns 79, 80
Klosters 38

Lago Maggiore (siehe Maggiore, Lago)
Lausanne 24, 28, 32, 45, 47, 67, 68, 71, 88, 90, 94, 95, 96, 97, 115
Alexandra 97; *57, 108*
Beau-Séjour 94
Beau-Site/Palace 97
Bellevue 90
Belvédère/Palace 90
Gibbon 24, 56, 66, 68, 73, 89, 94, 105; *97*
Grand Pont 32, 33, 90
Palace 90; *110*
Richemont 90
Victoria 94
Lausanne-Ouchy 28, 90, 96
Beau-Rivage Palace 36, 50, 51, 53, 55, 56, 57, 60, 61, 62, 63, 67, 71, 85, 90, 94, 96, 97, 128; *34, 35, 70, 72*
Royal 54, 57, 97; *109**
Lauterbrunnen 15, 17, 28, 29; *3, 11*
Leissigen 110
Lenk
Bad Lenk 50

Les Avants (siehe Avants, Les)
Leuk *1*
Leukerbad 14, 47, 48; *46, 48*
Torrentalp 162
Wildstrubel 162
Leysin 69, 72; *117, 119*
Grand Hôtel (Sanatorium) 62, 69, 101; *117*
Lin, Pas de
de la Pierre-à-Voir 162, 164; *214*
Locarno 67
Grand Hotel 56
Reber au Lac 63
London [Grossbritannien] 21, 39, 85
Grosvenor Hotel 61
Lötschental 15
Lugano 67, 79, 80, 117
Bristol 54, 57; *51*
Continental-Beauregard 79
Metropole 62
du Parc/Grand Hotel Palace 66, 80, 81, 82, 147; *91*
Splendide 62, 63
Lugano-Paradiso
Europe 56
Luxor [Aegypten]
Luxor 147
Luzern 20, 24, 28, 29, 32, 36, 39, 45, 67, 68, **76–77**, 80, 81, 85, 110, 115, 120, 128, **135–137**, 139, **145–147**
Beau-Rivage 137
Englischer Hof 137
Europe 80, 137; *88*
Gütsch 62
du Lac 32, 62, 137, 147; *181*
Luzernerhof 62, 63, 137
Monopol & Métropole 147
Montana 56, 145; *180*
National 54, 56, 62, 137, 139, 145, 147; *172*
Palace 54, 80, 81, 145; *180*
St. Gotthard-Terminus 85, 137, 147
Schwanen 76, 135, 137; *86*
Schweizerhof 24, 32, 33, 39, 50, 51, 54, 55, 56, 60, 67, 76, 136, 137; *52, 62, 167*
Stadthof 137
(Pension) Tivoli *54*
Victoria 62, 147
Waldstätterhof 36, 60, 147

Maggiore, Lago 20, 23
Mailand [Italien] (siehe Milano)
Maloja
Kursaal Maloja (Palace) 32, 33, 44, 62, 131; *44*
Malojapass 22
Märjelensee 164
Marseille [Frankreich] 72
Martigny *214*
Matterhorn 25, 29, 155, 164
Mattertal 155, 162
Les Mayens-de-Leytron
du Muveran 162
Les Mayens-de-Sion 162, 164
des Mayens-de-Sion 167; *215*
Meiringen 80, 111, 169
du Sauvage 123; *152*
Menton [Frankreich]
Wyders Grand Hôtel 85
Meran [Italien] 78, 138

Merligen 34, 115, **116**
  des Alpes 116
    Beatus 116; *143*
    (Pension) Löwen 116
Milano [Italien] 97, 105
  Palace 80
Mitlödi 38
Montana
  du Parc 83
Mont-Blanc [Frankreich] 18, 20, 25, 29, **88**, 154; *6*
Monte Generoso (siehe Generoso, Monte)
Monte-Moro-Pass (siehe Moro-Pass, Monte)
Monte Rosa (siehe Rosa, Monte)
Mont-Fleuri (bei Montreux) 69
  Sanatorium 32, 69
Mont Pèlerin 80
Montreux (siehe auch Les Avants, Caux, Clarens, Glion,
    Territet) 24, 32, 33, 34, 45, 61, 67, 68, **69 – 72**, 73, 78,
    81, 84, 85, **90**, **95**, 96, 97, 104, 105, 107, 115, 117, 122,
    128, 138, 165; *26*
  Kursaal 71
  Beau-Lieu 104
  Bel-Air 104
  (Château) Belmont 62, 84, 96
  Bon Port (siehe Territet)
  Breuer 32, 33, 62, 63, 79, 80, 96, 107; *106*
  Central 85; *94*
  Continental 71, 97, 104; *111*
  Cygne 67, 71, 72, 90, 96, 107; *26, 80, 98*
  Eden (siehe International)
  Europe 71
  Grand Hôtel Excelsior 95
  International/Eden 62, 85, 96
  Lorius 72; *80*
  Monney 104; *122*
  National 67, 71, 72, 94, 95; *79, 80, 103*
  Palace 53, 55, 71, 72, 90, 97, 104; *112*
  Roy 96
  Splendide 96
  Suisse 95, 96, 97; *113*
Morges 28, 105
Moro-Pass, Monte 159, 162
Morschach 35, 78, 135, 143, 147
  Axenfels 79, 85, 131, 138, 147, **150 – 151**; *190, 191,
    192, 194*
  Axenstein 36, 77, 79, 138, 139, 147, **148 – 151**;
    *186–189, 194**
München [Deutschland] 139
Mürren 29, 38, 130
  des Alpes 32

Napoli/Neapel [Italien]
  Excelsior 81, 147
  Grand Hotel 85
Neuchâtel/Neuenburg
  Grand Hôtel du Lac 62
  Mont-Blanc 50, 51
Neuenburgersee 23, 72
Neuhausen am Rheinfall 20
  Schweizerhof 50, 51; *31*
New York [USA]
  Fifth Avenue Hotel 61
  Occidental 58
Nice/Nizza [Frankreich] 72, 138; *93*
  de France 84
  Grand Hôtel des Palmiers 85

Oberalppass 22, 169; *13**
Oberhofen 34, **115 – 116**
  (Gasthof) Bären 115
  (Pension) Favorita 115
  Montana 116
  Moy 115, 116; *140*
  (Pension) Oberhofen 115
  Parkhotel 116
  Victoria 115
  (Pension) Zimmermann 115
Olten 39
Ouchy (siehe Lausanne-Ouchy)

Paris [Frankreich] 32, 79, 85, 97, 105, 134, 165
  Balmoral 84
  Grand Hôtel 61, 72
  Meurice 72
  du Rhin 72
Pas de Lin (siehe Lin, Pas de)
Pegli bei Genua [Italien]
  Grand Hotel Méditerranée 79, 80; *88*
Pfäfers 14
Pilatus 14, 15, 29, 143, **145**; *22*
  Bellevue 145
  Grand Hotel 139, 145
  Klimsenhorn 145
Pontresina
  Schlosshotel 78
Pragelpass 38

Ragaz 74, 78, 121, 140
  Hof 68
  Quellenhof 68
Rawilpass 15
Reichenbachfall 80
Rheinfall (siehe Neuhausen)
Rhonegletscher (siehe auch Gletsch) 27
Riederalp 164
  Grand Hotel (Projekt) 83
  Riederalp 83, 155
Riederfurka 94
  Riederfurka 83
Riffelalp (siehe Zermatt)
Rigi (allgemein) 14, 17, 24, 28, 77, 85, 111, **134 – 143**,
    148; *12, 18, 20*
Rigi-Felsentor
  Gasthaus 139
Rigi-First 139, 140
  Rigi-First 54, 60, 78, 139; *175, 177**
Rigi-Kaltbad 35, 134, 135, 139
  Alpina 143
  Bellevue 139; *174*
  Grand Hotel 79, 81, 134, 135, 137; *171, 174, 177**
Rigi-Klösterli 79, 134, 135, 137; *171*
  Krone 77, 134; *171*
  Schwert 135; *171*
Rigi-Kulm 29, 77, 134, 135, 137, 138, 140; *18, 166,
    171*
  Gasthaus 25, 134, 135; *165*
  Rigi-Kulm 136; *171*
  Regina Montium 84, 136, 137, 138, 140; *169, 171*
  Schreiber 122, 139, 140; *Umschlag, 58, 60*
Rigi-Scheidegg 140; *39, 171*
  Kurhaus 78, 136, 137, 139, 140; *87, 171*
Rigi-Staffel 29; *171*
  Gasthaus 135

Rigibahn 139; *171*
  Staffel-Kulm/Felchlin 139
Rigi-Staffelhöhe
  Edelweiss 143
Rigi-Unterstetten 139; *176*
  Rigi-Unterstetten 140
Rixheim [Frankreich] 21; *10*
Rochers-de-Naye 29, 69, 104; *115*
Rom [Italien] 80
  Grand Hotel Excelsior 81, 147
  Minerva 80
  Quirinal Hotel 80; *88*
Rosa, Monte 155

Saanen
  Bahnhof 116
Saas Fee 164
  englische Kirche 164
  Beau-Site 164
  Bellevue 164
  Dom 162; *219*
  Grand Hotel 167
Saas Grund 164
  Mattmark 159
  Monte Rosa 162
Saastal 155, 159
Salzburg [Österreich] 61
San Bernardino 22
San Salvatore 79
St. Bernhard, Grosser 25, 88
St. Gallen 68
St-Luc 83, 159, 162
  Bella Tola 159, 162, 165; *203*
  Cervin 162, 167; *203*
  Weisshorn 162; *211*
St. Moritz 14, 29, 33, 38, 45, 115, 128, 130; *21*
  Carlton 147
  Kuranstalt Chantarella 147
  Engadiner Kulm 32, 33, 38
  Grand Hotel 78, 148; *21*
  Kurhaus 68
  Monopol 147
  Schweizerhof 78
  Neues Stahlbad 85
  Suvretta House 78, 148
St. Niklaus 159
  Grand Hôtel St. Nicolas 159
St. Petersburg [Russland] 66, 68
Sarnen 79, 80
Saxon 162
Scheidegg, Grosse 23, 29, 111
Scheidegg, Kleine 23, 27, 29, 111
Schirmberg, Bad
  Bad Schirmberg 85
Schwyz 139
Schynige Platte 29
Seelisberg 35, 135, **143**
  Bellevue 148
  Sonnenberg 122, 136, 143; *179*
Siders/Sierre 164
  Château Bellevue 83, 165
Sigriswil 115
Sils-Maria 38
  Waldhaus 78
Simplonpass 20, 22, 97
Sinestra, Val

Kurhaus 78
Sion 159
    Grand Hôtel de Sion & Terminus 84
Sisikon 34
    Uri Rotstock 138
Sonloup 97
Spiez 34, 110, **114 – 115**, 116, 117, 128; *138*
    Bahnhof-Terminus 115
    Erlacher-Hof (Projekt) 115
    Palace-Hotel (Projekt) 115; *37*
    Park-Hotel Bubenberg 115; *137*
    (Pension) Schonegg 114
    Grand Hotel Spiezerhof 114, 122, 123; *136*
Splügenpass 22
Stalden (VS) 164
Stans 80
Stanserhorn 80, 143, 145; *89*
    Stanserhorn 80; *88, 89*
Stansstad 33, 80
Stoos 151
Strahlhorn 155

Tarasp, Bad 68
Territet (Montreux) 68, 97; *74–78*
    des Alpes 32, 33, 55, 63, 69, 71, 95; *75, 78*
    (Pension) Boand 71
    Bon Port 95; *102*
    Bristol 55, 62, 97; *61*, 107*
    (Auberge) du Chasseur des Alpes 69, 90; *74*
    Grand Hôtel 62, 63, 67, 69, 165; *77*
    Richelieu 71
Tessin 29, 63
Thun 15, 22, 24, 28, 45, 67, **72 – 73**, **110 – 114**, 115, 117, 120, 123, 128, 164
    englische Kirche 72, 121; *81*
    Kursaal 133
    (Auberge) du bâteau 72
    Beau-Rivage 114
    (des Bains de) Bellevue (& du Parc) 24, 50, 72, 73, 111, 114, 120; *82*
    Freienhof 110, 111; *130*
    Thunerhof 50, 55, 61, 62, 67, 96, 110, 111, 123; *132*
Thunersee 20, 23, 24, 34, 35, 72, 76, **110 – 128**
Torrent, Col de 159
Treib 143
Turtmanntal 159, 162
    Weisshorn 159

Unspunnen bei Interlaken 20, 21; *8*
Unterseen bei Interlaken 45, 110, 116, 117
    Grand Hotel (Projekt) 60, 74; *85*
    (Pension) Ruchti/Hotel Beau-Site 76

Val d'Anniviers (siehe Anniviers, Val d')
Val de Bagnes (siehe Bagnes, Val de)
Val d'Héréns (siehe Héréns, Val d')
Val Ferret (siehe Ferret, Val)
Vallorbe
    Grand Hôtel 85
Vermala
    Vermala 83
Vevey 24, 32, 67, 68, 80, 88, 90, **94**, 96, 97, 107, 165; *5*
    (Pension) Chemenin/Park-Hôtel Mooser 94, 95; *24, 100*
    Grand Hôtel 32, 33, 47, 50, 51, 55, 57, 61, 62, 67, 84, 94, 96, 97, 107; *32, 64*
    du Lac 32, 50, 55, 56, 94, 95

Trois Couronnes (Monnet) 24, 32, 68, 73, 89, 90, 94, 96, 105, 107, 165; *73*
Vex 164
Vierwaldstättersee 17, 20, 23, 24, 29, 34, 35, 63, 67, **76 – 81**, 121, **134 – 151**, 159; *7*
Villars-sur-Ollon (siehe auch Chesières) 95, 96, **104**
    Bellevue 96
    Grand Hôtel de Villars 85, 104
    Hôtel du Grand Muveran 95, 96
    du Parc & Queen's Hôtel 104
    Villars-Palace 104; *120*
Villeneuve 28, 68, 90, 94, 95
    (Auberge) de l'Aigle 105
    Byron 54, 56, 60, 66, 89, **105 – 107**; *123, 124*, 125, 126, 127, 128, 129*
    (Auberge) de la Croix Blanche 105
Visp 164
Vitznau 29, 34, 85, 135, **143**, **148**
    Bellevue 143
    Handschin 143
    Kohler 143
    (Pension) Pfyffer/du Parc-Parkhotel 78, 140, 143, 148; *184*
    Rigi 143
    Rigibahn 143
    Vitznauerhof 148; *183*
    Weisses Kreuz 143
    Zimmermann 143
Vollèges 162
Vulpera
    Schweizerhof 78
    Waldhaus *59**

Wallis 15, 22, 25, **82 – 85**, **154 – 171**
Weggis 128, 135, 136, **147 – 148**; *178*
    Parkhotel Bellevue 147, 148
    Central 148; *178, 182*
    (Gasthof) zum Dampfschiff 136; *168*
    Schlosshotel Hertenstein 148
    (Gasthof) zum Löwen 136; *168*
    Post 147
    St. Gotthard *178*
    Schweizerhof 148
Weissenburg, Bad 122
Wengen 38, 44, 130
Wengernalp 17, 27
Wien 61, 81, 139, 147

Yverdon 71

Zehntenhorn 159
Zermatt 15, 23, 25, 27, 29, 47, 94, 155, **159**, 164; *92*
    englische Kirche 164
    des Alpes 83
    Beau-Site 83, 164, 167; *220*
    Bellevue 164
    Belvédère (Gornergrat) 164, 167
    Mont Cervin 82, 83, 159, 162, 165, 167; *92, 200, 217*
    (Gasthaus) Lauber/Monte Rosa 82, 83, 159, 162, 165, 167; *92, 197, 200, 217*
    Poste 83
    Riffelalp 47, 51, 83, 121, 159, 164, 167; *50, 92, 208**
    Riffelberg 82, 83, 159; *92, 201*
    (Gasthaus) Schwarzsee 83; *92*
    Schweizerhof 167
    Terminus 167

Victoria 83, 94, 164, 167; *218*
Zermatterhof 167; *92, 217*
Zinal 162, 164
    Besso 162; *205*
    Diablons 162, 167; *205*
    Durand 159, 162; *205*
Zürich 17, 22, 32, 96, 139, 147
    Baur 24, 60, 73, 105
    Bellevue 50, 60, 136
    Grand Hotel Dolder 81
    Waldhaus Dolder 81
Zurzach 18
Zweisimmen 115

Autor und Verlag danken für die Unterstützung:
Berner Kantonalbank

Gestaltung: Bernet & Schönenberger, Zürich
2. korrigierte Auflage 2005
© 2001 hier + jetzt, Verlag für Kultur und Geschichte GmbH, Baden

ISBN 3-906419-24-X